国家林业和草原局普通高等教育"十三五"规划教材

金融市场学

王 帅 杨培涛 ◎主编

中国林业出版社
China Forestry Publishing House

图书在版编目（CIP）数据

金融市场学 / 王帅，杨培涛主编. —北京：中国林业出版社，2022.7
ISBN 978-7-5219-1721-5

Ⅰ.①金…　Ⅱ.①王…②杨…　Ⅲ.①金融市场-经济理论　Ⅳ.①F830.9

中国版本图书馆 CIP 数据核字（2022）第 100306 号

中国林业出版社·教育分社

策划、责任编辑：曹鑫茹　许　玮

电　　话：(010) 83143576

出版发行	中国林业出版社（100009　北京市西城区刘海胡同 7 号）
	http：//www.forestry.gov.cn/lycb.html
印　　刷	河北京平诚乾印刷有限公司
版　　次	2022 年 7 月第 1 版
印　　次	2022 年 7 月第 1 次印刷
开　　本	787mm×1092mm　1/16
印　　张	23.5
字　　数	500 千字
定　　价	60.00 元

未经许可，不得以任何方式复制或抄袭本书之部分或全部内容。

版权所有　侵权必究

PREFACE 前言

改革开放40多年来，金融市场已经成为现代市场经济体系的核心。中国金融市场稳中有进，不断改革创新，形成了由中国人民银行进行宏观调控，由银保监会、证监会分业监管，国有商业银行和其他新型商业银行为主体，政策性银行、非银行金融机构、外资金融机构并存，功能互补和协调发展的新的金融机构组织体系，在促进社会主义市场经济运行和改革创新中发挥了重要的作用。金融市场学作为金融类专业的主干课程，不仅要求学生全面有效掌握金融市场运行的基本原理和规律，还要深入了解金融市场发展的前沿思想与创新实务，以适应市场经济对人才的客观需求和服务于社会主义市场经济。

本教材的教学对象是已掌握政治经济学、西方经济学、高等数学等基础课程基本理论的高等院校金融学专业本科生。目的在于让学生全面掌握金融市场的基础理论、基本规律和常规技能，深刻理解金融市场运作的利率机制、汇率机制、风险测度与防控机制、金融工具的定价机制以及金融科技的运用机制，详细了解金融市场参与主体的行为和客体的作用以及金融变量的关系，并能够有效解决金融市场中的实际问题，达到金融类专业培养的基本要求，为未来工作、学习和研究的挑战奠定坚实的基础。

本教材是面向新时期金融学教学内容和课程体系改革的成果，教学内容和教学要求都体现了新时期社会主义市场经济的人才需求和学科建设改革的需要，强调了金融市场基础理论与前沿理论，强化了金融市场各子市场业务的实践操作和常规流程等实务，加强了对金融科技、数学建模、风险量度等现代科技和分析方法的运用，更注重学生分析和解决实际问题的能力培养，通过案例教学、要点提示和课后习题等形式巩固学生的理论知识和提升学生的实践能力，从而有效提高金融市场学的教学质量。

本教材由中南林业科技大学王帅担任主编，杨培涛担任副主编，负责制定教材的结构大纲、篇幅要点、教学要求以及内容选取，并对教材的内容和形式斟酌修改和编纂。本教材具体编写分工如下：第一章、第六章由高孝欣编写；第二章、第九章、第十二章、第十三章、第十四章、第十五章由王帅编写；第三章、第五章、第七章、第八章、第十章由杨培涛编写；第四章、第十一章由汤旭编写。

本教材的编写得到了众多的专家、学者的大力支持、指导和帮助，湖南大学姚德全教授，广州商学院陈石清教授，中南林业科技大学朱玉林教授、袁怀宇教授、王建军副教授，湖南工商大学罗长青副教授等专家学者对本教材的编写大纲、内容提出了系统宝贵的修改意见。研究生李治章、吴宇慧、夏倩、彭心怡、谢婷、闵松月、李旭阳等做了大量的编务工作，在此深表谢意。

　　本教材既可作为金融类和保险类大学生的主干教材，也可作为金融实务者和理论研究者以及金融机构学习者的参考书籍。由于编者水平有限，时间仓促，教材中可能有不当或错误之处，敬请读者雅正，并多提宝贵意见。

编　者

2022 年 2 月

CONTENTS 目录

前 言
第一章 金融市场概述 ··· 1
  第一节 金融市场的概念及主体 ··· 1
  第二节 金融市场的类型 ··· 8
  第三节 金融市场的功能 ··· 13
  第四节 金融市场的发展趋势 ··· 17

第二章 效率市场假说 ··· 22
  第一节 效率市场假说的定义与分类 ··· 22
  第二节 效率市场假说的理论基础 ··· 24
  第三节 效率市场假说的实证检验 ··· 32
  附 录 独立同分布、鞅差分序列和白噪音 ··· 41

第三章 利 率 ··· 44
  第一节 利率概述 ··· 44
  第二节 利率水平的决定 ··· 55
  第三节 收益率曲线 ··· 61
  第四节 利率期限结构 ··· 65

第四章 债券价值分析 ··· 73
  第一节 收入资本化法的应用 ··· 73
  第二节 债券定价原理 ··· 76
  第三节 债券的价值属性 ··· 79
  第四节 久期、凸度与免疫 ··· 88

第五章 普通股价值分析 ··· 96
  第一节 股息贴现模型 ··· 96
  第二节 市盈率模型 ··· 101
  第三节 负债情况下的自由现金流分析法 ··· 105
  第四节 通货膨胀影响下的股票价值评估 ··· 107

第六章 货币市场 ... 110
第一节 货币市场的概述 ... 110
第二节 同业拆借市场 ... 112
第三节 回购协议市场 ... 123
第四节 商业票据市场 ... 129
第五节 银行承兑汇票市场 ... 136
第六节 大额可转让定期存单市场 ... 143
第七节 短期政府债券市场 ... 148
第八节 货币市场共同基金市场 ... 151

第七章 资本市场 ... 157
第一节 股票市场 ... 157
第二节 债券市场 ... 168
第三节 投资基金市场 ... 173

第八章 金融远期、期货和互换 ... 178
第一节 金融远期和期货概述 ... 178
第二节 远期和期货的定价 ... 186
第三节 金融互换 ... 195

第九章 期权和权证 ... 204
第一节 期 权 ... 204
第二节 权 证 ... 216
第三节 可转换债券 ... 220

第十章 抵押和证券化资产 ... 229
第一节 资产证券化 ... 229
第二节 抵押支持证券 ... 235
第三节 资产支持证券 ... 240
第四节 中国的资产证券化市场 ... 243

第十一章 外汇市场 ... 246
第一节 外汇市场概述 ... 247
第二节 外汇市场的构成 ... 252
第三节 外汇市场的交易方式 ... 256
第四节 汇率决定理论与影响因素 ... 266

第十二章 互联网金融市场 ... 280

第十三章 投资组合理论 ... 291
第一节 金融风险的定义和类型 ... 291
第二节 投资收益与风险的衡量 ... 300

第三节	证券组合与分散风险	306
第四节	风险偏好与无差异曲线	309
第五节	有效集和最优投资组合	317
第六节	无风险借贷对有效集的影响	319
附录 A	投资收益与风险的衡量方法的讨论	327
附录 B	预期收益率、均方差、协方差和相关系数的经验估计	329

第十四章 资产定价理论 331
- 第一节 资本资产定价模型 331
- 第二节 套利定价模型 339
- 第三节 资产定价模型的实证检验 343

第十五章 金融市场风险与监管 351
- 第一节 金融市场风险 351
- 第二节 金融市场监管 353
- 第三节 金融市场监管模式 357
- 第四节 国外金融市场监管 360
- 第五节 中国金融市场监管制 363

第一章 金融市场概述

◆ **本章概要：**

1. 金融市场是资金供求双方借助金融工具进行货币资金融通和配置的市场。金融市场的参与主体主要有政府部门、中央银行、各类金融机构、工商企业和居民个人。

2. 金融市场的分类方式很多，可以按照金融工具期限的长短、中介特征、交易的标的物、金融资产的发行与流通、交易对象的交割方式、有无固定交易场所、地域范围等多种标准划分。

3. 金融市场的主要功能包括聚敛功能、配置功能、调节功能和反映功能。

4. 金融市场的发展趋势是资产证券化、金融全球化、金融自由化和金融工程化。

◆ **重点难点：**

1. 了解金融市场的概念和主体。
2. 了解金融市场的主要类型。
3. 了解金融市场的主要功能。
4. 了解金融市场的发展趋势。

第一节 金融市场的概念及主体

一、金融市场的含义

金融市场是资金供求双方借助金融工具进行货币资金融通和配置的市场。金融市场有广义和狭义之分。在当今经济社会中，有资金盈余者和资金供给者，他们会形成资金供求双方。资金供求双方之间货币余缺的调剂构成金融市场的主要活动内容。他们之间的资金余缺调剂可以采取直接融资与间接融资两种方式进行。直接融资的方式通常是指资金的需求者通过发行债券和股票等直接融资工具直接从资金的所有者那里融通资金，由此形成的市场被称为直接金融市场。间接融资的方式是指资金所有者将其手中的资金存放在银行等金融中介机构，然后由这些机构转贷给资金需求者，由此形成的市场被称为间接金融市场。一般来说，广义的金融市场既包括直接金融市场，又包括间接金融市场，间接金融市场最主要的是银行的借贷市场；狭义的金融市场仅包括直接金融市场。本章主要介绍狭义金融市场。

二、金融市场的构成要素

在金融市场中，资金供求双方构成了市场参与主体，市场参与主体间的资金余缺调剂借助于金融工具完成，因此各类金融工具成为市场交易的客体。当市场参与主体间通过买卖金融工具进行资金交易时，会形成一定的交易价格，与商品市场一样，交易价格在金融市场中发挥着重要的作用，合理有效的资金配置通过价格机制完成。因此，金融市场的构成要素主要包括市场参与主体、金融工具、交易价格和交易的组织方式。

(一) 市场参与主体

金融市场的参与主体非常广泛，政府部门、中央银行、各类金融机构、工商企业和居民个人等出于不同的目的广泛地参与金融市场的交易活动。

政府部门通常是一国金融市场上主要的资金需求者，通过发行公债和国库券为基础设施建设、弥补财政预算赤字等筹集资金。中央银行参与金融市场的主要目的不是为了盈利，而是进行货币政策操作，通过在金融市场上买卖证券，进行公开市场操作，达到调节货币供给量、引导市场利率的目的。各类金融机构是金融市场的重要参与者，它们既是资金的供给者和需求者，同时还是金融市场上最重要的中介机构。以商业银行为例：作为资金的需求者，商业银行通过其负债业务大量吸收居民、企业和政府部门暂时不用的资金；作为资金的供应者，商业银行又通过贷款等资产业务向其他资金需求者提供资金。除此之外，商业银行也广泛地参与直接金融市场的活动，是同业拆借市场、票据贴现市场、政府债券市场等的重要参与者。企业部门也是金融市场的重要参与者，一方面，它是金融市场主要的资金需求者，既通过市场筹集短期资金维持正常的运营，又通过发行股票或中长期债券等方式筹集资金用于扩大再生产和经营规模；另一方面，它也是金融市场上的资金供应者之一，企业会将生存经营过程中暂时闲置的资金进行短期投资，以获得保值和增值。居民个人一般是金融市场上的主要资金供应者。居民通常将其收入减去消费之后的储蓄用来进行金融投资，通过在金融市场上合理购买各种金融工具进行组合投资，既能满足日常的流动性需求，又能获得资金的保值和增值。

(二) 金融工具

金融市场上所有的货币资金交易都以金融工具为载体，资金供求双方通过买卖金融工具实现资金的相互融通。

1. 金融工具的特征

金融工具种类繁多，但都有一些共同的特征。

(1)期限性。期限性是指金融工具通常都有规定的偿还期限。当金融工具到期时，债务人有义务按期偿还本金，并按照约定的条件和方式支付相应的利息。一般情况下，金融工具上面都标有该工具的偿还期限，如政府发行的3年期国债上会标明其起始日和偿还日。对金融工具的持有者来说，更有现实意义的是从他持有该金融工具日起到金融工具到期日止所经历的时间。例如，偿还期为5年的国债，投资者在发行2年后从债券市场买入这一债券，对于该投资者来说，这一国债的偿还期是3年，他将用此时间衡量其持有该国债所获得的收益率水平。金融工具的偿还期限有两种极端情况，一种是类似于活期存款的零期限，可以随时支取；另一种是类似于股票和永久性债券的无偿还期限，永远没有到期日。

(2)流动性。流动性是指金融工具的变现能力，即转变为现实购买力货币的能力。通常来说，金融工具的变现能力越强，成本越低，其流动性就越强，反之，流动性越弱。偿还期限、发行人的资信程度、收益率水平等是影响金融工具流动性强弱的主要因素。一般来说，偿还期限与金融工具的流动性呈反向变动关系，而发行人的资信程度和收益率水平则与金融工具的流动性呈正向变动关系：偿还期越长，流动性越弱；偿还期越短，流动性越强。因此，短期金融工具的流动性要强于长期金融工具。金融工具发行者的信誉状况越好，金融工具的流动性越强；反之，流动性越弱。因此，国家发行的债券、信誉卓越的大公司签发的商业票据、银行发行的大额可转让存单等都具有很强的流动性。金融工具的收益率水平越高，愿意持有该金融工具的投资者越多，该金融工具的流动性越强。对持有者来说，流动性强的金融工具相当于货币。

(3)风险性。风险性是指购买金融工具的本金和预定收益遭受损失的可能性的大小。购买任何一种金融工具都会有风险。风险主要来源于两个方面：一是金融工具的发行者不能或者不愿履行按期偿还本金、支付利息的约定，从而给金融工具的持有者带来损失的可能性，这种风险被称为信用风险。二是由于金融工具交易价格的波动而给金融工具的持有者带来损失的可能性，这种风险被称为市场风险。金融工具发行者的信用等级越高、经营状况越好，则该金融工具的信用风险越低。金融工具，尤其是长期金融工具的市场风险很难预测，因为政治、经济、政策、市场等诸多因素的变动都会影响金融工具的交易价格，使金融工具的交易价格具有很强的不确定性。

(4)收益性。收益性是指金融工具能够为其持有者带来收益的特性。金融工具的持有者之所以愿意将自己的货币资金转让给金融工具的发行者使用，就是因为金融工具有带来一定收益的可能性。金融工具给其持有者带来的收益有两种：一是利息、股息或红利等收入；二是买卖金融工具所获得的价差收入。

2. 两种重要的金融工具：债券和股票

金融工具按照不同的标准可以划分为不同的种类。如以期限的长短作为划分标准，可以将金融工具划分为货币市场工具和资本市场工具。期限在一年以内的金融工具属于货币市场工具，如商业票据、国库券、大额可转让定期存单、回购协议等；期限在一年以上的金融工具属于资本市场工具，如股票、公司债券、中长期公债等。以当事人所享权利和所担义务作为划分标准，可将金融工具划分为债权凭证和所有权凭证。股票就是一种所有权凭证，债券属于债权凭证。以融资形式作为划分标准，可以将金融工具分为直接融资工具和间接融资工具。商业票据、政府债券和股票属于直接融资工具，存款单、人寿保险单属于间接融资工具。以是否与实际信用活动直接相关作为划分标准，可将金融工具分为原生金融工具和衍生金融工具。原生金融工具包括票据、股票、债券等，衍生金融工具包括期货、期权、远期、互换等。每一种金融工具都有其独特的特点和功能，种类丰富的金融工具是发达金融市场的重要标志之一。

(1) 债券。债券是政府、金融机构、工商企业等直接向社会借债筹集资金时，向投资者出具的、承诺按约定条件支付利息和到期归还本金的债权债务凭证。债券上通常载明债券的发行机构、面值、利率、付息期、偿还期等要素。

债券是一种重要的筹资工具，种类繁多。按发行主体分类，债券可以分为政府债券、金融债券和公司债券三大类，每类债券又可以进行不同的细分。

①政府债券是指中央政府和地方政府发行的债券，它以政府的信誉作保证，因而通常无需抵押品，其风险在各类债券中是最低的，利率水平也低于金融债券和公司债券。中央政府发行的债券统称为国债，因国债以国家财政收入为保证，所以一般不存在风险，故有"金边债券"之称。一年以内的短期债券通常称为国库券，是货币市场的重要工具，一般采取贴现的方式发行；一年期以上的中长期债券通常被称为国家公债，是资本市场的重要工具。国家公债按其还本付息的方式分为分次付息债券和一次性付息债券。分次付息债券是一种附息票债券，即债券券面上附有息票，息票上标有利息额、支付利息的期限和债券号码等内容，债券持有人可以从债券上剪下息票，并据此领取利息，通常每半年或1年付息一次。一次性付息债券是指到期按票面金额一次还本付息的债券。

在多数国家，地方政府都可以发行债券，被称为地方公债。地方政府发行债券的目的主要是为地方建设筹集资金，因此期限一般较长。地方公债以地方政府财政收入为担保，其信用风险仅低于国债，同时也具有税收优惠特征。

②金融债券的发行主体是银行或非银行金融机构。在欧美国家，金融机构发行的债券归类于公司债券，在中国及日本等国家，金融机构发行的债券单独归类于金融债券。金融债券的发行目的一般是为了筹集长期资金，它不仅可以为金融机构带来稳定的资金来源，而且金融机构可以根据经营管理的需要，主动选择适当时机

发行必要数量的债券以吸收低利率资金,故金融债券的发行通常被看作商业银行资产负债管理的重要手段。由于金融机构的资信度比一般非金融公司要高,因此,金融债券的信用风险要低于公司债券,其利率水平也相应低于公司债券。但金融债券的流动性低于银行存款,因此,一般来说,金融债券的利率要高于同期银行存款利率。

③公司债券是由公司企业为筹集资金而发行的债券。按有关的规定,公司企业要发行债券必须先参加信用评级,级别达到一定标准才可发行。因为公司企业的资信水平比不上金融机构和政府,所以公司债券的风险相对较大,其利率水平也高于政府债券和金融债券。公司债券的种类很多,通常按照不同的标准可以分为不同的类别。

按抵押担保状况可分为信用债券和抵押债券。信用债券是完全凭公司信誉,不需要提供任何抵押品而发行的债券。一般只有良好声誉的大公司才能发行这种债券,而且期限较短,利率较高。抵押债券是以土地、房屋等不动产为抵押品而发行的一种公司债券。如果公司不能按期还本付息,债权人有权处理抵押品。

按内含选择权可分为可转换债券、可赎回债券、偿还基金债券和带认股权证的债券。可转换债券是指公司债券附加可转换条款,赋予债券持有人在一定的期限内按预先确定的比例将债券转换为该公司普通股的选择权。大部分可转换债券都是没有抵押的低等级债券,并且是由风险较大的小型公司所发行的。这类公司筹措债务资本的能力较低,使用可转换债券的方式将增强对投资者的吸引力。可赎回债券是指该债券的发行公司被允许在债券到期日之前以事先确定的价格和方式赎回部分或全部债券。当市场利率降至债券利率之下时,赎回债券或代之以新发行的低利率债券对债券持有人不利,因而通常规定在债券发行后至少五年内不允许赎回。偿还基金债券要求发行公司按发债总额每年从盈利中提取一定比例存入信托基金,定期偿还本金,即从债券持有人的手中购回一定量的债券。这种设立偿还基金的办法无疑是为了使投资者不用担心债券本息的偿还,其最终目的是吸引更多的投资者。带认股权证的债券是指公司债券可把认股权证作为合同的一部分附带发行。对于发行人来说,发行附认股权证的公司债券可以起到一次发行、二次融资的作用。带认股权证的债券允许债券持有人按债券发行时规定的条件购买发行人的普通股票。

按债券利率的确定方式可分为固定利率债券、浮动利率债券和指数债券。固定利率债券是将利率印在票面上,并按其向债券持有人支付利息的债券,该利率不随市场利率的变化而调整;浮动利率债券的利率水平伴随着市场利率的变动而进行相应的调整,通常是在某一基准利率的基础上增加一个固定的溢价,如100个基点即1%,以防止市场利率变动可能造成的价值损失;指数债券是指将利率与通货膨胀率挂钩来保证债权人不会因物价上涨而遭受损失的公司债券。

(2)股票。股票是股份有限公司在筹集本金时向出资人发行的,用以证明其股东身份和权益的一种所有权凭证。股票一经发行，持有者即为股票发行公司的股东，有权投票决定公司的重大经营决策，如经理的选择、重大投资项目的确定等，有权分享公司收益；同时，股东也要分担公司经营风险，在公司破产的情况下，股东的股本投资通常所剩无几。股票一经认购，持有人不能以任何理由要求退还股本，只能通过股票流通市场将其转让。股票只是代表股份资本所有权的证书，它本身没有价值，不是真实的资本，而是一种独立于实际资本之外的虚拟资本。股票按持有者所享有的权利不同可划分为普通股和优先股两类。

①普通股是股份有限公司的股票，目前我国上海证券交易所和深圳证券交易所上市的股票都是普通股。普通股的股东可以出席股东大会，具有表决权、选举权和被选举权等；其股息、红利收益与股份有限公司经营状况紧密相关，在股份有限公司盈利良好的情况下，可以获得丰厚的收益。普通股的股东还具有优先认股权，即当公司增发新的普通股时，现有股东有权按其原来的持股比例认购新股，以保持对公司所有权的现有比例。当然，如果股东认为新发行的股票无利可图时，他也可以放弃这种权利。

②优先股是股份有限公司发行的具有收益分配和剩余资产分配优先权的股票。与普通股相比，优先股股东具有两种优先：一是优先分配权，即在公司分配股息时，优先股的股东分配在先；二是优先求偿权，即在公司破产清算，分配剩余资产时，优先股的股东清偿在先。但优先股的股东没有表决权、选举权和被选举权等，其股息也是固定的，与股份有限公司的经营状况无关。优先股的风险小于普通股，预期收益率也低于普通股。

我国的股票分类具有典型的中国特色。根据股票上市地点和投资者的不同，我国的股票有A股、B股、H股、N股和S股之分。A股即人民币普通股，是由我国境内股份公司发行的，供境内机构和个人（不含港、澳、台投资者）以人民币认购和交易的普通股股票；B股是由我国境内股份公司发行的，以人民币表明票面价值，以外币购买，在境内证券交易所上市，供境内外投资者买卖的股票，上海证券交易所的B股以美元进行交易，深圳证券交易所的B股以港币交易；H股、N股和S股分别是我国境内股份公司发行的，在香港、纽约和新加坡上市交易的股票。

此外，由于我国上市公司中很大一部分是由原公有制企业改制而来的，因此，按投资主体的性质不同，我国上市公司的股票还被划分为国家股、法人股和公众股。国家股指有权代表国家投资的部门或机构以国有资产向股份公司投资形成的股票。国家股的股权所有者是国家，其股权由国有资产管理机构或其授权单位、主管部门行使。法人股是指企业法人或具有法人资格的事业单位和社会团体以其依法可支配的资产投入股份公司形成的股票。国家股和法人股统称为国有股，一般不能上市流通转让，因此又被称为非流通股。公众股是指社会公众依法以其拥有的财产投入股份公司时形成的可上市流通的股票。这样，同一家上市公司发行的股票就有流通股和非流通股之分，这被称为股权分置。

(3) 债券与股票的区别。第一，股票一般无偿还期限，股票一经认购，持有人不能以任何理由要求退还股本，只能通过股票流通市场将其转让；而债券具有偿还期限，到期日必须偿还本金，因而对于公司来说，若发行过多的债券就可能因资不抵债而破产，而公司发行越多的股票，其破产的可能性就越小。第二，股东从公司税后利润中分享股息与红利，普通股股息和红利与公司经营状况紧密相关；债券持有人则从公司税前利润中得到固定利息收入。第三，当公司由于经营不善等原因破产时，债券持有人有优先取得公司财产的权利，其次是优先股股东，最后才是普通股股东。第四，普通股股票持有人具有参与公司决策的权利，而债券持有人通常没有此权利。第五，股票价格波动的幅度大于债券价格波动的幅度，而且股票不涉及抵押担保问题，而债券可以要求以某一或某些特定资产作为保证偿还的抵押，这降低了债务人无法按期还本付息的风险，因此，股票的风险大于债券。第六，在选择权方面，股票主要表现为可转换优先股和可赎回优先股，而债券则更为普遍。一方面，多数公司在公开发行债券时都附有赎回条款，在某一预定条件下，由公司决定是否按预定价格提前从债券持有人手中购回债券。另一方面，许多债券附有可转换性，这些可转换债券在到期日或到期日之前的某一期限内可按预先确定的比例或预先确定的价格转换成股票。

(三) 交易价格

交易价格是金融市场的另一个重要构成要素。市场参与主体间买卖金融工具最终是为了进行货币资金的交易，而货币资金交易与一般商品交易不同，货币资金交易大多只是表现为货币资金使用权的转移，而不是所有权的转移。货币资金使用权的价格通常以利率显示，因此，利率便成为金融市场上的一种重要价格。金融市场货币资金供求的变化会引起利率的变动，不同金融工具利率的差异会引导市场资金的流向。债权类金融工具票面利率与市场利率的差异是决定此类金融工具流通市场转让价格的主要因素。股票是一种所有权凭证，没有偿还期限，其交易价格主要体现为流通市场上的买卖价格，此价格受多种因素的影响，但股票收益率与市场利率的差异依然是影响股票交易价格的重要因素。

(四) 交易的组织方式

如何组织资金供求双方进行交易涉及金融市场的交易组织方式问题。一般来说，金融市场交易主要有两种组织方式：场内交易方式和场外交易方式。

场内交易方式也叫交易所交易方式。交易所由金融管理部门批准建立，为金融工具的集中提供固定场所和有关设施，制定各种规则，监督市场交易活动，管理和公布市场信息。交易所的种类主要有证券交易所、期货交易所等。场外交易方式是相对于交易所交易方式而言的，凡是在交易所之外的交易都可称为场外交易。由于这种交易最早主要在各金融机构的柜台上进行，因而也被称为柜台交易方式。场外交易方式没有固定的集中场所，分散于各地，规模有大有小，交易主要通过通信手段完成。场外市场无法实行公开竞价，其价格是通过商议达成的，一般由自营商挂出各种证券的买入和卖出两种价格。场外交易比场内交易所受的管制少，灵活方便，为中小型企业和具有发展潜力的新兴公司提供了二级市场。

第二节 金融市场的类型

金融市场是一个大系统，它包括许多相互独立又相互联系的市场，为了能充分理解金融市场，下面从多个角度对金融市场进行分类。

一、按金融工具的期限长短划分为货币市场与资本市场

(一) 货币市场

货币市场又称短期金融市场，指以期限在一年及一年以下的金融资产为标的物的短期金融市场。它满足了筹资者短期资金的需求，与此同时，满足了闲置资金投资的要求。交易期限短、安全性高、流动性强、交易额大、电子化程度高是货币市场的主要特点。

货币市场的主要功能是保持金融资产的流动性，主要包括同业拆借市场、回购市场、商业票据市场、银行承兑票据市场、大额可转让定期存单、短期政府债券市场、货币市场基金等。

货币市场是公开市场，按照市场价格进行交易，随着其发展，为中央银行有效实施间接调控货币提供了坚实的基础，并促进了中央银行货币调控从行政性向市场化的转变。通过市场形成的同业拆借利率等，不仅为全社会的金融配置提供了重要的基准价格，也为货币当局判断市场资金供求情况提供了一个相对真实的参照。

知识链接1—1

银行间隔夜利率步入"0时代"

2019年12月，存款类机构质押式回购DR001加权平均利率下行至0.93%，上海银行间同业拆放利率(Shibor)隔夜报0.94%。

年内资金面进一步宽松，银行间市场隔夜资金利率已经跌破1%，步入年末"0时代"。截至发稿，存款类机构质押式回购DR001加权平均利率下行至0.93%，上海银行间同业拆放利率(Shibor)隔夜报0.94%。

但跨年资金利率仍然小幅上行，昨日14天资金利率上行幅度超过6个基点，今日7天资金利率也小幅上行。市场交易人士表示，目前年内资金面较为宽松，银行间市场

和交易所跨年资金利率相差不大。

11月，公开市场上共有3300亿元逆回购和4035亿元MLF到期，央行通过累计3000亿元的逆回购和6000亿元的MLF在公开市场上净投放资金1665亿元。其中11月18日，央行开展1800亿元7天期逆回购操作，中标利率下降至2.50%，此前为2.55%，当日无逆回购到期。这是逾4年来7天期逆回购中标利率首次下降。

此外，MLF利率、逆回购利率及LPR利率均小幅下行。11月5日，在央行续作MLF的同时，MLF利率由3.3%下调至3.25%，带动货币市场利率下行；20日，1年期LPR报4.15%，5年期LPR报4.80%，均较上期下行5个基点。

市场分析人士认为，7天期逆回购操作利率的下调，是4年多以来首次下调公开市场逆回购操作利率，反映了央行对当前企业融资成本较高的担忧。从数量上看，本次逆回购数量较大，在近期流动性略微偏紧张的情形下，央行平稳流动性的目的未变。当前，实体经济融资成本依旧较高，央行有必要通过下调MLF与OMO利率来引导实体信贷利率的下行。

(二) 资本市场

资本市场被称为长期资金市场，是融通期限在一年以上的中长期资金市场。资本市场主要包括两大部分：银行中长期存贷款市场和有价证券市场。与货币市场相比，资本市场除了期限不同之外，融资目的、收益水平、资金来源等方面也不同，它的流动性相对较弱，风险性较高。

知识链接1-2

多层次资本市场的主要内容

(1) 主板市场。主板市场也称为一板市场，指传统意义上的证券市场，是一个国家或地区证券发行、上市及交易的主要场所。主板市场对发行人的营业期限、股本大小、营利水平、最低市值等方面的要求标准较高，上市企业多为大型成熟企业，具有较大的资本规模以及稳定的营利能力。相对创业板市场而言，主板市场是资本市场中最重要的组成部分，很大程度上能够反映经济发展状况，有"宏观经济晴雨表"之称。

(2) 二板市场。二板市场又被称为"创业板市场"，是为具有高成长性的中小企业和高科技企业融资服务的资本市场。创业板市场是不同于主板市场的独特的资本市场，具有前瞻性、高风险、监管要求严格以及明显的高技术产业导向的特点。与主板市场相比，在创业板市场上市的企业规模较小、上市条件相对较低，中小企业更容易上市募集发展所需资金。创业板市场的功能主要表现在两个方面：一是在风险投资机制中的作用，即承担风险资本的退出窗口作用；二是作为资本市场所固有的功能，包括优化资源配置、促进产业升级等作用，而对企业来讲，上市除了融通资金外，还有提高企业知名度、分担投资风险、规范企业运作等作用。因而，建立创业板市场是完善风险投资体系，为中小高科技企业提供直接融资服务的重要一环，也是多层次资本市场的重要组成部分。中国创业板市场应具有以下特征：进入门槛低，监管较严格；股份全流通，但对管理层售股应有一定限制；股票发行制度应采取注册制；按市场化运作，并强化保荐人的责任；实行"风险自负"和强化严格信息披露。

（3）三板市场。三板市场的官方名称是"代办股份转让系统"，于2001年7月16日正式开办。代办股份转让系统是指经中国证券业协会批准，具有代办系统主办券商业务资格的证券公司采用电子交易方式，为非上市股份有限公司提供规范股份转让服务的股份转让平台。

（4）四板市场。四板市场即区域性股权交易市场（也称"区域股权市场"），是为特定区域内的企业提供股权、债券转让和融资服务的私募市场，一般以省级为单位，由省级人民政府监管。对于促进企业特别是中小微企业股权交易和融资，鼓励科技创新和激活民间资本，加强对实体经济薄弱环节的支持具有积极作用。

图1-1直观地展示出多层次资本市场的结构。

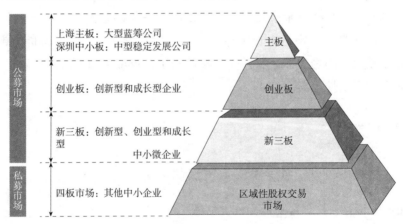

图1-1　多层次资本市场结构图

二、按中介特征划分为直接金融市场和间接金融市场

在现实经济生活中，由于资金闲置者和资金短缺者始终存在，金融市场成为了二者互通有无的渠道。

直接金融市场是指资金需求方直接从资金供给方获得资金的方式，即投资者不通过中介机构直接向筹资者进行投资的资金融通形式。直接融资一般的融资方式是发行债券或股票。而间接金融市场是通过银行等信用中介机构来进行资金融通的市场。在该方式下，银行等信用中介机构先从资金供给方吸收资金，再将资金贷放给资金需求方。

三、按交易的标的物划分为外汇市场、黄金市场、衍生工具市场

衍生工具市场是远期、期货、期权、互换等金融衍生工具进行交易的市场。金融衍生是在基础性金融工具的基础上创造出来的新型金融工具，一般表现为一些合约，其价值由标的物的价格决定。

外汇市场是以不同种货币计值的两种票据之间的交换市场。外汇市场有广义和狭义之分。狭义的外汇市场指的是银行间的外汇交易，包括各外汇银行间的交易、中央银行与外汇银行间以及各国中央银行之间的外汇交易活动，通常被称为批发市场。广义的外汇市场是指由各国中央银行、外汇银行、外汇经纪人及客户组成的外汇买卖、经营活动的总和，包括上述的批发外汇市场以及银行同企业、个人间外汇买卖的零售市场。

黄金市场是专门集中进行黄金买卖的交易中心或场所。由于黄金仍然是国际储备工具之一，在国际结算中占据重要的地位，因此，黄金市场仍被看作金融市场的组成部分。黄金市场早在19世纪初就已形成，是最古老的金融市场。但随着时代的发展，黄金非货币化趋势越来越明显，黄金市场的地位也随之下降。目前，世界上共有40多个黄金市场。其中伦敦、纽约、苏黎世、芝加哥和香港的黄金市场被称为五大国际黄金市场。

四、按金融资产的发行与流通特征划分为初级市场、二级市场、第三市场和第四市场

资金需求者将金融资产首次出售给公众时所形成的交易市场称为初级市场、发行市场或者一级市场。金融资产的发行方式又分为私募发行和公募发行。私募发行的发行对象一般为机构投资者，它又分为包销和代销。包销是指由承销人按照商定的条件把全部证券承接下来负责对公众销售，期满后，不论证券是否已经销售完，包销机构都要如数付给发行人应得资金。代销则是发行人自己承担全部的发行风险，只将公开销售事务委托投资机构等办理的一种方式。代销商只收取手续费等费用，不承担任何风险。目前国际上流行的是包销方式。公募发行的发行对象为社会公众。

证券发行后，各种证券在不同的投资者之间买卖流通所形成的市场即为二级市场、流通市场或者次级市场。它分为两种：一是场内市场，即证券交易所；二是场外市场。证券交易所是依照国家有关法律规定，经政府主管机关批准设立的证券集中竞价的有形场所。场外交易市场又称柜台交易市场或店头交易市场，是在证券交易所之外进行证券买卖的市场。

初级市场是二级市场的基础和前提，二级市场是初级市场存在与发展的重要条件之一，无论是从流动性上还是从价格的确定上，初级市场都要受到二级市场的影响（图1-2）。

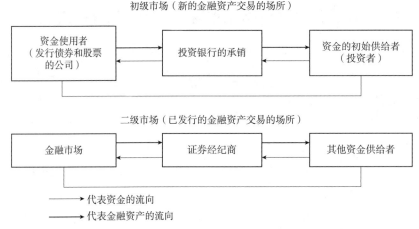

图1-2 资金与金融资产流向图

第三市场是原来在交易所上市的证券移到场外进行交易所形成的市场，它相对于交易所交易来说，具有限制更少、成本更低的优点。第四市场是投资者与证券的卖出者直接交易形成的市场，他们之间避开了经纪人，降低了交易成本。第三市场和第四市场实际上都是场外交易的一部分。

五、按交易对象的交割方式划分为现货市场和期货市场

现货市场也称即期交易市场，是在交易达成确立后，在若干个交易日办理交割的金融交易市场。现货交易包含现金交易、固定方式交易以及保证金交易。现金交易是指成交日和结算日在同一天的交易；固定方式交易是成交日和结算日间隔几个交易日，一般是7天以内；保证金交易也称为垫头交易，它是投资者在资金不足又想获得较多投资收益时，采取交付一定比例的现金，其余资金由经纪人贷款垫付，买卖金融工具的交易方式。目前现货市场主要是固定方式交易。

期货交易是指交易双方达成成交协议后，并不立即进行交割，期货市场上成交和交割是分离的，交割要按照成交时的协议价格进行，而成交和交割期间金融工具价格的波动变化可能会使交易者获利或受损，因此期货市场上交易者需要对市场进行判断，并承担一定的市场风险。期货市场最重要的功能是价格发现和风险管理功能。

六、按有无固定场所划分为有形市场和无形市场

有形市场是具有固定场所的市场，一般指证券交易所这一类有固定场地的金融资产交易市场。在证券交易所，投资人需要委托证券交易商买卖证券。而无形市场是指证券交易所外进行的金融资产交易的总称。它的交易一般通过现代化的通信工具在各金融机构、证券商、投资者之间进行。它是一个无形的网络，金融资产和资金可以在其中实现迅速转移。在现实世界中，绝大部分的金融资产交易都是在无形市场上进行的。

七、按地域划分为国内金融市场和国际金融市场

按照金融市场作用的地域范围来划分，可以分为国内金融市场和国际金融市场。国内金融市场是指金融交易的作用范围仅限于一国之内的市场。国际金融市场是金融资产交易跨越国界进行的市场，是进行金融资产国际交易的市场。

八、按交易对象是否依赖其他金融工具划分为原生金融市场和衍生金融市场

根据交易对象是否依赖其他金融工具，可分为原生金融市场和衍生金融市场。原生金融市场是指交易原生金融工具的市场，如股票市场、基金市场、债券市场等。衍生金融市场是指交易衍生工具的市场，如期权市场、期货市场、远期市场、互换市场等。

九、按价格形成机制划分为竞价市场和议价市场

根据价格形成机制不同，可分为竞价市场和议价市场。竞价市场又称公开市场，是指金融资产交易价格通过多方买方和卖方公开竞价形成的市场。议价市场是指金融资产交易价格通过买卖双方协商形成的市场。

十、其他分类方法

证券市场的结构可以有许多种，但较为重要的结构有层次结构、品种结构、交易场所结构。层次结构是指按证券进入市场的顺序而形成的结构关系。按这种顺序关系划分，证券市场可分为发行市场和交易市场。品种结构是根据有价证券的品种形成的结构关系。这种结构关系的构成主要有股票市场、债券市场、基金市场、衍生品市场等。

第三节 金融市场的功能

一、聚敛功能

所谓聚敛功能，就是金融市场能够引导小额分散资金，汇聚成能够投入社会再生产的资金集合功能。在这里，金融市场起着资金蓄水池的作用。不同经济部门的资金收入和支出在时间上并不总是对称的，一些部门可能会存有闲置资金，而另一些部门可能会有融资缺口。金融市场为两者的相互融通提供了便利。因此，这一功能又被称作融通功能。金融市场是资金供求双方融通资金的场所；资金融通是金融市场的基本功能，也是金融市场的初级功能。

在金融市场上,有资金剩余的经济主体,即资金供给者,可以通过购买金融产品的方式,将剩余资金融通给资金短缺的资金需求者;而有资金缺口的经济主体,即资金需求者,可以通过出售金融资产的方式,筹集所需资金。金融市场借助货币资金和金融产品这两种媒介,沟通了资金供给者和需求者,方便其调节资金余缺。在经济中,各经济主体自身的资金是相对有限的,零散的资金是无法满足大规模投资要求的,特别是大型的建设项目以及政府的大额公共开支。这就需要一个能将众多小额资金集合起来,以形成大额资金的渠道,金融市场的聚敛功能就提供了这种渠道。金融市场的聚敛功能,能够将社会储蓄转化为社会投资。这里的储蓄并非日常生活中的银行储蓄,而是指推迟当前消费的行为,实质上就是社会各经济主体的资金盈余。投资则是经济主体以盈利为目的,对资本的经营和运用。大额投资往往需要投入资金。一般而言,一个经济主体不会既是资金的盈余者,又是资金的需求者,因此,储蓄与投资的主体也并非相同。因此,金融市场在促进储蓄向投资转化时,就必须通过提供多种可供金融市场参与者选择的金融产品来实现。

金融市场之所以具有资金的聚敛功能,在很大程度上是由于金融市场创造了金融资产的流动性。金融市场的这一功能又被称作流动性创造。金融工具的一大特点,就是可以在金融市场上以较低的损失迅速获得现金。流动性是指金融资产迅速转化为现金的能力,如果一项金融资产越容易变现,那么这项资产的流动性就越强。在所有金融资产中,现金的流动性是最强的,它能够随时随地用来购买其他资产;但现金的收益率是所有金融资产中最低的,而且面对通货膨胀,其购买力还会下降。因此,投资者往往会在金融资产的持有中,尽量做到收益率与流动性两方面都不忽视,保持两者的平衡。金融市场的流动性,是金融市场正常运转的基础。

发达的金融市场可以提供多种多样的金融工具和交易方式,为金融市场的参与者提供尽可能多的选择,满足他们的各种偏好。在高效的金融市场上,资金需求者可以很方便地通过直接或间接的融资方式获取资金,资金供给者可以根据自己的收益风险偏好和流动性要求选择合适的投资工具,实现收益的最大化。金融市场的聚敛功能,能够挖掘资金的潜力,提高资金的利用效率,加速资金的流通,促进经济的发展。

二、配置功能

金融市场的配置功能,主要表现在资源配置、财富再分配、风险再分配三个方面。

金融市场的资源配置功能是指金融市场促进资源从低效率的部门转移到高效率的部门,从而使整个社会的经济资源能得到最有效的配置,尤其是实现稀缺资源的合理配置和有效利用。金融市场的存在,沟通了资金需求者和资金供给者,为双方提供了投融资的途径,同时有利于降低双方的交易成本。而市场上的闲置资金数量往往是短缺的,为了实现收益的最大化,资金需求者和供给者双方都要通过市场竞争做出抉择。

资金供给者，即投资者，要将资金投向收益最好的项目；资金需求者，即筹资者，要选择成本最小的融资方式。这样一来，市场上的资金自然就会流向经济效益高、发展潜力大的部门和企业，以及价格低、收益高的金融工具。金融市场的竞争，使得有限的资金流向了效益最大化的方向，使得社会资源得到了优化配置。

金融市场也具有财富再分配的功能。财富是指各经济主体持有全部资产的价值之和。当金融产品的市场价格发生变化时，经济主体所持有的金融资产价值就会发生变化，这将最终影响经济主体的财富。金融产品价格波动时，一部分主体的财富随金融产品价格的升高而增加；另一部分主体的财富随金融产品价格的下跌而减少。这样社会财富就通过金融市场的价格波动实现了再分配。

金融市场同时也是风险再分配的场所。金融资产的投资和回报往往不是在同一时期发生的，这一时间间隔的存在，导致了金融资产的投资存在不确定性，也即存在风险。各类金融资产，由于其特性、机理的不同，导致了其内在的风险也不尽相同；不同的风险，可以满足不同风险承受能力的投资者的需要。风险规避者可以选择风险较小的资产，风险偏好者可以选择风险较大的金融资产。比如一家上市公司，为了筹集资金，既发行了股票，也发行了债券。较为乐观或偏好风险的投资者可以购买股票，因为股票的收益高，同时风险也大；而较为保守的投资者可以购买债券，因为债券的收益虽然低，但风险也小。这种风险的分配，无论对于投资者而言，还是对于筹资的公司而言，都是有益处的。

金融市场在实现资源分配的同时，也在进行着风险的配置。通过融资将资金供给者的资金提供给需求者，这是金融市场的资源配置功能；伴随着资金的转移，投资活动中的风险从风险承担能力较低的投资者转移到更加乐意承担风险的投资者身上，这是金融市场的风险配置功能。如果有投资者认为所持有的金融资产的风险过高，难以承受，那么他可以将其卖出；如果他希望能够承担更大的风险以获得更高的收益率，那么他可以买入高风险的金融资产。可以说，金融市场上金融资产交易的过程，实际上也是一个将金融资产按照不同风险特征重新分配的过程。

三、调节功能

金融市场具有调节宏观经济的功能。金融市场通过资金聚敛和资金融通将资金供给者和需求者联系在一起，其运行机制通过对资金供给者和需求者的影响而发挥作用。金融市场对宏观经济既有直接调节作用，也有间接调节作用。

社会资源的配置是通过市场机制进行的。社会对某种产品的需求状况首先通过价格信号反映出来，然后又通过价格信号作用于企业，促进其调整产品的价格和数量，从而达到供给和需求的平衡。金融市场的调节功能也是基于这一机制。在金融市场上的直接融资活动中，投资者为了自身的利益，必然会谨慎地选择合适的投资项目。如果投资项目符合市场需求、效益高、有较好的发展潜力，它相应的证券价格就会上涨，这样就会吸引到更多资金的进入，从而继续支持该项目的发展；反之，如果投资项目不符合市场的要求、效益差、缺乏发展潜力，它对应的证券价格就会下跌，这样该项目的筹资就会发生困难，发展就会受到抑制。推而广之，如果某个行业或者部门的发展前景良好，盈利能力强，自然会得到金融市场的支持；某个行业或部门缺乏发展潜力，则难以在金融市场上获得融资。这就是金融市场的直接调节功能。它实际上是金融市场通过其特有的引导资本形成及合理配置资源的机制，首先对微观经济产生影响，进而影响到宏观经济的一种自发调节机制。

此外，金融市场还具有间接调节宏观经济的功能。政府可以通过金融市场的运行，对宏观经济实施间接的调控。首先，金融市场能够为宏观经济的政策制定提供信息。金融市场上的金融交易，能够将各经济主体的金融活动汇集在一起，从而达到信息集中和信息处理的目的，这称作金融市场的信息提供功能。金融市场的运行状况，在经过收集和分析之后，是有关部门制定政策的依据。其次，货币政策的实施离不开金融市场。货币政策是政府调控宏观经济的重要政策，主要调控工具有存款准备金、再贴现、公开市场操作等。货币政策的实施要以金融市场的存在、金融部门及金融企业成为金融市场的主体为前提。实施货币政策时，通过金融市场可以调节货币供应量、传递政策信息、改善政策实施的效果。最后，财政政策的实施也需要金融市场的配合。政府通过国债的发行及运用等方式对各经济主体的行为进行引导和调节，而国债的流通则需要金融市场的协助。

四、反映功能

金融市场的反映功能，主要体现在以下四个方面：

第一，反映微观经济的运行状况。证券买卖大部分都在证券交易所进行，因此人们可以随时通过这个有形的市场了解到各种证券的交易行情，并据此做出投资决策。在一个有效市场中，证券价格的变化反映了企业的经营管理状况和发展前景。市场要求证券上市公司定期或不定期公布经营状况和财务报表，来帮助广大投资者及时有效地了解及推断上市公司及其相关企业、行业发展前景。某一企业的经营状况以及公众的预期，可以很快地从证券价格的变化中反映出来。由此可见，金融市场是反映微观经济运行状况的指示器。

第二，反映国家货币供应量的变动。金融市场的交易价格反映了货币供应量的状况。货币的紧缩和放松均是通过金融市场进行的，货币政策实施时，金融市场也会出现波动，表现出紧缩或放松的程度。总之，金融市场会反馈宏观经济信息，有助于政府部门及时制定和调整宏观经济政策。

第三，反映企业的发展动态。由于证券交易的需要，金融市场有大量专门人员长期从事商情研究和分析,并且他们每日与各类工商业企业直接接触,能够了解企业的发展状态。

第四,了解世界经济发展状况。随着各国经济开放程度的不断扩大,金融市场具有一体化、国际化、全球化趋势,整个世界金融市场联成一体,信息传递四通八达、迅速及时,从而能够及时反映世界各国经济发展、变化动向。

第四节　金融市场的发展趋势

一、资产证券化

资产证券化是指把流动性较差的资产,如金融机构的长期固定利率贷款、企业的应收账款等,通过商业银行或投资银行的集中以及重新组合,以这些资产做抵押发行证券,以实现相关债权的流动性。

(一)资产证券化趋势的内容

资产证券化的最主要特点,是将原来不具有流动性的融资形式变成流动性的市场性融资。以对信用度较低的借款人融资的证券化为例,一些信用度较低的企业和中小企业,其资金大都依靠商业银行的贷款,因为受自身信用度的限制,它们难以在资本市场上筹资。但是,随着流通市场的扩大,这种低信用等级的企业发行的债券迅速增加,出现了一种高收益债券市场。这种高收益债券可视为银行向低信用企业融资证券化的一种形式。与此同时,一些信用度较低的发展中国家贷款也出现证券化的趋势,以提高其流动性,解决不断积累的债务问题。

随着20世纪80年代以来住宅抵押证券市场的不断扩大,资产证券化又产生了一些新的发展:①商业不动产融资的流动化。从1984年开始,市场上出现了公募形式的商业不动产担保证券,将商业不动产的租金收入作为还债金,与其原来的所有者完全分离。②将住宅抵押证券的做法应用到其他小额债权上,大大拓宽了资产证券化的领域,如信用卡应收款、大型设备租赁和汽车贷款。③担保抵押债券,将住宅抵押贷款、住宅抵押凭证等汇聚起来,以此担保发行的债券,在某种程度上解决了住宅抵押凭证在到期偿还时可能出现现金流动不稳定的问题。

目前,从我国资产证券化产品类型来看,主要有三类。一是银监会审批发起机构资质、央行主管发行的信贷资产支持证券;二是交易商协会主管的资产支持票据;三是证监会主管、主要以专项资产管理计划为特殊目的载体的企业资产支持证券。

(二)资产证券化趋势的原因

1. 现代通信及自动化技术的发展为资产证券化提供了良好的技术支持

一方面,交易过程中计算机技术的广泛运用,使数据处理成本大大降低,信息流通速度加快，证券交易成本大幅下降；另一方面，信息传递和处理技术的发展使得信息获取的成本大大降低，极大改善了完全依赖金融机构的服务，以消除借贷者之间信息不对称的情况。

2. 金融管制的放松和金融创新的发展

20世纪70年代以来，经济的"滞涨"成为困扰西方发达国家的主要问题，西方发达国家纷纷采取放松管制的措施以刺激本国金融业的发展。在这一过程中，金融创新推波助澜，共同促进金融市场的活跃及效率的提高。

3. 国际债务危机的出现

国际债务危机的出现导致了巨额的呆账，许多国际大银行深受债务拖欠之苦，由于资产证券化既可以使原有的债权得到重新安排，又可以使新增的债权免受流动性差的困扰。因而越来越多的银行开始介入国际证券市场，推动资产证券化的发展。

(三) 资产证券化趋势的影响

1. 发展现状

资产证券化主要有三大积极作用：首先，对投资者来说，资产证券化为他们提供了更多的投资产品，能够使其投资组合更加丰富，可以根据自己资金额的大小及偏好来进行组合投资；其次，对于金融机构来说，资产证券化可以改善资金周转效率，规避风险，增加收入；最后，资产证券化能够增加市场的活力。

但是，资产证券化也带来了巨大的风险。资产证券化并没有消除原有资产的固定风险，只是将风险分散或者转移到其他机构或投资者而已。资产证券化使金融市场的风险更加复杂，使投资者的风险管理更加困难，监管者的监管活动也受到考验。以住房抵押贷款的资产证券化为例，尽管证券有抵押房产做支撑，但是一旦经济下滑，居民收入下降，房价下跌，住宅抵押贷款风险增加，相应的证券价值也会大幅缩水。2007年下半年开始席卷全球的金融风暴，从某种意义上讲，就是美国资产证券化泛滥、监管不力带来的恶果。

随着现代交易及清算技术的发展，金融市场的功能将越来越完善，交易成本不断降低，手续更加简便，因此，资产证券化的趋势仍将持续下去。

2. 金融自由化

20世纪70年代中期以来，西方国家掀起了金融自由化的浪潮。这些国家开始逐渐放松甚至取消对金融活动的一些管制措施，特别是进入90年代以来更为突出。金融自由化浪潮兴起的原因是多方面的，既是经济自由主义思潮兴起的结果，也有金融创新的推动，还有资产证券化和金融全球化的影响。

金融自由化主要表现在四个方面：一是减少甚至取消国与国之间对金融机构活动范围的限制，国家之间互相开放本国的金融市场；二是放松外汇管制，促进国际资本流动；三是放松对金融机构的限制，推进利率市场化进程，逐渐允许混业经营；四是鼓励金融创新，允许和支持新型金融工具的交易。

金融自由化导致金融竞争的进一步加剧，促进了金融业经营效率的提高，降低了交易成本，促进了资源的优化配置。但是，金融自由化也对金融市场的稳定性提出挑战，对金融机构的稳健经营提出更高的要求，给货币政策的实施和金融监管带来新的困难。

3. 金融全球化

目前，国际金融市场之间的联系日益密切，正在逐渐形成一个不可分割的整体。金融全球化，既包括市场交易的全球化，也包括市场参与者的全球化。不论是货币市场、资本市场，还是外汇市场，其金融交易的范围都逐渐扩展到世界市场的范围。而且市场参与者更加丰富，不但有大银行和各国政府，也有普通的金融企业和私人投资者，国际金融交易的准入门槛也越来越低。

金融全球化促进了国际资本的流动，给投资者带来了更加丰富的投资机会，有利于资源在全球范围内的配置，有利于促进全球经济的发展，一个金融工具丰富的市场也为筹资者提供了更多的选择机会，有利于其获得较低成本的资金。然而，金融全球化使得金融监管变得十分困难，更使得各国金融市场的联系变得密不可分，一旦某国金融市场出现问题，危机便会很快地传导到世界范围。由于涉及国际性的金融机构及国际资本流动问题，蕴含巨大的金融风险，往往不是一国政府所能左右的，这必将给政府的金融监管部门造成一定的困难。

不管怎样，金融全球化是大势所趋，通过国际协调和共同监管，建立新型的国际金融体系，是摆在金融全球化面前必须解决的一项重要课题。

4. 金融工程化

金融工程化指用工程学的思维和工程技术来思考金融问题，是一种对金融问题的创造性解决方式。数学建模、仿真模拟、网络图解，都是金融工程的典型运用。科学技术的进步，特别是电子计算机的运用，是金融工程得以发展的重要保证。金融工程，是高科技在金融领域的运用，它能够带动金融创新，最终提高金融市场的效率。

金融工程化的原因来自20世纪70年代以来的社会经济制度的变革和电子技术的进步，金融工程的出现极大地提高了金融市场的效率，同时也是一把双刃剑：一方面，国际炒家可以利用它设计出精妙的投资策略，从而导致金融局势动荡；另一方面，各国政府为保持金融稳定，必须借助金融工程这种高科技手段。

鄂尔多斯市在南京精准招商签约总额达554.8亿元

11日，鄂尔多斯市2019年加工贸易(装备制造和煤化工产业链)精准招商推介会在南京举办。签约项目共计49个，总投资554.8亿元，涉及新能源、智能制造、环保技术、高端制造等领域。其中长三角地区项目17个，占项目总数的34%。旨在借助长三角地区发展优势，推动鄂尔多斯市与长三角地区的合作向更宽领域、更深层次和更高水平迈进。

据悉，与会各方将以推介会为新起点，依托鄂尔多斯资源优势和南京科技人才优势，在延长装备制造、煤化工产业链等方面加强交流与合作，实现优势互补、互惠共赢，为两地高质量发展注入新动力。

鄂尔多斯市委副书记、市长斯琴毕力格致辞表示，鄂尔多斯市正积极探索以生态优先、绿色发展为导向的高质量发展新路子。以创建国家可持续发展议程创新示范区为统领，着力创建黄河流域生态文明建设创新示范区、国家现代能源经济高质量发展先行示范区、全域生态文化旅游融合发展示范区、荒漠化地区现代农牧业高质量发展示范区。

鄂尔多斯位于内蒙古自治区西南部，是自治区呼包鄂乌协同发展战略和国家呼包鄂榆城市群的重要组成部分，综合实力稳居国家中西部城市前列。2018年，全市完成地区生产总值3763亿元、增长5%，一般公共预算收入433亿元、增长21.5%，城乡居民人均可支配收入达46834元和18289元，分别增长7.5%和9.3%。今年前三季度完成地区生产总值3010亿元、增长4.7%，一般公共预算收入416亿元、增长13%。

据鄂尔多斯市商务局局长张涛介绍，鄂尔多斯市已基本实现政务服务"一网通办"，正积极推进"信用鄂尔多斯"建设，连续多年蝉联全国最安全城市，营造了秩序稳定、治安良好、宜居宜游、便企利商的现代化城市生活环境。同时，在产业发展、金融服务、人才引进等方面，以及"互联网+"、物流、会展、创新创意等多领域均有相应优惠政策。对推动地区发展有重大影响的项目，采取"一事一议、一企一策"的办法，给予更大力度的政策支持。

多年来，鄂尔多斯与南京保持着良好的交流合作关系。2011年，内蒙古和江苏两省区在鄂尔多斯合作共建江苏工业园区，并以此为平台深化产业合作。完成基础设施投资33.4亿元，入驻项目34个，2018年，工业产值达13亿元。"十三五"以来，南京在鄂尔多斯市实施的产业项目总投资近百亿元，完成投资40多亿元。

资料来源：中国金融信息网。

重要概念

金融市场　金融资产　金融工具　套期保值者　套利者投资者　投机者　货币市场　资本市场　外汇市场　衍生市场　直接金融市场　间接金融市场　初级市场　二级市场　第三市场　第四市场　公开市场　议价市场　有形市场　无形市场　资产证券化　金融全球化　金融自由化　金融工程化

推荐书目

[1] Allen F, Gale D. 比较金融系统[M]. 北京:中国人民大学出版社,2002.

[2] Grinblatt M, Titman S. 金融市场与公司战略[M]. 2版. 北京:清华大学出版社,2002.

[3] 姜波克. 国际金融新编[M]. 4版. 上海:复旦大学出版社,2008.

参考文献

郑振龙,陈蓉. 金融工程[M]. 3版. 北京:高等教育出版社,2012.

习 题

1. 简述金融市场的概念。
2. 简述金融市场的主要类型。
3. 简述金融市场的主要功能。
4. 简述金融市场的发展趋势。
5. 查找有关资料(如《中国金融年鉴》),简要概述中国金融市场的发展历史。
6. 谈谈金融自由化的原因和影响。

第二章 效率市场假说

◆ **本章概要:**

1. 市场假说的定义以及分类。
2. 效率市场假说可以分为三种形式：弱式、半强式和强式。
3. 效率市场需要如下必要条件：存在大量的证券；允许卖空；存在以利润最大化为目标的理性套利者；不存在交易成本和税收。
4. 可以把效率市场的特征归结为以下四点，作为判断一个市场是否有效的标准：能快速、准确地对新信息作出反应；证券价格的任何系统性范式只能与随时间改变的利率和风险溢价有关；任何交易(投资)策略都无法取得超额利润；专业投资者的投资业绩与个人投资者应该是无差异的。
5. 在检验各种投资策略时，实际上是在对以下两种假设进行联合检验：已选择了正确的基准来衡量超额利润；该市场相对于在投资中所用的信息是有效的。如果检验的结果是不存在超额利润，那么这个市场相对于该信息集而言是有效的。如果检验的结果表明存在超额利润，则可能是所选择的定价模型有问题，也可能这个市场是无效的。

◆ **重点难点:**

1. 了解效率市场假说的定义与分类。
2. 熟悉三种不同层次的效率市场假说之间的关系。
3. 掌握效率市场假说的假定、随机漫步、效率市场的必要条件及其特征。
4. 了解效率市场假说的实证检验。

第一节 效率市场假说的定义与分类

效率市场假说(efficient market hypothesis，EMH)也称有效市场假说，已经成了近30年来金融理论的核心命题，至少可以追溯到法国数学家巴契利尔(Bachdier，1900)开创性的理论贡献和考尔斯(Cowles，1933)的实证研究。现代对效率市场的研究则始于萨缪尔森（Samuelson，1965），后经法马（Fama，1970，1991）、马基尔（Makiel，1992）等进一步发展和深化，逐步形成一个系统性、层次性的概念，并建立了一系列用于验证市场有效性的模型和方法。

从20世纪60年代这一假说提出之后的10年内，EMH无论在理论方面还是在实证检验方面，都取得了巨大的成功。在金融理论绝大多数的研究领域，尤其是证券分析理论，也都是在这一学说及其应用的基础上建立起来的。EMH的发源地——芝加哥大学——俨然变成了世界金融理论的中心。麦克尔·詹森（Michael Jenson），芝加哥大学的研究生，同时也是EMH理论的创立者之一，在1978年声称："迄今为止，没有任何一个经济学命题能像EMH那样获得如此坚实的实证检验的支持。"

一、效率市场的定义

关于效率市场的定义，法马（Fama）（1970）对这一假说的经典定义是：有效金融市场是指这样的市场，其中的证券价格总是可以充分体现可获信息变化的影响。该假说随即宣称，现实经济中的金融市场，如美国的债券市场或股票市场实际上就是符合这一定义的有效市场。一个具有平常资质的投资者，不管是个人投资者，还是养老基金和共同基金，都不能期望一直能战胜市场。投资者大量用于分析、挑选和买卖证券的信息投入都是在浪费资源。顺从地持有流行的市场资产组合比主动理财要强得多。如果这一说法成立，市场确实可以知道一切。后来，马基尔（Makiel，1992）给出了更明确的定义："如果一个资本市场在确定证券价格时充分、正确地反映了所有的相关信息，这个资本市场就是有效的。正式地说，该市场被称为相对于某个信息集是有效的，如果将该信息披露给所有参与者时证券价格不受影响的话。更进一步说，相对于某个信息集有效，意味着根据（该信息集）进行交易不可能赚取经济利润。

马基尔第一句话的含义与法马相同。第二句话意味着市场效率可通过向市场参与者披露信息并衡量证券价格的反应来检验。由于经济学与自然科学的一个重要区别就在于它的不可实验性，因此，这种检验在实践中是行不通的。第三句话意味着可通过衡量根据某个信息集进行交易所能赚取的经济利润来判断市场的效率。这句话正是几乎所有有关市场效率的实证分析的基础。

事实上，效率的概念不是一个非此即彼的概念。世界上没有一个绝对有效的市场，也没有一个绝对无效的市场，它们的差别只是度的问题。问题的关键不是某个市场是否有效，而是多大程度上有效。这就需要一个相对效率的概念，如期货市场相对于现货市场的效率、美国资本市场相对于中国资本市场的效率等。绝对效率只是为衡量相对效率提供一个基准。

二、效率市场假说及其类型

效率市场假说认为，证券价格已经充分反映了所有相关的信息，资本市场相对于这个信息集是有效的，任何人根据这个信息集进行交易都无法获得经济利润。

1970年5月，法马在《金融学报》(Journal of Finance)上发表了一篇题为《有效资本市场：对理论文献和经验证据的评论》的文章，按照信息存在的三种类型将效率市场假说分为三种。

(一) 弱式效率市场假说

在弱有效率市场上，证券价格已完全反映了所有的历史信息（主要是指价格变化的历史信息），证券价格的未来走向与其历史变化之间是相互独立的，服从随机游走理论。在弱有效率市场上，投资者无法依靠对证券价格变化的历史趋势的分析（这种分析主要表现为对证券价格变化的技术分析）来发现证券价格变化规律，从而始终如一地获取超额利润。对弱有效率市场假说的大量实验检验表明，扣除交易成本后，市场基本上是弱有效率的。这实际上等同于宣判技术分析无法击败市场。

(二) 半强式效率市场假说

这是指所有的公开信息都已经反映在证券价格中，不但完全反映了所有的历史信息，而且完全反映了所有公开发表的信息。这些公开信息包括证券价格、成交量、会计资料、竞争公司的经营情况、整个国民经济资料以及与公司价值有关的所有公开信息等。半强式效率市场意味着根据所有公开信息进行的分析，包括技术分析和基础分析都无法击败市场分析师根据公开信息进行的分析，即取得经济利益。因为每天都有成千上万的证券分析师在根据公开信息进行分析，发现价值被低估和高估的证券，他们一旦发现机会，就会立即进行买卖，从而使证券价格迅速回到合理水平。

(三) 强式效率市场假说

这是指证券价格完全反映了所有与价格变化有关的信息，而不管这些信息是否已公开发布。这些信息不仅包括公开信息，还包括各种私人信息，即内幕消息。强式效率市场意味着所有的分析都无法击败市场。因为只要有人得知了内幕消息，他就会立即行动，从而使证券价格迅速达到该内幕消息所反映的合理水平。这样，其他再获得该内幕消息的人就无法从中获利。

第二节 效率市场假说的理论基础

一、效率市场假说的假定

效率市场假说是建立在三个强度渐次减弱的假定之上的。

假定一：投资者被认为是理性的，所以他们能对证券做出合理的价值评估，这个假定是最强的。当投资者是理性的时候，他们能确定出每种证券的基本价值(fundamental value)：即证券未来的现金收入流量(cash flow)经风险折合调整后的净现值。当投资者知道各种证券的基本价值后,他们会对影响证券的各种信息快速做出反应,当有利好消息时,他们会抬高价格,而遇到利空消息时又会压低价格。这样,信息变化会在证券价格上及时得到反映,证券价格会随新的现金收入流量净现值变动调整到相应水平。萨谬尔森(Samuelson,1965)和曼德尔布朗特(Mandelbrot,1966)证明了上述第一条假定中的部分内容。他们指出了在一个由理性的风险中性投资者组成的竞争市场中,收益是不可预知的,因为证券的基本价值和价格是遵循随机行走(random walk)规律的。此后,经济学家们对风险回避型投资者在如下两种情况下对证券有效价格的影响做出了具体分析:①风险水平随时间的变化;②投资者承受风险能力的变化。在那些更为复杂的模型中,证券价格也不再被认为是服从随机行走规律的。但是,投资者的理性仍然意味着,要获得经过风险调整后的超额收益是不可能的,就像法马在1970年指出的一样。所以,在由完全理性投资者组成的市场中,EMH是第一个也是最重要的一个竞争性市场出现均衡时所得到的结果。

假定二:EMH的成立与否并不依赖于投资者的理性。在许多情况下,尽管投资者并非完全理性,市场仍然被认定为是有效的。一种被经常讨论的情形是,非理性投资者在市场中的交易是随机进行的。当这种类型的投资者大量存在且他们的交易策略相互独立时,他们之间的交易很可能会相互抵消掉他们的错误。在这种市场中,尽管非理性投资者相互之间的交易量非常大,但证券价格却一直保持在基本价值附近。因为要依赖于非理性投资者的交易策略没有相关性这一关键假设,所以这一论点有很大的局限性。即使投资者的交易策略是相关的,EMH的结论仍然能成立。

这种论点主要依赖于非理性投资者投资策略的互不相关性。

假定三:虽然非理性投资者的交易行为具有相关性,但理性套利者的套利行为可以消除这些非理性投资者对价格的影响。这是最弱的假定。

由米尔顿·弗里德曼(Milton Friedman,1953)和法马(1965)对套利行为的分析就证明了这种情形。教科书(Sharpe和Alexander,1990)中对套利的定义是:"在两个不同的市场中,以有利的价格同时买进和卖出同种或本质相同的证券的行为。"假定有一种证券(如某只股票),由于被入市不深或非理性的投资者相互关联的抢购"哄抬",价格已经超过其基本价值。购买这种证券显然是一种错误投资(a bad investment),因为其价格已经超过了经过风险调整后的未来现金收入流量或红利收入的净现值。察觉到这种价格高估,聪明的投资者或套利者将卖出甚至卖空这种高价证券,同时买进本质相似的其他证券进行风险对冲。如果能找到这种可替换的证券,套利者又能对之进行买卖的话,他们一定有利可图,因为他们在卖出高价证券后,同时又买进了同样或相似的价格偏低的证券。这样买卖的结果是使得价格被高估(overprice)的证券价格回到其基本价值上。事实上,如果可替代证券存在,套利者之间的逐利竞争又使得他们的行动非常迅速高效的话,证券价格是不可能较大地偏离其基本价值的,套利者自己也无法获得多少超额收益。这同样适用于价值被低估(undervalue)的证券,为了获取利润,套利者在买进价格低估证券的同时会卖出本质相同的其他证券来对冲风险,这样就阻止了证券价格或大幅度或长期的低估。尽管有非理性的投资者存在,但是他们的需求是相互关联的,只要有近似的可替代证券,通过套利就能使证券的价格与其基本价值保持一致。

套利行为还含有更多的意思。在某种意义上说,由于非理性投资者买进价格高估的证券而放弃价格低估的证券,所以,他们所获收益要低于其他采用被动策略的投资者(passive investor)或套利者。相对于他们的同类来讲,缺乏理性的投资者总在亏钱(lose money)。像弗里德曼(1953)指出的那样,他们不可能永远在亏损,这些人的财产会一天天减少,最终他们会从市场中消失。即使套利者不能及时消除这些人对证券价格的影响,市场力量也会减少他们的财富拥有量。从长期来看,因为竞争的选择和套利的存在,市场的有效性会一直持续下去。

如此周全而强有力的理论论证使人对 EMH 理论印象至深。当人们都是理性的时候,市场当然是有效的。当一些人是非理性的时候,交易的大部或全部发生在他们自己之间,所以,即使没有理性投资者的抵消力量存在,非理性行为对价格的影响也是非常有限。但实际上这种抵消力量确实存在并发挥作用,所以价格也就更贴近基本价值。套利者之间为获取超额利润的竞争会使价格非常迅速地回归到与基本价值相符的水平上。最后,尽管在某种程度上,非理性投资者"勉强"在与基本价值不同的价格水平上进行着交易,他们伤害的也仅仅是自己,最后倒霉也是咎由自取。不仅有理性的投资者,而且市场力量自身也会为金融市场带来有效性。

二、效率市场的必要条件

由三个假设条件可以看出,效率市场必须具备如下必要条件:

(1)存在大量的证券,以便每种证券都有"本质上相似"的替代证券,这些替代证券不但在价格上不能与被替代品一样同时被高估或低估,而且在数量上要足以将被替代品的价格拉回到其内在价值的水平。

(2)允许卖空。

(3)存在以利润最大化为目标的理性套利者,他们可以根据现有信息对证券价值形成合理判断。

(4)不存在交易成本和税收。

上述四个必要条件中任一条件的缺乏,都会令市场效率大打折扣。

效率市场假说与证券分析业

在华尔街以及资本市场较发达的世界各地,证券分析业都是报酬最丰厚的行业之一。优厚的报酬吸引了成千上万的优秀人才加入证券分析师的行列。他们到处收集各种信息,运用各种分析工具和手段,分析各种证券的价值,寻找价格被低估和高估的证券,并自己或建议客户采取相应的买卖行动。应该说,大量证券分析师的这种竞争性行动是促使资本市场走向效率的最重要力量。

然而,当市场达到充分有效的状态时,证券分析师花费大量成本和精力收集各种信息,并运用各种方法对这些信息进行分析处理都无助于他们击败市场。这样的话,就没有人再愿意去花费无谓的时间和金钱去收集和分析信息了,效率市场也就失去了它存在的基础。可是,当资本市场逐渐变得无效时,信息的价值又开始突显出来,证券分析师又开始忙于收集和分析信息,市场效率的程度又逐步提高。最终,市场效率的程度将在收集和分析信息的边际成本等于其边际收益时达到均衡。

由此可见,只要收集和分析信息的边际成本不为零,资本市场就不可能达到完美有效的地步。正是基于这一点,格罗斯曼和斯蒂格里茨(Grossman & Stiglitz, 1980)才指出,在现实生活中,完美的效率市场是不存在的。

从上面分析我们还可以看出,收集和处理信息的成本越低,交易成本越低,市场参与者对同样信息所反映的证券价值的认同度越高,市场效率的程度就越高。

三、效率市场假说与随机漫步

在理解效率市场时要防止两个极端。

(一)错误一:把效率市场等同于平稳的市场

在有些人的印象中,在半强式效率市场中,证券价格等于证券价值,因此证券价格的变动应该是有秩序的、平稳的。实际上,由于没有人能准确地找出证券价值,只能根据现有的信息对其进行判断或预期,而这种预期又取决于有关公司未来的现金流、投资者的风险厌恶程度、投资机会等方面的信息。由于利好或利空信息的出现总体上带有很大的随机性,因此股价的变动在很大程度上也是随机的。不能简单地将股价是否稳定作为判断股市是否有效的标准,而要看这种波动是由于市场操纵引起的还是由于市场因为新信息的出现而对股票价值的判断变化引起的。

(二)错误二:把效率市场等同于随机漫步

随机漫步(random walk)理论的鼻祖是法国数学家巴契利尔(Bachelier, 1900),后来因萨缪尔森(Samuelson, 1965)的著名论文《有关适当预期的价格是随机波动的证明》而几乎成了效率市场假说的代名词。随机漫步理论认为,证券价格的变动是完全不可预测的。

随机漫步可以用公式(2.1)表示:

$$\ln S_t - \ln S_{t-1} = \varepsilon_t \tag{2.1}$$

其中,ε_t 为时刻 t 的证券价格,e 为随机误差项,它是个鞅差分序列(martingale difference sequence，MDS），即 $E\left(\frac{\varepsilon_t}{I_t}-1\right)=0$，$I_t-1$ 表示时刻 $t-l$ 的信息集合。在公式(2.1)中用证券价格(S_t)的自然对数而不是用证券价格本身，可以保证不会出现证券价格为负的情况，从而可以避免有限责任问题。其中，$\ln S_t - \ln S_t -1 = \ln\left(\frac{S_t}{S_t-1}\right)$表示以连续复利表示的证券收益率。

公式(2.1)表示，证券收益率的变化过程是随机漫步过程，其条件期望值总是等于零，证券价格的变动是完全不可预测的。然而，纯粹的随机漫步是不符合现实的。因为证券投资首先是资金使用权在一定时间里的让渡，需要获得时间价值，这种时间价值可以用无风险利率来表示。其次，证券投资者还需要冒一定的投资风险，而证券投资者一般都是厌恶风险的，因此需要一定的风险溢价(risk premium)作为补偿。无风险利率加上风险溢价决定了证券投资的预期收益率应大于0。

因此，现实中的证券价格所遵循的变化过程应该写为：

$$\ln S_t - \ln S_t -1 = \mu_t + \varepsilon_t, \quad E(\varepsilon_t \mid I_t -1) = 0 \tag{2.2}$$

其中，μ_t表示以连续复利表的预期收益率或称漂移率。公式(2.2)表明，证券收益率等于预期收益率加上随机漫步。过去人们常常把预期收益率当作常数，现在更多的人则认为预期收益率是可变的，它会随着投资机会、投资者的风险厌恶程度的变化而变化，这种变化有一定的规律可循。由此可见，证券收益率的变化可以分解成两部分，一部分是可以预测的，另一部分则是随机的。因此，效率市场假说并不等于说证券价格是完全不可预测的。换句话说，证券价格一定程度上的可预测性并不能作为否定效率市场假说的证据。

四、效率市场的特征

综合上述分析，可以把效率市场的特征归结为以下四点，作为判断一个市场是有效的标准。

(一) 能快速、准确地对新信息作出反应

在现实生活中，每天都有大量的信息涌入市场。这些信息五花八门，涉及政治、经济、社会、国际局势、自然环境、行业竞争格局、原材料供需状况、产品供需状况、公司内部状况等各个方面，它们都与证券价值直接或间接相关，从而影响着证券价格。

如果市场是有效的，证券价格就会在收到信息时作出迅速而准确的反应。"迅速"指的是从证券市场收到信息到证券价格作出反应之间不应有明显的迟延。"准确"指的是证券价格的反应是无偏的，证券价格的初始反应就应精确反映该信息对证券价值的影响，不需要进行后续的纠正，不存在过度反应(overreaction)或反应迟缓。

图2-1反映了证券价格在收到信息时的三种反应形式。假设在所考察的期间内只

有一条与证券价格有关的信息，该信息在 t 时刻到达市场。

该信息是利好消息，它的出现使市场对该证券价值的最好估计由原来的 10 元增加到 12 元。

在图 2-1 中，实线代表着在效率市场中证券价格的反应路径。它表示证券价格在收到新信息的同时就从 10 元涨到 12 元，并维持在 12 元不变，因为假定没有其他新信息到达市场。

虚线代表着在无效市场中证券价格对新信息的一种反应路径——反应迟缓。其背后的情景大致如下：当新信息出现时，一些大公司率先得到这些信息，它们把该信息通知其分支机构，并开始分析该信息的含义。分支机构得到该信息后，也开始自己进行分析，并可能将该信息通知其重要的客户，该信息就这样逐步传播开来。由于刚开始时只有少数知道该信息的人进行交易，证券价格也只上升一点。随着知道该信息及其含义的人越来越多，买入该证券的人也越来越多，从而使该证券价格逐步上升到 12 元。

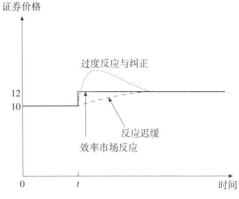

图 2-1　在效率市场和无效市场中证券价格对新信息的反应

点线则代表着在无效市场中证券价格对新信息的另一种反应路径——过度反应。在这种情况下，对该信息的含义最乐观的人率先得到该信息，他们认为该信息意味着证券价值高于 12 元，因此就大量买进，直至把股价推高到 12 元之上。由于新价值的最优估计是 12 元，这种正确的估计最后占了上风，市场的抛压最终使证券价格又回到 12 元的合理位置。

(二) 证券价格的任何系统性范式只能与随时间改变的利率和风险溢价有关

在效率市场中，证券投资的预期收益率可以随时间变化，但这种变化只能来源于无风险利率的变动或风险溢价的变动。风险溢价的变动则可能由风险大小的变动或者投资者风险厌恶程度的变化引起。

无风险利率、风险大小和风险厌恶程度都可能随着经济周期的波动而变动。一方面，当经济衰退时，真实利率水平和预期通货膨胀率通常都会下降，从而使名义无风险利率水平下降。另一方面，证券投资的风险则随经济衰退而增加。经济衰退还使投资者的财富水平下降，降低了他们抗风险的能力，从而使他们的风险厌恶程度提高。风险和风险厌恶程度的同时提高意味着风险溢价的提高。这两种因素的共同作用使预期收益率将随着经济周期的波动而变动。由于经济周期的波动不是纯随机的，因此它有可能使证券价格出现非随机的范式，即具有一定程度的可预测性。

但是，在抽掉了利率和风险溢价变动对证券价格的影响后，在效率市场中，与其他因素(如对公司未来盈利的预期)有关的证券价格变动则必须是随机的。这是因为，在效率市场中，今天的证券价格已经反映了有关将来盈利和股息的所有信息，这些信息是可知的，也就是说，这些信息是已经被收到或根据收到的信息可以预测的。没有反映在证券价格中的唯一信息是没有收到且不可预测的。由于其不可预测性，这类信息是以不可预测、随机的方式进入市场的，当市场对这类信息进行迅速、准确的反应时，证券价格本身就以不可预测的、随机的方式随时间而变动。

 知识链接 2-2

证券价格为何不具有季节性或周期性的范式

很多重要的宏观经济变量，如 GDP，都呈现季节性或周期性范式，而证券价格又对这些变量的变动作出迅速而准确的反应，那么证券价格为何不会呈现季节性或周期性的范式？答案是证券价格并不对这些变量的预期变动作出反应，因为其季节性或周期性范式已备作为预期的一部分体现在证券价格中。证券价格只对市场对这些变量的预测错误作出反应。在效率市场中，这种错误肯定是随机的，而不是系统性的错误，对这种随机性错误作出迅速、准确反应的证券价格也必然是随机的。

(三)任何交易(投资)策略都无法取得超额利润

如果市场是有效的，那么任何交易或投资策略都无法取得超额利润，其预期收益率无法超过恰当的基准(benchmark)。

检验市场效率的一种方法是检验某种特定的交易或投资策略在过去是否赚取了超额利润。例如，如果你认为股价对新信息(如公司盈利报告)的反应较慢，那么你的投资策略为，总是买进每股净利润增长最多的前 10 家公司的股票。为了检验你的投资策略是否成功，你可以运用过去的数据来检验一下这种投资策略的结果。在效率市场中，你的投资策略是不可能成功的。

在检验各种投资策略时，首先得选定某个资产定价模型来确定基准收益率。如果选择资本资产定价模型(CAPM)，那么，基准收益率就可等于无风险利率加上该投资的 β 系数乘以风险溢价。如果选择了套利定价模型(APT)，那么，基准收益率就等于无风险利率加上该投资的要素价格的乘积之和。由此可见，在检验各种投资策略时，实际上是在对以下两种假设进行联合检验：

(1)已选择了正确的基准来衡量超额利润。

(2)该市场相对于投资中所用的信息是有效的。

也就是说，实际上是在检验某个资产定价模型和效率市场假说是否同时正确。如果检验的结果是不存在超额利润，那么这个市场相对于该信息集而言是有效的。如果检验的结果表明存在超额利润，则既可能是所选择的定价模型有问题，也可能这个市场的确是无效的。

在进行检验时,必须注意以下问题:

首先,必须确信你的投资策略是建立在你买卖证券时实际可获得的信息之上。在上面的例子中,你必须等到所有的公司都公布了财务报告后才知道哪10家公司的每股净利润增长最多。

其次,在计算超额收益时,还必须扣除发现和处理信息的成本、交易成本和相应的税收。

再次,如果投资策略在考虑了上述因素后还有超额利润的话,还得确定这种超额利润是由于运气,还是由于真的成功利用了市场定价的无效率。为此,必须检验这种超额利润在统计意义上的显著性。

最后,即使这种超额利润在统计上是显著的,还必须注意在衡量超额利润时有没有问题:所选的定价模型是否正确?是否正确地衡量了风险?所选的指数是否合适?

在充分考虑了上述因素后,如果你找到了的确可以产生超额利润的交易或投资策略,那么就找到了市场无效的证据。

近些年,大量学者在寻找可以产生超额利润的交易策略或能够预测未来股价的因子,如安(Ang,2009)、雷伯齐(Rapach,2010)以及严(Yan,2011)等人。

有关资产定价理论的论述详见第14章。

(四)专业投资者的投资业绩与个人投资者应该是无差异的

如果市场是无效的,那么获得充分信息的投资者就可以利用市场定价的失误构造能给他带来超额利润的投资组合。相反,如果市场是有效的,那么由于市场价格已经充分反映了所有信息,因此获得充分信息的投资者与一般投资者一样,都只能获得正常的收益率。

因此,可以通过衡量专业投资者与一般投资者的投资表现来检验市场的效率。因为专业投资者是最有可能获得全部信息的,他们在证券分析、资产定价、风险管理等领域训练有素,而且每天都在进行着信息的收集和分析,并可以在本公司内部进行相互的交流。可以说,他们在收集信息和分析信息方面都具有明显的优势。

同样,这里的检验也是联合检验。首先必须选择适当的基准,也就是说,必须先选定某个资产定价模型。假定选择了资本资产定价模型(CAPM),才可以将专业投资者和一般投资者的投资表现与估计的证券市场线进行比较,从而检验市场效率。

知识链接2-3

成功者的偏差

在很多人的印象中,专业投资者的投资业绩一定比一般投资者好,电视、报纸、杂志和书籍上到处是他们的"光辉业绩"。沃伦·巴菲特、彼得·林奇、"杨百万"等一个个神奇的故事令人无比向往。我们无意贬低他们的形象,但我们打个比方就可以知道这些故事根本不足以判定市场的无效。如果我们把千千万万个股票投资者的投资行为看作掷硬币比赛。我们规定掷出正面表示赢,掷出反面表示输。按照概率原理,即使每枚硬币每次掷出正面与反面的概率都是50%,在如此众多的人中,我们也能找出许许多多不可思议的输赢结果,如连续20个正面或连续20个反面。于是掷出连续20个正面的人自认为自己有非凡的掷硬币水平,就出现在电视上炫耀自己令人惊讶的成功。而那些掷出20个反面的"倒霉者"则"无颜见江东父老",人们也就不知道这些悲壮的故事了。因此在检验市场效率时,我们要做仔细的统计分析,以防止这种"成功者偏差"。

第三节 效率市场假说的实证检验

EMH在理论上已经很有说服力,在20世纪六七十年代对此进行的实证检验所提出的证据更让人无话可说。按照最一般的分法,对EMH的实证检验可分为两种思路:第一种思路,当事关某种证券基本价值的消息传播到市场上时,该种证券的价格是否会快速准确地做出反应,并将这些消息的影响体现于价格之中。这里的"快速"一词是指那些较晚得到消息的人,比如说阅读报纸或公司报告较迟的人,将不可能从这些消息中获利;而"准确"一词是指由于这些消息所引起的价格调整应该是恰到好处,既不会反应过度(overreact),也不会反应不足(underreact)。这些消息产生的初始影响既不可能形成价格变动的正向趋势性(trends),也不会形成逆向的趋势性。第二种思路是检验如下说法是否正确:因为证券的价格必须等于证券的基本价值,如果没有影响证券基本价值的消息变化,也就不会有价格的变化。这也就是说,如果只有对证券供给与需求的变化,而没有事关基本价值的消息变化,证券的价格就不会发生变动。对信息快速准确地做出反应和无信息变化(non-information)时价格保持不动(non-reaction)是EMH的两个主要论点。

根据上节有关市场效率假说的概念解释,可以发现一个效率市场假说的共同的检验方法:检验在一定信息范围内股票收益的可预测性。检验弱式有效使用的是股票价格的历史资料;检验半强式有效使用公开信息,如公司财务资料、国民经济资料等;而检验强式有效则使用所有信息。在众多学者利用各种信息对股票收益的可预测性进行检验的基础上,坎贝尔(Campbell,2000)对此进行了总结。他发现,在股票收益的可预测性检验问题上,存在着下列几种共同的现象:

(1)长期范围内的收益比短期范围内的收益更容易预测。坎贝尔(Campbell,1999)发现,股利与价格比率对股票月收益的解释能力为2%,而对年收益的解释能力则迅速上升至18%。

（2）可以相当准确地预测随时间变动的预期收益率和波动率。哈维（Harvey，1991）等人均发现，一些用于预测股票收益的变量也可以用来预测股票波动率的变化。

（3）不同的预测方法对于股票、收益的预测效果也不同。雷伯齐（Rapach，2010）等人发现在样本外预测中，用多个单因子模型联合预测股票收益，会取得非常稳健的效果。

一、弱式效率市场假说的实证检验

弱式市场有效有两个特征：一个是鞅差分序列，另一个是技术分析的无效性[1]。因而对股票市场弱式有效的实证检验也主要从这两方面入手进行实证检验。

(一) 对鞅差分序列的检验

与鞅差分序列关系密切的两个概念是独立同分布和白噪音（white noise，WN）。三者之间的关系为：在时间序列方差存在的情况下，独立同分布⊂鞅差分序列⊂白噪音[2]。因此，独立同分布时间序列一定是鞅差分序列，而鞅差分序列不一定为独立同分布时间序列，而鞅差分序列一定是白噪音，但白噪音不一定是鞅差分序列[3]。由于鞅差分序列无法从计量上得到很好的统计分析形式[4]，因此对鞅差分序列的检验主要采用独立同分布和白噪音两种替代形式。对收益独立性的检验为游程检验[5]，对白噪音的检验为自相关检验。但在检验过程中必须注意：通过独立的游程检验可以证明鞅差分序列的存在从而证实弱式效率市场假说，但通不过独立游程检验无法证伪弱式效率市场假说；同样，无法通过白噪音检验可以证伪弱式效率市场假说，而通过白噪音检验则无法证实弱式效率市场假说。

但十分奇怪的是，无论是自相关检验，还是游程检验，都出现了许多矛盾的现象。对自相关检验而言，一些研究者分析了几个相对较短时期（包括1天、4天、9天、16天）的股票收益的序列自相关性。测试结果表明，这些时期的股票收益间的相关性不显著。这倾向于弱式效率市场假说。但近年来一些考虑不同市值（规模）的股票组成的投

---

[1] 马基尔（Makiel，1992）还引入了通过对由信息引起的价格反应来衡量股票市场的弱式有效。
[2] 许多文献混淆了这三者之间的关系而将之等同起来，是一种错误的概念理解。
[3] 独立同分布、鞅差分序列以及白噪音三者之间关系的推导比较复杂，故将之放在本章附录当中，有兴趣的读者可以查阅。
[4] 洪（Hong，1999）利用傅立叶变换和频谱分析解决了这个问题。
[5] 游程检验指给定一个价格变化序列，每一次价格变化都赋予一个符号：价格上涨时为加号（+），价格下跌时为负号（-）。这样得到的价格变化测试结果就是一系列的加减号：+++-+--+。当两次连续的价格变化方向一致时，一个游程就产生了；两个或更多的价格连续变化意味着游程的继续。当价格变化方向发生改变时，如几个正的变化之后的一个负的变化就意味着一个游程的结束和一个新游程的开始。为了测试独立性，只需要把给定的价格变化序列的游程个数同随机价格变化序列的游程个数的期望值进行比较即可：在期望值范围内，则说明通过独立游程检验，给定价格变化序列是独立的；如果不在期望值范围内，则说明无法通过独立游程检验，给定价格变化序列不是独立的。

资组合的研究表明，小盘股组成的投资组合的自相关性要大于大盘股组成的投资组合。这又对弱式效率市场假说提出了质疑。而游程检验的研究证明了不同时期股票价格变化具有独立性，在给定股票价格序列的实际游程个数总是在随机股价变化序列的游程个数期望值的范围之内。同时这种测试还用于柜台市场的股票交易中，得到的结果也证实弱式效率市场假说。但是，一些学者对纽约证券交易所个别交易的价格变化进行分析却发现存在着证券价格变化之间显著的相关关系。

（二）对技术分析无效性的检验

有人认为前面关于收益独立性的统计测试过于僵化，不能适用于证券分析家们所采用的复杂的价格模式。为了对这种观点作出响应，研究者试图通过模拟分析各种可能的技术性交易规律，并对由这些规律所产生的收益情况进行实证检验。在弱式效率市场上，如果只依靠历史价格发展出来的交易规律进行交易的话，投资者所获得的收益不会高于单纯的购买并持有而得到的收益。大部分的早期研究都表明，在考虑了交易费用之后，利用交易规律所获得的交易利润都将被损失掉，但近年来越来越多的实证研究却发现有些技术分析的确有用。

知识链接2—4

逆转效应

逆转效应指在一段较长的时间内，表现差的股票在未来会出现逆转，表现变佳；而在给定的一段时间内，最佳股票则倾向于在未来出现差的表现。说白了，逆转效应认为，强势股票会变弱，弱势股票则会变强，这恰恰与动力效应的强者恒强、弱者恒弱相反。

逆转效应背后的逻辑：板块轮动在中国股市一直是一个热搜词，板块轮动效应在很大程度上解释了中国股市内在的投资逻辑，可以说，投资者不搞清楚板块轮动效应，那么其无法做出正确的投资决定，如果将每个行业板块看作一只股票，那么板块轮动就是逆转效应的代名词，也就是说，逆转效应与板块轮动是母子关系，正是板块轮动效应，个股之间体现出了逆转效应，而形成板块轮动的原因则更清晰简单，在股市存量资金博弈情况下，表现最佳的板块很难有持续的资金推动，相比而言，场内资金更倾向于介入低位表现较差板块，从而引起板块之间轮动。

构建简单逆转效应策略：根据逆转效应，结合中国股市的交易制度，也就是说买入过去一段时间内表现较差的股票，在未来一段时间是有获利的可能性的。由此构建一个简单的逆转效应策略。第一步：量化"表现较差"，最先想到的就是跌幅，过去一个月内跌幅最大的个股就是表现最差的个股，但是出现基本面骤变导致的崩盘股是不应该计算入内的，原因是这个表现太差是有道理的，它确实应该表现这么差，这与逆转效应只研究价格有些冲突，因此再加条件：股票搜索范围为沪深300指数成分股，过去一个月内成交额总和也是最低的，最后我们确定了跌幅、成交额、沪深300指数成分股这三个基础条件。第二步：选股思路，先选择出跌幅最大的前50只个股，随后将这50只股票以成交额排序，选择其中最小的25只。第三步：确定换仓周期，一个月，持股数量25只。第四步：确定止损条件，个股亏损超过10%，止盈为时间止盈，一个月周期。

二、半强式效率市场假说的实证检验

前面讲过，半强式效率市场指的是证券价格反映所有公开信息的情况。按照法马的组织形式，可以将半强式效率市场假说的研究分成两组：一是运用除了在弱式效率市场假说测试中的纯市场信息（如价格、交易量）以外的其他可获得的公开信息来预测未来收益率的研究；二是分析股票能多快调整至可以反映一些特定重大经济事件的研究。

（一）运用除了在弱式效率市场假说测试中的纯市场信息（如价格、交易量）以外的其他可获得的公开信息来预测未来收益率的研究

这类研究包括对收益报告预测股票未来收益的研究、对在日历年度内是否存在可以用来预测收益的规则的研究以及对典型收益的研究。这些研究表明，股票未来收益和公司的股息收益率存在着十分显著的正相关关系，市场对季节性收益的调整也是不充分的，而且存在着"一月异常""月份效应""周末效应"、"周内交易日效应"以及"交易日内效应"等收益率异常现象，同时在典型收益方面还证实了"市值规模效应"等现象。德邦特和泰勒（De Bondt & Thaler，1987），以及法马和弗兰奇（Fama & French，1992）都发现，由低市净率（即市值与净值的比率）公司组成的投资组合比高市净率公司组成的投资组合可获得高得多的收益。这一系列研究结果都表明市场不是半强式有效的。

知识链接2-5

《中国股票市场质量研究报告（2018）》发布

该报告由南开大学经济学院财金研究所、中国特色社会主义经济建设协同创新中心与澳大利亚资本市场合作研究中心共同完成，历时一年。南开大学经济学院财金研究所所长李志辉介绍，综合学术界和监管部门对股票市场质量的界定，报告从股票市场系统整体的角度，构建了一个包括市场效率、市场公正以及系统性风险三个维度，29个微观度量指标在内的股票市场质量体系。

其中，市场效率是指股票市场功能运行的效率，具体包括配置效率、运行效率与信息效率；市场公正是指扰乱市场秩序行为得到有效遏制的程度，涉及市场操纵、内幕交易和信息披露违规行为；系统性风险是指股票市场广泛的股价大幅下跌，且往往

伴随着成交量急剧萎缩和流动性迅速枯竭的可能性，涵盖冲击强度、传染力度、损失程度三个层面。

报告采用大数据处理技术并借助云计算服务，考察了包括沪深两市在内的13个国际主要股票市场，并与纽约证券交易所、纳斯达克证券交易所等十一个国际主要股票市场进行了国际比较。同时，该报告在指标构建与度量方法创新的基础上，编制了中国股票市场质量指数。

报告认为，随着市场化改革的不断深入与监管制度的不断优化，我国股票市场质量呈现明显的改善趋势，但股票市场质量各维度的改善程度并不均衡。

我国股票市场质量中市场效率与市场公正维度内部的发展也不均衡。就市场效率而言，运行效率持续显著改善，信息效率则改善缓慢，配置效率改善显著，但2012年之后出现较为明显的下降；就市场公正而言，中国股票市场内幕交易行为得到了有效遏制，而市场操纵行为的改善程度则相对较低。

与国际股票市场相比，我国股票市场质量在各维度上的表现差异非常明显。我国股票市场系统性风险的冲击强度最低，损失程度相对较低。运行效率与市场公正处于中等水平，距离发达股票市场有一定距离，但要优于多数新兴股票市场。然而，我国股票市场的信息效率明显低于其他股票市场，系统性风险传染力度明显高于其他股票市场。

报告认为，我国股票市场质量三个维度之间存在非常密切的联系。股票市场异常波动通常伴随着市场效率的明显下降，而市场效率的下降使得市场不公正行为因成本减少而变得活跃，最终导致股票市场系统性风险的上升，损害了股票市场质量。而市场公正程度的改善通常伴随着市场效率的提升，股票市场系统性风险也随之下降。

(二)分析股票能多快调整至可以反映一些特定重大经济事件的研究

这种研究主要采取事件研究的方法，即列举几个股票市场上的重要事件，观测股票价格对这些重要事件的反映，从而来验证股票市场的有效性。这些重要事件有股份分割、首次公开招股、交易所上市、不可预期的经济和政治事件、会计变动公告等。研究结果表明，除了交易所上市之外，其余的检验结果都支持市场有效假设。这与根据上面一种方法得出的结论互相矛盾。

知识链接 2-6

中天火箭 IPO 通过将在深交所上市

7月16日下午，西安高新区企业陕西中天火箭技术股份有限公司首发上市获得通过，将登陆深交所中小板交易。

陕西中天火箭技术股份有限公司成立于2002年8月，注册资本1.17亿元，是一家典型的"硬科技"企业。公司经营范围包括人工影响天气作业系统、小型制导火箭、探空火箭、小型固体火箭系统的设计、生产、销售及技术服务；炭复合材料、炭陶复合材料、橡胶材料、化工材料、特种材料及设备的技术研发、生产、制造等。

西安高新区历来重视科技、金融互乘放大发展，近年来已先后推动多家企业成功上市，并借助资本市场做大做强。2019年，铂力特成为西安高新区首家登陆科创板的"硬科技"企业，全年境内外挂牌上市企业10家。2020年以来，西安高新区企业上市方面更是捷报频传，在中天火箭上市之前已成功拿下"四个首家"，推动陕西全省资本市场实现开门红。

此次中天火箭的成功上市进一步加快了"西安高新系"企业登陆资本市场的步伐，高新区"硬科技"企业与金融"互乘放大"效应正在不断显现。同时，也将为西安高新区加快建设"硬科技创新示范区"、招徕更多硬科技企业落户注入更多新的活力。按计划，西安高新区正通过3年努力，到2022年末实现30家"硬科技"企业上市。

资料来源：《中国股票市场质量研究报告（2018）》

三、强式效率市场假说的实证检验

强式效率市场假说认为股票价格已经充分反映了所有的信息，不管这些信息是公开信息还是内幕信息。在该假设条件下，没有投资者可以通过获得内幕信息来获得超额利润。因此，对强式效率市场假说的检验主要从这方面入手，通过分析公司内幕人员、股票交易所专家证券商、证券分析师、专业基金经理这些信息最灵通、最全面的专业人士能否获得超额利润进行实证验证。

（一）公司内幕人员交易

内幕人员包括公司的高级职员、董事会成员和拥有公司任何股权类型的10%以上的股份持有者。对这些内幕人员交易资料的分析结果通常表明公司内幕人员能持续地获得高出平均水平的利润，但也有许多研究表明非内幕人员利用这些内幕信息却无法获得超额利润。这些分析结果为市场有效假设提供的论据是不一样的。

（二）股票交易所专家证券商

由于专家有独占的渠道获得有关未执行的指令的重要信息，因此，如果市场不是强式有效，则这些专家、证券商一般会从这些信息中赚取超额收益。分析资料也证实了这个结论。但最近的研究则表明，在引入了竞争性的费率和其他减少专家的收费标准的交易实践后，专家的资本收益率相对降低了许多。

（三）证券分析师

这主要研究在证券分析师的推荐之后进行投资能否获得超额利润。研究表明，在考虑了交易成本之后，根据推荐所获信息进行投资无法获得超额利润。这些结果支持了强式效率市场假说。

（四）专业基金经理

这项研究主要分析共同基金的业绩。大量的研究结果表明，大部分基金的业绩低于直接采取购买并持有策略所产生的业绩。考虑了经纪人佣金、基金佣金费和管理成本之后，约有2/3的共同基金的业绩不如整个市场的业绩。这些结果也支持了强式效率市场假说。

因此，对效率市场假说的实证验证还远没有形成一致的结论。目前，在成熟资本市场国家，一般认同的观点是市场已经基本达到了弱式有效，而半强式有效、强式有效还需要进行进一步的验证。

重要概念

效率市场假说　弱式效率市场假说　半强式效率市场假说　强式效率市场假说　随机漫步　鞅差分序列　独立同分布　白噪音　过度反应　反应迟缓　成功者偏差　一月异常　月份效应　周末效应　周内交易日效应　交易日内效应

推荐书目

[1] Fama E F. Efficient markets II[J]. Journal of Finance, 1991, 46: 1575-1617.

[2] Grossman S J, Stiglitz J E. On the impossibility of informationally efficient markets[J]. American Economic Review, 1980, 71: 393-408.

参考文献

[1] Ang A, Hodrick R, Xing Y, Zhang X, "High idiosyncratic volatility and low returns: International and further U.S. evidence[J]. Journal of Financial Economics, 2009, 91: 1-23.

[2] Banz R. The relationship between return and market value of common stocks[J]. Journal of Financial Economics, 1981(9): 3-18.

[3] Campbell J. "Asset Prices, Consumption, and the Business Cycle." Working paper 6485, National Bureau of Economic Research, 1998.

[4] Compbell J Y. Asset pricing at the millennium[J]. Journal of Finance, 2000 55: 1515-1568.

[5] Cowles A. Can stock market forecasters forecast[J]. Econometrica, 1933(1): 309-324.

[6] DeBondt W F M, Thaler R. Does the stock market overact[J]. Journal of Finance, 1985, 40: 793-805.

[7] DeBondt W F M, Thaler R. Further evidence on investor overreaction and stock market seasonality[J]. Journal of Finance, 1987, 42: 557-581.

[8] Fama E F. Efficient capital market: a review of theory and empirical work[J]. Journal of Finance, 1970, 25: 383-417.

[9] Fama E F. Efficient capital markets Ⅱ[J]. The Journal of Finance, 1991, 46: 1575-1617.

[10] Fama E F, French K. The cross-section of expected stock returns[J]. Journal of Finance, 1992, 47: 427-465.

[11] Friedman M. The case for flexible exchange rates[A]. Friedman M. Essays in Positive Economics[C]. Chicago: University of Chicago Press, 1953.

[12] Grossman S J, Stiglitz J E. On the impossibility of informationally efficient markets[J]. American Economic Review, 1980, 71: 393-408.

[13] Harvey C R. The world price of covariance risk[J]. Journal of Finance, 1991, 46: 111-157.

[14] Hong Y M. Hypothesis testing in time series via the empirical characteristic function: a generalized spectral density approach[J]. Journal of the American Statistical Association, 1999, 84: 1201-1220.

[15] Makiel B. G. Efficient market hypothesis[J]. In: Newman P, Milgate M, Eatwell J, P. (eds) Finance. The New Palgrave. Palgrave Micmillan, London, 1989.

[16] Rapach D E, Strauss J K, Zhou G. Out of sample Equity Premium Prediction: Combination Forecasts and Linksto the Real Economy[J]. Review of Financial Study, 2010, 23: 821-862.

[17] Roberts H. Statistical versus clinical prediction of the stock market[C]. Center for Research in Security Prices, University of Chicago, 1967.

[18] Samueslon P. Proof that properly anticipated prices fluctuate randomly[J]. Industrial Management Review, 1965(6): 41-49.

[19] Sharpe W, Alexander G, Bailey J V. Investments[M]. Englewood: Prentice Hall, 1999.

[20] Shu Yan. Jump risk, stock returns, and slope of implied volatility smile[J]. Journal of Financial Economics, 2011, 99(1): 216-233.

习 题

1. 假定某公司的高层管理人员投资于该公司股票获得了高回报，这是否违背市场的弱有效形式？是否违背市场的强有效形式？

2. 下列哪种情况与弱式市场假说最为矛盾？

(1) 超过30%的共同基金表现超过市场平均水平。

(2) 内幕人士赚取大量的超额利润。

(3) 每年1月股票市场都有超额收益率。

3. 你通过对股价历史资料的分析发现了如下现象，请问哪种现象与弱式效率市场相矛盾？

(1) 平均收益率显著大于0。

(2) 任何一周的收益率与下一周的收益率的相关系数都等于0。

(3) 在股价上升8%后买入并在下跌8%后卖出就可获得超额利润。

(4) 通过持有低红利收益率的股票就可以获得高于平均数的资本利得。

4. 如果效率市场假说成立的话，下列哪种说法是正确的？

(1) 可以精确预测未来事件。

(2) 价格反映了所有可获得的信息。

(3) 证券价格变动的原因无法知道。

(4) 股价不会变动。

5. 下列哪种现象可以作为反对半强式效率市场假说的证据？

(1) 共同基金平均收益并未超过市场。

(2) 在公司宣布其红利超常增加后买入(或卖出)该股票无法获得超额利润。

(3) 市盈率低的股票有超常收益率。

(4) 在任何年份都有50%左右的共同基金战胜市场。

6. 半强式效率市场假说认为，股票价格：

(1) 充分反映了所有历史价格信息。

(2) 充分反映了所有可以公开获得的信息。

(3) 充分反映了包括内幕消息之内的所有相关信息。

(4) 是可预测的。

7. 假设公司意外地宣布向其股东派发大额现金红利，如果该消息没有事先泄露，那么在有效市场中，你认为会发生什么情况？

(1) 在宣布时价格会异常变动。

(2) 在宣布前价格会异常上升。

(3) 在宣布后价格会异常下跌。

(4) 在宣布前后价格不会异常变动。

8. 下列哪种现象是反对半强式效率市场的最好证据？

(1) 在任何年份有一半左右的共同基金表现好于市场。

(2) 掌握内幕信息的人的收益率大大高于市场。

（3）技术分析无助于判断股价走向。

（4）低市盈率股票在长期中有正的超常收益率。

9. 下列哪种情况被称为"随机漫步"？

（1）股价变动是随机的但是可预测的。

（2）股价对新旧信息的反应都是缓慢的。

（3）未来股价变动与过去股价变动是无关的。

（4）过去信息在预测未来价格变动时是有用的。

10. 像微软这样的成功企业的股票在很多年中持续产生巨额收益。这是否违背效率市场假说？

11. 请判断下列各种现象或说法是否符合效率市场假说，并简单解释理由。

（1）在一个普通年份里，将近一半的基金表现超过市场平均水平。

（2）在某一年中战胜市场的某货币市场基金在第二年很可能又会战胜市场。

（3）股票价格在1月的波动率通常大于其他月份。

（4）在1月宣布盈利增加的公司股价的表现在2月通常超过市场平均水平。

（5）本周表现好的股票在下周就表现不好。

12. "如果所有证券都被合理定价，那么它们的预期收益率一定都相等。"这句话对否？为什么？

13. 我们知道股市应对好消息产生正面反应。而像经济衰退即将结束这样的好消息可以比较精确地预计到。那么认为在经济复苏时股市就一定上涨是否正确？

14. 你知道A公司的管理很差。你给该公司管理水平打的分数是30分，而市场调查发现投资者平均打20分。你应买入还是卖出该股票？

15. B公司刚宣布其年度利润增加，然而其股价不升反跌。对于这个现象，你有没有合理的解释？

16. 法马、费舍尔、詹森和罗尔（Fama, Fisher, Jensen & Roll）研究了股价对公司宣布股票分拆（stock split）的反应，发现股价通常在宣布股票分拆后上升。由于股票分拆时公司净资产并未变化，他们发现造成这种现象的主要原因是80%的公司在股票分拆后利润都有不同程度的增长。也就是说，公司管理层通常是在预计利润会增长后才进行股票分拆。请问这种现象符合哪种形式的效率市场假说？

附录　独立同分布、鞅差分序列和白噪音

为了说明独立同分布（IID）、鞅差分序列（MDS）和白噪音（WN）三者之间的关系，我们先用一个式子将三者统一起来。这个式子为：

$$\ln S_t - \ln S_t - 1 = \varepsilon_t + \mu_t \tag{2.3}$$

其中，ε_t 是一个均值为零的协方差平稳过程。独立同分布、鞅差分序列和白噪音三种情况就分别对应于：

(1) ε_t 是 (IID)$(0, \sigma_2)$。

(2) $E(\varepsilon_t | I_t-1)=0$，表示时刻 $t-1$ 的信息集合。

(3) $E(\varepsilon_t)=0$，$E(\varepsilon_t^2)=\sigma^2$，$E(\varepsilon_t\varepsilon_t-j)=0$，$j>0$。

一、独立同分布与鞅差分序列

如果 ε_t 是一个独立同分布，则彼此之间的信息集合是不受影响的，因此必然有 $E(\varepsilon_t | I_{t-1})=E(\varepsilon_t)=0$，满足鞅差分序列的条件。但反过来，鞅差分序列不一定是一个独立同分布。因为独立同分布除了 $E(\varepsilon_t)=0$ 以及独立性要求之外，还要求 $E(\varepsilon_t^2 | I_{t-1})=E(\varepsilon_t^2)=\sigma^2$。最典型的例子就是 ARCH(1) 模型。该模型具体表述为：

$$\varepsilon_t = \xi_t\sqrt{h_t}, \quad h_t = \alpha_0 + \alpha_1\varepsilon_{t-1}^2 \tag{2.4}$$

其中，$\alpha_0>0$，$0<\alpha_1<1$，$\{\xi_t\}$ 是 IID$(0, 1)$。

$$E(\varepsilon_t/I_{t-1}) = E(\xi_t\sqrt{h_t}/I_{t-1}) = \sqrt{h_t}E(\xi_t/I_{t-1}) = 0 \tag{2.5}$$

但 $\varepsilon_t^2 = \xi_t^2 h_t$，所以：

$$E(\varepsilon_t^2/I_{t-1}) = E(\xi_t^2 h_t/I_{t-1}) = h_t E(\xi_t^2/I_{t-1}) = h_t \tag{2.6}$$

所以 $\text{var}(\varepsilon_t/I_{t-1}) = h_t = \alpha_0 + \alpha_1\varepsilon_{t-1}^2$，这是不断发生变化的。可见鞅差分序列不一定满足独立同分布。

二、鞅差分序列与白噪音

在时间序列方差存在的条件下，因为 $E(\varepsilon_t)=E[E(\varepsilon_t | I_{t-1})]=0$，所以：

$$E(\varepsilon_t\varepsilon_{t-j}) = E[E(\varepsilon_t\varepsilon_{t-j} | I_{t-1})] = E[\varepsilon_{t-j}E(\varepsilon_t | I_{t-1})] = 0 \tag{2.7}$$

而 $E(\varepsilon_t^2)=\delta^2$，可见鞅差分序列是一个白噪音。

但白噪音不一定满足鞅差分序列，因为上面的等式都是不可倒推的。一个典型的例子就是非线性 MA 过程。该过程的具体表述为：

$$\varepsilon_t = \alpha\xi_{t-1}\xi_{t-2} + \xi_t \tag{2.8}$$

其中，$\{\xi_t\}$ 是 IID$(0, \delta^2)$。

由于

$$\begin{aligned}E(\varepsilon_t/I_{t-1}) &= E(\alpha\xi_{t-1}\xi_{t-2}+\xi_t/I_{t-1}) \\ &= E(\alpha\xi_{t-1}\xi_{t-2}/I_{t-1}) + E(\xi_t/I_{t-1}) \\ &= \alpha\xi_{t-1}\xi_{t-2} \neq 0\end{aligned} \tag{2.9}$$

所以它不是一个鞅差分序列，而

$$\text{cov}(\varepsilon_t, \varepsilon_{t-j}) = E(\varepsilon_t \varepsilon_{t-j}) = E[(\alpha\xi_{t-1}\xi_{t-2}+\xi_t)(\alpha\xi_{t-j-1}\xi_{t-j-2}+\xi_{t-j})]$$
$$= E(\alpha^2\xi_{t-1}\xi_{t-2}\xi_{t-j-1}\xi_{t-j-2}+\alpha\xi_{t-1}\xi_{t-2}\xi_{t-j}+\alpha\xi_{t-j-1}\xi_{t-j-2}\xi_t+\xi_t\xi_{t-j})=0$$
(2.10)

$$E(\varepsilon_t)=E(\alpha\xi_{t-1}\xi_{t-2}+\xi_t)=\alpha E(\xi_{t-1})E(\xi_{t-2})+E(\xi_t)=0 \quad (2.11)$$

所以它是一个白噪音。

总结起来，对一个均值为零的协方差平稳过程而言，独立同分布一定是一个鞅差分序列，鞅差分序列不一定是独立同分布；鞅差分序列一定是白噪音，但白噪音不一定是鞅差分序列。因此三者之间的关系就是独立同分布⊂鞅差分序列⊂白噪音。也就是说，独立同分布的条件最苛刻，鞅差分序列次之，白噪音再次之，如图2-2所示。

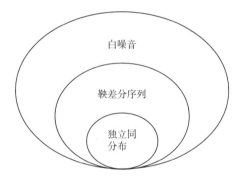

图2-2　独立同分布、鞅差分序列、白噪音关系

第三章 利 率

◆**本章概要**：

1. 利率概念通常是各种利率的统称，它一般是用各种金融工具的到期收益率来衡量的。
2. 探讨各种金融工具的到期收益率的计算，进而弄清利率的本质及其变动规律以外，还将研究利率水平变动与债券价格的关系、名义利率与真实利率的关系以及利率的期限结构等。
3. 理解利率在金融市场上所扮演的角色。

◆**重点难点**：

1. 了解利率的含义和主要类型。
2. 了解利率水平的决定理论。
3. 了解收益率曲线及其变动。
4. 了解利率期限结构的含义及其假说。

第一节 利率概述

一、利率的含义

(一) 金融工具分类

在日常生活中，我们经常可以接触到各种各样的金融工具，如商业票据、银行承兑票据、可转让银行存单、国库券、股票、抵押贷款、企业债券等。在物价水平不变的情况下，不同名义利率的金融工具可以反映投资者所获得的实际收益率水平的差异。想要计算各种不同金融工具的利率水平，必须先对金融工具进行大致的分类，它们大致可以分成以下四种类型。

1. 简易贷款

工商信贷通常采用这种方式。这种金融工具的使用方法是：贷款人在一定期限内，按照事先约定的利率水平,向借款人提供一笔资金(也称本金);到还款日,借款人除了向贷款人偿还本金以外,还必须额外支付一定数额的利息作为借款的补偿。例如,某个企业以5%的年利率从银行贷款100元,期限1年。那么,1年贷款期满以后,该企业必须偿还100元本金,并支付5元的利息。

2. 年金

年金是指一定时期内每次等额收付的系列款项,通常用A来表示。它是最常见的金融工具之一,年金的形式包括保险费、养老金、直线法下计提的折旧、租金、等额分期收款、等额分期付款等,年金具有等额性和连续性特点,如果第一次收(付)刚好在一期(如1年)之后,这种年金就称为普通年金。例如,某个人以这种方式借入银行贷款1000元,期限为25年,年利率为12%。那么,在未来25年内,该借款人每年年末都必须支付给银行120元,直到期满为止。

3. 附息债券

附息债券是指在债券券面上附有息票的债券,或是按照债券票面载明的利率及支付方式支付利息的债券。公司债券或中长期国库券通常采用这种形式。附息债券在发行时明确了债券票面利率和付息频率及付息日,到债券到期日时,偿还最后一次利息和本金的债券。在这种方式下,债券持有者将息票剪下来出示给债券发行人,后者确认后将利息支付给债券持有者。例如,一张面值为1000元的附息债券,期限为5年,息票率为8%。债券发行人每年应向持有人支付80元的利息,持续4年,在到期日再按面值1000元本金并加上最后一年的利息80元偿付。

4. 贴现债券

贴现债券是指在票面上不规定利率,发行时按某一折扣率,以低于票面金额的价格发行,到期时仍按面额偿还本金的债券。贴现债券的发行价格与其面值的差额即为债券的利息。美国短期国库券、储蓄债券和零息债券通常采用这种形式。债券发行人以低于债券面值的折扣价格出售债券,在到期日按照债券面值偿付给债券持有人。贴现债券与附息债券不同,它不需要支付任何利息,仅仅在期满时按照债券面值偿付。例如,一张贴现债券面值1000元,期限3年,债券购买者以850元的价格购入该债券,3年后,债券持有人可以要求债券发行人按照面值1000元偿付。

这四种类型的金融工具产生现金流的时间不同。简易贷款和贴现债券只有到期日才有现金流;而年金和附息债券在到期日之前就有连续、定期的现金流,并持续至到期日。因此,在使用这些金融工具进行投资时需要考虑一个问题:到底哪一种金融工具可以为投资人提供更多的收入呢?要解决这个问题,必须运用现值的概念,计算不同类型金融工具的利率。

(二)现值、终值与货币的时间价值

由于各种金融工具产生现金流的时间不同,选择不同类型的金融工具会给投资人带来不同收益水平。显而易见,债券的期限长短、支付方式会影响债券的收益率水平。当投资者选择购买某一种金融工具时,通常是以放弃购买其他金融工具的机会为代价的,也就是机会成本。因此,金融工具的选择或机会成本、收益水平的比较必然会涉及货币的时间价值。

货币具有时间价值。与货币的时间价值相联系的是现值(present value)与终值(future value)。终值的概念建立在这样一个事实基础上:现在投入一元钱,将来收到的本利和在数量上要多于现在的一元钱。现值则以相反的事实为依据:从现在算起,人们将来可以收到的一元钱在价值上要低于现在的一元钱。出现上述两种现象的原因是什么呢?假如某个投资人现在手头拥有1000元,那么,在正常情况下,我们不会让资金闲置,而是通过各种投资方式让钱不断增值,比如存入银行,或者购买有价证券,或者购买不动产和其他有价值的艺术收藏品等,这样一年后我们拥有的财富通常将会多于1000元。那么,现在的1000元相当于一年后可以收到的多少钱?这个问题即是指现在这1000元一年后的终值是多少。反过来,对于将来能够获得的一笔收入,从现在的角度来衡量,其价值应该是打折扣的。将来可以获得的1000元相当于现在的多少钱?这个问题就是指未来这1000元钱收入的现值是多少。现值也称折现值,是指未来某一时点上的一定量现金折合到现在的价值,俗称"本金",通常记作P_0。终值,又称将来值或本利和,是指现在一定量的资金在未来某一时点上的价值,通常记作F。了解了终值和现值的概念后,我们可以用来解释各类金融工具的利率水平。

1. 简易贷款的现值和终值

在简易贷款中,用支付的利息额除以贷款额是衡量借款成本的标准,这个计量标准即是简单利率。例如,某个企业从银行贷款10000元,期限1年。贷款期满以后,该企业偿还10000元本金并支付1000元利息。那么,这笔贷款的一年期利率(r)可以计算如下:

$$r = \frac{1000}{10000} \times 100\% = 10\%$$

从银行的观点来看,如果发放100元的贷款,第一年年末就可以收回11000元,或者说这10000元以10%利率发放的一年期贷款的终值是11000元:

$$10000 \times (1+10\%) = 11000(元)$$

如果银行将收回的11000元仍然以相同的利率贷放出去,第二年年末可以收回12100元:

$$11000 \times (1+10\%) = 12100(元)$$

这相当于发放一笔面额为10000元、利率为10%、期限为2年的贷款,在贷款到期日时可以收回的本金和利息数额,或者说这10000元以10%利率发放的2年期贷款的终值是12100元:

$$10000\times(1+10\%)\times(1+10\%)=10000\times(1+10\%)^2=12100(元)$$

同样，如果该贷款人将第二年年末收回的 12100 元再次贷放出去，第三年年末他可以收回 13310 元：

$$12100\times(1+10\%)=13310(元)$$

这相当于发放一笔面额为 10000 元、利率为 10%、期限为 3 年的贷款，在贷款到期日时可以收回的本金和利息数额，或者说这 10000 元以 10% 利率发放的 3 年期贷款的终值是 13310 元：

$$10000\times(1+10\%)\times(1+10\%)\times(1+10\%)=10000\times(1+10\%)^3=13310(元)$$

把上述计算过程推广到一般情形，如果一笔简易贷款的利率为 r，期限为 n 年，本金为 P_0 元。那么，第 n 年年末贷款人可以收回的本金和利息数额即相当于 n 年期贷款的终值（FV）为：

$$FV=P_0\times(1+r)^n \quad (3.1)$$

现在将上述过程反过来思考，由于在利率水平为 10% 时，现在的 10000 元钱一年后将会变成 11000 元，据此可以说一年后的 11000 元在价值上相当于现在的 10000 元，即一年后可以收到的 11000 元钱的现值是 10000 元。同样，也可以说从现在开始，两年后的 12100 元或者三年后的 13310 元在价值上相当于现在的 10000 元。这种计算将来一笔货币相当于现在多少数额货币的过程可以称为对未来现金流的贴现（discounting）。其计算过程如下：

$$10000=\frac{11000}{1+10\%}$$

$$10000=\frac{12100}{(1+10\%)^2}$$

$$10000=\frac{13310}{(1+10)^3}$$

把这个结论推广，所谓现值是从现在算起 n 年后能够收到的收入的贴现价值。如果 r 代表利率水平，默认大于零，PV 代表现值，FV 代表终值，n 代表年限，那么现值的计算公式如下：

$$PV=\frac{FV}{(1+r)^n} \quad (3.2)$$

根据上述公式可以得出结论：从现在算起，第 n 年年末可以获得的 10000 元收入肯定不如今天的 10000 元更有价值。其经济意义在于：投资人现在拥有的 10000 元如果留在手中价值会不断降低，如果拿去储蓄会获得比 10000 元更多的金额。

2. 年金的现值和终值

普通年金的现值计算公式为：

$$PV = A\left[\frac{1}{r} - \frac{1}{r(1+r)^n}\right] \tag{3.3}$$

其中，A 为普通年金，r 为利率，n 为年金持续的时期数。

【例3-1】 小明获得一项体彩大奖，在以后的10年中每年将得到10万元的奖金，一年以后开始领取。若市场的年利率为5%，请问这个奖的现值是多少？

根据公式(3.3)可以算出：

$$该奖项的现值 = 100000 \times \left(\frac{1}{0.05} - \frac{1}{0.05 \times 1.05^{10}}\right)$$
$$= 100000 \times 9.5238$$
$$= 952380(元)$$

当 n 趋于无穷大时，普通年金就变成另一种年金——普通永续年金(perpetuity)，其现值公式为：

$$PV = \frac{A}{r} \tag{3.4}$$

实际上，n 期普通年金就等于普通永续年金减去从 $n+1$ 期开始支付的永续年金。因此 n 期普通年金的现值就等于普通永续年金的现值(A/r)减去从 $n+1$ 期开始支付的永续年金的现值 $\left[\frac{A}{r(1+r)^n}\right]$。

普通年金的终值计算公式为：

$$FV = A \cdot \frac{(1+r)^n - 1}{r} \tag{3.5}$$

在上面的例子中，该博彩大奖在10年后的终值为：

$$100000 \times \frac{1.05^{10} - 1}{0.05} = 1257789(元)$$

3. 附息债券的现值和终值

附息债券实际上就是年金和简易贷款的结合。因此根据简易贷款和年金的现值和终值计算公式就可以算出附息债券的现值和终值。

【例3-2】 小明购买了1000万元面值的15年期债券，其息票率为10%，从1年后开始每年付息一次。如果他将每年的利息按5%的年利率再投资，那么15年后他将拥有多少终值？

实际上，这笔投资的终值等于15年期金额为200万元的年金的终值加上1000万元的本金。前者可以根据公式(3.5)计算为：

$$10000000 \times \frac{1.05^{15} - 1}{0.05} = 215785635(元)$$

因此，该笔投资的终值为215785635元。

4. 贴息债券的现值和终值

贴息债券是一种发行时不规定利息率,也不附息票,只是按一定折扣(以低于面值的价格)发行或出售的一种债券,贴息债券的现值及终值与简易债券的计算本质是一样的,此处不再重复叙述。

有了现值与终值这两个概念,在利率水平既定的情况下,通过把未来可以收到的所有来自某种金融工具的现金流的现值相加,即可计算出一种金融工具现在的价值,据此可以对两种现金流产生时间截然不同的金融工具的价值进行比较,从而作出理性的投资选择。

(三) 利率的含义——到期收益率

在各种计算利率的常见方法中,到期收益率(yield to maturity)是最主要的一种。所谓到期收益率,是指来自某种金融工具的现金流的现值总和与其今天的价值相等时的利率水平,它可以从下式中求出:

$$P_0 = \frac{CF_1}{1+y} + \frac{CF_2}{(1+y)^2} + \frac{CF_3}{(1+y)^3} + \cdots + \frac{CF_n}{(1+y)^n} = \sum_{t=1}^{n} \frac{CF_t}{(1+y)^t} \qquad (3.6)$$

其中,P_0 为金融工具的当前市价,CF_t 为在第 t 期的现金流,n 为时期数,y 为到期收益率。如果 P_0、CF_t 和 n 的值已知,就可以通过试错法或用财务计算器来求 y。

由于到期收益率的概念中隐含着严格的经济含义,因此,经济学家往往把到期收益率看作衡量利率水平的最精确指标。下面将分别计算四种不同金融工具的到期收益率。

1. 简易贷款的到期收益率

对于简易贷款而言,使用现值概念,其到期收益率的计算是非常简单的。

【例 3-3】 一笔金额为 1000 元的一年期贷款,一年后的偿付额为 1000 元本金外加 100 元利息。显而易见,这笔贷款现在的价值为 1000 元,其终值 1100 元的现值计算如下:

$$PV = \frac{1000+100}{1+y}$$

根据到期收益率的概念,让贷款未来偿付额的现值等于其现在的价值:

$$1000 = \frac{1000+100}{1+y}$$

$$y = \left(\frac{1000+100}{1000} - 1\right) \times 100\% = 10\%$$

从上面的计算过程可以看出,对于简易贷款而言,利率水平等于到期收益率。此时的 y 有双重含义,既代表简单利率,也代表到期收益率。如果以 L 代表贷款额,I 代表利息支付额,n 代表贷款期限,y 代表到期收益率,那么:

$$L = \frac{L+I}{(1+y)^n} \tag{3.7}$$

2. 年金的到期收益率

以固定利率的抵押贷款为例，在到期日贷款被完全清偿以前，借款人每期必须向银行支付相同金额，直至到期日贷款被完全偿付为止。因此，贷款偿付额的现值相当于所有支付金额的现值之和。

【例 3-4】 一笔面额为 2000 元的抵押贷款，期限为 25 年，要求每年支付 252 元。则这笔贷款的到期收益率可以通过下列式子计算：

$$PV = \frac{252}{1+y} + \frac{252}{(1+y)^2} + \frac{252}{(1+y)^3} + \cdots + \frac{252}{(1+y)^{25}} = 2000$$

借助于利息查算表或袖珍计算器，可以知道这笔贷款的到期收益率为 12%。把上述计算过程推广到一般情形，对于年金，如果 P_0 代表年金的当前市价，C 代表每期的现金流，n 代表期间数，y 代表到期收益率，那么可以得到下列计算公式：

$$P_0 = \frac{C}{1+y} + \frac{C}{(1+y)^2} + \frac{C}{(1+y)^3} + \cdots + \frac{C}{(1+y)^n} \tag{3.8}$$

3. 附息债券的到期收益率

附息债券到期收益率的计算方法与年金大致相同：使来自一笔附息债券的所有现金流的现值总和等于该笔附息债券现在的价值。由于附息债券也涉及了不止一次的支付额，因此，附息债券的现值相当于所有息票利息的现值总和再加上最终支付的债券面值的现值。

【例 3-5】 一张息票率为 10%、面额为 20000 元的 10 年期附息债券，每年支付息票利息 1000 元，最后再按照债券面值偿付 10000 元。证券现值的计算可以分为附息支付的现值与最终支付的票面金额两部分，并让其与附息债券今天的价值相等，从而计算出该附息债券的到期收益率。

$$P_0 = \frac{2000}{1+y} + \frac{2000}{(1+y)^2} + \frac{2000}{(1+y)^3} + \cdots + \frac{2000}{(1+y)^{10}} + \frac{20000}{(1+y)^{10}} = 20000$$

借助于袖珍计算器或利息查算表，可以知道这笔附息债券的到期收益率为 10%。把上述计算过程推广到一般情形，对于任何一笔附息债券，如果 P_0 代表债券的价格，C 代表每期支付的息票利息，F 代表债券的面值，n 代表债券的期限，y 代表附息债券的到期收益率。那么可以得到附息债券到期收益率的计算公式：

$$P_0 = \frac{C}{1+y} + \frac{C}{(1+y)^2} + \frac{C}{(1+y)^3} + \cdots + \frac{C}{(1+y)^n} + \frac{F}{(1+y)^n} \tag{3.9}$$

在上述公式中，附息债券的价格、每期支付的息票利息、债券的期限与面值都是已知的，把有关数据代入其中，即可得出到期收益率的数值。由于这种计算比较烦琐，人们常常通过袖珍计算器或利息查算表得出有关数据。

根据上述计算公式,如果一笔附息债券的 n、C、F 是事先已知的,那么,显而易见,债券价格与到期收益率之间存在一定的关系。例如,对于一张面额为 1000 元、息票率为 10%、期限为 10 年的附息债券,当债券价格为 1200 元、1100 元、1000 元、900 元、800 元时,附息债券的到期收益率分别为 7.13%、8.48%、10.00%、11.75%、13.81%。

在以上例子中有以下三点值得注意:

(1) 当附息债券的购买价格与面值相等时,到期收益率等于息票率。以下为两个不同的投资决策:①将 1000 元人民币存入银行,利率为 10%。存款人每年提取 100 元利息,到第 10 年年底,提取 1000 元本金。②以 1000 元的价格购买上述面额为 1000 元、息票率为 10%、期限为 10 年的附息债券,其到期收益率也为 10%。该债券的持有人每年都可以得到 100 元的息票利息,到第 10 年年底,债券发行人按照债券面值偿付 1000 元本金和最后一年的利息。计算可得,这两个投资决策对投资人来讲是相同的。这意味着购买该附息债券的到期收益率等于银行的存款利率,也等于债券的息票率。

(2) 当附息债券的价格低于面值时,到期收益率高于息票率;反之,当附息债券的价格高于面值时,到期收益率则低于息票率。

(3) 附息债券的价格与到期收益率是负相关的。如果债券价格上升,则到期收益率下降;反之,到期收益率上升。由上述公式可以得出,如果到期收益率上升,债券价格计算公式中所有的分母都会增大,从而来自债券的附息支付额与最终支付额的现值之和必然减少,债券价格因此下降;反之,债券价格上升。从另一个角度解释:较高的利率水平意味着债券未来的附息支付和最终支付在折成现值时价值较少,因此债券价格较低。

4. 贴现债券的到期收益率

对于贴现债券而言,到期收益率的计算与简易贷款大致相同。

【例 3-6】 一张面额为 1000 元的一年期国库券,其发行价格为 850 元,一年后按照 1000 元的现值偿付。那么,让这张债券的面值的现值等于其今天的价值,即可计算出该债券的到期收益率:

$$850 = \frac{1000}{1+y}$$

$$y = \left(\frac{1000-850}{850}\right) \times 100\% = 17.65\%$$

把上述计算过程推广到一般情形,对于任何一年期贴现债券来讲,如果 F 代表债券面值,P_0 代表债券的购买价格,那么,债券到期收益率的计算公式如下:

$$y = \frac{F - P_0}{P_0} \tag{3.10}$$

从这个公式也可以看出，贴现债券的到期收益率与债券价格呈负相关。在上例中，如果债券价格从 850 元上升到 900 元，到期收益率从 17.65% 下降到 11.1%；反之，如果债券价格从 850 元下降到 800 元，到期收益率从 17.65% 上升到 25%。

5. 到期收益率的缺陷

到期收益率概念有一个重要假定，就是所有种类债券的现金流可以按计算出来的到期收益率进行再投资。因此，到期收益率只是承诺的收益率(promised yield)，它只有在投资未提前结束、投资期内的所有现金流都按到期收益率进行再投资这两个条件都得到满足的情况下才会实现。

但是如果两个条件不能都满足，如投资提前结束，则会产生额外的资本利得或损失(capital gain or loss)，进而影响实际收益率。如果利率随时间而改变，现金流自然无法按计算的到期收益率进行再投资，这就是再投资风险(reinvestment risk)。显然，期限越长、中间的现金流越多，再投资风险就越大。

(四) 利率折算规定

谈到利率，首先要注意利率的时间长度，如年利率、月利率和日利率等。年利率通常用百分比(%)表示，月利率用千分比(‰)表示，日利率用万分比(‱)表示。其次，要注意计算复利的频率，如 1 年计 1 次复利、1 年计 2 次复利、1 年计 m 次复利和连续复利等。因此，利率的完整表达应该加上计算频率，如 1 年计 1 次复利的年利率、1 年计 2 次复利的年利率等。但这样表达很麻烦，所以若无特殊说明，利率均指在所示的单位时间中计一次复利，如月利率默认为 1 月计 1 次复利的月利率。如果计算复利次数超过 1 次的利率，则需要特别说明，如连续复利年利率。了解复利的频率和利率的时间长度后，就可准确地计算利息。如某种存款年利率为 8%，1 年计 4 次复利，则 100 元的存款在 2 年内可以得到的利息就是 $\left[100 \times \left(1+\frac{8\%}{4}\right)^4 - 100\right] \times 2 = 16.49$(元)。

在到期收益率的分析中，如果现金流出现的周期是 1 年，那么到期收益率就是年收益率；如果现金流出现的周期为 1 个月，那么到期收益率就是月收益率。为了便于比较，要把不同周期的利率折算为年利率。折算的办法可以用比例法或者复利法。

1. 比例法

比例法就是按不同周期长度的比例把一种周期的利率折算为另一种周期的利率。例如，天利率乘以 365 就等于年利率，月利率乘以 12 就等于年利率(annual percentage rate)。同样，年利率除以 365 就等于天利率，年利率除以 12 就等于月利率。在进行到期收益率比较时，人们习惯上通常使用比例法，因为比较简单、直观，但往往这种方法也不够精确。为了与其他方法相区别，人们把按比例法惯例计算出来的到期收益率称为债券等价收益率(bond-equivalent yield)。

2. 复利法

为了更精确地对不同周期的利率进行比较，可以用复利法把一种周期的利率折算为另一种周期的利率。例如，可以把半年利率按下式折算为年利率，这种利率称为实际年利率(effective annual rate)：

$$\text{实际年利率} = (1+\text{半年利率})^2 - 1 \tag{3.11}$$

例如，某债券每半年支付一次利息，其按公式(3.10)算出来的到期收益率为5%，则该债券的实际年收益率为：

$$1.05^2 - 1 = 10.25\%$$

同样，也可以将实际年利率折算为半年利率：

$$\text{半年利率} = (1+\text{实际年利率})^{\frac{1}{2}} - 1 \tag{3.12}$$

例如，若每半年支付一次利息的债券的实际年收益率为12%，则其半年利率为：

$$(1.12)^{\frac{1}{2}} - 1 = 5.83\%$$

二、即期利率与远期利率

即期利率是债券票面所标明的利率或购买债券时所获得的折价收益与债券当前价格的比率，是某一给定时点上无息证券的到期收益率。购买政府发行的有息债券，在债券到期后，债券持有人可以获得连本带利的一次性支付，一次性所得收益与本金的比率为即期利率。购买政府发行的无息债券，投资者可以低于票面价值的价格获得，债券到期后，债券持有人可按票面价值获得一次性支付，购入价格的折扣额与票面价值的比率为即期利率。

如果投资者以 P_1 的价格购买期限为 n 年的无息债券，在债券到期后可以从发行人那里获得的一次性现金支付为 C_0，那么 n 年期即期利率 r_n 的计算公式如下：

$$P_1 = \frac{C_0}{(1+r_n)^n} \tag{3.13}$$

对于期限较长的附息债券，即期利率的确定方式有所不同。如果某投资者以 P_2 的价格购买期限为2年、面值为 F 的附息债券，每年的利息支付为 I。在这种情况下，通常用一年期无息债券来计算一年期即期利率 r_1，那么两年期即期利率 r_2 的计算公式如下：

$$P_2 = \frac{I}{1+r_1} + \frac{I+F}{(1+r_2)^2} \tag{3.14}$$

远期利率是隐含在给定的即期利率中，从未来的某一时点到另一时点的利率水平。确定了收益率曲线后，所有的远期利率都可以根据收益率曲线上的即期利率求得，远期利率是和收益率曲线紧密相连的。远期利率可以看作与一个远期合约有关的利率水平，这种合约一旦签订，债权人在未来某个时点将约定资金转移到借款人手里，在到期后，借款人按照合约规定的利率水平偿付。因此，远期利率是从将来某个时点开始的一定期限的利率，也就是将来的即期利率。一个远期利率在现在签订的合约中规定，但与未来一段时期有关,这也就是说,远期合约的利率条件在合约签订时已经确定,但合约实际交割将在未来进行。

三、名义利率与实际利率

在加入通货膨胀率的影响后,名义利率不能再反映投资者所获得的实际收益率水平的差异,这时实际利率(real interest rate)就要开始发挥作用。

实际利率(effective interest rate/Real interest rate)是指剔除通货膨胀率后储户或投资者得到利息回报的真实利率。哪里的实际利率更高,热钱向那里走的机会就更高。比如,美元的实际利率在提高,美联储加息的预期在继续,那么国际热钱向美国投资流向就比较明显。投资的方式也很多,如债券、股票、地产、古董、外汇。其中,债券市场是对这些利率和实际利率最敏感的市场。可以说,美元的汇率是基本上跟着实际利率趋势来走的。一般银行存款及债券等固定收益产品的利率都是按名义利率支付利息,但如果在通货膨胀环境下,储户或投资者收到的利息回报就会被通货膨胀侵蚀。

如果 r 代表名义利率,r' 代表实际利率,π_e 代表预期通货膨胀率,那么实际利率、名义利率与预期通货膨胀率之间的关系可以由下列费雪方程式给出:

$$r = r' + \pi_e \Rightarrow r' = r - \pi_e \tag{3.15}$$

其推导过程如下:

$$1 \times (1+r) = 1 \times (1+r')(1+\pi_e) \text{(假定本金为1元)}$$

$$1 + r = 1 + r' + \pi_e + r' \cdot \pi_e$$

$$r = r' + \pi_e + r' \cdot \pi_e$$

$$r \approx r' + \pi_e \text{(因为 } r' \cdot \pi_e \to 0\text{)}$$

为了弄清实际利率的真正含义,看看下面两种不同的情形:①假定某投资者购买了一份利率为10%、面值为100元的一年期债券,他预计价格水平在一年内将保持不变(即 $\pi_e = 0$),结果一年以后他收回本利和 $100 \times (1+10\%) = 110$ 元。在这种情况下,以实际的商品和劳务来衡量,他赚取的收益率为10%,实际利率 $r' = 10\%$。②假定利率水平上升到15%,该投资者又购买一份利率为15%、面值为100元的债券,他预计一年内因为经济快速发展,通货膨胀率急剧上升到20%(即 $\pi_e = 20\%$)。一年以后,他收回本利和 $100 \times (1+15\%) = 115$ 元。但现在他必须要支付 $100 \times (1+20\%) = 120$ 元才能购买原来100元就能购买到的商品的劳务。

在情形②中,该投资者年末所能购买到的商品和劳务比情形①减少了5%。因此,表面上名义利率水平上升,但投资者能够买到的东西却变少了,实际收益率为负,实际利率 $r' = 15\% - 20\% = -5\%$。在这种情形下,投资者肯定不愿意购买债券。相反,从债券发行人的立场来看,以实际的商品和劳务来衡量,年末需要偿还的本利和在价值上减少了5%。因此在实际利率较低的情形下,人们通过发行债券或者借款进行融资的动因往往更强。由于实际利率反映了投资的实际收益或者融资的实际成本，可以更准确地衡量人们借款和贷款的动因，因此区分名义利率与实际利率非常重要。

第二节 利率水平的决定

由于各种各样的主观原因和客观原因存在，金融市场上利率水平总是在不断变动的。由于宏观经济状况的客观要求，一国货币当局也常常通过货币政策工具对利率水平进行调整。到底是哪些因素导致了这些变动或调整？或者说，投资者可以根据哪些因素来预期利率水平的变动？通过分析利率水平的影响因素，投资者可以提前改变自己的资产组合，从而实现预定的收益率目标。本节将使用供求分析方法以及资产组合理论来考察单个名义利率决定的两种理论模型：可贷资金模型和流动性偏好模型。

一、可贷资金模型

(一) 债券市场及其均衡

可贷资金模型根据债券市场的供求分析利率水平的决定。我们知道，按照一般的供求分析方法，在其他经济变量保持不变的前提下，当债券价格上升时，债券需求量减少而债券供给量增加；当债券价格下降时，债券需求量增加而债券供给量减少。

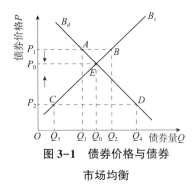

图 3-1 债券价格与债券市场均衡

在图 3-1 中，债券需求曲线 B_d 向下倾斜，表明在其他变量不变的前提下，随着债券价格的上升，债券需求量减少；债券供给曲线 B_s 向上倾斜，表明在其他变量不变的前提下，随着债券价格的上升，债券供给量增加；债券市场在需求曲线和供给曲线的交点实现均衡，均衡点为 E 点，均衡价格为 P_0 点，均衡债券数量为 Q_0 点。如果债券价格定得偏高，即 P_1 点的情形，此时 A 点的债券需求量为 OQ_1，而 B 点的债券供给量为 OQ_2，在这一价格水平上 $OQ_2>OQ_1$，即债券价格大于均衡点时，市场上存在债券的超额供给，人们希望抛售的债券数量多于人们愿意购买的债券数量，因此债券价格将会下跌；反之，如果债券价格定得偏低，即 P_2 点的情形，此时 C 点的债券供给量为 OQ_3，而 D 点的债券需求量为 OQ_4，在这一价格水平上 $OQ_4>OQ_3$，即债券价格小于均衡点时市场上存在债券的超额需求，人们愿意购买的债券数量多于人们希望抛售的债券数量，因此债券价格将会上升。无论在哪种情况下，市场都可以通过价格机制调节供求，减少差额需求或者超额供给，让债券价格重新回到均衡点 P_0，债券市场实现均衡。

由于债券价格与按照到期收益率衡量的利率水平呈负相关，因此，可以建立债券需求量和债券供给量与利率水平之间的关系，进而描述出债券市场的供求曲线及其均衡。在图 3-2 中，债券需求曲线向上倾斜，表明在其他变量不变的前提下，债券需求量随着利率水平的上升而增加；债券供给曲线向下倾斜，表明在其他变量不变的前提下，债券供给量随着利率水平的上升而减少；债券市场在需求曲线和供给曲线的交点实现均衡，E 点为均衡点，r_0 为均衡利率，Q_0 为均衡债券数量。如果利率低于均衡利率，即 $r_1 < r_0$（等价于 $P_1 > P_0$）的情形，此时 A 点的债券需求量为 OQ_1，而 B 点的债券供给量为 OQ_2，在这一利率水平上，$OQ_2 > OQ_1$，即利率小于均衡点时市场上存在债券的超额供给，人们希望抛售的债券数量多于人们愿意购买的债券数量，因此债券价格将会下跌，而利率会上升；反之，如果利率高于均衡利率，即 $r_2 > r_0$（等价于 $P_2 < P_0$）的情形，此时 C 点的债券供给量为 OQ_3，而 D 点的债券需求量为 OQ_4，在这一价格水平上，$OQ_4 > OQ_3$，即利率大于均衡点时市场上存在债券的超额需求，人们愿意购买的债券数量多于人们希望抛售的债券数量，因此债券价格将会上升，而利率会下降。无论在哪种情形下，市场都可以通过价格机制调节债券供求，减少超额需求或者超额供给，让利率重新回到均衡水平 r_0，债券市场实现均衡。

尽管图 3-2 描述了均衡利率的决定，但却与传统的供求分析不相吻合。为了解决这一问题，可贷资金模型试图对供求曲线和横轴重新进行定义。债券的发行人之所以发行债券，是需要从债券的购买者那里获得贷款，即债券供给等价于可贷资金需求（L_d），从而债券供给曲线描述了利率水平与可贷资金需求量之间的关系；同理，债券的购买者之所以购买债券，是愿意提供闲置的可贷资金，即债券需求等价于可贷资金供给（L_s），从而债券需求曲线描述了利率水平与可贷资金供给量之间的关系。如果以横轴表示可贷资金量，纵轴表示利率水平，那么，图 3-3 使用可贷资金这一术语描述了债券市场的均衡。这也是上述分析被称为可贷资金模型的原因之所在。

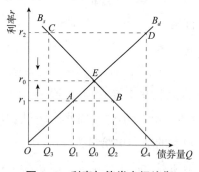

图 3-2 利率与债券市场均衡

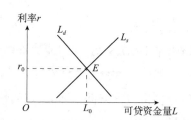

图 3-3 可贷资金模型、利率与债券市场均衡

(二) 供求曲线的位移及其影响因素

对于上述债券价格（或利率）变动导致的需求量（或供给量）的变动，称为沿需求曲线（或供给曲线）的移动；与此同时，在每个给定的债券价格（或利率水平）上，对于其他外生因素的变化导致的需求量（或供给量）的变动，称为需求曲线（或供给曲线）本身

的移动。了解供求曲线位移的影响因素对于均衡利率决定的分析是至关重要的。

1. 债券需求曲线的位移及其影响因素

根据资产组合理论,影响资产需求的因素主要有财富量、风险、流动性和预期收益率。在每个给定的债券价格(或利率水平)上,上述每个因素的变化都会导致债券需求量的变化,从而使需求曲线发生位移。如果用符号↑代表上升或增加,用符号↓代表下降或减少,用符号→代表因果关系,意味着"导致",那么,上述因素对债券需求曲线的位移的影响如下:

(1)财富量(W)。经济扩张→国民收入 Y↑→W↑→债券需求曲线向右移动;经济衰退→W↓→B_d↓→债券需求曲线向左移动。

(2)风险(R)。债券价格易变性↑→R_b↑→B_d↓→债券需求曲线向左移动;债券价格易变性↓→R_b↓→债券需求曲线向右移动。同理,替代资产(如股票)价格 S 易变性↑→R_s↑→S_d↓→B_d↑→债券需求曲线向右移动;替代资产价格易变性↓→R_s↓→S_d↑→B_d↓→债券需求曲线向左移动。

(3)流动性(L)。债券市场流动性 L_b↑→B_d↑→债券需求曲线向右移动;L_b↓→B_d↓→债券需求曲线向左移动。同理,替代资产流动性 L_s↑→S_d↑→债券需求曲线向左移动;L_s↓→S_d↓→B_d↑→债券需求曲线向右移动。

(4)预期收益率(R_e)。对于长期债券而言,预期收益率与利率之间存在很大不同。由于利率水平与债券价格呈负相关,因此,利率水平的变化会导致资本利得(损失)和收益率的变化。如果预期未来利率上升,即 r_e↑→R_{eb}↓→B_d↓→债券需求曲线向左移动;如果预期未来利率下降,即 r_e↓→R_{eb}↑→B_d↑→债券需求曲线向右移动。同理,替代资产(如股票)预期收益率 R_{es}↑→S_d↑→B_d↓→债券需求曲线向左移动;R_{es}↓→S_d↓→B_d↑→债券需求曲线向右移动。此外,预期通货膨胀率 π_e↑→R_{eb}↓→B_d↓→债券需求曲线向左移动;π_e↓→R_{eb}↑→B_d↑→债券需求曲线向右移动。

2. 债券供给曲线的位移及其影响因素

在每个给定的债券价格(或利率水平)上,预期有利可图的投资机会、预期通货膨胀率以及政府活动的规模等因素的变化会使债券供给量发生变化,进而导致债券供给曲线的位移。

(1)预期有利可图的投资机会。经济扩张→投资机会↑→L_d↑→B_s↑→债券供给曲线向右移动;经济衰退→投资机会↓→L_d↓→B_s↓→债券供给曲线向左移动。

(2)预期通货膨胀率(π_e)。π_e↑→实际利率 r'(因为 $r' = r - \pi_e$)↓→L_d↑→B_s↑→债券供给曲线向右移动;π_e↓→实际利率 r'↑→L_d↓→B_s↓→债券供给曲线向左移动。

(3)政府活动的规模(G_a)。G_a↑→财政赤字 D↑→赤字融资 F↑→B_s↑→债券供给曲线向右移动;G_a↓→财政赤字 D↓→赤字融资 F↓→B_s↓→债券供给曲线向左移动。

(三)均衡利率的决定

将上述影响供求曲线位移的因素结合起来，可以分析均衡利率的决定。

1. 预期通货膨胀率的变动

假定债券需求曲线 B_1^d 与债券供给曲线 B_2^d 最初相交于 E 点，均衡利率水平为 r_0。在图 3-4 中，如果预期通货膨胀率上升，那么从债券需求曲线的位移来看，$\pi_e\uparrow \to R_{eb}\downarrow \to B_d\downarrow \to$ 债券需求曲线从 B_1^d 向左移动到 B_2^d；就债券供给曲线的位移而言，$\pi_e\uparrow \to r'\uparrow \to L_d\downarrow \to B_s\downarrow \to$ 债券供给曲线从 B_1^s 向右移动到 B_2^s。B_2^d 与 B_2^s 相交于新的均衡点 F，利率水平从 r_0 上升至 r_1。均衡债券数量是增加还是减少则取决于供给曲线和需求曲线位移幅度的相对大小。因此，可以得到费雪效应(Fisher effect)的基本结论：$\pi_e\uparrow \to r\uparrow$，即名义利率会随着预期通货膨胀率的上升而上升。

2. 经济的周期性波动

假定债券需求曲线 B_1^d 与债券供给曲线 B_1^s 最初相交于 E 点，均衡利率水平为 r_0。假定经济周期处于扩张阶段，在图 3-5 中，从债券需求曲线的位移来看，经济扩张 $\to Y\uparrow \to W\uparrow \to B_d\uparrow \to$ 债券需求曲线从 B_1^d 向右移动到 B_2^d；就债券供给曲线的位移而言，经济扩张 $\to$ 投资机会 $\uparrow \to L_d\uparrow \to B_s\uparrow$，经济扩张 $\to G_a\uparrow \to$ 财政赤字 $D\uparrow \to$ 赤字融资 $F\uparrow \to B_s\uparrow$，从而使债券供给曲线从 B_1^s 向右移动到 B_2^s。B_2^d 与 B_2^s 相交于新的均衡点 F，利率水平从 r_0 上升至 r_1，均衡债券数量从 Q_0 增加至 Q_1。尽管利率水平是上升还是下降取决于供给曲线和需求曲线位移幅度的相对大小，然而实证研究的结果却表明利率是顺周期变动的，即在经济扩张阶段上升，而在经济衰退时期下降。

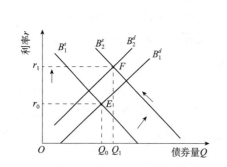

图 3-4 预期通货膨胀率与均衡利率的决定

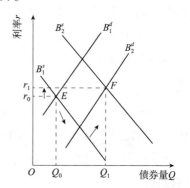

图 3-5 经济周期与均衡利率的决定

二、流动性偏好模型

(一)货币市场及其均衡

凯恩斯的流动性偏好模型由货币市场的均衡分析利率水平决定。该模型使用的货币定义为 M_1(即现金加活期存款)，并假定货币的收益率为零，货币的唯一替代资产债券的预期收益率用利率水平 r 来衡量，即 $R_{eb}=r$。在其他条件不变的前提下，根据资产组合理论，资产需求量与预期收益率呈正相关，于是有 $r\uparrow \to R_{eb}\uparrow \to B_d\uparrow \to$ 货币需求 $M_d\downarrow$，反之，$r\downarrow \to R_{eb}\downarrow \to B_d\downarrow \to$ 货币需求 $M_d\downarrow$。

在图 3-6 中，横轴代表货币量，纵轴代表利率水平。为了使分析简化，假定货币供给完全由中央银行控制，那么货币供给曲线是一条与横轴垂直的直线。货币需求曲线向右下倾斜，表明货币需求量随着利率水平的上升而减少。货币市场在货币需求曲线 M_d 和货币供给曲线 M_s 的交点实现均衡，E 点为均衡点，r_0 为均衡利率，M_0 为均衡货币量。与债券市场一样，货币市场同样也趋于均衡。如果利率高于均衡利率，即 $r_1>r_0$ 的情形，此时 A 点的货币需

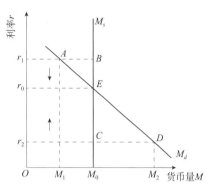

图 3-6 货币市场供求及其均衡

求量为 OM_1，而 B 点的货币供给量为 OM_0，在这一利率水平上，$OM_0>OM_1$，即存在货币的超额供给，人们希望将持有的多余货币数量购买债券，因此债券价格将会上升而利率水平下降；反之，如果利率低于均衡利率，即 $r_2<r_1$ 的情形，此时 C 点的货币供给量为 OM_0，而 D 点的货币需求量为 OM_2，在这一价格水平上，$OM_2>OM_0$，即存在货币的超额需求，人们希望抛售部分债券以满足货币需求，因此债券价格将会下跌而利率水平则会上升。无论在哪种情形下，随着利率水平从 r_1（或 r_2）趋向 r_0，货币的超额供给（或超额需求）将会逐步减少，直至利率回到均衡水平 r_0，货币供给量与货币需求量相等，货币市场实现均衡。

在流动性偏好模型中，凯恩斯假定作为财富贮藏手段的资产包括货币和债券两种类型。一方面，经济中的财富总量必定等于债券总量和货币总量之和，即 $W=B_s+M_s$；另一方面，投资者购买资产的数量必须受财富总量的约束，因此，在资源不闲置的前提下，人们的债券需求量和货币需求量必定等于财富总量，即 $W=B_d+M_d$。将上述二式联立并进行整理，可以得到下列结果：

$$B_s+M_s=B_d+M_d \Rightarrow B_s-B_d=M_d-M_s \qquad (3.16)$$

公式（3.16）表明，如果货币市场处于均衡状态（即 $M_d=M_s$），那么债券市场也处于均衡状态（即 $B_s=B_d$）。因此，可贷资金模型与流动性偏好模型在分析均衡利率的决定方面应该有异曲同工之妙。实际上，在大多数情况下，两种理论模型得出的预测结果大体相同。

（二）货币供求曲线的位移及其影响因素

1. 货币需求曲线的位移及其影响因素

在流动性偏好模型中，导致货币需求曲线发生位移的主要有两个因素。

（1）收入水平。在其他条件都相同的前提下，经济扩张 $\to Y\uparrow \to W\uparrow \to M_d\uparrow \to$ 货币需求曲线向右移动；经济衰退 $\to Y\downarrow \to W\downarrow \to M_d\downarrow \to$ 货币需求曲线向左移动。

(2)价格水平。在其他条件都相同的前提下,价格水平 $P\uparrow\rightarrow$ 如果名义货币量 M 不变,实际货币余额 $M/P\downarrow\rightarrow$ 如果 M/P 不变,则要求 $M\uparrow\rightarrow M_d\uparrow\rightarrow$ 货币需求曲线向右移动;反之,$P\downarrow\rightarrow$ 如果 M 不变,$M/P\uparrow\rightarrow$ 如果 M/P 不变,则要求 $M\downarrow\rightarrow M_d\downarrow\rightarrow$ 货币需求曲线向左移动。

2. 货币供给曲线的位移及其影响因素

根据前述的简化假定,如果货币供给完全由中央银行控制,那么,中央银行的货币政策是导致货币供给曲线发生位移的基本因素。在其他条件都相同的前提下,扩张性货币政策 $\rightarrow M_s\uparrow\rightarrow$ 货币供给曲线向右移动;紧缩性货币政策 $\rightarrow M_s\downarrow\rightarrow$ 货币供给曲线向左移动。

(三)均衡利率的决定

将上述影响供求曲线位移的因素结合起来,可以分析均衡利率的决定。

1. 收入水平的变动

假定货币需求曲线 M_{d1} 与货币供给曲线 M_s 最初相交于 E 点,均衡利率水平为 r_0。假定经济周期处于扩张阶段,在图3-7中,经济扩张 $\rightarrow Y\uparrow\rightarrow W\uparrow\rightarrow M_d\uparrow\rightarrow$ 货币需求曲线从 M_{d1} 向右移动到 M_{d2}。

如果货币供给保持不变,M_{d2} 与 M_s 相交于新的均衡点 F,利率水平从 r_0 上升至 r_1,均衡货币量为 M_0 保持不变。因此,在经济扩张时期,在其他经济变量保持不变的前提下,利率水平随着收入的增加而上升。

2. 价格水平的变动

假定货币需求曲线 M_{d1} 与货币供给曲线 M_s 最初相交于 E 点,均衡利率水平为 r_0,价格水平 $P\uparrow\rightarrow$ 如果名义货币量 M 不变,实际货币余额 $M/P\downarrow\rightarrow$ 如果 M/P 不变,则要求 $M\uparrow\rightarrow M_d\uparrow\rightarrow$ 货币需求曲线从 M_{d1} 向右移动到 M_{d2}。

如果货币供给保持不变,M_{d2} 与 M_s 相交于新的均衡点 F,利率水平从 r_0 上升至 r_1,均衡货币量为 M_0 保持不变。因此,如果其他经济变量保持不变,利率水平随着价格水平的上升而上升。

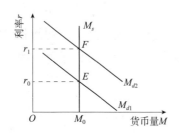

图3-7 收入水平变动与均衡利率

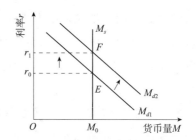

图3-8 价格水平变动与均衡利率

3. 货币供给的变动

假定货币需求曲线 M_d 与货币供给曲线 M_{s1} 最初相交于 E 点,均衡利率水平为 r_0。

如果中央银行实施扩张性货币政策，那么在图3-9中，货币供给的增加使货币供给曲线从 M_{s1} 向右移动到 M_{s2}。M_d 与 M_{s2} 相交于新的均衡点 F，利率水平从 r_0 下降至 r_1，均衡货币量从 M_1 增加到 M_2。因此，如果其他经济变量保持不变，货币供给增加会使利率水平下降，这一作用称为货币供给增加的流动性效应。与此相反，如果放松了"其他条件不变"的假定，那么货币供给增加导致的收入效应、价格水平效应和通货膨胀预期效应会使利率水平上升。从而利率水平最终到底是上升还是下降取决于上述四种效应的大小以及发挥作用时滞的长短。

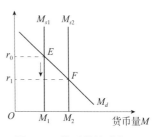

图 3-9　货币供给增加与均衡利率

第三节　收益率曲线

收益率曲线是显示一组货币和信贷风险均相同，但期限不同的债券或其他金融工具收益率的图表。纵轴代表收益率，横轴则是距离到期的时间。收益率是指个别项目的投资收益率，利率是所有投资收益的一般水平，在大多数情况下，收益率等于利率，但也往往会发生收益率与利率的背离，这就导致资本流入或流出某个领域或某个时间，从而使收益率向利率靠拢。债券收益率在时期中的走势未必均匀，这就有可能形成向上倾斜、水平以及向下倾斜的三种收益曲线。

在金融期货交易中，交易者往往根据收益率曲线的形状来预测利率变动的方向。当收益率曲线向上倾斜时，长期利率高于短期利率；当收益率曲线水平时，长期利率等于短期利率；当收益率曲线向下倾斜时，短期利率高于长期利率。一般来讲，收益率曲线大多数是向上倾斜的，偶尔也会呈水平状或向下倾斜。

国债市场(treasury market)的债券价格数据可以用来构建收益率曲线，从而进行产品定价。选择国债数据来建立收益率曲线的理由有三点：第一，国债可以视为无风险证券，用一组国债来建立收益率曲线时，我们不用考虑不同期限债券之间由于信用风险不同而需要对收益率数据进行调整，以体现它们的信用风险溢酬(credit risk premium)这种情况。第二，国债市场相比其他金融债券市场规模庞大，从而避免了流动性不足、交投不活跃市场上的产品所要求的流动性风险溢酬(liquidity risk premium)。第三，投资者本身很关注国债收益率水平。对国债收益率进行分析对于固定收益证券的定价至关重要，相对于其他固定收益证券投资，国债收益可以看作无违约风险的，因此国债收益率也默认为那些非国债产品所要求的最低收益率水平，即国债的无风险收益率是投资于非国债产品的机会成本。

一、收益率曲线的基本形状

通过观察多个国家不同时期的收益率曲线，研究者发现收益率曲线可能呈现不同的形状。图 3-9 表示的是收益率曲线的基本形状，图中的横坐标都代表到期时间，纵坐标都代表收益率。收益率曲线的一般形状有：①正常或斜率为正(normal or positively sloped)；②水平(flat)；③反向或斜率为负(inverted or negatively sloped)；④驼峰形(humped)。

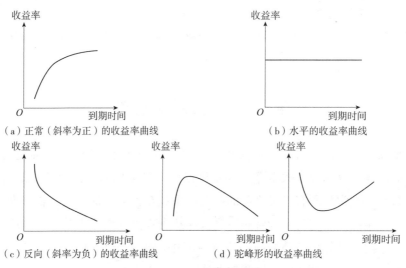

图 3-9 收益率曲线形状

斜率为正的收益率曲线表明，期限越长，债券的收益率越高；可以很容易知道，斜率为负的收益率曲线中期限越长，收益率越低。市场上观察到斜率为负的曲线的情况比较少，如 2020 年 3 月，美国市场 1 个月国债和 3 个月的收益率均跌至负值，一般表明债券市场上出现了特殊事件。

二、收益率曲线的变化

如果收益率曲线发生了变化，那么每个期限对应的收益率都发生了相应的变动。如果收益率曲线发生了平行移动(parallel shift)，那么原来收益率曲线上每个期限对应的收益率都发生了相同数量、相同方向的变动，如图 3-10(a)所示。与平行移动对应的是非平行移动(nonparallel shift)，表明收益率曲线上的点的变动方向、变动大小不尽相同。非平行移动中又分为两种情况，转动(twist)和曲率(curvature)变化。收益率曲线发生转动时有两种情况：顺时针转动——使其斜率变小[图 3-10(b)]；逆时针转动——使其斜率变大[图 3-10(c)]。如果是收益率曲线的曲率发生了变化，则也可以说是收益率曲线发生了蝴蝶式转换(butterfly shift)。之所以会将曲率变化比喻成蝴蝶式转换，是因为该术语的发明者将收益率曲线上的时期分成了短期、中期和长期。短期和长期部分的收益率曲线就像蝴蝶的翅膀,而中期则是蝴蝶的躯干。如果是正的蝴蝶式转换[positive butterfly,图3-10(d)],那么当曲线整体上升时,短期和长期利率的上升幅度要大于中期利率的上升幅度;曲线整体下降时,短期和长期利率的下降幅度低于中期利率的下降幅度。因此正的蝴蝶式转换会使收益率曲线变得较平缓。负的蝴蝶式转换[图3-10(e)]的效应留给读者去思考。

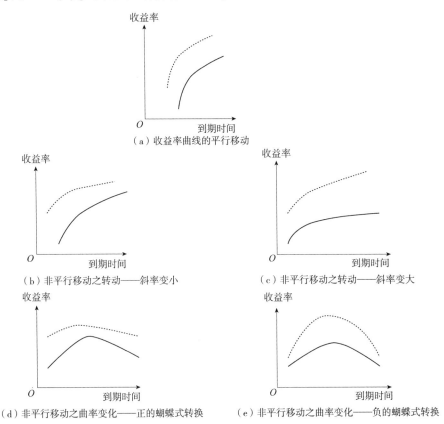

图3-10 收益率曲线的变化

注:图中虚线表示变化后的收益率曲线。

在实际市场上,上述这些变化通常不会单独出现而会相伴出现,往往一种变化伴随着另一种变化出现。例如,你会观察到收益率曲线整体下降的同时,斜率反而上升的情况。

三、收益率曲线的不足之处

尽管国债收益率曲线接受程度高,应用普遍,诸多投资者喜欢用来分析投资价值,但将国债收益率曲线作为资产定价的依据不是完全准确的。因为收益率曲线是由所有债券(包括息票债券和零息票债券)的到期收益率构成的曲线,其曲线上的点并不是真正的某个期限的市场利率,而只是某个期限的债券的到期收益率。如果这个债券是息票债券,则该到期收益率就不等于同期限的市场利率,也就不能用于其他期限相同、息票特征不同的债券的定价。因此,国债收益率曲线只能作为债券定价的参考,不能直接运用于债券定价。

【例3-7】 2017年1月1日市场上发行了两个债券:债券1和债券2,面值都为1000元,期限都为3年,半年计一次息。不同的是,债券1的息票率为10%,债券2的息票率为3%。当天,债券1的价格为1000元,债券2的价格为918.74元。两个债券3年内的现金流量如表3-1所示。

表3-1 两个债券3年内的现金流量　　　　　　　　　　　　单位:元

日期	债券1	债券2	日期	债券1	债券2
20170701	50	15	20180101	50	15
20180701	50	15	20190101	50	15
20190701	50	15	20200101	1050	1015

可以求出债券1的到期收益率为5.00%;债券2的到期收益率为3.00%。可见,尽管两个债券具有相同的期限,但它们的到期收益率却是不同的,因此,单单用国债收益率曲线来计算所有债券价值的方法是不准确的,有必要进一步探讨适合债券定价的收益率曲线。

上面的例子中两个债券的现金流模式不同,在定价时如果像前面的章节一样,运用单一的贴现率对两个债券进行定价是不合适的。考虑另外一个方法,针对每期的现金流,用不同的利率对其进行贴现,再加总所有的现金流现值从而得到债券价值,这样听起来是不是更合理些?债券1和债券2每半年都会有现金流发生,如果把每期发生的现金流当作一个零息票债券,那么两个债券就可以分别看作由6个零息票债券组成的,分解图见表3-2。由于每只债券对应分解出了6个零息票债券,假设市场是无摩擦的,那么分解出的6个债券价值的总和就应该和原始债券价值相等,否则市场上存在的套利力量也会使这两种组合的价值相等。这样就可以通过债券的分解来对债券进行定价了。

表3-2 息票债券分解图　　　　　　　　　　　　单位:元

零息票债券到期时间	债券1分解出零息票债券到期本金支付	债券2分解出零息票债券到期本金支付
20170701	50	15
20180101	50	15
20180701	50	15
20190101	50	15
20190701	50	15
20200101	1050	1050

接下来要解决的问题就是，不同期限的零息票债券要如何定价？要确定零息票债券的价值，首先必须知道零息票债券的收益率。这可以用即期利率衡量。表示即期利率与到期期限关系的图形即为即期利率曲线（spot rate curve），也称为利率期限结构（term structure of interest rate）。因此，这里要强调的一个概念就是，利率期限结构上的利率是零息票债券的收益率或者贴现率。在进行固定收益证券定价时用的贴现率是零息票债券的收益率，也就是期限结构上与不同期限对应的零息债券的即期利率。

第四节 利率期限结构

利率期限结构（term structure of interest rates）是指在某一时点上，不同期限资金的收益率（yield）与到期期限（maturity）之间的关系。利率的期限结构反映了不同期限的资金供求关系，揭示了市场利率的总体水平和变化方向，为投资者从事债券投资和政府有关部门加强债券管理提供可参考的依据。

为了解释各种不同形状的利率期限结构，学者们提出了多种利率期限结构理论，又称为利率期限结构形成假说。

一、市场分割假说

市场分割假说（segmented markets hypothesis）主要观点：期限不同的债券市场是完全分离的或独立的，每一种债券的利率水平在各自的市场上，由对该债券的供给和需求所决定，不受其他不同期限债券预期收益变动的影响，不同到期期限的债券根本无法相互替代。

该理论认为，由于存在法律、偏好或其他因素的限制，投资者和债券的发行者都不能无成本地实现资金在不同期限的证券之间的自由转移。因此，证券市场并不是一个统一的无差别的市场，而是分别存在着短期市场、中期市场和长期市场。不同市场上的利率分别由各市场的供给需求决定。

该假说中隐含着这样几个前提假定：①投资者对不同期限的债券有不同的偏好，因此，只关心他所偏好的那种期限的债券的预期收益水平；②期限不同的债券不是完全替代的；③理性的投资者对其投资组合的调整有一定的局限性，许多客观因素使这种调整滞后于预期收益水平的变动；④在期限相同的债券之间，投资者将根据预期收益水平的高低决定取舍，即投资者是理性的，这些假定和预期假说的假定正好相反。

一般而言，持有期较短的投资人宁愿持有短期债券，而持有期较长的投资人可能倾向于持有长期债券。由于投资人对特定持有期的债券具有特殊的偏好，因而可以把债券的不同期限搭配起来，使它等于期望的持有期，从而可以获得确定的无风险收益。

按照市场分离假说的解释，收益率曲线形式之所以不同，是由于对不同期限债券的供给和需求不同：①收益率曲线向上倾斜表明，市场上对短期债券的需求相对高于对长期债券的需求，结果是短期债券具有较高的价格和较低的利率水平，长期利率高于短期利率；②收益率曲线向下倾斜表明，市场上对长期债券的需求相对高于对短期债券的需求，结果是长期债券有较高的价格和较低的利率水平，短期利率高于长期利率；③平均看来，大多数人通常持有短期债券而非长期债券，因而收益率曲线通常向上倾斜。

市场分离假说由于把不同期限债券的市场看成是完全独立的，一种期限债券利率的变动并不影响另一种期限债券的利率。因此，该假说不能解释不同期限债券的利率往往是共同变动的这一经验事实。

二、预期假说

预期理论提出了以下命题，即长期债券的利率等于在其有效期内人们所预期的短期利率的算数平均值。这一理论关键的假定是，债券投资者对于不同到期期限的债券没有特别的偏好，因此如果某债券的预期回报率低于到期期限不同的其他债券，投资者就不会持有这种债券。具有这种特点的债券被称为完全替代品。在实践中，这意味着如果不同期限的债券是完全替代品，这些债券的预期回报率必须相等。

假定某投资人面临下列两个不同的投资决策：①决策 A：在第 t 期购买一份利率为 r_t 的一期债券，到期以后再购买另一份一期债券，第 $t+1$ 期的预期利率水平为 $r_{e(t+1)}$。②决策 B：在第 t 期购买利率为 r_{2t} 的两期债券。

$$决策 A 的预期收益 = (1+r_t)[1+r_{e(t+i)}]$$
$$\approx r_t + r_{e(t+1)} [因为 r_t + r_{e(t+1)} 的值较小，可以忽略不计]$$
$$决策 B 的预期收益 = (1+r_{2t})(1+r_{2t}) - 1$$
$$\approx 2r_{2t} [因为 (r_{2t})^2 的值较小，可以忽略不计]$$

如果决策 A 与决策 B 的结果对投资人是无差异的，那么，决策 A 与决策 B 的预期收益必定相等。因而，可以用等式把决策 A 与决策 B 联系起来：

$$r_{2t} = \frac{r_t + r_{et}}{2} \tag{3.17}$$

推而广之，如果债券的期限更长，那么：

$$r_{nt} = \frac{r_t + r_{e(t+1)} + r_{e(t+2)} + \cdots + r_{e(t+n-1)}}{n} \tag{3.18}$$

从中可以看出，n 期债券的利率等于在 n 期债券的期限内出现的所有一期债券利率的平均数。

(1) 收益率曲线向上倾斜时，短期利率预期在未来呈上升趋势。由于长期利率水平在短期利率之上，未来短期利率的平均数预计会高于现行短期利率，这种情况只有在短期利率预计上升时才会发生。很明显，在公式(3.18)中，由于 $r_{e(t+1)}>r_t$，$r_{e(t+2)}>r_t$，$r_{e(t+3)}>r_t$，…，$r_{e(t+n-1)}>r_t$，所以必定有 $r_{nt}>r_t$。例如，如果两年期债券的利率为11%，而一年期债券的现行利率为10%，那么，一年期债券的利率预期明年会上升到12%。

(2)收益率曲线向下倾斜时，短期利率预期在未来呈下降趋势。由于长期利率水平在短期利率之下，未来短期利率的平均数预计会低于现行短期利率，这种情形只有在短期利率预计下降时才会发生。很明显，在公式(3.18)中，由于 $r_{e(t+1)}<r_t$，$r_{e(t+2)}<r_t$，$r_{e(t+3)}<r_t$，…，$r_{e(t+n-1)}<r_t$，所以必定有 $r_{nt}<r_t$。例如，如果两年期债券的利率为11%，而一年期债券的现行利率为12%，那么，一年期债券的利率预期明年会下降到10%。

(3)当收益率曲线呈水平状态时，短期利率预期在未来保持不变。在公式(3.18)中，由于 $r_{e(t+1)}=r_t$，$r_{e(t+2)}=r_t$，$r_{e(t+3)}=r_t$，…，$r_{e(t+n-1)}=r_t$，所以必定有 $r_{nt}=r_t$。即未来短期利率的平均数等于现行短期利率，长期利率水平与短期利率水平相等。

而且，预期假说也解释了为什么长期利率会和短期利率一起变动。短期利率水平如果今天上升，在人们的预期中，短期利率往往在未来继续保持上升态势，由于长期利率相当于预期的短期利率的平均数，因此，短期利率水平的持续上升也会使长期利率上升，最终导致短期利率与长期利率同方向变动。

按照预期假说的解释，在金融市场上，有固定利息收入的参与者是理性的，其投资组合的内容会随着他们对市场利率变动的预测进行调整。如果预期利率水平上升，由于长期债券的价格比短期债券的价格对利率更加敏感，下降幅度更大，所以投资人会在其投资组合中，减少长期债券数量，增加短期债券的持有量，从而导致短期债券价格上升，长期债券价格下跌。反之，如果预期利率下降，投资人会在其投资组合中，增加长期债券数量，减少短期债券的持有量，从而导致短期债券价格下降，长期债券价格上升。

预期理论可以解释以下事实：①随着时间的推移，不同到期期限的债券利率有同向运动的趋势。从历史上看，短期利率具有如果它在今天上升，则未来将趋于更高的特征。②如果短期利率较低，收益率曲线倾向于向上倾斜，如果短期利率较高，收益率曲线通常是翻转的。但预期假说不能很好地解释收益率曲线通常向上倾斜的事实。按照预期假说的解释，收益率曲线通常向上倾斜意味着短期利率在未来预计会上升，而实际上短期利率既有可能上升也有可能下降。这样，短期利率变动的市场预期就与其实际变动不一致。

三、流动性偏好假说

流动性偏好假说(liquidity preferred hypothesis)是对预期假说和市场分割假说的进一步发展和完善。

流动性偏好假说的基本命题是：长期债券的利率水平等于在整个期限内预计出现的所有短期利率的平均数，再加上由债券供给与需求决定的期限溢价(term premium)。该假说中隐含着这样几个前提假定：①期限不同的债券之间是互相替代的，一种债券的预期收益率确实会影响其他不同期限债券的利率水平。②投资者对不同期限的债券具有不同的偏好。如果某个投资者对某种期限的债券具有特殊偏好，那么，该投资者可能更愿意停留在该债券的市场上，表明他对这种债券具有偏好停留(preferred habitat)。③投资者的决策依据是债券的预期收益率，而不是他偏好的某种债券的期限。④不同期限债券的预期收益率不会相差太多。因此在大多数情况下，投资人存在喜欢短期、厌恶长期的倾向。⑤投资人只有能获得一个正的时间溢价，才愿意转而持有长期债券。⑥偏好停留假说的基本命题是，长期利率 r_{nt} 等于在该期限内预计出现的所有短期利率的平均数 $\dfrac{r_t + r_{e(t+1)} + r_{e(t+2)} + \cdots + r_{e(t+n-1)}}{n}$，再加上一个正的时间溢价 $K_{nt}(K_{nt}>0)$。长短期利率之间的关系可以用下列公式来描述：

$$r_{nt} = K_{nt} + \frac{r_t + r_{e(t+1)} + r_{e(t+2)} + \cdots + r_{e(t+n-1)}}{n} \tag{3.19}$$

其中，K_{nt} 为 n 期债券在第 t 期时的时间溢价。

根据流动性偏好假说，可以得出下列几点结论：①由于投资者对持有短期债券存在较强偏好，那么如何让投资人愿意持有长期债券呢？加上一个正的时间溢价作为补偿。因此，时间溢价是正的。即使短期利率在未来的平均水平保持不变，长期利率始终会高于短期利率。这解释了为什么收益率曲线通常向上倾斜。②在时间溢价水平一定的前提下，短期利率的上升意味着平均看来短期利率水平将来会更高，从而长期利率也会随之上升，这解释了为什么不同期限债券的利率总是共同变动。③时间溢价水平大于零与收益率曲线有时向下倾斜的事实并不矛盾。因为如果发生特殊事件，人们预期短期利率会大幅度下降，那么长期利率也会随着短期利率大幅下降。这时在预期的短期利率的平均数即使再加上一个正的时间溢价，可能还是无法弥补长期利率的下降，这解释了为什么收益率曲线有时会向下倾斜。④当短期利率已经达到一定低值时，投资者总是预期利率将来会上升到某个正常水平，未来预期短期利率的平均数会相对高于现行的短期利率水平，再加上一个正的时间溢价，使长期利率大大高于现行短期利率，收益率曲线往往比较陡峭地向上倾斜。相反，当短期利率水平达到一个较高水平时，投资者总是预期利率将来会回落到某个正常水平，未来预期短期利率的平均数会相对低于现行的短期利率水平。在这种情况下，尽管时间溢价是正的，长期利率也有可能降到短期水平以下，从而使收益率曲线向下倾斜。该理论承认投资者对不同期限债券的偏好，不同到期期限的债券可以相互替代，但并非完全替代品。

此外，按照流动性偏好假说的解释，根据实际收益率曲线的斜率，可以判断出未来短期利率的市场预期。一般而言，陡峭上升的收益率曲线表明短期利率预期将来会上升；平缓上升的收益率曲线表明短期利率预期将来会保持平缓；平直的收益率曲线表明短期利率预期将来会平缓下降；向下倾斜的收益率曲线表明短期利率预期将来会急剧下降。

四、利率期限结构形成假设的实证检验

由于利率期限结构在金融资产定价中的重要地位，各国学者都试图利用现实数据对利率期限结构形成假设进行检验。卡吉尔（Cargill，1975）利用英国的资料对利率期限结构的预期假设进行了实证分析，并拒绝了市场预期假设。李（Lee，1989）在代表性投资者效用最大化的基础上，利用广义矩方法对市场预期假设的非线性关系进行了分析，认为随时间变化的风险溢酬和异方差对分析第二次世界大战后的美国债券市场十分重要。卡伯特森（Culbertson，1957）对流动性溢酬等影响利率期限结构的因素进行了分析，发现市场预期假设不能解释美国第二次世界大战后的资料。坎贝尔（Campbell，1986）对利率期限结构进行了线性估计，并证明不同形式的市场预期假设在常数的风险溢酬条件下可以同时成立。坎贝尔和希勒（Campbell & Shiller，1991）则分析了长短期利率差距对将来利率变动的预测能力，并发现了一些与市场预期假设不符的现象。曼基和迈伦（Mankiw & Miron，1986）通过将历史资料划分成不同的区域，对利率期限结构的市场预期假设进行了实证检验。弗鲁特（Froot，1989）根据市场调查资料对市场预期假设在估计将来利率的有效性方面进行了实证分析。实证分析结果表明市场预期假设在短期内无效，在长期具有一定的估计能力。萨诺、索顿和温（Sarno，Thomton & Wen，2007）假设收益率曲线的斜率可以反映市场对未来利率变化的预期，并对利率的预期假设进行了实证检验。

根据实证分析的结果，可以得出一些有关利率期限结构形成假说的现实性结论：

（1）市场分割假设逐渐地被人们所遗忘，因为随着市场的发展、技术的进步、市场交易规模的扩大，市场已经逐渐形成一个统一的整体。

（2）市场预期假设如果没有同流动性溢酬相结合，都会被市场资料所拒绝。

（3）流动性溢酬呈现出不断变化的特征。

重要概念

年金　附息票债券　贴现债券　现值　终值　续年金　到期收益率　承诺的收益率　再投资风险　年利率债券　等价收益率　名义利率　真实利率　即期利率　远期利率　费雪效应　流动性偏好　利率期限结构　预期假说　市场分割假说　偏好停留假说　时间溢价

推荐书目

[1] 林海,郑振龙. 中国利率期限结构:理论及应用[M]. 北京:中国财政经济出版社,2004.

[2] 林海,郑振龙. 利率期限结构研究述评[J]. 管理科学学报,2007,10(1):79-94.

[3] 陈蓉,郑振龙. 固定收益证券[M]. 北京:北京大学出版社,2011.

参考文献

[1] Campbell J Y, Shiller R J. Yield spread and interest rate movements: a birds eye view[J]. The Review of Economic Studies, 1991, 58: 495-514.

[2] Campbell J Y. A defense of traditional hypotheses about the term structure of interest rates[J]. Journal of Finance, 1986, 41: 183-193.

[3] Cargill T F. The term structure of interest rates: a test of the expectations hypothesis [J]. Journal of Finance, 1975, 30: 761-771.

[4] Cullbertson J M. The term structure of interest rate[J]. Quarterly Journal of Economics, 1957, 71: 485-517.

[5] Froot K. A new hope for the expectations hypothesis of the term structure of interest rates[J]. Journal of Finance, 1989, 44: 283-305.

[6] Mankiw N G, Miron J A. The changing behavior of the term structure of interest rates [J]. Quarterly Journal of Economics, 1986, 101: 211-228.

[7] Sarno L, Thornton D L and Wen Y. What's unique about the federal funds rate? Evidence from a spectral perspective[J]. Oxford Bulletin of Economics and Statistics, 2007, 69: 293-319.

习 题

1. 下面哪种债券的实际年利率较高?

(1) 面值10万元的3个月短期国债,目前市价为98745元。

(2) 期限半年,按面值出售、息票率为每半年6%的债券。

2. 某国债的年息票率为10%,每半年支付一次利息,目前刚好按面值销售。如果该债券的利息一年支付一次,为了使该债券仍按面值销售,其息票率应提高到多少?

3. A公司的5年期债券的面值为1000元,年息票率为8%,每半年支付一次,目前市价为980元,请问该债券的到期收益率等于多少?

4. 有3种债券的违约风险相同,都在10年后到期。第一种债券是零息票债券,到期支付1000元。第二种债券息票率为7%,每年支付一次70元的利息。第三种债券息票率为9%,每年支付一次90元的利息。假设这3种债券的年到期收益率都是6%,请问,它们目前的价格应分别等于多少?

5. 20年期的债券面值为1000元,年息票率为8%,每半年支付一次利息,其市价为980元。请问该债券的债券等价收益率和实际年到期收益率分别等于多少?

6. 请完成下列有关面值为1000元的零息票债券的表格(表3-3)。

表3-3 面值为1000元的零息票债券计算表

价格(元)	期限(年)	债券等价到期收益率
400	20	
500	20	
500	10	
	10	10%
	10	8%
400		8%

7. 下列关于债券的到期收益率的说法哪个是正确的?

(1)当债券市价低于面值时低于息票率,当债券市价高于面值时高于息票率。

(2)可以使债券现金流等于债券市价的贴现率。

(3)等于息票率加上每年平均资本利得率。

(4)基于如下假定:所有现金流都按息票率再投资。

8. 某债券的年比例到期收益率(APR)为12%,但它每季度支付一次利息,请问该债券的实际年收益率等于多少?

  A. 11.45% B. 12.00% C. 12.55% D. 37.35%

9. 下列有关利率期限结构的说法哪个是正确的?

(1)预期假说认为,如果预期将来短期利率高于目前的短期利率,收益率曲线就是平的。

(2)预期假说认为,长期利率等于预期短期利率。

(3)偏好停留假说认为,在其他条件相同的情况下,期限越长,收益率越低。

(4)市场分割假说认为,不同的借款人和贷款人对收益率曲线的不同区段有不同的偏好。

10. 预期假说认为,当收益率曲线斜率为正时,表示市场预期短期利率会上升。这种说法正确吗?

11. 6个月国库券即期利率为4%,1年期国库券即期利率为5%,则从6个月到1

年的远期利率应为下列哪一项?

A. 3.0%　　　B. 4.5%　　　C. 5.5%　　　D. 6.0%

12. 1 年期零息票债券的到期收益率为 7%，2 年期零息票债券的到期收益率为 8%，财政部计划发行 2 年期的附息票债券，息票率为 9%，每年支付一次。债券面值为 1000 元。

(1) 该债券的售价将是多少?

(2) 该债券的到期收益率将是多少?

(3) 如果预期假说正确的话，市场对 1 年后该债券价格的预期是多少?

13. 1 年期面值为 100 元的零息票债券目前的市价为 94.34 元，2 年期零息票债券目前的市价为 84.99 元。你正考虑购买 2 年期、面值为 100 元、息票率为 12%（每年支付一次利息）的债券。

(1) 2 年期零息票债券和 2 年期附息票债券的到期收益率分别等于多少?

(2) 第 2 年的远期利率等于多少?

(3) 如果预期理论成立的话，第 1 年末 2 年期附息票债券的预期价格等于多少?

14. 根据无套利的原理，使用市场上同一时间在交易的国债产品和信用债产品得到的收益率曲线应该是一样的，这一说法对吗? 为什么?

第四章 债券价值分析

◆**本章概要**：

1. 在第四章和第五章中，将分别运用股息(或利息)贴现法对债券和普通股的价值进行分析。

2. 学习各价值分析法，价值分析的方法可以分为收入资本化法[capitalization of income method of valuation，简称收入法(income approach)]、市场法(market approach)与资产基准法(asset-based approach)等。

◆**重点难点**：

1. 掌握股息(或利息)贴现法在债券价值分析中的运用。
2. 掌握债券定价的五个基本原理。
3. 了解债券属性与债券价值分析。
4. 了解久期、凸度及其在利率风险管理中的运用。

第一节 收入资本化法的应用

收入资本化法认为任何资产的内在价值(intrinsic value)均取决于该资产预期的未来现金流的现值。根据资产的内在价值与市场价格是否一致，可以判断该资产是否被低估或高估，从而帮助投资者进行正确的投资决策。所以，决定债券的内在价值成为债券价值分析的核心。本书对债券的种类进行了分类，下面对不同的债券种类分别使用收入资本化法进行价值分析。

一、零息债券

零息债券(zero-coupon bond)，又称贴现债券(pure discount bond)，是一种以低于面值的贴现方式发行，不支付利息，到期按债券面值偿还的债券，债券发行价格与面值之间的差额就是投资者的利息收入。由于面值是投资者未来唯一的现金流，所以零息债券的内在价值由以下公式决定：

$$V = \frac{A}{(1+Y)^t} \quad (4.1)$$

其中，V 代表内在价值，A 代表面值，Y 代表该债券的预期收益率，t 代表债券剩余期限。

二、定息债券

定息债券(level-coupon bond)，又称直接债券或固定利息债券，按照票面金额计算利息，票面上可附有作为定期支付利息凭证的息票，也可不附息票。投资者不仅可以在债券期满时收回本金(面值)，而且可以定期获得固定的利息收入。所以，投资者未来的现金流包括两部分，本金与利息。直接债券的内在价值公式如下：

$$V = \frac{i}{1+y} + \frac{i}{(1+y)^2} + \frac{i}{(1+y)^3} + \cdots + \frac{i}{(1+y)^t} + \frac{A}{(1+y)^t} \quad (4.2)$$

其中，i 是债券每期支付的利息，其他变量的含义与公式(4.1)相同。

【例 4-1】 假设现在是 2021 年 11 月，目前市场上美国政府债券的预期收益率为 10%(半年计一次复利)。美国政府于 2010 年 11 月发行了一种面值为 1000 美元，年利率为 10% 的 15 年期国债。根据美国惯例，债券利息每半年支付一次，即分别在每年的 5 月和 11 月支付，每次支付利息 50 美元(100/2 美元)。那么，该债券未来的现金流可用表 4-1 表示。

表 4-1 债券的未来现金流

时间	2022 年 5 月	2022 年 11 月	2023 年 5 月	2023 年 11 月	2024 年 5 月	2024 年 11 月	2025 年 5 月	2025 年 11 月
现金流(美元)	50	50	50	50	50	50	50	50+1000

那么，该债券的内在价值为 1037.31 美元，具体计算过程如下：

$$V = \frac{50}{1+0.05} + \frac{50}{(1+0.05)^2} + \frac{50}{(1+0.05)^3} + \cdots + \frac{50}{(1+0.05)^8} + \frac{1000}{(1+0.05)^8}$$

$$V = 1037.31(\text{美元})$$

三、统一公债

统一公债(consols)是一种没有到期日的特殊的定息债券。最典型的统一公债是英格兰银行在 18 世纪发行的英国统一公债(english consols)，英格兰银行保证对该公债的投资者永久地支付固定的利息。直至如今，在伦敦的证券市场上仍然可以买卖这种公债。历史上美国政府为巴拿马运河融资也曾发行过类似的统一公债。但是，由于在该种债券发行时含有赎回条款，所以美国的统一公债已经退出了流通。因为优先股的股东可以无限期地获得固定的股息，所以，优先股的股东无限期地获取固定股息的需求得到满足的条件下，优先股实际上也是一种统一公债。统一公债的内在价值的计算公式如下：

$$V = \frac{i}{1+y} + \frac{i}{(1+y)^2} + \frac{i}{(1+y)^3} + \cdots = \frac{i}{y} \tag{4.3}$$

【例 4-2】 某种统一公债每年的固定利息是 30 美元，假定该债券的预期收益率为 10%，那么，该债券的内在价值为 300 美元，即：$V = \frac{30}{10\%} = 300(美元)$。

在上述三种债券中，直接债券是最普遍的债券形式。下面就以直接债券为例，说明如何根据债券的内在价值与市场价格的差异，判断债券价格属于低估还是高估。

第一种方法，比较两类到期收益率的差异。公式(4.1)~公式(4.3)中的 y 是该债券的预期收益率，即根据债券的风险大小确定的到期收益率(appropriate yield-to-maturity)，也是投资者要求的收益率；另外一类到期收益率，是债券本身承诺的到期收益率(promised yield-to-maturity)，即隐含在当前市场上债券价格中的到期收益率，用 k 表示。

假定债券的价格为 P，每期支付的利息为 c，到期偿还本金(面值)为 A，那么，债券价格与债券本身承诺的到期收益率之间存在下列关系式：

$$P = \frac{c}{1+k} + \frac{c}{(1+k)^2} + \frac{c}{(1+k)^3} + \cdots + \frac{c}{(1+k)^T} + \frac{A}{(1+k)^T} \tag{4.4}$$

当 $y>k$ 时，该债券的价格被高估；当 $y<k$ 时，该债券的价格被低估；当 $y=k$ 时，该债券的价格等于债券价值，市场也处于均衡状态。在本章的第二节和第三节中，若未特别说明，则该债券的预期收益率与债券承诺的到期收益率是相等的，债券价格与债券价值也是相等的。

【例 4-3】 某种债券的价格为 1000 美元，每年支付利息 100 美元，三年后到期偿还本金 1000 美元，那么根据公式(5.4)，可以算出该债券承诺的到期收益率 k 为 10.00%。如果该债券的预期收益率为 10%，那么，这种债券的价格是被低估的。具体计算过程如下：

$$1000 = \frac{100}{1+k} + \frac{100}{(1+k)^2} + \frac{100+1000}{(1+k)^3}$$

解此方程即可得出 $k=10.00\%$。

第二种方法，比较债券的内在价值与债券价格的差异。把债券的内在价值(V)与债券价格(P)两者的差额，定义为债券投资者的净现值(NPV)。当净现值大于零时，表示内在价值大于债券价格，即市场利率低于债券承诺的到期收益率，该债券被低估；反之，当净现值小于零时，市场利率高于债券承诺的到期收益率，该债券被高估。

$$NPV = V - P \tag{4.5}$$

【例4-4】 沿用例4-3中的数据，可以发现该债券的净现值为0美元，所以该债券的价格刚好等于价值，没有低估也没有高估，具体计算如下：

$$NPV = \frac{100}{1+0.1} + \frac{100}{(1+0.1)^2} + \frac{100}{(1+0.1)^3} + \frac{1000}{(1+0.1)^3} - 1000 = 0(美元)$$

当债券价值被低估时，投资者买入债券会获利。相反，如果该债券的预期收益率 y 不是10%，而是11%，大于到期收益率，那么，该债券的净现值将小于零（-24.44美元），表明它被高估了，投资者倾向于卖出债券。当债券的预期收益率近似等于债券承诺的到期收益率时，债券的价格处于一个比较合理的水平。

第二节 债券定价原理

1962年伯顿·马尔基尔（B. G. Malkiel）系统地提出了债券定价的五大原理。这五大原理至今仍然被视为债券定价理论的经典。

原理一：债券的价格与债券的收益率成反比例关系。换句话说，当债券价格上升时，债券的收益率下降；当债券价格下降时，债券的收益率上升。

【例4-5】 某5年期的债券，面值为10000美元，每年支付利息800美元，即息票率为8%。如果现在的市场价格等于面值10000美元，意味着它的收益率等于息票率8%。当市场价格下降到9000美元时，它的收益率上升到10.98%，高于息票率；当市场价格上升到11000美元时，它的收益率下降为5.76%，低于息票率。计算过程如下：

$$10000 = \frac{800}{1+0.08} + \cdots + \frac{800}{(1+0.08)^5} + \frac{10\,000}{(1+0.08)^5} \quad y = 8.00\%$$

$$9000 = \frac{800}{1+0.1098} + \cdots + \frac{800}{(1+0.1098)^5} + \frac{10\,000}{(1+0.1098)^5} \quad y = 10.98\%$$

$$11000 = \frac{800}{1+0.0576} + \cdots + \frac{800}{(1+0.0576)^5} + \frac{10\,000}{(1+0.0576)^5} \quad y = 5.76\%$$

原理二：当市场预期收益率不变时，债券的价格与债券的收益率呈反比例关系。到期时间越长，价格波动幅度越大；到期时间越短，价格波动幅度越小。对投资者而言，如果预测市场利率将下降，在其他条件相同时，应选择离到期日较远的债券投资。

原理三：随着债券到期时间的临近，债券价格的波动幅度减少，并且是以递增的速度减少；到期时间越长，债券价格波动幅度增加，并且是以递减的速度增加。

原理二和原理三不仅适用于不同债券之间的价格波动的比较（见例4-6），而且可以解释同一债券的到期时间长短与其价格波动之间的关系（见例4-7）。

【例4-6】 假定存在四种期限分别是1年、10年、20年和30年的债券，它们的息票率都是6%，面值均为100元，其他的属性也完全一样。如果起初这些债券的预期收益率都等于6%，根据内在价值的计算公式可知这四种债券的内在价值都是100元。如果相应的预期收益率上升或下降，这四种债券的内在价值的变化如表4-2所示。

表4-2 内在价值(价格)与期限之间的关系

预期收益率	期限			
	1年	10年	20年	30年
4%	102	116	127	135
5%	101	108	112	115
6%	100	100	100	100
7%	99	93	89	88
8%	98	86	80	77

资料来源：《现代投资银行的业务和经营》。

表4-2反映了当预期收益率由现在的6%上升到8%时，四种期限的债券的内在价值分别下降2元、14元、20元和23元；当预期收益率由现在的6%下降到4%时，四种期限的债券的内在价值分别上升2元、16元、27元和35元。同时，当预期收益率由现在的6%上升到8%时，1年期和10年期的债券的内在价值下降幅度相差12元，10年期和20年期的债券的内在价值下降幅度相差6元，20年期和30年期的债券的内在价值下降幅度相差3元。可见，由单位期限变动引起的边际价格变动率递减。

【例4-7】 某5年期的债券A，面值为1000美元，每年支付利息60美元，即息票率为6%。如果它的发行价格低于面值，为883.31美元，意味着收益率为9%，高于息票率；如果一年后，该债券的收益率维持在9%的水平不变，它的市场价格将为902.81美元。这种变动说明了在维持收益率不变的条件下，随着债券期限的临近，债券价格的波动幅度从116.69(1000-883.31)美元减少到97.19(1000-902.81)美元，两者的差额为19.5美元，占面值的1.95%。具体计算如下：

$$833.31 = \frac{60}{1+0.09} + \cdots + \frac{60}{(1+0.09)^5} + \frac{1000}{(1+0.09)^5}$$

$$902.81 = \frac{60}{1+0.09} + \cdots + \frac{60}{(1+0.09)^4} + \frac{1000}{(1+0.09)^4}$$

假定两年后，该债券的收益率仍然为9%，则它的市场价格将为924.06美元，该债券的价格波动幅度为75.94(1000-924.06)美元。与之前的97.19美元相比，两者的差额为21.25美元，占面值的2.125%。所以，第一年与第二年市场价格波动减少的速度(1.95%)小于第二年与第三年市场价格波动减少的速度(2.125%)。第二年后的市场价格计算公式为：

$$924.06 = \frac{60}{1+0.09} + \cdots + \frac{60}{(1+0.09)^3} + \frac{1000}{(1+0.09)^3}$$

表 4-3 反映了债券价格随到期时间的变动情形。由表中可以看出，债券价格的波动幅度与到期时间呈正比。并且随着到期时间的临近，债券价格的波动以递增的速度减少。

表 4-3 同种债券价格随到期时间的变动

到期期限	5 年	4 年	3 年	2 年	1 年	0 年
债券价格	883.31	902.81	924.06	947.23	972.48	1000
价格波动幅度	116.69	97.19	75.94	52.77	27.52	0
价格波动率	11.67%	9.72%	7.59%	5.28%	2.75%	0
波动率变化量	—	1.95%	2.13%	2.32%	2.53%	2.75%

原理四：债券收益率变化引起的价格变化具有不对称性。对于期限既定的债券，由收益率下降导致的债券价格上升的幅度大于同等幅度的收益率上升导致的债券价格下降的幅度。换言之，对于同等幅度的收益率变动，收益率下降给投资者带来的利润大于收益率上升给投资者带来的损失。

【例 4-8】 某 5 年期的债券 A，面值为 1000 美元，息票率为 7%，收益率为 8%。如果收益率变动幅度定为 1 个百分点，当收益率上升到 9% 时，该债券的价格将下降到 960.07 美元，价格波动幅度为 37.86 美元（960.07-922.21）；当收益率下降 1 个百分点，降到 7% 时，该债券的价格将上升到 1000 美元，价格波动幅度为 39.93 美元（1000-960.07）。很明显，同样 1 个百分点的收益率变动，收益率下降导致的债券价格上升幅度（39.93 美元）大于收益率上升导致的债券价格下降幅度（37.86 美元）。具体计算如下：

$$960.07 = \frac{70}{1+0.08} + \cdots + \frac{70}{(1+0.08)^5} + \frac{1000}{(1+0.08)^5}$$

$$922.21 = \frac{70}{1+0.09} + \cdots + \frac{70}{(1+0.09)^5} + \frac{1000}{(1+0.09)^5}$$

$$1000 = \frac{70}{1+0.07} + \cdots + \frac{70}{(1+0.07)^5} + \frac{1000}{(1+0.07)^5}$$

原理五：对于给定的收益率变动幅度，债券的息票率与债券价格的波动幅度成反比关系。换言之，息票率越高，债券价格的波动幅度越小，息票率越低，债券价格的波动幅度越大。

【例 4-9】 与例 4-8 中的债券 A 相比，某 5 年期的债券 B，面值为 1000 美元，息票率为 9%，比债券 A 的息票率高 2 个百分点。如果债券 B 与债券 A 的收益率都是 7%，那么债券 A 的市场价格等于面值，而债券 B 的市场价格为 1082 美元，高于面值。如果两种债券的收益率都上升到 9%，它们的价格无疑都将下降，债券 A 和债券 B 的价格分别下降到 922.21 美元和 1000 美元。债券 A 的价格下降幅度为 7.779%，债券 B 的价格下降幅度为 7.579%。债券 B 的价格波动幅度(7.579%)小于债券 A(7.779%)。具体计算如下：

债券 A：

$$1000 = \frac{70}{1+0.07} + \cdots + \frac{70}{(1+0.07)^5} + \frac{1000}{(1+0.07)^5}$$

$$922.21 = \frac{70}{1+0.09} + \cdots + \frac{70}{(1+0.09)^5} + \frac{1000}{(1+0.09)^5}$$

债券 B：

$$1082 = \frac{90}{1+0.07} + \cdots + \frac{90}{(1+0.07)^5} + \frac{1000}{(1+0.07)^5}$$

$$1000 = \frac{90}{1+0.09} + \cdots + \frac{90}{(1+0.09)^5} + \frac{1000}{(1+0.09)^5}$$

第三节 债券的价值属性

根据上一节的债券定价原理可知，债券的价值与以下八种属性密切相关。这些属性分别是：①到期时间(time to maturity)；②息票率(coupon rate)；③可赎回条款(call provision)；④税收待遇(tax treatment)；⑤市场流通性(liquidity)；⑥违约风险(default risk)；⑦可转换性(convertibility)；⑧延期性(extendability)。其中任何一种属性的变化，都会改变债券的到期收益率水平，从而影响债券的价格。下面将采用比较静态分析的方法，假定其他属性不变，分析某一种属性的变化对债券价格的影响。

一、到期时间

在债券定价原理部分已经介绍了债券到期时间的长短与其价格波动之间的关系，下面将重点分析债券的市场价格时间轨迹。

债券息票率与预期收益率大致有三种关系：当债券的息票率等于预期收益率时，债券持有人资金的时间价值通过利息收入得到补偿；当息票率高于预期收益率时，利息支付超过了资金的时间价值，债券持有人将从债券价格的贬值中遭受资本损失，抵消了较高的利息收入，持有人仍然获得相当于预期收益率的收益率；当息票率低于预期收益率时，利息支付不足以补偿资金的时间价值，债券持有人还需从债券价格的升值中获得资本收益。

表 4-4 列出了偿还期限还剩 20 年、息票率为 10%、内在到期收益率为 10%、每半年付息一次的债券的价格变化情况。表 4-5 列出了偿还期限还剩 20 年、息票率为 9%、内在到期收益率为 7%、每半年付息一次的债券的价格变化情况。从表中可以看出，平价发行的债券，若债券的内在到期收益率不变，则债券的市场价格一直保持不变。溢

价发行的债券则随着债券到期日的临近,债券的市场价格将逐渐趋向于债券的票面金额,折价发行的债券同样如此,读者可以自行注明。图 4-1 直观地反映了折(溢)价债券的价格变动轨迹。

表 4-4　20 年期、息票率为 10%、内在到期收益率为 10%的债券的价格变化

剩余到期年数	以 5%贴现的 45 美元息票支付的现值(美元)	以 5%贴现的票面价值的现值(美元)	债券价格(美元)
20	857.95	142.05	1000.00
18	827.34	172.66	1000.00
16	790.13	209.87	1000.00
14	744.91	255.09	1000.00
12	689.93	310.07	1000.00
10	623.11	376.89	1000.00
8	541.89	458.11	1000.00
6	443.16	556.84	1000.00
4	323.16	676.84	1000.00
2	177.30	822.70	1000.00
1	92.97	907.03	1000.00
0	0.00	1000.00	1000.00

表 4-5　20 年期、息票率为 9%、内在到期收益率为 7%的债券的价格变化

剩余到期年数	以 3.5%贴现的 45 美元息票支付的现值(美元)	以 3.5%贴现的票面价值的现值(美元)	债券价格(美元)
20	960.98	252.57	1213.55
18	913.07	289.83	1202.90
16	855.10	332.59	1190.69
14	795.02	381.66	1176.67
12	722.63	437.96	1160.59
10	639.56	502.57	1142.13
8	544.24	576.71	1120.95
6	434.85	611.78	1096.63
4	309.33	759.41	1068.74
2	165.29	871.44	1036.73
1	85.49	933.51	1019.00
0	0.00	1000.00	1000.00

零息债券的价格变动有其特殊性。在到期日，债券价格等于面值，到期日之前，由于资金的时间价值，债券价格低于面值，并且随着到期日的临近而趋近于面值。如果利率恒定，则价格以等于利率值的速度上升。

【例4-10】某30年期的零息债券，面值1000美元，预期收益率等于10%，当前价格为 $\frac{1000}{(1+10\%)^{30}} = 57.31$（美元）。一年后，价格为 $\frac{1000}{(1+10\%)^{29}} = 63.04$（美元），比上一年增长了10%。图4-2反映了这种债券价格的变动轨迹。

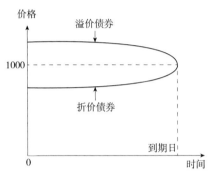

图4-1 折(溢)价债券的价格变动

图4-2 零息债券的价格变动

二、息票率

债券的到期时间决定了债券的投资者取得未来现金流的时间，而息票率决定了未来现金流的大小。在其他属性不变的条件下，债券的息票率越低，债券价格随预期收益率波动的幅度越大。

【例4-11】存在5种债券甲、乙、丙、丁、戊，期限均为20年，面值为100元。唯一的区别在于息票率不同，5种债券的息票率分别为5%、6%、7%、8%和9%。现在假设这些债券的预期收益率都等于7%，那么，可以利用公式(5.2)分别计算出各自初始的内在价值。如果预期收益率发生了变化（上升到8%和下降到5%），相应地可以计算出这5种债券新的内在价值。具体结果见表4-6。

表4-6 内在价值(价格)变化与息票率之间的关系

息票率	预期收益率			内在价值变化率	内在价值变化率
	7%	8%	5%	(7%到8%)	(7%到5%)
甲 5%	78	70	100	−10.5%	+28.7%
乙 6%	89	80	112	−10.0%	+27.1%
丙 7%	100	90	125	−9.8%	+25.8%
丁 8%	110	100	137	−9.5%	+25.1%
戊 9%	121	110	150	−9.1%	+24.0%

资料来源：《现代投资银行的业务和经营》。

从表 4-6 中可以发现面对同样的预期收益率变动，无论预期收益率上升还是下降，5 种债券中息票率最低的债券甲的内在价值波动幅度都最大，5 种债券中息票率最高的债券戊的内在价值波动幅度都最小。随着息票率的提高，5 种债券的内在价值的变化幅度逐渐降低。由此可见，债券的息票率越低，债券价格的波动幅度越大。

三、可赎回债券

可赎回债券是一种含有赎回条款的债券，该条款允许发行者在一定的条件下，按事先约定的时间、约定的价格（一般高于或等于债券面值）从持有者手中买回债券。对于债券的发行者来说，实质上赋予发行者一种权利——在债券的价格上涨（利率下降）时可以以某固定价格（赎回价格）购买该债券的权利。显然，可赎回债券是一种保护发行者的融资工具。一般，按照赎回时间的不同，可赎回债券可以分为欧式、美式和百慕大三种形式。欧式可赎回债券赋予发行人只能在一个固定的日期（一般是赎回保护到期前最后一个付息日）行使赎回债券的权利；美式可赎回债券赋予发行人可以在任何时刻赎回债券的权利；百慕大可赎回债券赋予发行人可以在几个约定的时间（这些时间往往与付息日重合）赎回债券的权利。

目前我国现有的可赎回债券主要有如下一些特点：第一，现有的可赎回债券大多数是以固定利率发行的，并且赎回权主要为欧式期权；第二，大多数为次级债券，少数为金融债券、中期票据等其他债券；第三，交易市场主要为银行间债券市场；第四，几乎所有可赎回债券只设一次选择提前赎回债券的权利，一般都按照面值赎回，且为补偿投资者的损失而实行累进利率制，即如果发行人不执行赎回权利，那么之后的计息年度的利息率将上调 100~300 个基点。

有些可赎回债券还规定了赎回保护期，即在保护期内，发行人不得行使赎回权。这种债券称为有限制的可赎回债券（deferred callable bonds）。常见的赎回保护期是发行后的 5~10 年。

可赎回条款的存在，降低了该类债券的内在价值，并且降低了投资者的实际收益率。一般而言，息票率越高，发行人行使赎回权的概率越大。为弥补被赎回的风险，这种债券发行时通常有较高的息票率和较高的承诺到期收益率。

下面具体分析可赎回条款对债券收益率的影响。例如，30 年期的债券以面值 1000 美元发行，息票率为 8%。在图 4-3 中，如果债券不可赎回，其价格随市场利率的变动如曲线 AA 所示。如果是可赎回债券，赎回价格是 1100 美元，其价格变动如曲线 BB 所示。随着市场利率下降，债券未来支付的现金流的现值增加，当这一现值大于赎回价格时，发行者就会赎回债券，给投资者造成损失。在图中，当利率较高时，被赎回的可能性极小，AA 与 BB 相交；利率下降时，AA 与 BB 逐渐分离，它们之间的差异反映了公司实行可赎回权的价值。当利率很低时，债券被赎回，债券价格变成赎回价格

1100美元关键在于债券的利息收入是否需要纳税。例如，美国法律规定，地方政府债券的利息收入可以免缴联邦收入所得税，所以地方政府债券的名义到期收益率往往比类似的但没有免税待遇的债券要低 20%~40%。再如，我国税法规定：个人取得的利息所得，除国债和国家发行的金融债券利息外，应当缴纳 20% 的个人所得税；个人转让有价证券获得资本利得的，除国债和股票外，也应缴纳 20% 的个人所得税。由于利息收入纳税与否直接影响着投资的实际收益率，所以，税收待遇成为影响债券的市场价格和收益率的一个重要因素。

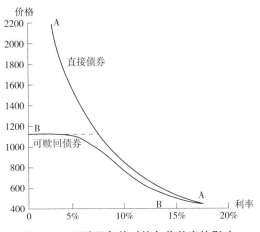

图 4-3　可赎回条款对债务收益率的影响

【**例 4-12**】　假定某支债券发行日和起息日均为 2020 年 9 月 1 日，期限为 10 年，按面值 200 元发行，每年 9 月 1 日付息一次，票面利率 11%，到期还本付息，假设 2022 年 9 月 2 日的价格为 212 元。如果考虑税收因素（20% 的个人所得税），那么该债券的到期收益率为：

$$212=\frac{11\times(1-0.2)}{1+y}+\frac{11\times(1-0.2)}{(1+y)^2}+\cdots+\frac{200+11\times(1-0.2)}{(1+y)^8}$$

解得 $y=3.18\%$。

不考虑税收时的到期收益率 y 为 4.15%。

四、流通性

债券的流通性，或者流动性，是指债券投资者将手中的债券变现的能力。如果变现的速度很快，并且没有遭受变现所可能带来的损失，那么，这种债券的流通性就比较高；反之，如果变现速度很慢，或者为了迅速变现必须为此承担额外的损失，那么，这种债券的流动性就比较低。例如，尽管梵高的作品在世界上享有很高的声誉，但是如果某收藏家计划在一很短时间内出售其收藏的梵高作品，那么成交价格一定大大低于该作品应有的价值。相比之下，债券的流动性往往远高于收藏品。

我们用债券的买卖差价的大小反映债券的流动性大小。买卖差价较小的债券流动性较高；反之，流动性较低。这是因为绝大多数的债券的交易发生在债券的经纪人市场。对于投资者来说，买卖流动性高的债券的风险低于流动性低的债券，所以，前者的买卖差价小于后者。所以，在其他条件不变的情况下，债券的流动性与债券的名义到期收益率之间呈反比例关系，即流动性高的债券的到期收益率比较低，反之亦然。相应地，债券的流动性与债券的内在价值呈正比例关系。

五、违约风险

债券的违约风险是指债券发行人因为某些主客观原因，无法按照合约要求到期偿付债券的本金和利息，导致债券持有者利益受损的情况。债券违约风险可以通过债券评级反映。美国拥有世界上最多的债券评级机构。其中，最知名的债券评级机构是标准普尔公司和穆迪投资者服务公司。尽管这两家公司的债券评级分类稍有不同，但是主体上都将债券分成两类：投资级债券和投机级债券。投资级的债券被评定为最高的四个级别，两家评级机构分别将 AAA、AA、A、BBB 和 Aaa、Aa、A、Baa 四个级别的债券判定为投资级债券，将 BB 级及以下和 Ba 级及以下的债券定义为投机级。市场上投资者也将投机级的债券称为垃圾债券(junk bonds)来表示其投资优先级较低。在政府债券与公司债券之间，包括 AAA 级在内的公司债券的违约风险高于政府债券；在政府债券内部，中央政府债券的违约风险最低，在公司债券内部，AAA 级的债券的违约风险最低，随着评级的降低，债券的违约风险不断升高。

 知识链接 4—1

标准普尔公司的债券评级标准及崇高地位

标准普尔公司的信用等级标准，从高到低可划分为：AAA 级、AA 级、A 级、BBB 级、BB 级、B 级、CCC 级、CC 级、C 级和 D 级。

评级等级	评级符号	评级说明
投资级别	AAA	偿还债务能力极强(extremely strong)，为标准普尔授予的最高评级级别
	AA	偿还债务能力很强(very strong)
	A	偿还债务能力强(strong)，但略微易受外在环境及经济状况变动的不利因素所影响
	BBB	具有适当(adequate)偿债能力，但还债能力较可能因不利经济状况而减弱。其中，"BBB-"为市场参与者认为的最低投资级评级

(续)

评级等级	评级符号	评级说明
投机级别	BB	相对于其他投机级别评级,违约的风险更低。但持续存在的重大不稳定因素,或不利的商业、金融、经济状况,可能导致发债人没有足够能力偿还债务。其中,"BB+"为市场参与者认为的最高投机级评级
	B	违约可能性较"B"级高,发债人目前仍有能力偿还债务,但不利的商业、金融、经济条件可能削弱发债人偿还债务的能力和意愿
	CCC	目前有可能违约,发债人能否履行财务承诺将取决于商业、金融、经济条件是否有利。当遭遇不利的商业、金融或经济环境时,发债人可能会违约
	CC	违约的可能性高。违约尚未发生,但预计会实际发生
	C	目前违约的可能性高,且最终违约追偿比率预计会低于其他更高评级的债务
	D	发债人未能按期偿还债务,或违反推定承诺;也可在破产申请已被提交或采取类似行动时使用

标准普尔在资本市场上发挥了举足轻重的作用。自1860年成立以来,标准普尔就一直在建立市场透明度方面扮演着重要的角色。当年欧洲的投资者对于自己在美国新发展的基础设施投资的资产需要更多的了解。这时,公司的始创人普尔先生(Henry Varnum Poor)顺应有关需求开始提供金融信息。普尔出版的各种投资参考都是本着一个重要的宗旨,就是"投资者有知情权"。在过去的一个世纪里,金融市场变得越来越复杂,业内人士千挑万选,最终还是认定标准普尔独立、严格的分析及其涉及股票、债券、共同基金等投资品种的信息是值得信赖的。标准普尔提供的重要看法、分析观点、金融新闻及数据资料已经成为全球金融基础的主要部分。

标准普尔是创建金融业标准的先驱。它首先对以下方面进行了评级:证券化融资、债券担保交易、信用证、非美国保险公司的财政实力、银行控股公司、财务担保公司。股票市场方面,标准普尔在指数跟踪系统和交易所基金方面同样具有领先地位。另外,该公司推出的数据库通过把上市公司的信息标准化,使得财务人员能够方便地进行多范畴比较。标准普尔一系列的网上服务为遍布全球的分析、策划及投资人员提供了有效的协助。

债券评级机构以分析发行者财务指标的水平及趋势为基础,对其债券质量作出分类评定。依据的主要财务指标有:

(1)固定成本倍数(coverage ratios)。即公司收益与固定成本之比。如已获利息倍数(times-interest-earned ratio)是息税前收益(EBIT)与利息费用的比例;而扩大的利息倍数(fixed-charge coverage ratio)则把租赁费用和偿债基金(sinking fund)支出与利息费用加总作为分母形成一个新的比例。这些比例较低,或者比例下降,反映公司可能面临资金流动的困难。

(2)杠杆比例(leverage ratios)。即资产负债比例(debt-to-equity ratio)。资产负债率过高,意味着公司负债过多,可能有偿债困难。

(3)流动性比例(liquidity ratios)。常见的有流动比例(current ratio)和速动比例(quick ratio),前者是流动资产与流动负债之比,后者是速动资产与流动负债之比。速动资产是扣除了存货后的流动资产。这些比例反映公司能及时用可调动资金偿还到期债务的能力。

(4)盈利性比例(profitability ratios)。常见的是资产收益率(return on assets, ROA),即息税前收益与总资产之比,反映公司的整体盈利能力。

(5)现金比例(cashflow-to-debt ratio)。即公司现金与负债之比,运作良好的公司需要保持一定的现金比例。

分析这些比例要以产业的整体水平为背景,产业背景不同,各比例的侧重不同,分析结果也会不同。但总体上从经验数据看,比例越高,债券评级也越高。

关于这些指标是否能有效预测公司违约风险,有一个著名的试验,即奥尔特曼(Altman, 1968)的分离分析(discriminant analysis)。在分离分析中,根据各公司财务特征来打分。如果分值超过某个确定的值(cutoff value),就认为公司是可信的;否则,公司就有破产的风险。

假定收集了一组样本公司的财务数据,如股权资本回报率(return on equity, ROE)和固定成本倍数(coverage ratio),并对其破产状况作出观测记录。在图4-4中,X代表最终破产的公司,O代表保持了偿付能力的公司。结果表明O公司的两个比率都相对更高。

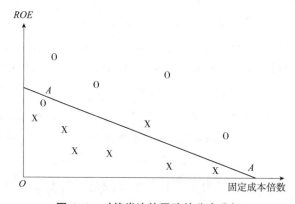

图4-4 对债券违约风险的分离分析

分离分析要决定一条直线方程,即图中的直线AA,以最好地分离X公司和O公司。假设直线方程为$0.75=0.9X_{ROE}+0.4X$固定成本倍数,据此,每个公司可计算出一个值$Z=0.9X_{ROE}+0.4X$固定成本倍数。若$Z>0.75$,公司位置落在直线上方,可认为没有风险;反之,公司被认为有财务困难。

奥尔特曼(Altman, 1968)最终确定的直线方程是:

$$Z = 3.3 \times \left(\frac{\text{息税前收益}}{\text{总资产}}\right) + 99.9 \times \left(\frac{\text{销售额}}{\text{总资产}}\right) + 0.6 \times \left(\frac{\text{股票市场价值}}{\text{债务账面价值}}\right)$$
$$+ 1.4 \times \left(\frac{\text{保留盈余}}{\text{总资产}}\right) + 1.2 \times \left(\frac{\text{营运资本}}{\text{总资产}}\right)$$

我们已经知道，由各种工具可测定违约风险，那么，债券的违约风险与债券的收益率之间存在着什么关系呢？既然债券存在着违约风险，投资者购买债券时必然要求获得相应的风险补偿，即比无风险债券更高的投资收益率，并且违约风险越高，投资收益率也应该越高。在美国债券市场上，联邦政府债券的违约风险最低，地方政府债券的违约风险次低，AAA级公司债券的违约风险较高，D级公司债券的违约风险最高。与之相对应，上述债券的收益率从低到高排列。但是，由于地方政府债券的利息收入可以免缴联邦政府收入所得税，所以，美国地方政府债券的投资收益率低于联邦政府债券的收益率，而联邦政府债券的投资收益率又低于AAA级公司债券的收益率。

但由于违约风险的存在，债券承诺的到期收益率不一定能够实现，只是一种理想化的最大收益率，故投资者更关注的是债券到期收益率的期望(expected yield to maturity)。

【例4-13】 甲公司20年前发行的债券，面值为1000美元，息票率为10%（以半年计息），还有5年到期，目前市价为926.40美元。公司陷入了财务困境，投资者预期公司可保证利息支付，但到期公司将被迫破产，投资者只能得到面值的50%，则承诺的到期收益率为12.0%，计算方法如下：

$$926.40 = \frac{50}{1+\frac{k}{2}} + \cdots + \frac{50}{\left(1+\frac{k}{2}\right)^{10}} + \frac{1000}{\left(1+\frac{k}{2}\right)^{10}}$$

到期收益率的期望为12.0%，计算方法如下：

$$750 = \frac{50}{1+\frac{y}{2}} + \cdots + \frac{50}{\left(1+\frac{y}{2}\right)^{10}} + \frac{500}{\left(1+\frac{y}{2}\right)^{10}}$$

$$y = 9.6\%$$

如果公司到期按时清偿，有风险债券就会获得比无风险债券更高的实际收益率；如果公司破产，无法清偿所有债务，则前者获得的收益率可能会低于后者。

六、可转换性

拥有可转换成股票权利的债券称为可转换债券。每单位债券可换得的股票股数称为转换率(conversion ratio)，债券可换得的股票的当前市场价值称为市场转换价值(market conversion value)，持有的债券价格与市场转换价值的差额称为转换损益(conversion premium)。例如，债券价格为1000美元，转换率为40，当前股价为每股20美元，此时，转换损失为1000−40×20=200(美元)，债券持有者如果实行转换权会损失

200美元。如果股价升至每股30美元,则转换收益40×30-1000=200(美元),债券持有者实行转换权可以从公司股票的升值中受益。

因为可转换债券比一般债券多了选择权,所以其息票率和承诺的到期收益率比一般的债券低。但是,如果市场股票价格升高,可转换债券持有者可以从转换中获得可观的利益。

七、可延期性

可延期债券是一种新兴的债券。与可赎回债券相比,它给予持有者而不是发行者一种选择终止或继续拥有债券的权利。如果市场利率低于息票率,投资者将继续拥有债券;如果市场利率上升,超过了息票率,投资者将放弃这种债券,将资金投资于收益率更高的资产。可延期的规定给予了投资者选择的权利,与可转换债券类似,所以可延期债券的息票率和承诺的到期收益率较低。

表4-7是对本节内容的总结,综合了上述8方面的债券属性与债券价值分析之间的关系。

表4-7 债券属性与债券收益率

债券属性	与债券收益率的关系
1. 期限	当预期收益率(市场利率)调整时,期限越长,债券的价格波动幅度越大;但是,当期限延长时,单位期限的债券价格的波动幅度递减
2. 息票率	当预期收益率(市场利率)调整时,息票率越低,债券的价格波动幅度越大
3. 可赎回条款	当债券被赎回时,投资收益率降低。所以,作为补偿,易被赎回的债券的名义收益率比较高,不易被赎回的债券的名义收益率比较低
4. 税收待遇	享受税收优惠特遇的债券的收益率比较低,无税收优惠待遇的债券的收益率比较高
5. 流通性	流动性高的债券的收益率比较低,流动性低的债券的收益率比较高
6. 违约风险	违约风险高的债券的收益率比较高,违约风险低的债券的收益率比较低
7. 可转换性	可转换债券的收益率比较低,不可转换债券的收益率比较高
8. 可延期性	可延期债券的收益率比较低,不可延期债券收益率比较高

第四节 久期、凸度与免疫

本节讨论与债券定价原理有关的两个债券特性:久期(duration)和凸度(convexity),以及它们在债券免疫策略中的应用。

一、久期

久期的这一概念最早是马考勒(F. R. Macaulay)于1938年提出的,所以又称为马考勒久期(简记为 D)。马考勒利用加权平均数的形式计算债券的平均到期时间,得到的即为马考勒久期。

(一)马考勒久期的计算公式

马考勒久期的计算公式如下:

$$D = \frac{\sum_{i=1}^{T} \frac{c_i}{(1+y)^t} \times t}{P} = \sum_{n=1}^{T}\left[\frac{\frac{c_t}{(1+y)^t}}{P} \times t\right] = \sum_{i=1}^{T}\left[\frac{PV(c_i)}{P} \times t\right] \quad (4.6)$$

其中,D 为马考勒久期,P 为债券当前的市场价格,c_i 为债券未来第 i 次支付的现金流(利息或本金),T 为债券在存续期内支付现金流的次数,t 为第 t 次现金流支付的时间,y 为债券的到期收益率,$PV(c_i)$ 为债券第 i 期现金流用债券到期收益率贴现的现值。需要指出的是,在债券发行时以及发行后,都可以计算马考勒久期。从公式(4.6)可以看出,马考勒久期实质上是一个时间的加权平均,其单位是年,权重是各期现金流的现值占债券价格的比重。所以债券久期的大小取决于三个因素:债券各期现金流、到期收益率及其到期时间。

【例 4-14】 某债券当前的市场价格为 1000 美元,到期收益率为 10%,息票率为 9%,面值为 1000 美元,3 年后到期,每年付一次利息,到期一次性偿还本金。利用公式(4.6),计算各参数值如表 4-8 所示。

表 4-8 久期计算举例

未来现金流支付时间(t)	未来现金流 (c_i 美元)	现值系数 $\frac{1}{(1+y)^i}$	未来现金流的现值 [$PV(c_i)$,美元]	现值乘以支付时间 [$PV(c_i) \times t$,美元]
1	90	0.9091	81.82	81.82
2	90	0.8264	74.38	148.75
3	1090	0.7513	818.92	2456.75
加总			975.12	2687.32

债券组合的马考勒久期可以通过组合中所含债券的久期的加权平均来计算,权重是各债券在组合中的比重,用公式表示如下:

$$D_p = \sum_{i=1}^{k} W_i D_i \quad (4.7)$$

其中,D_p 为某一债券组合的马考勒久期,W_i 为债券 i 的市场价值占该债券组合市场价值的比重,D_i 为债券 i 的马考勒久期,k 为债券组合中债券的个数。

(二)马考勒久期定理

在马考勒久期(D)中,有 6 个定理用于解释久期与债券的期限(T)之间的关系。

定理一：只有贴现债券的马考勒久期等于它们的到期时间。

由于该种债券以贴现方式发行，其间不支付利息，到期一次性偿还本金。所以，它的市场价格应该等于到期偿还的本金的现值，即：

$$D = \frac{\frac{c_T}{(1+y)^T}}{P} \times T = \frac{PV(c_T)}{P} \times T = 1 \times T = T \tag{4.8}$$

其中，c_T 为债券第 T 期偿还的本金，$PV(c_T)$ 为偿还本金对应的现值。

定理二：直接债券的马考勒久期小于或等于它们的到期时间。只有仅剩最后一期就要期满的直接债券的马考勒久期等于它们的到期时间，并等于1，即：

$$D = \frac{\sum_{i=1}^{T} \frac{c_i}{(1+y)^t} \times t}{P} = \frac{\frac{c_1}{(1+y)^1}}{P} \times 1 + \frac{\frac{c_2}{(1+y)^2}}{P} \times 2 + \cdots$$

$$+ \frac{\frac{c_T}{(1+y)^T}}{P} \times T \leq \frac{\frac{c_1}{(1+y)^1}}{P} \times T + \frac{\frac{c_2}{(1+y)^2}}{P} \times T + \cdots + \frac{\frac{c_T}{(1+y)^T}}{P} \times T \tag{4.9}$$

定理三：统一公债的马考勒久期等于 $\left(1+\frac{1}{r}\right)$，其中 y 是计算现值采用的贴现率，即：

$$D = 1 + \frac{1}{y} \tag{4.10}$$

定理四：在到期时间相同的条件下，息票率越高，久期越短。

可以理解为：息票率越高，早期支付的现金流的权重越大，加权平均的到期时间自然就越短。

定理五：在息票率不变的条件下，到期时间越长，久期一般也越长。

显然，对于平价和溢价的债券而言，到期时间越长，久期也越长。

但与之相反，处于严重折价状态的债券，到期时间越长，久期可能越短。

定理六：在其他条件不变的情况下，债券的到期收益率越低，久期越长。

这是因为到期收益率越低，远期支付的现金流价值相对越大，其在债券总价值中所占权重也越大。

（三）马考勒久期与债券价格的关系

计算债券久期可以帮助我们找出久期、到期收益率与债券价格三者之间的关系。

假设现在是0时刻，债券持有者在 t_i 时刻收到的支付为 $c_i(1<i<n)$，则债券价格 P 和连续复利到期收益率 y 的关系为：

$$P = \sum_{i=1}^{n} c_i e^{-yt_i} \tag{4.11}$$

$$\frac{\partial P}{\partial y} = -\sum_{i=1}^{n} c_i t_i e^{-yt_i} \qquad (4.12)$$

而债券马考勒久期的定义可以相应改写为:

$$D = \frac{\sum_{i=1}^{n} t_i c_i e^{-yt_i}}{P} = \sum_{i=1}^{n} t_1 [c_i e^{-yt_i}] \qquad (4.13)$$

将公式(4.13)代入公式(4.12)得:

$$\frac{\partial P}{\partial y'} = -PD$$

整理得:

$$\frac{\partial P}{P} = -D \partial y' \qquad (4.14)$$

公式(4.14)说明,债券价格的变动比例等于马考勒久期乘上到期收益率微小变动量的相反数。∂y 表示收益率曲线的微小平移。

上述分析是在到期收益率为连续复利收益率基础上得出的。如果到期收益率为一年计一次复利的收益率(y),则:

$$\frac{\partial P}{P} = -\frac{D \partial y}{1+y} \qquad (4.15)$$

这是因为根据连续复利利率(y')与一年计一次复利利率(y)之间的关系,有:

$$y' = \ln(1+y)$$

$$dy' = \frac{dy}{1+y}$$

代入公式(4.14)即可得到公式(4.15)。

为了方便起见,并与公式(5.14)保持一致,当收益率采用一年计一次复利的形式时,人们常用修正后久期(modified duration,用 IT 表示)来替代马考勒久期。修正后的久期定义为:

$$D^* = \frac{D}{1+y} \qquad (4.16)$$

将公式(4.16)代入公式(4.15)得:

$$\frac{\partial P}{p} = -D^* \partial y \qquad (4.17)$$

公式(4.17)表明,对于给定的收益率变动幅度,修正的久期越大,债券价格的波动率越大。这样就可以用久期近似估计收益率变动与价格变动率之间的关系:

$$\frac{\Delta P}{P} \approx -D^* \Delta y \qquad (4.18)$$

应该注意的是,用马考勒久期(或修正后的久期)来考察收益率变动与价格变动之间的关系只是一种近似的计算,这是因为久期计算没有考虑债券的凸度。

二、凸度

债券的凸度(convexity)是指债券价格变动率与收益率变动关系曲线的曲度。从公式(4.17)可以看出,马考勒久期实际上等于债券价格对收益率一阶导数的绝对值除以债券价格。可以把债券的凸度(C)类似地定义为债券价格对收益率二阶导数除以价格,即:

$$C = \frac{1}{P} \frac{\partial^2 P}{\partial y^2} \tag{4.19}$$

在现实生活中,债券价格变动率和收益率变动之间的关系并不是线性关系,而是非线性关系。如果只用久期来估计收益率变动与价格变动率之间的关系,那么从公式(4.18)可以看出,收益率上升或下跌一个固定的幅度时,价格下跌或上升的幅度是一样的。但这显然这与事实不符。

在图4-5中,A直线表示用久期近似计算的收益率变动与价格变动率的关系,B、C曲线分别表示不同凸度的收益率变动幅度与价格变动率之间的真实关系,其中C的凸度大于B。从图4-5可以看出,当收益率下降时,价格的实际上升率高于用久期计算出来的近似值,而且凸度越大,实际上升率越高;当收益率上升时,价格的实际下跌比率却小于用久期计算出来的近似值,而且凸度越大,价格的实际下跌比率越小。这说明:①当收益率变动幅度较大时,用久期近似计算的价格变动率就不准确,需要考虑凸度调整;②在其他条件相同时,人们应该偏好凸度大的债券。

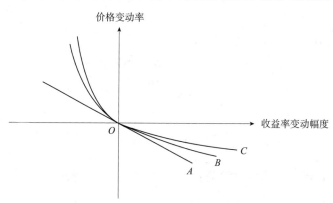

图4-5 价格敏感度与凸度的关系

考虑了凸度问题后,收益率变动幅度与价格变动率之间的关系可以重新写为:

$$\frac{dP}{P} = -D^* dy + \frac{1}{2} C (dy)^2 \tag{4.20}$$

当收益率变动幅度不太大时,收益率变动幅度与价格变动率之间的关系就可以近似表示为:

$$\frac{\Delta P}{P} = -D^* \Delta y + \frac{1}{2} C (\Delta y)^2 \tag{4.21}$$

从实际使用效果看,公式(4.21)所得出的近似估计与实际值的差别是可以忽略不计的。

三、免疫

(一) 久期免疫

免疫(immunization)技术是投资者或金融机构用来保护他们的全部金融资产免受利率波动影响的策略。经过免疫处理之后,在事先设定的投资期限内,债券投资组合的收益率可以不受利率变动的影响。它首先由雷丁顿(Readington, 1952)提出。

债券的投资者面临着两种相互抵消的利率风险:价格风险和再投资风险。利率提高会导致资本损失,但同时,再投资收入会增加。如果资产组合的久期选择得当,这两种影响恰好可以相互抵消。当这一资产组合的久期恰好与投资者的持有期相等时,到期时投资组合的累积价值将不受利率波动的影响,即持有期与资产组合久期相等时,价格风险与再投资风险将完全抵消。

免疫资产可以用这样的简单方法来构造:先计算实现承诺的现金流出的久期,再投资于一组具有相同久期的债券资产组合。

(二) 久期免疫的进化

久期是对债券价格变化的一阶近似,因此,一般来说,久期会低估利率变动带来的预期收益或损失。而凸度是二阶估计,考虑凸度可以提高利用久期得到的结果。当利率期限结构发生微小变化时,久期法则是正确的。虽然凸度没有久期重要,但当利率期限结构的变化足够大时,凸度具有重要的影响。在利率变化很大时,凸度可以修正通过久期得到关于债券价格变化的估计。

重要概念

收入资本化法　贴现债券　直接债券　统一公债　息票率　可赎回条款　可赎回收益率　流通性　违约风险　信用评级　可转换性　可延期性　债券定价原理　马考勒久期　修正的久期　凸度　免疫

推荐书目

[1] Fabozzi F J. Bond markets, analysis and strategies[M]. 4th ed. New York: Prentice Hall, 2000.

[2] Sundaresan S M. Fixed income markets and their derivatives[M]. 3rd ed. Acadimic Press, 2009.

[3] 陈蓉, 郑振龙. 固定收益证券[M]. 北京: 北京大学出版社, 2011.

参考文献

[1] Altman E I. Financial ratios, discriminant analysis and prediction of corporate bankruptcy[J]. Journal of Finance, 1968(9): 589-609.

[2] Fabozzi F J. Fixed Income Mathematics[M]. Chicago: IRWIN Professional Publishing, 1993.

[3] Francis J C. Investments: analysis and management[M]. 11th ed. New York: John Wiley & Sons Ltd, 2009.

[4] Macaulay F R. Some theoretic problems suggested by the movement of interest rates, bond yields and stock prices in the United States since 1856[R]. National Bureau of Economic Research, Columbia, New York.

[5] Malkiel B G. Expectations, bond prices, and the term structure of interest rates[J]. Quarterly Journal of Economics, 1962, 76: 197-218.

[6] Readington F M. Review of the principles of life-office valuations[J]. Journal of the Institute of Actuaries, 1952, 18: 286-340.

[7] Sharpe W F, Alexander G J, Bailey J V. Investment[M]. 6th ed. New York: Prentice-Hall International, Inc, 1999.

[8] 黄亚钧. 现代投资银行的业务和经营[M]. 上海: 立信会计出版社, 1996.

习 题

1. 假定投资者有1年的投资期限,想在三种债券间进行选择。三种债券有相同的违约风险,都是10年到期。第一种是零息债券,到期支付1000美元;第二种是息票率为8%,每年支付80美元的债券;第三种是息票率为10%,每年支付100美元的债券。

如果三种债券都有8%的到期收益率,它们的价格各应是多少?

如果投资者预期在下年年初时到期收益率为8%,那时的价格各为多少?对每种债券,投资者的税前持有期收益率是多少?如果税收等级为普通收入税率30%,资本收益税率20%,则每种债券的税后收益率为多少?

2. 一种债券的息票率为8%,到期收益率为6%。如果1年后该债券的到期收益率保持不变,则其价格将升高、降低还是不变?

3. 一种30年期的债券,息票率为8%,半年付息一次,5年后可按1100美元提前赎回。此债券现在按到期收益率7%售出。

赎回收益率是多少?

若赎回价格为 1050 美元，赎回收益率是多少？

若赎回保护期是 2 年，赎回收益率是多少？

4. 一公司发行两种 20 年期的债券，面值为 1000 美元，都可按 1050 美元的价格提前赎回。第一种债券的息票率为 4%，售价 580 美元。第二种债券以平价售出，息票率为 8.75%。

平价债券的到期收益率是多少？为什么会高于折价债券？

如果预期利率在此后两年大幅下跌，投资者会选择哪种债券？

5. 一可转换债券年利率为 5.25%，债券市价为 775.0 美元，转换率为 20.83，可转换的普通股市价为 28.00 美元，年红利为 1.20 美元。计算债券的转换损益。

试说明发行债券时，附加的可赎回条款对债券收益率产生的影响。

试说明发行债券时，附加的可赎回条款对债券的预期收益产生的影响。

试说明一个资产组合中包含可赎回债券的利弊。

6. 一种新发行的债券每年支付一次利息，息票率为 5%，期限为 20 年，到期收益率为 8%。

如果一年后该债券的到期收益率变为 7%，请问这一年的持有期收益率等于多少？

假设在 2 年后卖掉该债券，在第 2 年年底时的到期收益率为 7%，息票按 3% 的利率存入银行，请问在这两年中实现的税前年持有期收益率（一年计一次复利）是多少？

7. 一种 3 年期债券的息票率为 6%，每年支付一次利息，到期收益率为 6%，请计算该债券的久期。如果到期收益率为 10%，那么久期等于多少？利用久期计算的债券价格与实际债券价格相差多少？

8. 10 年期不可赎回债券，息票率为 6%，每半年支付一次利息，按面值 100 元出售。在债券存续期间到期收益率保持不变。求该债券此后当前和此后 9 年年初的久期。

9. 一种 9 年债券的到期收益率为 10%，久期为 7.194 年。如果市场到期收益率变动了 50 个基点，其价格会变动多大比例？

10. 比较下列两个债券的久期：债券 A 的息票率为 6%，期限为 10 年，按面值出售；债券 B 的息票率为 6%，期限为 10 年，低于面值出售。

11. 设某固定利率债券本金为 100 美元，剩余期限为 3 年，息票率为 6%，每年付息一次，到期收益率为 5%（连续复利）。

请计算该债券的凸性；

其他条件不变，请分别计算剩余期限分别为 1 年与 10 年时，该债券的凸性；

其他条件不变，请分别计算息票率变为 1% 与 10% 时，该债券的凸性；

其他条件不变，请分别计算到期收益率变为 1% 与 10% 时，该债券的凸性。

第五章 普通股价值分析

◆ **本章概要：**
  1. 普通股在二级市场进行交易，形成市场价格。
  2. 市场价格的高估、低估或刚好合适是与股票的价值相比较而言的。
  3. 尽管普通股估值有许多方法，但无论哪种方法在实践上都是相当困难的，其结果也会有大的分歧。

◆ **重点难点：**
  1. 掌握不同类型的股息贴现模型。
  2. 掌握不同类型的市盈率模型。
  3. 了解负债情况下的自由现金流分析法。
  4. 了解通货膨胀对股票价值评估的影响。

第一节 股息贴现模型

一、股息贴现概念

  股息贴现模型是股票估值的一种模型，是收入资本化法运用于普通股价值分析中的模型。以适当的贴现率将股票未来预计将派发的股息折算为现值，以评估股票的价值。当投资者取得普通股票时，他的报酬将包括未来现金股利和在期末卖出该股票的价格。所以当前股票的价格就是这些未来现金流的现值的加总：

$$V = \frac{D_1}{(1+y)} + \frac{D_2}{(1+y)^2} + \frac{D_3}{(1+y)^3} + \cdots + \frac{D_n}{(1+y)^n} + \frac{V_n}{(1+y)^n} \tag{5.1}$$

  其中，V 为普通股的内在价值，y 为贴现率，也称资本化率（the capitalization rate），V_n 为第 n 期的股票卖出价，D_n 为普通股第 n 期预计支付的股息和红利。但是通常股票的期限并不固定，特殊情况下，n 将是无限的，如永续债券，在这种情况下卖出股票的收入现值是趋于零的，故此股票的当前价格只考虑未来股利的折现，因此可以得到以下公式：

$$V = \sum_{t=1}^{\infty} \frac{D_t}{(1+y)^t} \tag{5.2}$$

其实公式(5.1)中股票卖出价 V_n 也是通过股利贴现模型计算而得，故此，上述两式是一样的，有兴趣的读者可以尝试证明。

事实上，股息贴现模型可以指导投资者判断某只股票是否被高估或者低估。这里有两种方法：其一为计算股票投资的净现值；其二为比较贴现率与内部收益率。

(1) 净现值的计算

$$NPV = V - P = \sum_{t=1}^{\infty} \frac{D_t}{(1+y)^t} - P \tag{5.3}$$

其中，NPV 为净现值，V 为股票的内在价值，P 为股票在当前市场的价格。如果 $NPV>0$，说明股票被低估；如果 $NPV<0$，说明股票被高估。

(2) 内部收益率的计算

$$NPV = V - P = \sum_{t=1}^{\infty} \frac{D_t}{(1+IRR)^t} - P = 0 \tag{5.4}$$

IRR 是内部收益率，它表示在净现值为零的特殊时点的特殊"贴现率"。内部收益率如果大于贴现率，说明该股票的净现值大于零，该股票被低估，反之，则说明该股票被高估。

经过对股利增长模型的简单概述，我们知道了因为公司结构、政策和规模的差异等因素，每个公司的股利分配是复杂多变的，因此股利增长模型也包含各种复杂情况，比如零增长模型、不变增长模型、三阶段增长模型和多元增长模型等，下面简单介绍一下这些模型。

1. 零增长模型

零增长模型就是假定股利根本不增长，保持不变，也就是说未来各期的预期股利一直都等于某个不变的数。

$$D_1 = D_2 = D_3 = \cdots = D_n \tag{5.5}$$

将这个条件代入到

$$V = \sum_{t=1}^{\infty} \frac{D_t}{(1+y)^t} \tag{5.6}$$

即可以得到

$$V = D_1 \sum_{t=1}^{\infty} \frac{1}{(1+y)^t} \tag{5.7}$$

当 $y>0$ 时，$\frac{1}{(1+y)^t}<1$，可以将上式化为：

$$V = \frac{D_1}{y} \tag{5.8}$$

那么，此时股票的净现值与内部收益率分别为 $NPV=\dfrac{D_1}{y}-P$、$IRR=\dfrac{D_1}{P}$。

【例 5-1】 假定投资者预期某公司每期支付的股息将永久性地固定为 2 元/股，并且贴现率定为 10%，该公司的当前股价为 18 元/股。那么，该公司的股票是否值得投资？计算过程如下：

由公式得：$V=\dfrac{D_1}{y}=\dfrac{2}{10\%}=20$

那么 $NPV=2>0$，$IRR=11.11\%>10\%$

说明该股票被低估，值得投资。

2. 不变增长模型

经验表明，几乎所有公司每年都会支付股利。实际上，企业往往尽量减少削减股利发生的可能，因为削减股利会让企业的投资者减少信心，所以企业每年都会努力增加股利，避免这种情况发生。因此我们假设股利按每年固定的增长率增长，称为股利不变增长模型，又称为戈登模型。该模型有以下三个前提假设：

(1) 股利的支付以企业永续经营为基础。
(2) 每年股利的增长速度是一个定值。
(3) 模型中的贴现率大于股息增长率。

假设股利按照固定的比率 g 增长，得：

$$D_2=(1+g)D_1$$
$$D_3=(1+g)D_2$$
$$\ldots$$
$$D_n=(1+g)D_{n-1}$$

把这个方法运用到一般估值公式中，则：

$$V=\sum_{t=1}^{\infty}\dfrac{D_t}{(1+y)^t} \tag{5.9}$$

得：

$$V=\sum_{t=1}^{\infty}\dfrac{D_1(1+g)^t}{(1+y)^t} \tag{5.10}$$

经过简单的变换之后，重新整理得到：

$$V=\dfrac{D_1}{y-g} \tag{5.11}$$

那么，此时的净现值与内部收益率分别为：

$$NPV=\dfrac{D_1}{y-g}-P、IRR=\dfrac{D_1}{P}+g$$

【例 5-2】 在上海证券交易所上市的 A 公司初期的股利为 1 元/每股,并且该公司的股票目前在市场上的价格为 25 元/每股。已知,经预测该公司股票未来的股利增长率将永久的保持在 5% 的水平,假定贴现率为 10%,那么该公司的股票是否值得投资?计算过程如下:

由公式,得 $V = \dfrac{D_1}{y-g} = \dfrac{1}{10\%-5\%} = 20$

求得 $NPV = -5 < 0$,$IRR = 9\% < 10\%$

说明该股票被高估,不值得投资。

3. 三阶段增长模型

三阶段增长模型是股利增长模型中又一特殊的形式,由莫洛多斯基最早提出,现在在广大投资银行中广泛运用。三阶段模型是将股息的增长(不变增长模型中提及为什么是增长而不是减少)分为三个阶段:第一个阶段股利的增长率为一个常数,我们称之为 g_a;第二个阶段股利增长出现转折,在这期间增长率以线性方式变化,它的起始是第一阶段的 g_a,它的结束是第三阶段的 g_n;第三个阶段的股利增长率称为 g_n,该增长率才是公司的正常增长率。要注意的是从 g_a 到 g_n 的线性变化过程,这个股利增长率的数值有可能是增长,也有可能是减少,但是毋庸置疑的是,这期间的股利都是增长的,这就像物理中加速度变化的概念一样,希望不要混淆。三阶段股息增长模型如图 5-1 所示。

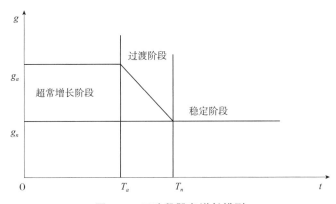

图 5-1 三阶段股息增长模型

在图中过渡时期的股利增长率 g_t 可以用以下公式表示:

$$g_t = g_a - (g_a - g_n)\dfrac{t - T_a}{T_n - T_a} \tag{5.12}$$

那么已知 g_a、g_n、T_a、T_n 和期初的股利 D_1,结合公式(5.12)就可以得到各期的股利;然后根据贴现率就可以得到股票的价值。计算公式如下:

$$V = \sum_{t=1}^{T_a} \dfrac{D_1(1+g_a)^t}{(1+y)^t} + \sum_{t=T_a+1}^{T_n-1} \dfrac{D_{t-1}(1+g_t)}{(1+y)^t} + \dfrac{D_{T_n-1}(1+g_n)}{(1+y)^{T_n-1}(y-g_n)} \tag{5.13}$$

三阶段增长模型的突出优点在于：①虽然模型有一定程度的复杂性，但易于理解；②它很好地反映了股票理论上的价格，还允许在高利润-高增长的公司同低利润-低增长的公司之间做比较；③模型能容易地处理增长公司的情况，有广泛的应用性；④模型提供一个构架以反映不同类型公司的生命循环周期的本质。

【例 5-3】 假定某股票初期支付的股息为 1 元/股，在今后两年的股息增长率为 6%，股息增长率从第 3 年开始递减，从第 6 年开始每年保持 3% 的增长速度。另外，贴现率为 8%。所以，$T_a=2$，$T_n=6$，$g_a=6\%$，$g_n=3\%$，$y=8\%$，$D_1=1$。其股票内在价值为多少？计算过程如下：

$$g_3 = 6\% - (6\% - 3\%) \times \frac{3-2}{6-2} = 5.25\%$$

$$g_4 = 6\% - (6\% - 3\%) \times \frac{4-2}{6-2} = 4.5\%$$

$$g_5 = 6\% - (6\% - 3\%) \times \frac{5-2}{6-2} = 3.75\%$$

将数据进行整理，见表 5-1 所列。

表 5-1 某股票三阶段的股息增长率

阶段	年份	股息增长率(%)	股利(元/股)
第 1 阶段	1	6	1.06
	2	6	1.124
第 2 阶段	3	5.25	1.183
	4	4.5	1.236
	5	3.75	1.282
第 3 阶段	6	3	1.320

将数据代入公式中得到：

$$V = \sum_{t=1}^{T_a} \frac{D_1(1+g_a)^t}{(1+y)^t} + \sum_{t=T_a+1}^{T_n-1} \frac{D_{t-1}(1+g_t)}{(1+y)^t} + \frac{D_{T_n-1}(1+g_n)}{(1+y)^{T_n-1}(y-g_n)}$$

$$= \sum_{t=1}^{2} \frac{1(1+6\%)^t}{(1+8\%)^t} + \sum_{t=3}^{5} \frac{D_{t-1}(1+g_t)}{(1+8\%)^t} + \frac{D_5(1+3\%)}{(1+8\%)^5(8\%-3\%)} = 22.64$$

所以该股票的内在价值为 22.64 元。

4. 多元增长模型

前面所述三种模型是股息贴现模型的特殊形式，多元增长模型则将企业股息贴现的情况一般化，应用最为广泛。公司的增长速度会随着企业的生命周期变化而变化，当然也会受到公司的年限影响。公司的生命周期一般分为发展、成长、成熟、衰退等阶段。在发展期与成长期，公司规模较小，发展前景好，再投资利润高，故公司更多将盈利用于投资，较少用于分配股息红利，但是股利增长率会比较高；成熟期的公司，恰恰与前两个时期相反，随着对手的不断加入，竞争的加剧，市场的饱和，企业再投资的盈利机会少，为了留住股东，增加股东信心，对外界释放积极信号，会更多派息，但是股利增长率会降低。

多元增长模型允许股利遵循不同的增长模式。虽然我们可能对近期各年的股利进行相对比较准确的预测，但是对于其后的股利，仅能够进行平均的预计，因此一般都会假定在某一时点 T 之后公司的股利增长率为一常数，但是之前的股利增长率是可变的。其表达式如下：

$$V = \sum_{t=1}^{T} \frac{D_t}{(1+y)^t} + \frac{D_{T+1}}{(y-g)(1+y)^T} \tag{5.14}$$

第二节 市盈率模型

市盈率(price to earnings ratio)是最常用的股价水平评价指标，由普通股每股股价除以每股盈余(EPS)得出。市盈率是个股、类股和大盘的一个重要指标，能够给投资者提供选股的参考及依据。

与股息贴现模型相比，市盈率模型有着更为久远的应用历史。但是在股票市场中，如果投资者完全依赖市盈率模型去衡量股票价格，得出的结论往往并不可靠。比如，股票的市盈率差距悬殊，并不能向银行利率看齐。所以在进行分析时，要正确运用市盈率模型。首先，市盈率模型的作用在于对市场有整体的指导作用，对具体的某个企业可能并不完全适用；其次，在衡量市盈率时，需要将不同股票市场的背景纳入考虑范围；最后，要将市盈率看作一种动态指标，会随着股票市场的变化而变化。市盈率模型主要可以分成不变增长模型、零增长模型和多元增长模型。

一、不变增长模型

借用上一节中提到的模型 $V = \frac{D_1}{y-g}$。其中，V 为股票内在价值，D_1，y，g 分别为首期支付股息，贴现率和股息增长率(常数)。当市场达到均衡时，股票价格 P 应该等于其内在价值。则前式可以改写为：

$$P = V = \frac{D_1}{y-g} \tag{5.15}$$

每期股息等于本期每股收益 E 乘派息比率 b，即 $D = E \times b$。将其代入公式(5.15)，可得：

$$P = V = \frac{D_1}{y-g} = \frac{E_1 \times b_1}{y-g} \tag{5.16}$$

将公式(5.16)移项,可得到市盈率不变增长模型的一般表达式:

$$\frac{P}{E}=\frac{b}{y-g} \quad (5.17)$$

从公式(5.17)中能够发现,市盈率取决于三个变量,即派息比率 b、贴现率 y 和股息增长率 g;且市盈率同股票派息率成正相关,与股息增长同向变动,与贴现率成负相关。以上三个变量是市盈率的第一层次决定因素。下面将介绍第二层次的市盈率决定因素。

(一)股息增长率决定因素分析

在进行分析之前,为了使分析过程简单易懂,在此先做出三个假设:首先,派息比率不会变化,它将恒等于 b;其次,股东权益收益率(ROE)恒等于一个常数;最后,没有外部融资因素。

由股息增长率 $g=\frac{D_1-D_0}{D_0}$、$D_1=bE_1$ 和 $D_0=bE_0$ 可得:

$$g=\frac{D_1-D_0}{D_0}=\frac{b(E_1-E_0)}{bE_0}=\frac{E_1-E_0}{E_0} \quad (5.18)$$

根据 ROE 的定义,$ROE_1=\frac{E_1}{BV_0}$,$ROE_0=\frac{E_0}{BV_{-1}}$,代入公式(5.18)可得:

$$g=\frac{E_1-E_0}{E_0}=\frac{ROE(BV_1-BV_{-1})}{ROE(BV_{-1})}=\frac{BV_0-BV_{-1}}{BV_{-1}} \quad (5.19)$$

其中,BV_0 为第零期的股票账面价值,BV_{-1} 为滞后一期的股票账面价值。

因为在前面的假设中,除去了外部融资因素,所以账面价值变动(BV_0-BV_{-1})应该同每股收益扣除支付股息后的余额相等,即 $E_0-D_0=E_0(1-b)$。代入公式(5.19),可得:

$$g=\frac{BV_0-BV_{-1}}{BV_{-1}}=\frac{E_0(1-b)}{BV_{-1}}=ROE(1-b) \quad (5.20)$$

从公式(5.20)可以看出,股息增长率 g 和股东权益收益率 ROE 呈正比,与派息比率 b 呈反比。那么,股东权益收益率 ROE 该如何计算呢?下面将给出两种计算 ROE 的方法。

$$ROE=\frac{E}{BV} \text{ 或 } ROE=\frac{EAT}{EQ}$$

其中,第一式为每股税后收益 E 除以每股股东权益账面价值 BV。第二式中的 EAT 表示公司税后总收益,EQ 表示股东权益账面价值。

(二)贴现率决定因素分析

根据资本资产定价模型,证券市场线(securities market line,SML)的表达式为:

$$y_i=r_f+(r_m-r_f)\beta_i \quad (5.21)$$

其中,y_i 为投资第 i 种证券的期望收益率,即贴现率;r_f 和 r_m 分别为无风险资产的收益率和市场组合的期望收益率;β_i 为第 i 种证券的贝塔系数,反映了该种证券的系统性风险的大小。所以,贴现率取决于无风险资产的收益率、市场组合的期望收益率和证券的贝塔系数三个变量,并且与无风险资产的收益率、市场组合的期望收益率以及证券自身的贝塔系数成正比。

(三)市盈率模型的一般形式

表5-2直观汇总了影响市盈率的决定因素。其中,括号内的正号或负号表示相应的变量与市盈率是正相关或负相关。第一层中,市盈率的大小取决于派息比率、贴现率和股息增长率;第二层中,市盈率取决于派息比率、无风险资产收益率、市场组合收益率、贝塔系数和股东权益收益率五个变量;第三层中,市盈率取决于派息比率、无风险资产收益率、市场组合收益率、杠杆比率、影响贝塔系数的其他因素和资产净利率六个变量;第四层中,市盈率取决于派息比率、无风险资产收益率、市场组合收益率、杠杆比率、影响贝塔系数的其他因素、销售净利率和总资产周转率七个变量。上述变量中,除了派息比率和杠杆比率之外,其他变量对市盈率的影响是单向的,即无风险资产收益率、市场组合收益率、贝塔系数、贴现率以及影响贝塔系数的其他因素与市盈率成负相关;股息增长率、股东权益收益率、资产净利率、销售净利率以及总资产周转率与市盈率成正相关。

表5-2 市盈率的决定因素

派息比率 $(+)b$	贴现率 $(-)y$				股息增长率 $(+)g$		
	无风险资产收益率 $(-)r_f$	市场组合收益率 $(-)r_m$	贝塔系数 $(-)\beta_i$		股东权益收益率 $(+)ROE$		派息比率 $(-)b$
			杠杆比率 $(-)L$	其他因素 $(-)\delta$	资产净利率 $(+)ROA$	杠杆比率 $(+)L$	
					销售净利率 $(+)PM$	总资产周转率 $(+)ATO$	

接下来将分析杠杆比率、派息比率与市盈率的关系。首先,派息比率和市盈率之间的关系是非确定的。其表达式为:

$$g = ROE(1-b) = ROA \times L(1-b) = PM \times ATO \times L \times (1-b) \tag{5.22}$$

代入公式(5.22)可得:

$$P/E = \frac{b}{y-g} = \frac{b}{y-ROE \times L \times (1-b)} = \frac{b}{y-ROA \times L \times (1-b)} = \frac{1}{ROE + \frac{y-ROE}{b}} \tag{5.23}$$

如果贴现率大于权益收益率,则市盈率与派息比率成正比;如果贴现率小于权益收益率,则市盈率与派息比率成反比;如果贴现率等于权益收益率,则市盈率和派息比率不相关。由此可见,派息率对市盈率的影响是不确定的。

杠杆比率与市盈率的关系也是不确定的。在公式(5.20)中，$\dfrac{b}{y-ROE\times L\times(1-b)}$的分母中的减数和被减数都受到了杠杆比率的影响。在贴现率也就是被减数中，杠杆比率上升时，股票的贝塔系数上升致使贴现率随之上升，导致减数变大，市盈率上升。

（四）不变增长模型案例

市盈率模型能够判明股票市场市盈率的相对值，但不能给出市场的绝对水平。我们在上文中曾经使用了三个假设条件，这并不是为了简便计算，而是因为市盈率模型自身就是建立在大量假设条件的基础之上，而其中的一些假设缺乏相应依据。下面将介绍一个利用市盈率决定因素判断市盈率相对大小的案例。

【例5-4】 某在上海证券交易所上市的股票股价为36元，其股息不变。初期支付的股息为每股1.5元，贴现率为10%。根据机构的预测，该只股票的股息年增长率将维持在5%，且派息比率恒为55%。

则该股票的正常市盈率 $=\dfrac{b}{y-g}=\dfrac{55\%}{10\%-5\%}=11$

实际市盈率 $=\dfrac{36}{\dfrac{1.5}{55\%}}=13.2$

可知该股票的价格被高估了。

二、零增长模型

在上文中，我们通过不变增长模型介绍了市盈率的决定因素，接下来将继续介绍零增长的市盈率模型。

首先假设股息增长率 g 恒等于零，即每期股息不变。假设每股收益 E 等于一个常数，那么此时的派息比率应为100%，意为公司将收益无保留地全部支付给投资者作为股息。如果派息比率小于100%且每股收益为常数，那么意味着每股收益中的一部分将会保留在公司内部用作提高未来的每股收益和股息。使用上文中的公式(5.22)，$g=ROE(1-b)$，可见股息增长率 g 与派息比率 b 成反比。当派息比率 b 等于1时，股息增长率 g 等于零；当派息比率 b 小于1时，股息增长率 g 大于零。所以，零增长模型假定每股收益恒等于一个常数且派息比率等于1，即 $E_0=E_1=E_2=\cdots=E_n$，$b=1$。这样一来，我们可以推导出 $D_0=D_1=D_2=\cdots=D_n$ 及 $g_0=g_1=g_2=\cdots=g_n=0$。

将上述条件代入公式(5.23)，可得零增长市盈率模型的表达式：

$$\dfrac{P}{E}=\dfrac{b}{y-g}=\dfrac{1}{y-0}=\dfrac{1}{y} \tag{5.24}$$

由上式可知，市盈率和贴现率成反比，零增长市盈率模型中仅有贴现率一个因素对市盈率产生影响。

【例 5-5】某股息零增长的股票的市场价格为 70 美元/股,每股股息恒等于 10 美元/股,贴现率为 10%。假定其派息比率等于 1,那么该股票正常的市盈率应该等于 10。但是经过计算可知其实际的市盈率等于 7。由于实际的市盈率低于正常的市盈率,则该股票价格被低估了。具体计算过程如下:

$$正常市盈率 = \frac{1}{0.10} = 10$$

$$实际市盈率 = \frac{70}{10} = 7$$

三、多元增长模型

多元增长模型的证明过程相对复杂,有兴趣的读者可以自行推导。这里将给出简略的推导过程作为参考。

同上文中介绍的不变增长模型和零增长模型相同,多元增长的模型也需要进行假设。假定在某一时点 T 后每股收益的增长率和派息比率分别为常数 g 和 b,并且在 T 时点之前的每股收益增长率和派息比率可变。

使用在上一节中得到的多元增长模型内在价值计算公式:

$$V = \sum_{t=1}^{T} \frac{D_t}{(1+y)^t} + \frac{D_{T+1}}{(y-g)(1+y)^T} \tag{5.25}$$

其中,等式右边第一项为 T 时点之前的现金流贴现价值,第二项为 T 时点后的现金流贴现价值。根据股息、派息比率和每股收益的关系,可以得到:

$$E_t = E_0 \prod_{i=1}^{t} (1+g_i) \tag{5.26}$$

及

$$D_t = b_t E_0 \prod_{i=1}^{t} (1+g_i) \tag{5.27}$$

其中,E_t 为第 t 期的每股收益,D_t 为第 t 期的每股股息,b_t 为第 t 期的派息比率。将公式(5.27)代入多元增长模型内在价值计算公式,就能得出多元增长市盈率模型的函数表达式:

$$\frac{P}{E} = \sum_{j=1}^{T} \frac{b_j \prod_{i=1}^{j} (1+g_i)}{(1+y)^j} + \frac{b(1+g) \prod_{i=1}^{T} (1+g_i)}{(y-g)(1+y)^T} \tag{5.28}$$

从这个表达式中可以看出,多元增长的市盈率受到贴现率、派息比率和每股收益增长率影响。

第三节 负债情况下的自由现金流分析法

什么是"自由现金流",以前一直讨论的是"现金流",那么这两者间有什么区别与联系呢？自由现金流与现金流的区别在于：现金流指某一段时期内公司现金流入和流出数量，反映现金的来源和使用情况，强调现金流动；自由现金流指现金流与资本支出之间的差额，自由现金流是包括经营活动产生的现金流，而不包括投、筹资活动的现金流。即经营活动产生的现金流才会增加自由现金流，而发行新股、向银行贷款或发行新债等资金不属于自由现金流。

自由现金流分析与股息贴现模型、市盈率模型从公司的股票相关入手不同，它是先对公司的总体价值进行估计测算，再扣除各项非股票的权益，即可得到总的股票价值，公司价值等于完全股票融资条件下公司净现金流的现值，加上因公司债务带来的税盾效应而因此省下的净现值，因此自由现金流分析法又被称为负债情况下的自由现金流分析法。

假定公司今年的税前经营性现金流为 F_1，预计年增长率为 g。公司每年把税前经营性现金流的一部分(设此比例为 K)用于再投资。税率为 t，今年的折旧为 X，年增长率为 g，资本化率为 r，公司当前债务余额为 B。

那么，公司今年的应税所得 $Y=F_1-X$，从而税后盈余 $N=(F_1-X)(1-t)$，税后经营性现金流 $F_2=N+M=F_1(1-t)+Xt$，追加投资额 $RI=F_1\times k$，自由现金流 $FF=F_2-RI=F_1(1-t-K)+Xt$。

进而公司的总体价值 $EV=\dfrac{FF}{y-g}=\dfrac{F_1(1-t-K)+Xt}{y-g}$

因此，公司的股权的价值 $V=EV-B=\dfrac{F_1(1-t-K)+Xt}{y-g}-B$

那么其股票价值只要用计算得到的股权价值除以总股本数即可。

因为公司的杠杆率会影响股票的贝塔系数(风险系数)，所以自由现金流分析法中的资本化率与股息贴现模型、市盈率模型中的资本化率并非完全相同。前者适用于评估存在负债情况下的权益，后两者适用于评估没有负债时的权益。

【例 5-6】 下面以自由现金流分析法测算在深圳证券交易所上市的 A 公司股票的内在价值为例。假定在过去的一年中，A 公司的税前经营性现金流为 1000000 元，预期以后每年增长 6%。公司每年将税前经营性现金流的 15% 进行再投资。去年折旧为 100000 元，预期增长率为 6%。所得税率为 25%，资本化率为 10%。公司目前债务为 100000 元，现有普通股一百万股。为了计算简便，请忽略负债所产生的税盾效应。请利用以上信息及自由现金流分析法计算 A 公司的股票内在价值。计算过程如下：

$$FF=F_2-RI=F_1(1-t-K)+Xt$$
$$=1060000\times(1-25\%-15\%)+106000\times 30\%=667800$$

可以求得 A 公司今后总自由现金流的现值，即公司总价值：

$$EV=\dfrac{FF}{y-g}=\dfrac{667800}{10\%-6\%}=16695000$$

$$V = EV - B = 16695000 - 100000 = 16685000$$

从而得到 M 公司股票的总价值为 16685000 美元，每股价值为 16.69 元。

第四节　通货膨胀影响下的股票价值评估

在前三节中，我们所介绍的股息贴现模型、市盈率模型和自由现金流分析法均基于一个共同的假设，那就是"通胀中性"，即在进行股票价值评估时不将通货膨胀因素纳入考虑范畴，这只是理想条件下才会出现的情况。而在实际情况中，通货膨胀对于证券市场的影响是存在的。通货膨胀日益成为证券分析和投资决策的重要影响因素之一，所以我们将在接下来的介绍中引入通货膨胀因素。

一、通货膨胀与股息贴现模型

我们在前面的章节中介绍了股息贴现模型。在引入了通货膨胀因素之后，股息贴现模型中的诸多变量的实际值就会同名义值产生极大的差别。表 5-3 总结了各变量的实际值与名义值。

表 5-3　名义值和实际值

变量	实际值	名义值
股息增长率	g^*	$g = (1+g^*)(1+i) - 1$
派息比率	b^*	$b = 1 - \dfrac{g}{ROE}$
资本化率	y^*	$y = (1+y^*)(1+i) - 1$
预期第一期收益率	D_1^*	$D = (1+i)D_1^*$
股东权益收益率	ROE^*	$ROE = (1+ROE^*)(1+i) - 1$

这里我们以不变增长的股息贴现模型为例。在通货膨胀率(i)为 0 时，有 $V^* = \dfrac{D_1^*}{y^* - g^*}$。引入通货膨胀，则该模型变形为：

$$V = \frac{D_1}{y-g} = \frac{D_1^*(1+i)}{[(1+y^*)(1+i) - 1] - (1+g^*)(1+i) - 1} = \frac{D_1^*}{y^* - g^*} = V^* \quad (5.29)$$

从上式中可以看出，通货膨胀不能影响股票的内在价值。

二、通货膨胀与市盈率

我们知道，市盈率由普通股每股股价除以每股盈余得出。在预期将发生通货膨胀的情况下，人们对货币的预期是贬值的。如此一来，人们的投资积极性将会大打折扣，因为与投资相比，普通人更倾向于使用手中的资金换取实物。所以在股市中的资金量将会减少,从而使股价下跌;再加上通货膨胀会导致公司的账面盈利虚增,夸大其实际盈利,则市盈率会受到影响下降。总而言之,通货膨胀能够降低股票的市盈率,从而影响股票价值的评估。

重要概念

股息(利)贴现模型　内部收益率　净现值　市盈率模型　自由现金流分析法

推荐书目

[1]刘海永,严红.基于股利贴现模型的股票内在价值分析——以五粮液股票为例[J].四川行政学院学报,2013(4):76-78.

[2]高劲.两阶段增长模型的五种模式——股票定价的股利贴现模型的新思考[J].广西师范大学学报(哲学社会科学版),2007(5):51-54.

[3]王九生.基于市盈率模型的中兴通讯股份有限公司投资价值分析[D].上海:华东理工大学,2012.

[4]张景奇,孟卫东,陆静.股利贴现模型、自由现金流量贴现模型及剩余收益模型对股票价格与价值不同解释力的比较分析——来自中国证券市场的实证数据[J].经济评论,2006(6):92-98.

参考文献

[1]张亦春,郑振龙,林海.金融市场学[M].4版.北京:高等教育出版社,2013.

[2]中国证券业协会.公司财务及股票估值与分析[M].北京:中国财政经济出版社,2013.

[3]中国证券业协会.固定收益证券估值与分析[M].北京:中国财政经济出版社,2013.

习　题

1. 假如你将持有一支期限为一年的普通股,期望获得每股2元的股息且在期满可以以每股30元的价格售出。假设你的预期收益率为20%,那么在期初你所愿意支付的最高价是多少?

2. 预期A公司的股息增长率为5%,预期今年年底的股息是每股8元人民币,资本化率为10%,请根据贴现模型求出A公司股票内在价值。预期盈利为每股12元人民币,求股东权益收益率。

3. 无风险资产收益率为10%,市场组合收益率为20%,某股票贝塔系数为1.45,

预计来年股息为每股 3 元，股息增长率为 5%，求该股票内在价值。

4. 已知股票 A 和股票 B 的信息如表 5-4 所示。

表 5-4　股票 A 和股票 B 相关信息

项目	股票 A	股票 B
股东权益收益率(%)	15	10
预期每股盈利(元)	2.00	1.85
预期每股股息(元)	1.00	1.00
当前股价(元)	25.00	24.00
资本化率(%)	10	10

请计算：

(1) 两只股票的派息比率。

(2) 两只股票的股息增长率。

(3) 两只股票的内在价值。

综合以上条件及所学知识，你将投资于哪只股票？

第六章 货币市场

◆ **本章概要:**

1. 货币市场是一年期及一年期以内的短期金融工具交易所形成的供求关系及其运行机制的总和。货币市场的活动主要是为了保持资金的流动性,以便可以随时获得现实的货币。

2. 同业拆借市场、证券回购市场、票据市场、大额可转让定期存单市场和短期国债市场以及共同基金等的基本内容组成了整个货币市场的基本内容。

3. 货币市场主要金融工具的特点在货币市场中发挥重要的作用。

◆ **重点难点:**

1. 了解货币市场的基本情况。
2. 了解同业拆借市场。
3. 了解回购市场。
4. 了解商业票据市场。
5. 了解银行承兑汇票市场。
6. 了解大额可转让定期存单市场。
7. 了解短期政府债券市场。
8. 了解货币市场共同基金市场。

第一节 货币市场的概述

一、货币市场的概念

货币市场(money market)亦即短期资金市场,是指融资期限在一年以下的金融资产为标的物的短期金融市场。它的主要功能是保持资金的流动性,以便随时可以获得现实货币。

货币市场的交易工具是政府、银行及工商企业发行的短期信用工具,主要包括国库券、商业票据、银行票据、可转让大额定期存单和回购协议等。短期金融工具的交易，一方面满足资金需求者的短期资金需要，另一方面也为资金盈余者的暂时闲置资金提供获取盈利机会的出路。同时，短期金融工具还为中央银行实施货币政策提供操作手段。这些短期金融工具，一般期限较短，最短的只有1天，最长的也不超过1年，较为普遍的是3~6个月。正因为这些工具期限短，可随时变现，有较强的货币性，所以，短期金融工具又有"准货币"之称。

货币市场一般没有真实的组织，所有的交易特别是二级市场的交易几乎都是通过电信方式进行联系的。市场交易量大是货币市场区别于其他市场的重要特征之一。实际上巨额交易使货币市场成为一个批发市场。

货币市场就其结构而言，可分为同业拆借市场、银行承兑汇票市场、商业票据市场、大额可转让定期存单市场、回购市场、短期政府债券市场及货币市场共同基金市场等若干个子市场。

二、货币市场的特点

相对于资本市场来说，货币市场的主要特征如下：

第一，交易期限短。这是由金融工具的特点决定的。货币市场中的金融工具一般期限较短，最短的期限只有半天，最长的不超过1年，这就决定了货币市场是短期资金融通市场，即筹资者只能在此市场中筹集短期临时性资金。之所以如此，又是因为货币市场上的资金主要来源于居民、企业和金融机构等暂时闲置不用的资金。

第二，流动性强。此特点与货币市场的上一个特点紧密相连。回忆第五章的内容我们知道，金融工具的流动性与其偿还期限呈反向变动关系，偿还期越短，流动性越强。货币市场金融工具偿还期限的短期性决定了其较强的流动性。此外，货币市场通常具有交易活跃的流通市场，这意味着金融工具首次发行后可以很容易地找到下一个购买者，这进一步增强了货币市场的流动性。

第三，安全性高。货币市场是个安全性较高的市场，除了交易期限短、流动性强的原因外，更主要的原因在于货币市场金融工具发行主体的信用等级较高，只有具有高资信等级的企业或机构才有资格进入货币市场来筹集短期资金，也只有这样的企业或机构发行的短期金融工具才会被主要追求安全性和流动性的投资者所接受。

第四，交易额大。货币市场是一个批发市场，大多数交易的交易额都比较大，个人投资者难以直接参与市场交易。

三、货币市场的功能

一般认为，货币市场作为短期资金市场，其特有的功能主要体现在：

第一，它是政府、企业调剂资金余缺、满足短期融资需要的市场。政府的国库收支经常面临先支后收的矛盾，解决这个矛盾的一个较好的方法就是政府在货币市场上发行短期政府债券——国库券，因而，国库券市场是货币市场的一个非常重要的子市场。流动资金快速周转的特征决定了短期融资是企业生产经营过程中最大量、最经常的融资需求，通过签发合格的商业票据，企业可以从货币市场及时、低成本地筹集大规模的短期资金来满足这种需求。与此同时，流动资金暂时闲置的企业也可以通过购买国库券、商业票据等货币市场工具达到安全性、流动性和收益性相统一的投资目的。

第二，它是商业银行等金融机构进行流动性管理的市场。商业银行等金融机构的流动性是指其能够随时应付客户提取存款或满足必要的借款要求的能力。由此可见，流动性管理是商业银行等金融机构资产负债管理的核心，流动性的缺乏意味着偿付能力的不足，有可能引发挤兑危机。商业银行等金融机构通过参与货币市场的交易活动可以保持业务经营所需的流动性。比如，遇到客户的大额提现需求，商业银行既可以通过在货币市场中从其他同业处及时借入资金来满足，也可以通过出售自己所持有的货币市场工具收回资金来满足。

第三，它是一国中央银行进行宏观金融调控的场所。在市场经济国家，中央银行为调控宏观经济运行所进行的货币政策操作主要是在货币市场中进行的。例如，公开市场业务作为各国中央银行最经常采用的一种货币政策操作，就是指中央银行在货币市场上与商业银行等金融机构买卖政府债券等货币市场工具，用以影响商业银行等金融机构的可用资金额和货币市场利率水平，进而影响商业银行等金融机构的信贷规模和其他利率水平，最终引起投资量和消费量的变动来实现中央银行货币政策操作的目的。

第四，它是市场基准利率生成的场所。基准利率是一种市场化的无风险利率，被广泛用作各种利率型金融工具的定价标准，是名副其实的市场利率的风向标，货币市场交易的高安全性决定了其利率水平作为市场基准利率的地位，发挥基准利率特有的功能。

第二节 同业拆借市场

同业拆借市场是货币市场的重要组成成分之一，由于具有期限短、流动性高及利率敏感性强的特点，已成为国际、国内金融市场中最活跃、交易量最大的市场，在各国中央银行货币政策的实施中发挥着核心作用。

一、同业拆借市场的概念、特点和分类

(一)同业拆借市场的概念

同业拆借市场，也可以称为同业拆放市场，是指具有准入资格的金融机构之间进

行临时性资金融通的市场。其中从资金多余的金融机构临时借入款项时，称为拆入；而资金多余的金融机构向资金不足的金融机构贷出款项时，则称为拆出。参与同业拆借市场的主体主要是具有准入资格的金融机构。

从传统的意义上讲，同业拆借市场是金融机构之间进行临时性"资金头寸"调剂的市场，多为"隔夜融通"或"隔日融通"，即今天借入，明天偿还。而从现代意义上讲，同业拆借市场已成为各个金融机构间弥补资金流动性不足和充分、有效运用资金，减少资金闲置的市场，成为金融机构协调流动性与盈利性关系的有效市场。

(二) 同业拆借市场的特点

相对于其他市场而言，由于同业拆借市场上的交易品种期限短、流动性高、信用要求高，它有着不同于其他市场的特点。

(1) 融通资金的期限比较短，一般是 1 天、2 天或 1 个星期，最短为几个小时或隔夜，是为了解决头寸临时不足或头寸临时多余所进行的资金融通，然而，发展到今天，拆借市场已成为各金融机构弥补短期资金不足和进行短期资金运用的市场，成为解决或平衡资金流动性和盈利性矛盾的市场，从而，临时调剂性市场也就变成短期融资市场。

(2) 严格的市场准入条件。同业拆借基本上是信用拆借，拆借活动有严格的市场准入条件，一般在金融机构或指定某类金融机构之间进行，而非金融机构包括工商企业、政府部门及个人或非指定的金融机构，不能进入拆借市场。有些国家或在某些特定的时期，政府也会对进入此市场的金融机构进行一定的资金限制。如只允许商业银行进入，进行长期融资的金融机构不能进入，只允许存款性金融机构进入，不允许证券、信托保险机构进入等。

(3) 交易手段比较先进，交易手续比较简便，成交的时间也较短。同业拆借市场的交易主要是采取电话协商的方式进行，是一种无形的市场，达成协议后，就可以通过各自在中央银行的存款账户自动划账清算，或者向资金交易中心提出供求和进行报价，由资金交易中心进行撮合成交，并进行资金交割划账。

(4) 交易额较大，且一般不需要担保或抵押，完全是一种信用资金借贷式交易。在同业拆借市场上进行资金借贷或融通，没有单位交易额限制，一般也不需要以担保或抵押品作为借贷条件，完全是一种协议和信用交易关系，双方都以自己的信用担保，都严格遵守交易协议。

(5) 利率由供求双方议定，可以随行就市。同业拆借市场上的利率可由双方协商，讨价还价，最后议价成交。因此，同业拆借市场上的利率是一种市场利率，或者说是市场化程度最高的利率，能够充分灵敏地反映市场资金供求的状况及变化。应注意的是，拆借利率应低于中央银行的再贴现率，否则，银行不仅会拒绝向客户办理贴现，而且会争相向中央银行申请再贴现贷款，引起混乱。但拆借利率有时也可能低于市场利率(主要在货币头寸供过于求时)。

(三)同业拆借市场的分类

同业拆借市场是金融市场的重要组成部分,按照方式的不同,拆借市场可作多种分类:

(1)按有无担保划分,可分为有担保的拆借市场和无担保的拆借市场。

有担保的拆借市场是指以担保人或担保物作为安全或防范风险的保障而进行的资金拆借融通,通常以承兑汇票、短期债券、国库券等具有较高流动性和安全性的资产作为抵押。有担保拆借多采用回购协议的方式,即拆出方向拆入方交付现金,拆入方以持有的有价证券作抵押担保。与此同时,交易双方签订证券回购协议,约定在未来某一时间以某一价格再进行反向的交易。当拆借期满时,拆入方按约定的价格和利率归还现金,拆出方则交回担保物。有担保拆借一般适用于较长期限及资信一般的金融机构之间的拆借。

无担保拆借市场是指不需要提供担保物的拆借,属于信用放款,多用于一天或几天内的拆借,拆出和收回一般通过在中央银行的账户直接转账完成。无担保拆借一般适用于较短期限及资信较高的金融机构之间的拆借。

(2)按组织形式划分,可分为有形拆借市场和无形拆借市场。

有形拆借市场是指拆借业务在固定场所通过专门拆借中介机构进行集中交易。由于拆借经纪机构集中经营,因而交易效率较高,且较为公平和安全。日本的短资公司是比较典型的有形拆借市场。

无形拆借市场是指没有固定的地点与场所,拆借双方通过电话、电报、电传等通讯方式直接洽谈成交。美国的联邦基金市场是比较典型的无形拆借市场,它是一个电话市场,以联邦基金进行拆借的金融机构通过电话联系,在中央银行账户上直接进行拆借交易。

(3)按交易性质划分,可分为头寸拆借市场和同业借贷市场。

头寸拆借,是指银行在经营过程中常出现短暂的资金时间差和空间差,出现有的银行收大于支,即多头寸;有的银行支大于收,即少头寸的情况。多头寸的银行想要多余资金生息,少头寸的银行则需要拆入资金补足差额。这样,银行间的头寸拆借就产生了。

同业借贷,是指银行等金融机构之间因为临时性和季节性的资金短缺而相互融通调剂,以利于业务经营,这就产生了同业借贷。对借入行来说,同业借贷是其拓展资产业务,增加贷款能力以取得更多收益的又一资金来源。对贷出银行来讲,同业借贷是其投放部分闲置资金的手段,可以增强其资产的流动性和收益性。同业借贷因其借贷资金额较大,属于金融机构之间的批发业务。

同业借贷与头寸拆借之间的最大区别在于融通资金的用途不同。同业借贷是调剂临时性、季节性的业务经营资金短缺；头寸拆借则是为了轧平票据交换头寸、补足存款准备金和减少超额准备而进行的短期资金融通。同业借贷较之头寸拆借的期限要长。

二、同业拆借市场的参与者

由于同业拆借市场是金融机构之间进行资金头寸融通的市场，所以，能够进入该市场的一般是金融机构。也可以说，金融机构是同业拆借市场上的主要参与者。但各个国家在同业拆借市场的准入条件上会有各自不同的标准，有时也会根据具体情况对准入标准进行调整。从整体上分析，同业拆借市场的参与者大致可以分为以下几类：

(1) 资金需求者。从大多数国家的情况来看，在同业拆借市场拆入资金的多为大的商业银行。大的商业银行之所以成为同业拆借市场上的主要资金需求者，主要有两方面的原因：一方面，大的商业银行作为一国金融组织体系中的主体力量，承担着重要的信用中介和支付中介职能，同时又是中央银行金融调控的主要对象，其在运营过程中会经常出现准备金头寸、清算头寸及短期资金不足的现象，因此客观上有进入同业拆借市场的主观要求和基本动力；另一方面，进入拆借市场融资的拆入方一般无须提供抵押或担保，因而该市场对拆入方的信誉要求很高，大的商业银行恰恰具有雄厚的资金实力和良好的社会信誉，而实力差、资信低者，很快就会被逐出市场。

当然，同业拆借市场上的资金需求者并不仅仅是大的商业银行，进入拆借市场融资手续简便、快捷，且不需缴纳法定存款准备金，这为其他商业银行施行主动性负债和流动性管理提供了有利条件。除大的商业银行外，一些非银行金融机构也通过拆借市场取得资金。

(2) 资金供给者。同业拆借市场上的资金供给者，主要是有多余超额储备的金融机构，包括大的商业银行、地方性中小银行及非银行金融机构等。这些金融机构将暂时多余的超额储备在拆借市场上拆借出去，一方面可获得利息收入，提高资产的盈利能力；另一方面，由于资金拆借期限较短，风险较小，可以实现当前市场利率，又可及时收回资金，补充流动性，从而实现有效的资产负债管理。

(3) 中介机构。这是指在资金需求者与资金供给者之间起媒介作用的市场中介机构。中介机构收集和储存市场各类资金供求信息和拆借行情信息，沟通拆借双方并促成交易，其在引导资金合理流动、平衡市场供求关系方面，发挥着重要作用，对同业拆借市场的正常运行和健康发展是必不可少的。从这个意义上也可以说，同业拆借市场中介机构队伍的存在和发展壮大，是构造结构健全、运作规范的同业拆借市场的基本条件，是同业拆借市场走向成熟的重要标志。

同业拆借市场的中介机构可以分为两类：一类是专门从事拆借市场中介业务的专业性中介机构；另一类是非专门从事拆借市场中介业务的兼营机构，多由大的商业银行担当，因为这些大的商业银行在市场上资信好、信誉高。因此，不论是作为拆借市场的主要资金需求者还是作为拆借市场的中介机构，都是值得信赖的，可以在直接拆出、拆入资金的同时，代理其他小银行及非银行金融机构拆出或拆入资金。

(4) 中央银行与金融监管机构。中央银行与金融监管机构也是同业拆借市场的重要参与者。同业拆借市场是中央银行货币政策传导的重要市场环节。由于同业拆借市场在货币市场中的基础作用，同业拆借市场也是各国金融监管部门的重要监管对象。中国人民银行和中国银行业监督管理委员会在我国同业拆借市场分别发挥着中央银行与金融监管部门的角色。

近年来，我国同业拆借市场在不断走向规范的同时，市场交易主体也在逐步增加，目前已经发展到700多家。这其中不仅有商业银行、政策性银行、外资银行，还包括保险公司、信托公司、证券公司、基金管理公司、财务公司和信用社在内的非银行金融机构。市场交易成员的扩大，尤其是成员类型的增多，为活跃我国同业拆借市场的交易创造了不可或缺的条件。

三、同业拆借市场的资金运作程序

同业拆借交易多种多样，同业拆借市场的运作程序也因拆借双方地理位置借款时间不同导致运作程序不同，具体可分为通过中介机构(经纪商)的同城拆借、通过中介机构的异地拆借、不通过中介机构的同城拆借和不通过中介机构的异地拆借四种情形。

(一) 通过中介机构进行的同城拆借

通过中介机构进行的同城拆借主要是通过支票交换完成，同城拆借是指同城中央银行分支机构在主持要求交换时，利用各商业银行及其他金融机构的头寸信息，为资金有余和短缺双方牵线搭桥，帮助办理资金调剂的活动。同城商业银行及其他金融机构之间的拆借要同票据清算相结合，参加金融市场资金拆借活动的商业银行，因票据清算发生头寸不足，可由金融市场统一使用会员基金调剂解决。

头寸拆借的主要过程是：首先由拆出银行开出支票，交给拆入银行存在中央银行，使拆入银行在中央银行的存款准备金增加，补足资金差额。同时，拆入银行开出一张支票，其面额为拆入金额加上利息支付给拆出银行，并写好对付日期(一般为出票日后的1~2天)。到期时，拆出银行可将支票通过票据交换清算收回本息。

同业借贷的主要过程是：由拆入银行填写一份借据，交给拆出银行，拆出银行经审核无误后向拆入银行提供贷款，即将其账户上的资金划转给拆入银行账户。到期再逆向划转，其划转金额为拆入金额加上利息拆借程序如图 6-1 所示。

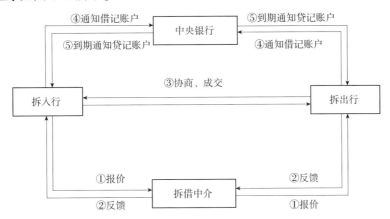

图 6-1　通过中介机构进行的同城拆借

(二) 通过中介机构的异地拆借

通过中介结构的同城(地区)同业拆借，大多以支票作为媒体。当拆借双方协商成交后，拆入银行签发自己付款的支票，支票面额为拆入金额加上拆入期利息(有的国家也常将利息另开成一张支票)。拆入行以此支票与拆出行签发的以中央银行为付款人的支票进行交换。支票交换后同城中央银行的分支机构在得到通知后，进行拆入行账户与拆出行账户的内部转账。会计处理方式为，借记卖方账户(即拆出行账户)，贷记买方账户(即拆入行账户)，转账后，拆入行在央行存款增加，拆出行在央行存款减少。到到期日，拆出行把拆入行为付款人的支票提交票据交换所进行交换，再以拆入行在央行的存款清算，用反方向的借贷冲账。其具体过程如图 6-2 所示。

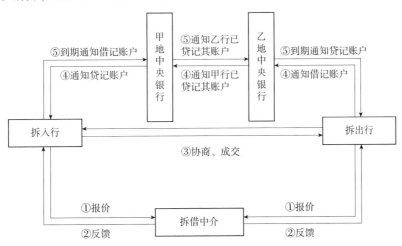

图 6-2　通过中介机构进行的异地拆借

(三) 不通过中介机构的同城拆借和异地拆借

间接异地同业拆借是指处于不同城市或地区的金融机构进行同业拆借，其交易程序与同城的同业拆借程序类似。但有一个明显的区别是：间接异地同业拆借的拆借双方不需要交换支票，而只需通过中介机构以电话协商成交，成交后双方通知所在地区的中央银行资金电划系统划拨转账。具体过程可分别如图6-3和图6-4所示。

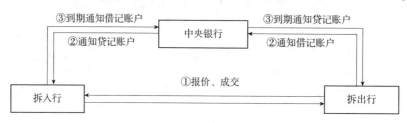

图6-3　不通过中介机构进行的同城拆借

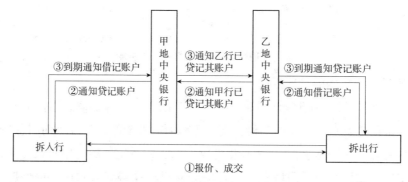

图6-4　不通过中介机构进行的异地拆借

我国头寸融资操作程序

1. **业务主体**

国有及股份制商业银行、城市商业银行、外资银行、国家政策性银行、农村信用合作联社、城市信用社、基金公司、证券公司、信托公司、金融租赁公司、财务公司、保险公司、金融租赁公司等。

2. **实务操作**

(1) 市场准入。金融机构加入全国银行间拆借市场需经人民银行审批，其中商业银行及其授权分行、外资银行、证券公司和财务公司等金融机构由人民银行总行审批，农村信用社和城市信用社则由人民银行总行授权的分支机构依据属地管理的原则进行审批。金融机构经人民银行批准成为全国银行间拆借市场交易成员后，其拆借限额由批准其加入市场的人民银行核定。人民银行同意金融机构加入全国银行间拆借市场的批文将被发送至交易中心，交易中心以此为依据安排交易成员的交易员培训和联网交易。

(2) 联网交易前的准备。金融机构获得银行间市场交易成员资格后，需随即着手交易前的准备工作：一是通过选送业务人员参加交易中心统一组织的交易员培训，从而具备至少两名拥有交易员资格证书的交易员；二是选择联网方式；三是配置交易必需的计算机设备。

(3) 联网手续。交易成员在完成交易员培训与硬件配置等联网准备工作后，即可向交易中心市场二部提交联网申请。

(4) 向市场披露本方机构有关基本信息。经人民银行批准或通过备案成为银行间市场成员的各类机构依据《全国银行间债券市场债券交易规则》和人民银行的有关规定，均需通过"中国货币网"定期披露资产负债表、利润表和基本情况一览表等反映经营和资产状况的财务报表。

(5) 获得用户名和登录口令。为了保证交易和信息的安全，交易成员和信息系统用户均需使用用户名和密码等安全措施，经检验无误后方可登录交易系统和中国货币网。

(6) 日常交易前的准备。每日入市交易前，至少应该完成以下准备工作：①拟定交易规划，确定操作目标；②熟悉潜在的交易对手；③了解市场最新动态。

(7) 报价、询价和成交。

第一，公开报价。交易系统开市后，交易员应该尽快通过交易系统把本方拆借交易的意向向市场发布，这就是公开报价。公开报价不能直接成交，必须将其转为对话报价并经双方交谈才能成交。

第二，对话报价。它是指交易过程中向特定交易成员的交易员所作的报价。交谈过程中只要拥有交谈权的一方同意对方报价，即可确认成交。

第三，小额报价。交易系统还为交易成员提供了一种更为便利的交易方式——小额报价。如果满足交易数量和交易对手的要求，其他交易成员可以直接通过点击成交，无需经过询价过程。

(8) 交易后的资金清算。全国银行间同业拆借市场的资金清算按双边逐笔全额直接清算、自担风险的原则办理，即交易成员按照成交通知单所载明的有关内容，在规定的起息日自行向交易对手方逐笔全额办理资金清算，由此产生的风险由交易成员自行承担。

在中国人民银行各地分、支行开立人民币基本账户的交易成员，其与交易对手之间人民币资金的异地清算通过中国人民银行电子联行系统办理，人民币资金的同城清算通过当地人民银行票据交换等途径办理。

资料来源：佚名，《货币市场拆借市场》，普兰网(上海普兰投资管理有限公司网站)。

四、同业拆借市场的拆借期限与利率

(一) 同业拆借的期限

同业拆借市场的拆借期限有隔夜、7天、14天、20天、1个月、2个月、3个月、4个月、6个月、9个月、1年等，其中最普遍的是隔夜拆借。在美国的联邦基金市场上，隔夜交易大致占所有联邦基金交易的75%。在2019年四月我国银行间同业拆借市场中，隔夜拆借交易额已经占市场交易总额的77%，2020年4月达到79%。

在中国人民银行2007年7月颁布的《同业拆借管理办法》中，不同类型金融机构可拆入资金的最长期限有很大的不同。如政策性银行、中资商业银行、中资商业银行授权的一级分支机构、外商独资银行、中外合资银行、外国银行分行、城市信用合作社、农村信用合作社县级联合社拆入资金的最长期限为1年，金融资产管理公司、金融租赁公司、汽车金融公司、保险公司拆入资金的最长期限为3个月，企业集团财务公司、信托公司、证券公司、保险资产管理公司拆入资金的最长期限为7天。

(二) 同业拆借利率

同业拆借利率是一个竞争性的市场利率，同业拆借市场上资金供给与需求的力量对比决定了同业拆借利率的变动。同业拆借利率是货币市场的基准利率，在整个利率体系中处于相当重要的地位，它能够及时、灵敏、准确地反映货币市场的资金供求关系，对货币市场上其他金融工具的利率具有重要的导向和牵动作用，因此，它被视为观察市场利率趋势变化的风向标。

通常来说，中央银行对同业拆借市场利率具有重要的影响作用，影响机制是同业拆借市场上的资金供给，影响工具是货币政策工具，如法定存款准备金率和公开市场业务。如上所述，同业拆借市场上交易的主要是商业银行等存款性金融机构存放在中央银行存款账户上的超额准备金，如果中央银行提高了法定存款准备金率，则商业银行等金融机构持有的超额准备金减少，同业拆借市场上的资金供给相应降低，同业拆借市场利率随之上升。

为进一步推动利率市场化，培育中国货币市场基准利率体系，提高金融机构自主定价能力，指导货币市场产品定价，完善货币政策传导机制，中国人民银行借鉴国际经验，推动了报价机制中国货币市场基准利率——上海银行间同业拆放利率 (Shanghai Interbank Offered Rate, Shibor) 的建立。Shibor 是由信用等级较高的银行组成报价团自主报出的人民币同业拆出利率计算确定的算术平均利率，是单利、无担保、批发性利率。目前，对社会公布的 Shibor 品种包括隔夜、1周、2周、1个月、3个月、6个月、9个月及1年共八个品种。

Shibor 报价银行团由16家商业银行组成，这些报价行是公开市场一级交易商或外汇市场做市商，在中国货币市场上人民币交易相对活跃、信息披露比较充分。全国银行间同业拆借中心受权负责 Shibor 的报价计算和信息发布。每个交易日根据各报价行的报价，剔除最高、最低各2家报价，对其余报价进行算术平均计算后，得出每一期限品种的 Shibor，并于11:30通过上海银行间同业拆放利率网对外发布。

Shibor 从2006年10月8日起开始试运行，2007年1月4日正式运行。经过1年的实践，在中央银行和市场成员的共同努力下，Shibor 已经初步确立了货币市场基准利率的地位。3个月以内的短端 Shibor 充分反映了市场资金供求的变化，呈现以下三个特点：一是具有市场代表性，与拆借、质押式回购（简称回购）利率高度相关；二是与货币市场利率之间的利差稳定性不断增强；三是以 Shibor 为基准的市场交易不断扩大。82%以上的拆借、回购交易都以 Shibor 为基准成交。3 个月及其以上中长端 Shibor 更多地反映了市场对未来利率走势的预期，交易主要集中在债券市场、票据市场和衍生品市场（图 6-5）。

期限	Shibor（%）	涨跌（BP）
O/N	0.9380 ▼	20.50
1W	1.8090 ▼	2.90
2W	1.2960 ▼	2.50
1M	1.3000 ▼	0.40
3M	1.4000 ▲	0.00
6M	1.4910 ▲	0.00
9M	1.5890 ▲	0.00
1Y	1.6830 ▲	0.00

2020-05-05 11:00:00

图 6-5　2020 年 5 月 6~8 日上海银行间同业拆放行情报价（Shibor）

五、同业拆借市场的支付工具

一般说来，同业拆借市场中可以使用以下几种支付工具。

1. 本票

即由出票人自己签发，约定自己在指定日期无条件支付一定金额给收款人或持票人的凭证。它是同业拆借市场最常用的支付工具之一。本票结算方式是：由资金短缺银行开出本票，凭本票向资金盈余银行拆借。盈余银行接到本票后，将中央银行的资金支付凭证交换给资金拆入行，以抵补其当日所缺头寸。这种由拆出行交换给拆入行的中央银行支付凭证，通称为"今日货币"。

2. 支票

是同城结算的一种凭证，也是同业拆借市场最通用的支付工具之一。拆入行开出本银行的支票，到次日才能交换抵补所缺头寸，故支票也称为"明日货币"。

3. 承兑汇票

即经过办理承兑手续的汇票，由借入行按规定要求开具承兑汇票交拆出行，凭票办理拆借款项，到期后拆出行凭票收回款项。

4. 同业债券

这是拆入单位向拆出单位发行的一种债券，主要是用于拆借期限超过 4 个月或资金额较大的拆借。同业债券可在金融机构之间相互转让。

5. 转贴现

是银行同业之间融资的一种方式。在拆借市场上，银行贴现商业票据后，如头寸紧缺，可将贴现票据转予其他银行再贴现，以抵补其短缺头寸。

6. 资金拆借

是横向资金融通常使用的一种支付凭证。由拆入方同拆出方商妥后，拆入方出具加盖公章和行长章的"资金拆借借据"寄给资金拆出方，经拆出方核对无误后，将该借据的三、四联加盖印章后寄给拆入方，同时划拨资金(可为及时划拨，也可先划资金后补手续)。

六、同业拆借市场的功能

在发达的市场经济国家，同业拆借市场是货币市场中最为活跃的市场。发达的同业拆借市场对于促进国家的经济发展，增强中央银行货币政策的有效性，保障国家金融体系的安全运行有着重要的意义。

(1)同业拆借市场的存在加强了金融机构资产的流动性，保障了金融机构运营的安全性。良好的流动性是金融机构得以正常运作的基本条件之一，也是金融机构实现经营安全性的前提。同业拆借市场的存在提供了一种增强金融机构流动性的机制，同时间接保障了金融机构经营的安全性。由于同业拆借市场的存在，金融机构可以比较方便地获得短期的资金融通来弥补资金缺口，从而满足了其流动性的需要。同时，同业拆借的存在又使金融机构不需要通过低价出售资产来维持流动性，这在一定程度上又保障了金融机构的经营安全。因此，金融机构通过同业拆借加强了资产的流动性和运营的安全性，优化了资产和负债的组合。

(2)同业拆借市场的存在提高了金融机构的盈利水平。通过拆借市场，金融机构一方面可以将暂时盈余的资金头寸及时贷放出去，减少资金的闲置，并借此增加资产的总收益；另一方面，金融机构也不必为了维持一定的法定存款准备金而刻意保持较多的超额储备资金，这使金融机构有能力来更充分、更有效地运用所有资金，增加盈利性资产的比重，提高总资产的盈利水平。此外，同业拆借市场的存在也有利于金融机构灵活地调整流动性储备，提高资产组合的平均及总体盈利水平。

(3)同业拆借市场是中央银行制定和实施货币政策的重要载体。首先，同业拆借市场及其利率可以作为中央银行行使货币政策的重要传导机制。中央银行可以通过调节存款准备金率，提高或减少商业银行缴存准备金的数量使同业拆借市场银根抽紧或放松，使利率上扬或下降，进而带动其他利率变动，最后使信贷需求、投资需求、消费需求发生变化，从而控制商业银行的信贷能力与规模。

其次，同业拆借市场的交易价格即同业拆借市场利率，反映了同业拆借市场资金的供求状况,是中央银行货币政策调控的一个重要指标。中央银行可以结合当前的通货膨胀(或通货紧缩)情况、就业率及经济增长率制定适当的货币政策,从而实现宏观金融调控目标。

(4)同业拆借市场利率往往被视作基础利率,对宏观经济发挥着重要的作用。金融体系"头寸"或"银根"的松紧,以及整个社会资金供求的状况往往能够在同业拆借市场的交易量及价格上得到反映。因此,同业拆借市场的利率也就成了体现资金供求状况的一个重要指标。同业拆借利率的水平及其变化,可以反映出整个金融市场利率的变动趋势以及资金的供求情况,对宏观经济也起着十分重要的作用。因此,有些国家的中央银行将同业拆借市场利率视为货币政策的中间目标。同业拆借市场上的利率也经常被看成基础利率,各金融机构的存放款利率都在此利率基础上进行确定。比如,国际上广为使用的伦敦银行拆借利率就被欧洲货币市场、美国金融市场及亚洲美元市场作为基础利率来确定其各种利率水平。

第三节 回购协议市场

回购市场是指通过回购协议进行短期资金融通交易的市场。回购协议交易是指债券买卖双方按预先签订的协议,约定在卖出一笔债券后一段时期再以特定的价格买回这笔债券,并按商定的利率付息。这种有条件的债券交易形式实质上是一种短期的资金借贷融通。债券的现货交易,是指买卖双方根据商定的付款方式,在较短的时间内进行交割清算,即卖者交出债券,买者支付现金。现货交易是实物交易,买方交割时须支付现款,是买方的投资行为。

一、回购协议的交易机制

回购协议形式上与抵押贷款相似。借款日,在贷款方向借款方提供本金的同时借款方向贷款方提供高价证券作为抵押品,合同到期日借款方应向贷款方归还本金与利息,同时贷款方应归还抵押品回购协议包含利率、抵押局以及借贷期限等要素,由于回购在法律上可以解释为借贷合同,也可以解释为买卖合同,这种灵活性使得其成为在金融机构相互借贷的过程中常用的合同。回购协议的期限从一日至数月不等。当回购协议签订后,资金获得者同意向资金供应者出售政府债券和政府代理机构债券以及其他债券以换取即时可用的资金。一般来说,回购协议中所交易的证券主要是政府债券。回购协议期满时,再用即时可用资金作相反的交易。从表面上看,资金需求者通过出售债券获得了资金,而实际上,资金需求者是从短期金融市场上借入一笔资金。对于资金借出者来说,他获得了一笔短期内有权支配的债券,但这笔债券要按约定的数量如数交回。所以,出售债券的人实际上是借入资金的人,购入债券的人实际上是借出资金的人。出售一方必须在约定的日期，以原来买卖的价格再加若干利息，购回该证券。这时，不论该证券的价格是升还是降，均要按约定价格购回。在回购交易中，若贷款或证券购回的时间为一天，则称为隔夜回购，如果时间长于一天，则称为期限回购。

金融机构之间的短期资金融通，一般可以通过同业拆借的形式解决，不一定要用回购协议的办法。但一些资金盈余部门不是金融机构，而是非金融行业、政府机构和证券公司等，它们采用回购协议的办法可以避免对放款的管制。此外，回购协议的期限可长可短，比较灵活，也满足了部分市场参与者的需要。期限较长的回购协议还可以套利，即在分别得到资金和证券后，利用再一次换回之间的间隔期进行借出或投资，以获取短期利润。

还有一种逆回购协议(reverse repurchase agreement)，实际上与回购协议是一个问题的两个方面。它是从资金供应者的角度出发相对于回购协议而言的。回购协议中，卖出证券取得资金的一方同意按约定期限以约定价格购回所卖出证券。在逆回购协议中，买入证券的一方同意按约定期限以约定价格出售其所买入证券。从资金供应者的角度来看，逆回购协议是回购协议的逆进行。

二、回购协议市场的特点

回购协议市场具有以下特点：

(1)流动性强。回购协议的交易期限主要以短期为主，最常见的是隔夜回购，但也有期限较长的，最长的回购期限一般不超过一年。由于回购协议的交易期限较短，因此，回购协议市场的流动性往往较强。

(2)安全性高。回购协议的交易场所是经国家批准的规范性场内交易场所，只有合法的机构才可以在场内进行交易，交易的双方以出让或取得证券质押权为担保进行资金拆借，交易所作为证券质押权的监管人承担相应的责任。回购交易的对象是经货币当局批准的最高资信等级的有价证券。

(3)收益稳定且超过银行存款收益。回购利率是市场公开竞价的结果，在一定程度上代表了一定时期的市场利率水平，市场参与者如果将沉淀资金用于证券回购交易，一般可获得高于银行同期存款利率的平均收益。

(4)对于商业银行来说，利用回购协议融入的资金不属于存款负债，不用交纳存款准备金。由于大型商业银行是回购市场的主要资金需求者，回购交易具有非明显的优势这些银行往往利用回购市场作为筹集资金的重要手段。

回购协议方式具有以下特点：

(1)将资金的收益与流动性融为一体，增大了投资者的兴趣。投资者完全可以根据自己的资金安排，与借款者签订"隔日"或"连续合同"的回购协议，在保证资金可以随时收回移作他用的前提下，增加资金的收益。

（2）增强了长期债券的变现性，避免了证券持有者因出售长期资产以变现而可能带来的损失。

（3）具有较强的安全性。回购协议一般期限较短，并且又有100%的债券作抵押，所以投资者可以根据资金市场行情变化，及时抽回资金，避免长期投资的风险。

（4）较长期的回购协议可以用来套利。如银行以较低的利率用回购协议的方式取得资金，再以较高利率贷出，可以获得利差。

在美国，回购协议市场的利率一般以联邦储备资金拆借市场的利率为基准，但经常会略低一些。回购协议作为重要的短期资金融通方式，已越来越受到重视。

虽然回购协议是一种高质量的质押贷款，但仍有一定的信用风险。当所质押的证券价格下跌时，卖方可能到期不购回证券；当所质押证券价格上涨时，买方可能不愿意将证券回售给卖方。因此，协议双方一般通过以下三种方式降低风险：第一，要求质押的证券市值大于借款额，质押证券市值与借款额之间的差额称为保证金（margin），通常保证金为1%~3%；第二，当质押证券市值上涨或下跌一定百分比时，相应调整回购协议，要求资金需求者调整质押金或者要求资金供应者调整回购协议本金；第三，资金供应者把质押证券转到资金需求者的清算银行中由资金供应者监管的账户上，其实质从质押变成了抵押，有效降低了信用风险，美国普遍采用此法。

三、回购市场及其风险

债券回购主要是指人们在进行债券交易时，通过"契约"的方式，即既定时间为标准，制定合理的价格，由债券"卖方"向"买方"进行购回的债券交易行为。通常情况下债券回购有两种方式，即"以券融资""以资融券"。债券回购以其所具有的多功能交易一体化的优化，成为我国金融市场交易体制中的重要组成部分。而随着债券回购市场的不断发展，其市场风险问题得到人们的广泛关注，对债券回购市场风险的研究具有重要现实意义。

交易对手方的信用风险是指借款方在合同到期时无法偿还贷款而对回购市场造成的影响。这一风险往往不仅是对于贷款方的，也是对于整个金融市场回购协议的违约对金融市场所造成的系统性风险包括折价销售所造成的金融市场流动性的恶性循环，以及系统性的金融机构挤兑风险等。

抵押品的估值风险是指在借款日与合同到期日之间抵押品的价值，以及相关市场的流动性发生变化对贷款方带来的风险。具体来说，借款方是否会在合同到期日之前违约，取决于抵押品的价值，如果违约损失的抵押品价值低于借款方所需偿还的资金，即使借款方有偿还能力其违约的动机也会增加。因此，抵押品的价值以及流动性的变化会给贷款方带来额外的风险。

回购协议中的交易计算公式为：

$$I = PP \times RR \times T/360 \tag{6.1}$$

$$RP = PP + I \tag{6.2}$$

其中，PP 为本金，RR 为证券商和投资者所达成的回购时应付的利率，T 为回购协议的期限，I 为应付利息，RP 为回购价格。

国债是我国债券回购交易市场重要的交易载体，因此，本文主要以国债回购市场为研究对象，对其市场风险进行分析。目前，我国债券回购交易市场大致可分为两部分，即以银行、保险机构、证券与基金机构为主体的"银行间债券回购市场"，以及以个体、社会保险、普通企业为主体，借助中介机构（证券交易所）进行交易的"交易所债券回购市场"。由于交易主体的不同，其交易制度也存在一定的差异性。因此，两个债券回购市场的风险既存在共性也存在差异性。

共性风险特征：银行间债券回购市场与交易所债券回购市场皆是在政府宏观调控下，依据相关的法律法规进行运营与管理的。因此，我国社会经济体制的转型发展，以及各项政策的颁布落实，皆会在一定程度上对债券回购市场的交易主体产生影响，从而形成政策法规风险、清算风险。与此同时，基于债券回购的本质特征，在回购市场中逆回购方承担由正回购方带来的信用风险，一旦正回购方不能如约购回债券，将对逆回购方乃至整个债券回购市场形成巨大的影响性。

差异性风险特征：从制度角度出发，国债回购交易的风险主要来自"托管"与"交易结算"两部分。就银行间市场而言，其交易主体结构与询价制度，即交易双方共同承担交易风险，实行"场外自主询价、交易双方自主成交"模式，导致交易市场存在巨大的流动性风险。而交易所债券回购市场则是以交易所为中介，采用"主席位托管""集中竞价""集中结算"的模式。依据理论而言，该模式应能解决结算风险，但事实上，却无法避免操作行为风险的产生，制度的缺陷与折算方式的不合理，加大了交易所风险承担力度，降低了市场信用度。

四、回购利率的决定

在回购市场中，利率是不统一的，利率的确定取决于多种因素。

1. 用于回购的证券的质地

证券的信用度越高，流动性越强，回购利率就越低，否则，利率就会相对来说更高一些。

2. 回购期限的长短

一般来说，期限越长，由于不确定因素越多，因而利率也应高一些。但这并不是一定的，实际上利率是可以随时调整的。

3. 交割的条件

如果采用实物交割的方式，回购利率就会较低；如果采用其他交割方式，利率就会相对高一些。

4. 货币市场其他子市场的利率水平

回购协议的利率水平不可能脱离货币市场其他子市场的利率水平而单独决定，否则该市场将失去其吸引力。其一般是参照同业拆借市场利率而确定的。由于回购交易实际上是一种用较高信用的证券特别是政府证券作抵押的贷款方式，风险相对较小，因而利率也较低。表6-1和6-2给出了2020年5月7日我国银行间债券回购市场利率行情。

表6-1 2020年5月7日我国银行间质押式回购市场利率行情

市场成交情况						
成交笔数（笔）	增减（笔）	成交金额（亿元）	增减（亿元）	加权平均利率（%）	升降（基点）	参与成员数（家）
13699	890	50887	9772.7	1.255	-30.33	5262

各期限品种成交情况									
品种	开盘利率（%）	收盘利率（%）	加权利率（%）	升降（基点）	加权平均利率（利率债）（%）	平均拆借期限（天）	成交笔数（笔）	增减（笔）	成交金额（亿元）	增减（亿元）
R001	2.1	1.2500	1.2034	-33.7	1.151	1.00	9713	1327	44471.9	9656.7520
R007	2.2	1.6500	1.5710	-1.85	1.469	6.71	2751	-359	4352.1	14.2937
R014	1.3	1.5500	1.6278	-5.34	1.354	13.21	810	-130	1144.7	-130.0025
R021	1.2	1.5000	1.8145	-31.3	1.40	17.38	187	51	643.67	142.5543
R1M	1.6	2.1600	1.8161	-3.22	1.401	28.50	185	-31	186.8	15.7809
R2M	1.5	4.2000	1.7139	-9.78	1.2867	37.81	49	34	84.75	72.9093
R3M	2.6	2.6000	2.60	-81.1	—	62	1	-3	0.50	-0.7062
R6M	6.8	6.8000	6.8000	0.00	—	177.25	2	1	0.5935	0.1135
R1Y	1.65	1.6500	1.6500	165.0	1.6500	365	1	1	2.0	2.0000

表6-2 2020年5月7日我国银行间买断式回购市场利率行情

市场成交情况						
成交笔数（笔）	增减（笔）	成交金额（亿元）	增减（亿元）	加权平均利率（%）	升降（基点）	参与成员数（家）
212	18	388.6080	109.0757	1.2400	-33.99	86

（续）

各期限品种成交情况										
品种	开盘利率（%）	收盘利率（%）	加权利率（%）	升降（基点）	加权平均利率（利率债）（%）	平均拆借期限（天）	成交笔数（笔）	增减（笔）	成交金额（亿元）	增减（亿元）
OR001	1.1649	1.0907	1.7910	0.652	1.175	−37.25	153	29	301.972	106.00
OR007	1.5487	1.9500	2.2521	0.7	1.536	−13.35	41	−26	49.5776	−31.621
OR014	1.3509	1.0995	1.7010	1.1	1.296	15.28	15	12	35.3611	32.981
OR1M	2.5997	3.9502	3.9502	2.6	2.916	291.64	3	3	1.6978	1.6978

五、我国证券回购市场

我国的债券回购业务始于1991年。1991年9月14日在STAQ系统和上交所两家系统成员之间完成了第一笔回购交易，随后武汉、天津等证券交易中心也相继开展了证券回购业务。1994年以来随着银行、信托公司、证券公司、财务公司、信用社等金融机构的参与我国的证券回购市场有了较快发展。1994年证券回购交易量达3000亿元，1995年为了抑制通货膨胀我国政府采取了适度从紧的货币政策，使企业和金融机构普遍感到资金不足从而促使其大量参与证券回购，1995年仅场内交易就达2000亿元以上。1996年4月中国人民银行首次与五大商业银行之间进行了一笔回购业务，这标志着我国中央银行也已进入了证券回购市场。

实践证明证券回购市场的建立和发展对健全我国金融市场、解决金融机构资金短缺、发挥中央银行宏观调控作用具有十分重要的意义。但是这一市场目前仍处于初创发育阶段还存在很多亟待解决的问题。有鉴于此，1995年8月，我国开始对债券回购市场进行规范清理，场外交易基本被遏止，回购市场的混乱状况有了明显改善。对我国债券回购市场进行清理之后，债券回购就主要在上海证券交易所进行交易。从此，我国的债券回购实现了集中交易和集中托管。由于商业银行也广泛参与到了交易所的债券回购交易中，一些证券公司和机构投资者便通过债券回购从商业银行获得大量资金后，转而投资于股票市场。这种状况使商业银行面临较大风险。

于是，我国在1998年又对债券市场进行了一项重大的改革，将商业银行的债券交易业务从交易所分离出来，组建专门供商业银行之间进行债券回购交易的银行间市场，形成了两个相互平行的债券回购市场。最初，银行间债券市场与其名称是完全相对应的，即只有商业银行才能参与，包括证券公司在内的非银行金融机构则被排斥到了这个市场之外。自2000年起，证券公司、基金管理公司等，只要满足一定的条件也可以进入这一市场参与回购交易。自此，中国的货币市场与资本市场之间就正式建立起了资金流通的正规渠道和机制。

2004年4月17日，在充分借鉴国外发达债券市场回购基本经验的基础上，财政部、中国人民银行和中国证监会颁布了《关于开展国债买断式回购交易业务的通知》，推出债券买断式回购业务，明确买断式回购的功能以融资为主，同时，引导市场成员合理利用其派生的融券功能，以便于债券资产管理，为以后的债券借贷业务、远期交易、利率期货和其他利率衍生产品的发展创造了条件。图6-6给出了2020年5月7日回购成交历史走势图。

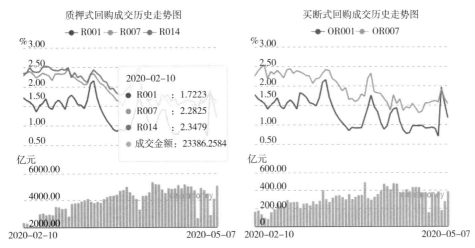

图6-6 2020年5月7日回购成交历史走势图

第四节 商业票据市场

商业票据市场是以发行和转让商业票据的形式融通资金的市场。商业票据是表明债权债务关系的信用工具，初期的商业信用采取挂账的形式，后来为保证债权债务双方的权益，便产生了商业票据。商业票据是依据商品交易行为，在商业信用的基础上签发的，具有严密的格式，对金额、日期、票据关系人等事项有明确和全面记载的书面契约，商业票据一经成交便具有法律效力。因此，商业票据对商业信用双方的权利和义务来说都是一个有效的保障。随着商业票据的广泛使用和金融活动的发展，这种形式的融资逐渐成为一种主要的融资方式，形成了商业票据市场。商业票据作为货币市场主要信用工具之一，主要有本票和汇票两种。本票和汇票在未到期时经过背书可以转让流通，或向银行申请贴现融通资金。商业票据市场，是企业短期融资的重要场所。对投资者来说，利用商业票据进行投资比较安全可靠。对发行者来说，发行商业票据是其避开商业银行，进行短期融资的主要方式，其融资规模不受银行信用松紧变动的影响。当银行信用紧缩，对企业短期贷款减少时，企业便可利用商业票据市场扩大短期融资，因此，银行信用紧缩时，票据市场往往趋于活跃。总之，票据融资规模受制于生产和流通的规模。当生产和流通缩小时，票据市场融资规模也落入低潮。

一、商业票据市场参与者

(一) 发行者

商业票据的发行视经济及市场状况的变化而变化。主要有大企业的子公司、银行控股公司、其他获得银行信用额度支持的企业和外国企业这四类发行者。一般来说,高利率时期发行数量较少,资金来源稳定以及市场利率较低的时期,发行数量较多。商业票据的发行者包括金融性公司和非金融性公司。金融性公司主要有三种:附属性公司、与银行有关的公司及独立的金融公司。第一类公司一般是附属于某些大的制造业公司,如前述的通用汽车承兑公司;第二类是银行持股公司的下属子公司;第三类则为独立的金融公司。非金融性公司发行商业票据的频次较金融公司少,发行所得主要解决企业的短期资金需求及季节性开支如应付工资及交纳税收等。

(二) 投资者

在美国,商业票据的投资者包括中央银行、非金融性企业投资公司、政府部门、私人抚恤基金、基金组织及个人。另外,储蓄贷款协会及互助储蓄银行也获准以其资金的20%投资于商业票据。投资者可以从三个渠道购买商业票据:一是从交易商手中购买,二是从发行者那里购买,三是购买投资商业票据的基金份额。

(三) 中介机构

投资银行及专门从事商业票据销售的小经纪商是为商业票据发行和交易提供服务的中介机构。商业票据的发行方式可以按有无中介参与分为直接发行与间接发行。投资银行主要是帮助一些规模虽大但仍无力直接销售的公司发行商业票据以从中获得一定的收益。由于大公司商业票据的发行规模都比较大,投资银行通常以辛迪加方式承销大公司发行的商业票据,而此专门从事销售的小经纪商主要是参与其中的小部分商业票据零售活动。中介机构的存在既有利于提高市场交易效率,更有利于活跃市场以及促进价格的发现。

(四) 中央银行与金融监管机构

中央银行是票据市场的重要参与者和调控者。中央银行通过再贴现业务对票据市场的运营有着重要的影响。在我国,中国人民银行还通过在票据市场上发行央行票据来调节货币供应量。由于票据市场的重要作用,票据市场也是中国银行业监督管理委员会的重要监管对象。

二、商业票据的优点

商业票据之所以能够得到迅速发展,主要是源于其不同于其他融资工具的一些特点。无论对发行者还是投资者而言,商业票据都是一种理想的金融工具。对于发行者来说,用商业票据融资主要有以下几个优点。

1. 成本较低

由于商业票据一般由大型企业发行，有些大型企业的信用要比中小型银行更好，因而发行者可以获得成本较低的资金，再加上从市场直接融资，省去了银行从中赚取的一笔利润，因此，一般来说，商业票据的融资成本要低于银行的短期贷款成本。

2. 具有灵活性

根据发行机构与经销商的协议，在约定的一段时间内，发行机构可以根据自身资金的需要情况，不定期、不限次数地发行商业票据。

3. 提高发行公司的声誉

由于商业票据的发行者多为信用卓著的大型企业，票据在市场上就像信用的标志，公司发行票据的行动本身也是对公司信用和形象的免费宣传，有助于提高公司声誉。

对于投资者来说，选择商业票据既可以获得高于银行利息的收益，又具有比定期存款更好的流动性，虽然面临的风险稍大些，但在通常情况下，风险的绝对值还是很小的，因而商业票据不失为一种受欢迎的投资工具。

三、商业票据市场的要素

(一) 面额及期限

同其他货币市场信用工具一样，发行者利用商业票据吸收了大量资金。在美国商业票据市场上，虽然有的商业票据的发行面额只有25000美元或50000美元，但大多商业票据的发行面额都在100000美元以上。二级市场商业票据的最低交易规模为100000美元。据统计，商业票据市场上每个发行者平均拥有1.2亿美元未到期的商业票据，一些最大的单个发行者拥有的未到期的商业票据达数十亿美元之多。

商业票据的期限较短，一般不超过270天。市场上未到期的商业票据平均期限在30天以内，大多数商业票据的期限为20~40天。

(二) 销售渠道

商业票据的销售渠道有二：一是发行者通过自己的销售力量直接出售；二是通过商业票据交易商间接销售。究竟采取何种方式，主要取决于发行者使用这两种方式的成本高低。非金融性公司主要通过商业票据交易商间接销售，因为它们的短期信用需求通常具有季节性及临时性，建立永久性的商业票据销售队伍不合算。但有一些规模非常大的公司则通过自己的下属金融公司直接销售，在这样的大公司中，其未到期的商业票据一般在数亿美元以上。这些公司大多数为大金融公司和银行持股公司。

商业票据发行市场由发行人、包销商和投资人三方参加。由于商业票据是一种无担保的筹资工具，因而其发行人主要是一些资信等级较高的大工商企业。各国对商业票据发行企业的评级标准基本是根据资产负债和业务状况，由高到低把企业划分成若干个等级，信誉等级高的企业发行的商业票据易于销售，信誉等级低的企业发行的商业票据易遭遇违约风险，有到期不能偿还的可能。

大部分商业票据是通过包销商发行的，发行公司将商业票据全部卖给包销商，由包销商再转售给投资人，发行公司按包销金额支付给包销商一定的手续费。也有一部分商业票据由发行公司直接销售给投资人。

商业票据的投资人主要是金融机构和个人，如商业银行、保险公司、年金组织、投资公司等。

尽管在投资者急需资金时，商业票据的交易商和直接发行者可在到期之前兑现，但商业票据的二级市场并不活跃。主要是因为商业票据的期限非常短，购买者一般都计划持有到期。另一个原因是商业票据是高度异质性的票据，不同经济单位发行的商业票据在期限、面额和利率等方面各有不同，其交易难以活跃。

（三）信用评估

商业票据评估的三个部分：

1. 判断商业承兑汇票的合法性

随着商业承兑汇票的不断发展，市场中出现了很多假票，所以人们在选择商业承兑汇票的时候很容易就选到假票，而假票是不会产生承兑等票据行为的。因此，在选择商票的时候需先判断相应商票的合法性。

2. 了解其所运用的利率，计算收益

人们购买并持有商票，那肯定就是因为其中可以获得收益。而不同的商业承兑汇票所采取的利率会有所差别，可以在持有商票之前了解商票的相应利率机制，更好地核算相应商票的收益，尽可能地挑选到能带来更大收益的商业承兑汇票。

3. 查看相应的商票承兑方的信用记录

一般来说，除了刚出现的承兑方，很多承兑方都会有一定的承兑信用记录。而这个承兑信用记录就可以比较全面地看出这个承兑方的信用如何，能不能做到承兑商票。

在商业票据发行过程中，票据的评级是十分重要的环节。所谓商业票据评级是指对商业票据的信用风险程度进行评价，并据此进行分级。对商业票据发行者来说，只有经过评级的商业票据才易为公众所接受并扩大商业票据的销路；对商业票据的投资者来说，资信评级机构对商业票据作出的信用评级结果是进行投资选择、决策、降低风险的重要依据。由于商业票据评级决定着商业票据销路的好坏和发行者能否按预期数额筹集到足够的资金，未经评级的商业票据一般很难在公开市场上找到销路，因此尽管一些国家的法律并未规定必须通过评级，但商业票据的发行者一般都主动向评级机构要求取得对商业票据的评级。

商业票据评级的一般程序是：①由商业票据发行者向评级机构提出评级申请，并根据评级机构的要求提供评级的书面资料；②评级机构与商业票据发行公司的主要负责人见面，就书面资料中的某些问题和其他有关情况提出询问；③评级机构对发行公司的财务、金融状况进行核实和分析；④评级机构评级后，一方面通知发行公司，即评级申请者，另一方面将评级结果公之于众。

目前全球主要有三家机构对商业票据进行评级，它们是穆迪投资者服务公司、标准普尔公司和惠誉国际信用评级公司。商业票据的发行人至少要获得一个评级，大部分获得两个。商业票据的评级和其他证券的评级一样，也分为投资级和非投资级。美国证券交易委员会认可两种合格的商业票据：一级票据和二级票据。一般说来，要想成为一级票据，必须有两家评级机构对所发行的票据给予了"1"的评级；成为二级票据则必须有一家给予了"1"的评级，至少还有一家或两家的评级为"2"。二级票据为中等票据，货币市场基金对其投资会受到限制。

知识链接6-2

公司信用评级标准

穆迪投资服务公司信用评级标准见表6-3所列。

表6-3 穆迪投资服务公司信用评级标准

信用等级	说明	信用等级	说明
Aaa	最佳质量	B	一般缺乏合于要求的投资特点
Aa	用所有标准衡量的高质量	Caa	劣等，可能不履行债务
A	较高的中间等级	Ca	高度投机性，经常不履行债务责任
Baa	中间等级	C	最低等级，非常低劣的前景
Ba	有投机成分		

标准普尔公司信用评级标准见表6-4所列。

表6-4 标准普尔公司信用评级标准

信用等级	说明	信用等级	说明
AAAA	最高质量，能力非常强	B	投机性
AA	高质量，能力很强	CCC-CC	高投机性
A	能力强	C	有收益但未曾付息
BBB	能力充足	DDD-D	不履行债务
BB	低投机性		

从表6-4可以看出，虽然两家公司使用的评级符号略有不同，但对信用等级的描述是基本一致的，对同一种证券的评级结果往往也是相同的。

表6-5中，前四级的证券被称为投资级证券，在市场上尤为重要，因为许多金融

机构为降低风险限定所持有的证券必须为投资级证券。一般来说，信用等级较差的证券投资风险较大，因而投资人也会要求更高的收益率以弥补所承担的风险。因此，等级低的证券在发行和融资成本上都相对较高。

(四) 发行价格和发行成本

商业票据的发行价格与期限、利率之间存在以下关系：

$$商业票据实际利率 = \frac{折扣额}{发行价格} \times \frac{360}{距到期日天数} \quad (6.3)$$

$$折扣额 = 面额 - 发行价格 \quad (6.4)$$

$$发行价格 = \frac{面额}{1 + 实际利率 \times \frac{据到期日天数}{360}} \quad (6.5)$$

(五) 发行商业票据的非利息成本

同发行商业票据有关的非利息成本有：①信用额度支持的费用。一般以补偿余额的方式支付，即发行者必须在银行账号中保留一定金额的无息资金，有时则按信用额度的0.375%~0.75%一次性支付。后一种方法近年来较受商业票据的发行者欢迎。②代理费用，主要是商业银行代理发行及偿付的费用。③信用评估费用，即发行者支付给信用评估机构的报酬。在美国，国内出票人每年支付5000~25000美元，国外出票人还要多支付3500~10000美元。

(六) 商业票据的发行方式

商业票据的发行方式有两种，即直接发行和承销发行。选择何种方式，通常由公司本身的资信及经营需要决定。

(1)直接发行。它是指发行人直接面向市场投资者发行商业票据。其发行程序如下：①商业票据的评级。②发行人公告发行商业票据的数量、价格、期限等。③投资者与发行人洽谈买卖条件，包括数量、票据期限等。在美国，直接发行人允许投资者指定票据到期日。④投资者买入票据，卖出票据者收进现金。

直接发行降低了成本，因此适合于发行数量巨大、发行次数频繁的资信卓著的大公司。

(2)承销发行。它是指通过交易商发行商业票据，通常有三种形式：①助销发行；②招标发行；③代销发行。这三种承销方式由于承担的风险、发行成本及服务范围不同，因此交易商收取的费用也不同，其中，助销发行费用最高，其次为招标发行，代销发行费用最低。

承销发行适合于不经常发行，或发行数额较小的发行人，这样既可以充分利用证券交易商已经建立起来的许多发行网络，并争取到尽可能好的利率和折扣，又可以节省自己建立销售网络的成本开支。

四、商业票据的收益

商业票据是低于面值出售到期得到面值的折扣工具。它的收益计算是以360天为基础的。影响商业票据收益的主要因素有以下几点：

1. 发行机构的信用

不同公司的商业票据的收益往往不同，由穆迪或标准、普尔公司对各公司的信用评级，各公司发行的商业票据的利率水平基本取决于它们的信用等级。由最大的金融公司直接发售的评级利率相对于不那么著名的公司发行的票据利率要低些。因为著名大公司的信用更有保证，票据风险要相对小些。投资者宁可买安全性好、利率低些的商业票据，也不愿买信誉差、利率高的商业票据。

2. 同期借贷利率

优惠利率是商业银行向它最好的企业顾客收取的贷款利率，商业票据利率与优惠利率之间有着重要的联系。由于大公司始终可以在发行商业票据筹资和向银行借款筹资之间进行选择，因此，在大公司追求低成本资金的动机作用下，两种利率将会经常保持在相当接近的水平上。当然，商业票据同短期国库券与其他利率之间也有紧密的联系。

3. 当时货币市场的情况

商业票据的收益一般高于短期国库券收益，原因有三：①与国家信用相比，商业票据的风险毕竟高于短期国库券的风险；②投资于短期国库券的可享受免征州和地方政府收入税的待遇即只在联邦一级纳税，而商业票据的收益要向中央和地方的各级政府纳税，这就需要商业票据提供更高的利率以抵补这种税收的差别；③商业票据没有确定的二级市场，而短期国库券有优越的二级市场，因此，商业票据比短期国库券的流动性差一些。并且，商业票据的利率比大额可转让定期存单的利率稍高，这也是由于大额可转让定期存单有更好的流动性所致。

知识链接 6-3

专项债余额突破十万亿元 未来或步入全生命周期管理时代

坚持"资金跟着项目走"是本轮专项债稳基建的重要特点，从提前批投向区域上看，广东、江苏、福建、浙江、河南、安徽和江西等省份获得更多额度；从发行期限上看，发行期限延长一定程度上推高了发行成本，未来仍有优化空间；而在地方政府专项债务余额超10万亿元的背景下，专项债全生命周期管理或是防范化解地方政府债务风险的关键之举。

湖南省财政厅日前发布文件，计划于2020年5月下旬发行433亿元湖南省政府专项债。山东省也披露计划于2020年5月份发行760亿元山东省政府专项债。

作为重要的政策工具,地方政府专项债被寄予厚望,今年三批提前下达的专项债额度已达2.29万亿元,超过去年全年新增规模。与此同时,地方政府专项债务余额也在3月底正式突破十万亿元大关。与往年相比,今年的专项债有哪些特点?未来有哪些趋势?

据财政部2020年6月3日消息,经国务院批准并向全国人大常委会备案,财政部共提前下达2020年新增地方政府债务限额28480亿元,其中,一般债务限额5580亿元,专项债务限额22900亿元。截至5月末,各地已组织发行新增地方政府债券27024亿元,完成提前下达债务限额的94.9%。其中,一般债券5522亿元,完成99%;专项债券21502亿元,完成93.9%。北京、天津、河北等26个地区已全部完成提前下达债券发行任务。

根据国务院常务会议部署,今年各地发行的新增专项债券,全部用于铁路、轨道交通等交通基础设施、农林水利、市政和产业园区基础设施等领域重大基础设施项目建设。这在前两批已经发行的专项债中有较好体现。

广发证券宏观团队分析,从前四个月专项债投向占比来看,主要项目依次为交通运输(铁路、轨交、收费公路)、医院学校建设、传统产业园区、生态环保、市政建设、新基建等方面。其中投向基建的比例为69%(含新基建,不含医院),大幅超过去年全年的24%;基建项目中传统基建依然占较大比例,与往年不同的是,"传统基建+新基建"是当前基建特征。

上述举措将更方便投资者及时获取项目核心信息、识别项目风险,强化市场约束和项目管理,更好地促进项目收益与融资自求平衡,有效防范政府债券债务风险,未来专项债管理或将逐步步入全生命周期管理时代。

第五节　银行承兑汇票市场

银行承兑汇票是商业汇票的一种。指由在承兑银行开立存款账户的存款人签发,向开户银行申请并经银行审查同意承兑的,保证在指定日期无条件支付确定的金额给收款人或持票人的票据。对出票人签发的商业汇票进行承兑是银行基于对出票人资信的认可而给予的信用支持。银行承兑汇票折价销售,银行承兑汇票的主要投资者是货币市场共同基金和市政实体。其特点是:信用好,承兑性强,灵活性高,有效节约了资金成本。用银行承兑汇票为商业交易融资称为承兑融资。

一、银行承兑汇票的原理

银行承兑汇票的签发与兑付,大体包括如下步骤:

1. 签订交易合同

交易双方经过协商，签定商品交易合同，并在合同中注明采用银行承兑汇票进行结算。作为销货方，如对方的商业信用不佳，或者对对方的信用状况不甚了解或信心不足，使用银行承兑汇票较为稳妥。因为银行承兑汇票由银行承兑，由银行信用作为保证，这样能保证及时地收回货款。

2. 签发汇票

付款方按照双方签订的合同的规定，签发银行承兑汇票。银行承兑汇票一式三联，第一联为卡片，由承兑银行支付票款时作付出传票；第二联由收款人开户行向承兑银行收取票款时作联行往来账付出传票；第三联为存根联，由签发单位编制有关凭证。付款单位出纳员在填制银行承兑汇票时，应当逐项填写银行承兑汇票中签发日期，收款人和承兑申请人（付款单位）的单位全称、账号、开户银行，汇票金额大、小写，汇票到期日等内容，并在银行承兑汇票的第一联、第二联、第三联的"汇票签发人盖章"处加盖预留银行印签及负责人和经办人印章。

3. 汇票承兑

付款单位出纳员在填制完银行承兑汇票后，应将汇票的有关内容与交易合同进行核对，核对无误后填制"银行承兑协议"及银行承兑汇票清单，并在"承兑申请人"处盖单位公章。银行承兑协议一般为一式三联，银行信贷部门一联，银行会计部门一联，付款单位一联，其内容主要是汇票的基本内容，汇票经银行承兑后承兑申请人应遵守的基本条款等。待银行审核完毕之后，在银行承兑协议上加盖银行公章或合同章，在银行承兑汇票上加盖汇票专用章，并至少加盖一个经办人私章。

4. 支付手续费

按照"银行承兑协议"的规定，付款单位办理承兑手续应向承兑银行支付手续费，由开户银行从付款单位存款户中扣收。按照现行规定，银行承兑手续费按银行承兑汇票的票面金额的万分之五计收，每笔手续费不足10元的，按10元计收。

纸质银行承兑汇票的承兑期限最长不超过6个月，电子银行承兑汇票的承兑期限最长不超过1年。承兑申请人在银行承兑汇票到期未付款的，按规定计收逾期罚息。

二、银行承兑汇票的市场交易

（一）初级市场

银行承兑汇票的初级市场是指银行承兑汇票的发行市场，它由出票和承兑两个环节构成，二者缺一不可。

1. 出票

银行承兑汇票是由出票人签发的，由银行承兑的，委托付款人在指定日期无条件支付确定的金额给收款人或者持票人的票据。银行承兑汇票的出票人必须具备下列条件：在承兑银行开立存款账户的法人以及其他组织；与承兑银行具有真实的委托付款关系；资信状况良好，具有支付汇票金额的可靠资金来源。

2. 承兑

银行承兑汇票可以在出票时向付款人提示承兑后使用，也可以在出票后先使用再向付款人提示承兑。持票人向付款人提示承兑时，必须向付款人出示汇票，否则付款人可予以拒绝，并且这种拒绝不具有拒绝承兑的效力，持票人不得以此为由，向其前手行使追索权。见票即付的汇票无需提示承兑；定日付款或者出票后定期付款的商业汇票，持票人应当在汇票到期日前向付款人提示承兑；见票后定期付款的汇票，持票人应当自出票日起1个月内向付款人提示承兑。汇票未按照规定期限提示承兑的，持票人丧失对其前手的追索权。

承兑是指汇票付款人承诺在汇票到期日支付汇票金额的票据行为。承兑是汇票中特有的一种票据行为。银行承兑汇票的付款人接到出票人或持票人向其提示承兑的汇票时，应当向出票人或持票人签发收到汇票的回单，记载汇票提示承兑日期并签章。付款人应当自收到提示承兑的汇票之日起3日内承兑或者拒绝承兑。付款人拒绝承兑的，必须出具拒绝承兑的证明。

承兑是指汇票付款人承诺在汇票到期日支付汇票金额的票据行为。汇票承兑具有十分重要的意义。汇票的付款人并不因出票人的付款委托而成为当然的汇票债务人，在汇票承兑以前，付款人只处于被提示承兑或被提示付款的地位，只有经过承兑，才对汇票的付款承担法律上的责任，付款人一经承兑，就叫作承兑人，是汇票的主债务人。因此，承兑虽然是在汇票签发的基础上所做的一种时属票据行为，但它是确定票据的权利与义务关系的重要步骤。

汇票的承兑一般分为三个步骤：提示承兑、承兑及交还票据。

(1)提示承兑。提示承兑是指汇票的持票人在应进行承兑的期限内，向付款人出示汇票，请求付款人予以承诺付款的行为。

(2)承兑。汇票的付款人对向其提示承兑的汇票，应当自收到提示承兑的汇票之日起的一定期间内(我国票据法规定的期限为3天)承兑或拒绝承兑。付款人如欲承兑，则必须作出承兑的意思表示。由于承兑属要式行为，所以各国法律规定付款人的承兑意思表示必须在汇票上作出，一般来说，应当在汇票正面记载"承兑"字样和承兑日期并签章。

(3)交还票据。付款人于有关事项记载完后应将汇票交还持票人。持票人接到付款人归还的汇票或接到付款人的书面承兑通知后，承兑的程序即告完成。

银行承兑汇票最常见的期限有30天、60天和90天等几种。另外，也有期限为180天和270天的。交易规模一般为10万美元和50万美元。银行承兑汇票的违约风险较小，但有利率风险。

(二)二级市场

银行承兑汇票经过开证承兑的过程，已经形成了一种商业信用的产物，但在货币市场上并没有起到银行承兑汇票的作用。事实上，持票人为了避免资金积压，不会将银行承兑汇票持有到托收到期日，大多数情况下会立即将银行承兑汇票转移到融资短期资金。银行承兑汇票后，其信用程度显著提高，从而作为市场交易对象进入流通。银行承兑汇票分级市场是银行承兑汇票连续流通和转让的市场。它由票据交易商、商业银行、中央银行、保险公司等金融机构和一系列参与者以及贴现、转贴现和再贴现交易组成。银行承兑汇票的转让如贴现、转贴现和再贴现都必须以背书为前提。

1. 背书

背书是银行承兑汇票流通的主要方法，为使用票据的人广泛使用，完全背书是银行承兑汇票常见的正规背书。在银行承兑汇票背面第一个"背书人签章"栏内，由票据正面收款人签章，并填写被背书人单位正确全称，进行背书转让。后手背书转让，依次签章进行。我国银行承兑汇票在背书上都印有格式，如果背书格式不能满足背书人的记载需要，可以加附粘单，粘附于票据凭证上，粘单处需加盖骑缝章。我国《票据法》第三十条规定，汇票以背书转让或者以背书将一定的汇票权利授予他人行使时，必须记载被背书人名称。

2. 贴现

银行承兑汇票贴现是指银行承兑汇票的贴现申请人由于资金需要，将未到期的银行承兑汇票转让于银行，银行按票面金额扣除贴现利息后，将余额付给持票人的一种融资行为。银行承兑汇票贴现业务要以真实的商品交易为基础，它将信贷资金的投放、收回与商品的货款回收紧密结合在一起，使企业将未到期的银行承兑汇票提前变现，增加了企业的可用资金。

银行承兑汇票贴现(非银行贴现业务经办机构)具体操作程序如下。

(1)出票银行在企业当地。企业准备好汇票原件、盖好背书章、提供清晰票面复印件、银行承兑汇票贴现款收款单位名称、帐户、开户银行、开户银行大额支付号。

银行承兑汇票贴现银行和企业在出票银行柜台查询，约定查询时间；银行承兑汇票贴现银行即电话通知自己银行通过大额支付系统划款。

企业确认银行承兑汇票贴现款到帐即交易完成。

(2)出票银行不在企业当地。企业提供清晰票面及背书复印件、银行承兑汇票贴现款收款单位名称、帐户、开户银行、开户银行大额支付号，传真给贴现业务经办机构。

银行承兑汇票贴现业务经办机构发电函或通过大额支付系统向出票银行查询，到期天数在原来基础上(票据到期日-贴现日)再加3天，因为异地票据需要办理时间。同样如果到期日是法定节假日，汇票到期当天也是无法承兑的，这个时候银行会根据需要再顺延调整贴现天数。

企业准备好汇票原件，盖好背书章，在邻近银行打款，贴现银行验证汇票原件，即电话通知自己银行通过大额支付系统划款，银行承兑汇票贴现款约5分钟到帐。

企业确认银行承兑汇票贴现款到帐，即交易完成。

实付贴现金额的计算公式是：

$$贴现利息 = 贴现额 \times 贴现期(天数) \times \frac{月贴现率}{30} \quad (6.6)$$

$$实付贴现金额 = 贴现额 - 贴现利息 \quad (6.7)$$

3. 转贴现

转贴现是指办理贴现的银行将其贴进的未到期票据，再向其他银行或贴现机构进行贴现的票据转让行为。贴进承兑汇票的银行如果资金并不短缺，一般都会将贴现的汇票持有到期，只有在汇票到期之前需要资金时才会办理转贴现。在西方发达国家的票据市场上，银行承兑汇票允许被多次转贴现，以保证资金运作的灵活性和良好的收益性。

4. 再贴现

再贴现是中央银行通过买进在中国人民银行开立账户的银行业金融机构持有的已贴现但尚未到期的商业票据，向在中国人民银行开立账户的银行业金融机构提供融资支持的行为。商业汇票是购货单位为购买销货单位的产品，不及时进行货款支付，而在法律许可的范围之内签发的、在约定期限内予以偿还的债务凭据。在一般情况下，为保证购货方到期确能偿还债务，这种债务凭据须经购货方的开户银行予以承兑，即由其开户银行承诺，若票据到期但该客户因故无力偿还该债务，则由该银行出资予以代偿。

三、银行承兑汇票的成本、风险和收益

使用银行承兑汇票是有成本的，这个成本包括以下几部分：第一是交付给承兑银行的手续费，一般为总金额的1.5%。假如借款人的资本实力和信用情况较差，银行会相应地增加手续费。第二是承兑银行收取的承兑费；第三是向银行贴现后支付的贴现息，这由当时的市场利率水平决定。传统的银行贷款，除了必须支付一定的利息外，借款人还必须在银行保持超过其正常周转资金余额的补偿性最低存款额，这部分存款没有利息，构成企业的非利息成本。因此，要求银行承兑汇票的企业实际上是向银行借了一笔贷款，而这笔"贷款"的成本相对要低于使用传统银行贷款的成本。

由于有银行信用和承兑汇票的开票人双方保证，同时又要求融资的商品担保，银行承兑汇票的信用风险很低，因而违约风险较小，但是仍会有利率风险。

在承兑汇票的二级市场上，由于承兑汇票的票面金额是以融资的商品数量为基础的，它的偿还期经常以商品交货的时间为基础。另外，承兑汇票的购买者数量较少，

在这些因素影响下,银行承兑汇票的市场要求收益率要高于短期国债等更低风险更高流动性的金融工具。

四、银行承兑汇票价值分析

同其他货币市场信用工具相比,银行承兑汇票在某此方面更能吸引储蓄者、银行和投资者,因而作为信用工具,它既受借款者欢迎又为投资者青睐,同时也受到银行的喜爱。

(一)短期融资的重要工具

价格实惠的银行承兑汇票业务原是作为一项重要的结算方式出现的,而近年来,其票据本身的融资功能被逐步发现,票据融资日益成为企业最重要的短期融资方式之一,企业短期融资票据化趋势明显,多利用其进行企业自身的短期融资。

(二)有利于降低融资成本

对企业而言,当保证金比率大于60.76%时,采用承兑融资的成本要大于贷款,而当保证金比率小于60.76%时,采用银行承兑汇票业务融资的成本要低于贷款,两者间存在较大成本落差。因此,符合后者的企业通过银行承兑汇票业务进行的承兑敞口无疑比之前的融资贷款成本来得要低廉,也因此成为众多企业的"新宠"。

(三)有利于赊购赊销顺利进行

自古以来,商业活动中的赊购赊销行为便广泛存在。然而不可避免的,赊购者的信用问题成为其最大的障碍。而为了使赊销活动顺利进行,赊销者常要求赊购者提供担保。在银行承兑汇票业务中,便是由银行这一传统最具有公信力的机构进行担保,也因此,通过将银行信誉代替商业信誉,使赊购赊销活动顺畅地进行,从而繁荣了社会物流。

(四)承兑保证金存款利息,成为出票人获得的额外收益

银行承兑汇票业务中,银行应客户之请为商业汇票进行承兑,但是银行不愿意免费提供服务,其需求在于存款,便要求销售商提供一定比例保证金存款。保证金和票面金额之间的差额,称为银行承兑汇票敞口,简称敞口。发生交易时,利润率不高,这时,1%~2%的保证金利率对他们有着足够的吸引力。

综上所述,银行承兑汇票业务对于企业而言,不仅能发挥短期融资、降低融资成本的好处,还可以增加企业额外收入。目前,我国各商业银行的考核机制普遍侧重于存款考核,尤其是中小商业银行。所以,对企业来说,银行承兑汇票业务还因迎合了银行的存款需求,可能是一种难度相对较低的短期融资工具。一些企业搞清楚这一点,当申请贷款"脸难看、事难办"时,改为申请银行承兑汇票,则融资成功率也将大大提升。

知识链接6-4

我国商业银行承兑汇票业务发展现状

我国的银行承兑汇票业务几乎占全部票据业务的90%以上，主要体现在银行承兑汇票的承兑和贴现业务上。

银行承兑汇票具有结算和融资功能。其结算功能将银行信用较好地融入商业体系中，其融资功能主要体现在两个渠道：一是银行承兑汇票的票面金额和保证金的差额部分，俗称"敞口"，其性质相当于短期贷款；二是银行承兑汇票贴现。

我国《票据法》于1996年1月1日正式实施，2002年11月，《中国人民银行关于办理银行汇票及银行承兑汇票业务有关问题的通知》中，中央银行决定取消承兑风险控制指标。2004年2月，《资本充足率管理办法》实行资本约束以后，承兑业务和一般贷款同样要占用资本，风险与贷款基本相同，收益远远低于贷款，因此，商业银行承兑发生量逐步减少。从2005年起，央行持续下调超额存款准备金率，市场资金充足，流动性较强，但受宏观调控和资本充足率的影响，银行均采取了审慎放贷原则，加剧了各金融机构票据市场的竞争。2005年10月1日开始，央行规定银行承兑汇票贸易背景的审查由承兑银行和贴现银行负责，在转贴现和再贴现环节不再提供交易合同、增值税发票等跟单资料；对银行承兑汇票的查询，也明确了可以通过"中国票据"网上系统、中国人民银行大额支付系统、传真和实地等多种方式进行，进一步拓宽了查询查复的渠道。以上政策简化环节、降低成本，使得银行承兑汇票业务更加快速发展起来。

在信贷市场有效需求不足的情况下，由于票据资产在商业银行计入贷款科目统计，风险较低，对资本占用较少，又可以通过转贴现在短时间内批量买入和卖出，能迅速增加和降低信贷资产余额，每到月末、季末尤其是年末，就会出现商业银行争抢票据资产时现象。分析相关数据，可以看到，银行承兑汇票的承兑以各全国性股份制银行为主导，转出票据以地方商业银行、信用社和少数股份制银行为主，买入票据主要是国有商业银行。

2013年中国人民银行取消贴现利率在再贴现利率基础上加点生成的管制。2014年2月14日，银监会和国家发展和改革委员会颁布《商业银行服务价格管理办法》，将承兑业务列为可以实行"市场调节价"的范畴。此前，承兑业务一直按照中国人民银行《支付结算办法》的规定，按照承兑汇票票面金额的5/10000收取承兑手续费。根据现行的《商业银行资本管理办法（试行）》，在计算风险加权资产时，承兑业务作为表外项目中"等同于贷款的授信业务"，按照100%的转换系数转换为表内资产，即其风险权重为100%，相当于一般贷款。而以往商业银行办理承兑业务时，仅按照票面金额的0.05%收取费用，这显然无法覆盖所承担的风险和占用的资本成本。过低的承兑费率一方面使得企业客户对承兑业务的需求激增，促使部分不具有真实贸易背景、以低成本套取银行资金为目的的融资性票据产生；另一方面银行只能通过吸收承兑保证金存款来降低风险，并逐渐将承兑业务在一定程度上异化为吸收存款的工具。因而，在承兑费率实行市场调节价后，承兑费率的总体提升，以及可根据风险程度实现差异化定价，将能更有效地覆盖承兑业务风险，有助于回归承兑业务的本源；企业通过签发融资性票据来套取资金的需求也将弱化。

2014年，互联网票据受到市场热捧。互联网票据，是指借助互联网、移动通信技术平台为融资企业和公众提供信息平台，以理财产品销售的方式募集社会公众投资资金为融资企业提供商业汇票融资服务的票据业务形式，是一种将融资企业的票据收益权转让给广泛的理财投资人的互联网融资平台新模式。包括阿里金融、京东商城、新浪微财富、苏宁云商等在内的电商平台纷纷把具有更稳定收益回报和风险可控的商业汇票作为理财标的资产，互联网票据理财产品纷纷涌现。商业银行纷纷加大票据金融服务业务创新，重点在电子商业汇票系统代理接入、票据资产管理业务加大业务创新力度；部分中小银行与互联网票据平台合作发展票据代理审验、托管和托收等票据中介服务，票据业务呈现多元化创新发展趋势。

2016年9月，央行发布《关于规范和促进电子商业汇票发展的通知》，要求从2017年起，所有单据在300万元以上的商业汇票都要通过电子账单；从2018年1月1日起，原则上所有单票额在100万元以上的商业汇票均应通过电子票证进行处理。过去，来自脱机交易的纸质票据有利于业务脱离监管。随着中央银行建立统一监管电子机票和纸质机票的票据交换，在这种环境下电子机票在交易成本和流动性方面的优势已经显现出来，有效地避免了纸质机票"假票"的风险。并被更多的市场参与者积极选择。目前，电子票务业务占97%以上。

资料来源：根据中国金融信息网等资料整理而成。

第六节 大额可转让定期存单市场

大额可转让定期存单（Negotiable Certificates of Deposits，CDs），也称大额可转让存款证，是银行印发的一种定期存款凭证，凭证上印有一定的票面金额、存入和到期日以及利率，到期后可按票面金额和规定利率提取全部本利，逾期存款不计息。大额可转让定期存单可流通转让，自由买卖。为规避利率管制，花旗银行前身 First National City Bank 于20世纪60年代初开始发行可转让定期存单，使商业银行的资金配置策略重心转向"负债管理"。

一、大额可转让定期存单市场的产生与发展

大额可转让定期存单市场首创于美国。1961年2月，为了规避《Q项条例》对银行

存款利率的限制，克服银行活期存款数量因通货膨胀的发生而持续下降的局面，花旗银行开始向大公司和其他客户发行大额可转让定期存单。这种存单与普通定期存款相比的区别在于：第一，存单面额大，通常为10万美元至1000万美元。第二，存单不记名，便利存单持有者在存单到期前在二级市场上将存单转让出去。第三，存单的二级市场非常发达，交易活跃。由此可以看出，大额可转让定期存单将活期存款的流动性和定期存款的收益性合为一体从而吸引了大批客户。1970年，伴随着美国通货膨胀的持续上涨，美国国会取消了对大额可转让定期存单的利率限制，进而使这种存单成为美国商业银行筹集信贷资金的重要渠道。资料显示，至1972年，大额可转让定期存单占大约全部银行存款的40%。在此之后，许多国家纷纷效仿美国建立大额可转让定期存单市场，促进了此市场在全世界范围内的发展。

知识链接6-5

"Q条例"

在1929—1933年的经济大危机中，美国的银行大量倒闭。许多经济学家认为造成这一现象的主要原因是：银行以高利率吸收存款，然后将之投资于高风险的贷款和证券以谋求高额利润，当经济发生衰退后，贷款收不回来，证券无法出售，银行则破产倒闭。面对经济大危机以后的金融萧条，美国国会通过了《1933年银行法》。该法中的第Q项条例对商业银行的存款利率进行了规定：银行对于活期存款不得公开支付利息，对储蓄存款和定期存款支付的利率不能超过国家设定的最高限度。这项对于存款利率进行管制的规定被称为"Q条例"。

20世纪60年代后，美国发生了日益严重的通货膨胀，"Q条例"的规定使银行的存款性资金来源受到很大影响，发生"金融脱媒"现象。为了应对这种不利局面，商业银行开始进行金融创新，大额可转让定期存单就是其中的一种。顺应现实的发展，1980年，美国国会通过了《放松存款机构管制与货币管理法案》，提出逐步取消对存款利率的最高限制。此后的6年中，美国分阶段废除了"Q条例"，于1986年3月实现了利率市场化。

二、大额可转让定期存单市场的特点与功能

同传统的定期存款相比，大额可转让定期存单具有以下几点不同：①定期存款记名，不可流通转让；而大额定期存单则是不记名的，可以流通转让。②定期存款金额不固定，可大可小；而可转让定期存单金额较大，在美国向机构投资者发行的CDs面额最少为10万美元，二级市场上的交易单位为100万美元，但向个人投资者发行的CDs面额最少为100美元。在我国香港最小面额为10万港元。③定期存款利率固定，

可转让定期存单利率既有固定的,也有浮动的,且一般来说比同期限的定期存款利率高。④定期存款可以提前支取,提前支取时要损失一部分利息;可转让存单不能提前支取,但可在二级市场流通转让。

大额定期存单一般由较大的商业银行发行,主要是由于这些机构信誉较高,可以相对降低筹资成本,且发行规模大,容易在二级市场流通。商业银行通过发行大额可转让定期存单可以主动、灵活地以较低成本吸收数额庞大、期限稳定的资金,进而改变了其经营管理理念。在大额可转让定期存单市场出现以前,商业银行通常认为其对于负债是无能为力的,存款人是否到银行存款、存多少取决于存款人的经济行为,商业银行处于被动地位,因而其流动性的保持主要依赖持有数额巨大的流动性资产,但这会影响其盈利性。大额可转让定期存单市场诞生后,商业银行发现通过主动发行大额可转让定期存单增加负债也是其获取资金、满足流动性的一个良好途径,此种状况下不必再持有大量的、收益较低的流动性资产。于是,大额可转让定期存单市场便成为商业银行调整流动性的重要场所,商业银行的经营管理策略也在资产管理的基础上引入了负债管理的理念。

大额可转让定期存单市场的投资者种类众多,非金融性企业、非银行性金融机构、商业银行甚至富裕个人都是这个市场的积极参与者。大额可转让定期存单到期前可以随时转让流通,具有与活期存款近似的流动性,但与此同时又拥有定期存款的收益水平,这种特性极好地满足了大宗短期闲置资金拥有者对流动性和收益性的双重要求,成为其闲置资金重要运用的场所。

三、大额可转让定期存单的种类

按照发行者的不同,美国大额可转让定期存单可以分为四类:国内存单、欧洲美元存单、扬基存单和储蓄机构存单。

(一) 国内存单

国内存单的发行有记名方式与无记名方式两种,但大多数以无记名方式发行,发行面额一般在10万美元以上,二级市场上最低交易为100万美元。

存单的期限可以根据客户的要求,由商业银行和客户通过协商灵活决定,一般为3~12个月。流通中未到期的国内存单的平均期限为3个月左右。

初级市场上国内存单的利率一般由市场供求关系决定,也有由发行者和存款者协商决定的。利息的计算通常按距到期日的实际天数计算,一年按360天计算。利率又有固定和浮动之分。在固定利率条件下,期限在1年以内的国内存单的利息到期时偿还本息。期限超过1年的,每半年支付一次利息。如果是浮动利率,则利率每1个月或每3个月调整一次,主要参照同期的二级市场利率水平。

(二) 欧洲美元存单

欧洲美元存单是美国境外银行发行的，以美元为面值的可转让定期存单。在欧洲美元的存款中，欧洲美元存单通常是特指有固定存款期限的大额美元存单，其存款期限一般为3个月或6个月。存款者主要是各种大公司、各国中央银行、经纪公司和个人。吸收存款的银行再对需要美元资金的公司、政府和其他银行提供贷款。其中大宗需求主要是欧洲各家银行之间的借贷活动。欧洲美元存单由美国境外银行(外国银行和美国银行在外的分支机构)发行。欧洲美元存单的中心在伦敦，但欧洲美元存单的发行范围不仅仅限于欧洲。与国内存单相比，发行银行的发行成本更低，既不需要提取存款准备金，也无需交纳存款保险费。同时，由于美国银行在欧洲美元市场为国内放款筹资可以不受美国银行条例的限制，因而存单数量增加迅速，是欧洲货币市场上一种重要的融资工具。欧洲美元存单最早出现于1966年。美国大银行过去曾是欧洲存单的主要发行者，1982年以来，日本银行逐渐成为欧洲存单的主要发行者。

(三) 扬基存单

早期由于扬基存单发行者资信情况不为投资者了解，只有少数扬基存单由发行者直接出售给同其建立了关系的客户，大多数扬基存单通过经纪商销售。以后随着外国银行的资信逐渐为美国投资者所熟悉，扬基存单也广为人们接受，这时发行者直接以零售形式出售扬基存单变得更为普遍。

外国银行发行扬基存单之所以能在美国立足基于以下两个方面的原因：一是这些银行持有美国执照，增加了投资者对扬基存单的安全感；二是其不受联储条例的限制，无法定准备金要求，使其同国内存单在竞争上具有成本优势。扬基存单发行的目的主要是融入美元。扬基存单的利率要高于美国国内银行发行的国内存单，但由于这些国外银行的分支机构发行的扬基存单在准备金上可以享受豁免，所以其成本与美国国内存单相差不大，甚至更低。

(四) 储蓄机构存单

储蓄机构存单是由一些非银行机构(储蓄贷款协会，互助储蓄银行，信用合作社)发行的一种可转让的定期存单。其中，储蓄贷款协会是主要的发行者。储蓄机构存单因法律上的规定，或实际操作困难而不能流通转让，因此，其二级市场规模较小。

四、大额可转让定期存单的市场特征

大额可转让定期存单与传统定期存款相比，有以下特点：

(1) 传统定期存款记名、不可流通转让；而大额可转让定期存单不记名、可流通转让，在二级市场的交易次数不受限制。

(2) 传统定期存款金额往往由存款人意愿决定，数额有大有小，并不固定；大额可转让定期存单金额通常是固定的，并且面额较大。在美国，大额可转让定期存单面额通常在 10 万美元以上。

(3) 定期存款通常按照期限长短有固定利率；大额可转让定期存单利率既有固定的，也有浮动的，且一般比同期限定期存款利率高。

(4) 定期存款可以提前领取本金和利息；大额可转让定期存单不能提前支取，其期限在两星期到一年之间，多为 1~4 个月。

投资者若想提前兑现，可以在大额可转让定期存单的二级市场上流通转让

通常来说，大额可转让定期存单的利率水平类似于其他货币市场工具，但略高于同期限的国库券利率，利差等于存单相对于国库券的风险溢价。

五、大额可转让定期存单的投资者

大企业是存单的最大买主。对于企业来说，在保证资金流动性和安全性的情况下，其现金管理目标就是寻求剩余资金收益的最大化。企业剩余资金的一般用途有两种：一种用于应付各种固定的预付支出如纳税、分红及发放工资等；另一种用于意想不到的应急。企业可将剩余资金投资于存单，并将存单的到期日同各种固定的预期支出的支付日期联系起来，到期时以存单的本息支付。至于一些意外的资金需要，则可在企业急需资金时在二级市场上出售存单来获取资金。

金融机构也是存单的积极投资者。货币市场基金在存单的投资上占据着很大的份额。其次是商业银行和银行信托部门。银行可以购买其他银行发行的存单，但不能购买自己发行的存单。此外，政府机构、外国政府、外国中央银行及个人也是存单的投资者。

六、大额可转让定期存单价值分析

对许多投资者来说，大额可转让定期存单既有定期存款利息收入较高的特征，又有活期存款的可随时获得兑现的优点，是追求稳定收益的投资者的一种较好选择。

对银行来说，发行存单可以增加资金来源，而且由于这部分资金可视为定期存款而能用于中期放款。发行存单的意义不仅在于增加银行存款，更主要是发行存单为银行经营管理带来正面作用。存单发行使银行在调整资产的流动性及实施资产负债管理上具有了更灵活的手段。

存单市场在很大程度上是通过存单交易商维持的。存单交易商的功能主要有两个：一是以自己的头寸买进存单后再零售给投资者；二是支持存单的二级市场为存单的不断买卖创造市场。交易商购买存单的资金头寸主要是通过回购协议交易进行的。由于存单较政府证券的风险要大，因而以存单做抵押进行回购协议交易时，买回存单的价格要高于买回政府债券的价格。在美国，存单交易商的数量一度超过 30 家，但今天只有很少的交易商为存单做市。因此，存单的流动性大为降低。

我国的大额可转让定期存单市场

与其他西方国家相比，我国的大额可转让存单业务发展比较晚。我国第一张大额可转让存单的面世于 1986 年，最初由交通银行和中央银行发行，1989 年经中央银行审批其他的专业银行也陆续开办了此项业务，大额存单的发行者仅限于各类专业银行，不准许其他非银行金融机构发行。存单的主要投资者主要是个人，企业为数不多。1996 年，中国人民银行总行对 1989 年制定的《大额可转让定期存单管理办法》进行了修改，而大额可转让定期存单业务却无疾而终。其原因在于当时 CDs 实际上没有交易市场，与不可转让存单没有实质区别。2004 年，中国人民银行在第四季度《中国货币政策执行报告》中正式提出，开展对大额可转让定期存单的研究工作。大额可转让定期存单将为我国利率市场化进程放开存款利率上限，起到一定的推动作用。到 2015 年 6 月，央行发布《大额存单管理暂行办法》，规范大额存单业务发展，拓宽存款类金融机构负债产品市场化定价范围，有序推进利率市场化改革。

对于将大额可转让定期存单作为储种设置，有人提出了两种方案：一是利率不再上浮，与同期同档次的定期储蓄存款利率一样；二是较同期同档次的定期存款利率上浮，浮动上限为 10%。前一种方案由于利率不再上浮，与同期同档次定期储蓄存款利率相同，设计上与同档次定期储蓄种类重复，它的金额固定，不能提前支取，愈期不计付利息的规定不如同档次定期储蓄存款优越，对于储户没有吸引力，预计此项业务很难展开。后一种方案利率较同档次定期储蓄利率上浮，对群众有很大的吸引力。在一定的时间内对筹集资金可以起到"立竿见影"的作用。但会出现储种之间的"大搬家"，弱化其他储蓄设置的意义，改变了储蓄存款正常的结构与态势。

第七节 短期政府债券市场

短期政府债券（Short-term government bonds）是一国政府部门为满足短期资金需求而发行的一种期限在 1 年以内的债务凭证。在政府遇有资金困难时，可通过发行政府债券来筹集社会闲散资金，以弥补资金缺口。

一、我国地方政府债券发行现状

从地方政府债券的发行主体来看，地方政府债券由中央政府代发，采取行政主导、央行或中央财政兜底的操作方式，容易引发道德风险。目前我国地方政府债券发行主要采取"财政部代理地方政府发行并代办付息还本"的方式，中央代发地方政府债券的流程是中央政府出售地方政府债券，获得资金，然后纳入地方财政预算管理。理论上在地方政府确实不能如期付息还本的情况下，本息由财政部先垫资偿还，然后在办理年度中央与地方财政结算时如数扣缴。但考虑到地方政府不可能破产，因此一旦产生信用风险，最终的结果还是由中央政府兜底。

从试点城市地方政府债券的发行利率来看，地方政府债券中标利率偏低。从四个试点城市的情况来看，2011年地方政府债券中标利率普遍低于同期固定国债的到期收益率，出现了地方政府债券中标利率和同期固定国债到期收益率倒挂的不正常现象。2012年四个试点地区地方政府债券的中标利率略高于同期限的国债到期收益率，中标利率基本回归合理空间，但中标利率高于同期限国债到期收益率的幅度并不是很大，低于市场预期。我国地方政府债券的发行期限结构还有待优化。2009—2011年地方政府债券的发行期限主要是3年期和5年期，2012年发行期限新增了7年期。因为这笔资金主要用于具有公益性的基础设施建设，建设周期长、资金需求量大、利润率低，政府很难在3到7年的时间内利用基建产生的收入或者地方财政收入增长量归还全部债务，相对于发达国家5到10年的还款周期，我国较短的还款周期极可能造成发新债还旧债的恶性循环，导致地方政府债务越滚越多。此外，地方政府也会面临一个预算年度内的短期资金缺口，需要筹措短期资金以资周转，所以地方政府有通过发行短期债券以保证临时性资金的需求。

从地方政府债券的发行规模和期限结构来看，目前，我国地方政府债券的发行规模偏小。地方政府债券主要依据地方公共财政支出大于收入的差额发行，2009年、2010年、2011年我国地方政府债券均发行了2000亿元，2012年我国地方政府债券发行规模增至2500亿元。而据估计，目前中国地方政府债务规模可能超过20万亿人民币，虽然和这个数字相比较，我国地方政府债券的发行规模还有一定的空间，但是由于我国地方政府债券发债主体的信息不透明，无法对其偿还能力进行客观评估，国内也缺乏成熟的评估市场对债券进行有效评级，所以我国尚缺乏大规模发债的条件，国债规模偏小的状况会保持很长一段时间。

从地方政府债券筹集资金的使用范围来看，按照财政部的要求，地方政府债券的收入可以用于省级直接支出，也可以转贷市县级政府。对使用地方政府债券发行收入的部门和单位，要严格执行预算管理制度，将其支出纳入部门预算和单位预算。

二、政府短期债券的市场特征

同其他货币市场信用工具不同，短期国库券交易具有一些较明显的投资特征。这些特征对投资者购买国库券有很大影响。国库券的五个投资特征如下。

1. 贴现发行

国库券的发行一般都采用贴现发行，即以低于国库券面额的价格向社会发行。

2. 违约风险低

国库券是由一国政府发行的债券,它有国家信用作担保,故其信用风险很低,通常被誉为"金边债券"。

3. 流动性强

由于国库券的期限短、风险低,易于变现,故其流动性很强。

4. 面额较小

相对于其他的货币市场工具,国库券的面额比较小。目前美国的国库券面额一般为10000美元,远远低于其他货币市场工具的面额(大多为10万美元)。

5. 收入免税

免税主要是指免除州及地方所得税。假定州所得税率为T,那么商业票据收益率和国库券收益率之间的关系可以通过下式表示:

$$RCP(1-T) = RTB \tag{6.8}$$

其中,RCP为商业票据利率,RTB为国库券利率,T为州及地方税率。

从公式(6.8)可以看出,国库券免税优点的体现取决于投资者所在州及地方税率的高低和利率的现有水平。州及地方税率越高,国库券的吸引力越大。市场利率水平越高,国库券的吸引力也越大。

三、国库券收益计算

国库券的收益率一般以银行贴现收益率(bank discount yield)表示,其计算方法为:

$$Y_{BD} = \frac{F-P}{F} \times \frac{360}{t} \times 100\% \tag{6.9}$$

其中,Y_{BD}为银行贴现收益率,P为国库券价格,F为国库券面值,t为距到期日的天数。

若已知某国库券的银行贴现收益率,可以算出相应的价格,其计算方法为:

$$P = F \times (1 - Y_{BD}) \times \frac{t}{360} \tag{6.10}$$

实际上,用银行贴现收益率计算出来的收益率低估了投资国库券的真实年收益率(effective annual rate of return)。真实年收益率指的是所有资金按实际投资期所赚的相同收益率再投资时,原有投资资金在一年内的增长率,它考虑了复利因素。其计算方法为:

$$Y_E = \left(1 + \frac{F-P}{P}\right)^{360/t} - 1 \tag{6.11}$$

其中,Y_E为真实年收益率。

银行贴现收益率低估了国库券的真实收益率。与真实年收益率相比,银行贴现收益率存在三个问题:首先,在折算为年率时,银行贴现收益率用的是360天而不是365

天。其次，它用单利计算法而不是复利计算法。最后，公式(6.9)的分母用的是面额而不是投资额。

由于在实践中期限小于1年的大多数证券的收益率都是按单利计算的，因此，《华尔街日报》在国库券行情表的最后一栏中所用的收益率既不是银行贴现收益率，也不是真实年收益率，而是债券等价收益率(bond equivalent yield)。其计算方法为：

$$Y_E = \frac{F-P}{P} \times \frac{365}{t} \times 100\% \tag{6.12}$$

其中，Y为债券等价收益率。

债券等价收益率考虑了365天(闰年的年份公式中的365应为366天)和分母应为投资额的问题，但未考虑复利问题。

【例】 2018年5月3日中国建设银行10央行票据25的报价为96.53元。10央行票据25是央行发行的1年期贴现票据。债券起息日为2018年3月21日，到期日为2019年3月21日。则其2018年5月3日的各项收益率如下。

贴现收益率为：

$$[(100-96.53)/100] \times 360/323 = 3.87\%$$

真实年收益率为：

$$[1+(100-96.53)/96.53]^{365/323} - 1 = 3.72\%$$

债券等价收益率为：

$$[(100-96.53)/96.53] \times 365/323 = 4.06\%$$

第八节　货币市场共同基金市场

货币市场共同基金是美国20世纪70年代以来出现的一种新型投资理财工具。共同基金是将众多的小额投资者的资金集合起来，由专门的经理人进行市场运作，赚取收益后按一定的期限及持有的份额进行分配的一种金融组织形式。而对于主要在货币市场上运作的共同基金，则称为货币市场共同基金。

一、货币市场共同基金的发展历史

美国第一家货币市场共同基金作为银行存款的一个替代物创建于1972年，是在市场变化环境下金融创新的一个最好例子。20世纪70年代初美国对商业银行与储蓄银行提供的大部分存款利率均进行管制出台了《Q项条例》，而货币市场工具则是浮动利率，但许多中小投资者无法进入货币市场(因有最低交易额规定)，货币市场共同基金利用这一事实，将许多投资者的小额资金集合起来，由专家操作，这也表明追求利润的企业家能够发现设计不严密的政府法规的漏洞。但由于当时市场利率处于存款机构规定能支付的利率上限以下，货币市场共同基金因其收益并不高于银行存款利率而难以发展，总股份在几年中非常有限。

1973年仅有4家基金，资产总额只有1亿美元。但到了20世纪70年代末，由于连续几年的通货膨胀导致市场利率剧增，货币市场工具如国库券和商业票据的收益率超过了10%，远远高于银行与储蓄机构为储蓄存款和定期存款所支付的5.5%的利率上限。随着储蓄机构的客户不断地从储蓄存款和定期存款中抽出资金投向收益更高的货币市场共同基金，货币市场共同基金的总资产迅速扩大，从1977年的不足40亿美元急增到1982年有200多家基金持有2400亿美元的资产，并在总资产上超过了股票和债券共同基金。因此，货币市场共同基金的迅速发展是市场利率超过银行和其他存款机构管制利率的产物。同时货币市场共同基金能迅速发展并且能保持活力的原因还在于管制较少，货币市场共同基金没有法定的利率上限，而且对提前取款也没有罚款。

货币市场共同基金迅速发展，引起了商业银行和储蓄机构的强烈反应，他们要求国会对货币市场共同基金附加储备要求和其他限制，国会最终虽然没有批准存款机构的要求，但给予商业银行和储蓄机构发行一种新型的金融工具即货币市场存款账户（MMDAs），它与货币市场共同基金相似，也提供有限的支票签发而且无储备要求，而且收益率几乎与货币市场共同基金一样高。

在银行和其他存款机构以超级NOW账户和MMDAS的反击下，1982年末和1983年初，货币市场共同基金的总资产开始下降。商业银行和存款机构的这些创新金融工具暂时阻止了资金从银行向货币市场共同基金的流动。但商业银行与存款机构无法承受提供高收益的成本，不久以后，降低了MMDAS的利率。其结果是货币市场共同基金再次迅速发展，20世纪80年代末和90年代创造了极大的收益。1987年美国股市大崩溃，导致大量的资金流入货币市场共同基金，其资产总额突破3000亿美元。1989年和1990年的储蓄和贷款协会危机导致商业银行突然增加存款保险，来保护他们的存款，同时监管当局更加关注存款机构已经出现的高利率。所有这些变化都有利于货币市场共同基金的快速发展，其资产在1991年达到5000亿美元。1996年大约有650家应税基金，250家免税基金，总资产大约为7500亿美元，80%以上为纳税的资产。其股份大约占所有金融中介资产的4%，而且在所有共同基金（股票基金、债券基金、货币市场共同基金）总资产中占25%以上。1997年达到1万亿美元。

二、货币市场共同基金的市场运作

(一) 货币市场共同基金的发行及交易

货币市场共同基金是美国20世纪70年代以来出现的一种新型货币市场工具。共同基金是将众多的小额投资者的资金集合起来，由专门的经理人进行市场运作，赚取收益后按一定的期限及持有份额进行分配的一种金融组织形式。对于主要在货币市场上进行运作的基金,则称为货币市场共同基金。

在我国,货币市场基金的发行上市需要得到证监会的批准。投资者可以根据基金募集说明书,在指定日期和指定银行或券商网点根据公布的基金净值办理货币市场基金的申购和赎回。

(二) 货币市场共同基金的评价

货币市场共同基金首先是基金中的一种,同时,它又是专门投资货币市场工具的基金,与一般的基金相比,除了具有一般基金的专家理财、分散投资等特点外,货币市场共同基金还具有货币市场共同基金投资于货币市场中高质量的证券组合、货币市场共同基金提供一种有限制的存款账户和货币市场共同基金所受到的法规限制相对较少的投资特征。

货币市场基金除具有收益稳定、流动性强、购买限额低、资本安全性高等特点外,还有其他一些优点,比如可以用基金账户签发支票、支付消费账单;通常被作为进行新的投资之前暂时存放现金的场所,这些现金可以获得高于活期存款的收益,并可随时撤回用于投资。一些投资人大量认购货币市场基金,然后逐步赎回用以投资股票、债券或其他类型的基金。许多投资人还将以备应急之需的现金以货币市场基金的形式持有。有的货币市场基金甚至允许投资人直接通过自动取款机抽取资金。除此之外,货币市场共同基金还具有以下特点:

(1) 货币市场基金与其他投资于股票的基金最主要的不同在于基金单位的资产净值是固定不变的,通常是每个基金单位1元。投资该基金后,投资者可利用收益再投资,投资收益不断累积,增加投资者所拥有的基金份额。比如某投资者以100元投资于某货币市场基金,可拥有100个基金单位,1年后,若投资报酬是8%,那么该投资者就多8个基金单位,总共108个基金单位,价值108元。衡量货币市场基金表现好坏的标准是收益率,这与其他基金以净资产价值增值获利不同。

(2) 流动性好、资本安全性高。这些特点主要源于货币市场是一个低风险、流动性高的市场。同时,投资者可以不受期日限制,随时可根据需要转让基金单位。

(3) 风险性低。货币市场工具的到期日通常很短,货币市场基金投资组合的平均期限一般为4~6个月,因此风险较低,其价格通常只受市场利率的影响。

(4) 投资成本低。货币市场基金通常不收取赎回费用,并且其管理费用也较低,货币市场基金的年管理费用为基金资产净值的0.25%~1%,比传统的基金年管理费率(1%~2.5%)低。

(5) 货币市场基金均为开放式基金。货币市场基金通常被视为无风险或低风险投资工具,适合资本短期投资生息以备不时之需,特别是在利率高、通货膨胀率高、证券流动性下降,可信度降低时,可使本金免遭损失。

三、我国货币市场共同基金的发展

我国货币市场发展较晚,20世纪80年代初期开始兴起,经历了艰难而曲折的发展道路,直到1998年以后才开始逐步走上正轨。2007年7月,中国人民银行颁布了新的《同业拆借管理办法》。这是自1996年建立全国银行间同业拆借市场以来最重要的一次管理政策调整,也是新形势下对货币市场管理思路的重大调整。首次将信托公司、金融资产管理公司、金融租赁公司、汽车金融公司、保险公司、保险资产管理公司六类非银行金融机构纳入同业拆借市场申请人范围。交易主体逐渐增多,由1996年的55家,发展到2007年的717家,2008年达到787家(图6-7),市场交易主体的增多,为活跃银行间同业拆借市场创造了条件。

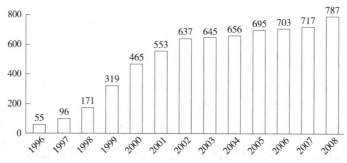

图6-7 我国同业拆借市场成员发展情况

我国货币市场基金起步较晚,直到2003年10月才产生了我国第一只货币市场基金——景顺长城货币基金,但经过几年的发展,我国货币市场基金也取得了飞速发展,并具有一定的规模。目前市场上存在着32家基金管理公司旗下的59只货币市场基金,总规模超过1000亿份。在取得成绩的同时,我们也应看到,我国货币市场与发达国家相比,交易规模偏小,信用工具品种较为单一,金融创新不足,风险防范制度不完善。因此,应借鉴发达国家经验,促进我国货币市场健康快速发展。

重要概念

同业拆借市场　回购协议　逆回购协议　商业票据　银行承兑票据　大额可转让定期存单　政府债券　货币市场共同基金

推荐书目

[1] Fabozzi F J, Modigliani F, Ferri M G. Foundation of financial markets and insti-tutions[M]. 4th Edition. Pearson, 2010.

[2] Furfine C H. Banks as monitors of other banks: evidence from the overnight federal funds marketfjl[J]. The Journal of Business, 2001, 74: 33-57.

[3] Mishkin F S, Eakins S G. Financial markets and institutions[M]7th Edition. Prentice Hall, 2011.

[4] Nippani S, Liu P, Schulman C T. Are treasury securities free of default? [J]. The Journal of Financial and Quantitative Analysis, 2001, 36: 251-265.

[5] Rose P S, Marqnis M H. Moneyand capital markets[M]. McGraw-Hill/Irwin, 2007.

[6] 何康民, 韩晶玉. 国际结算[M]. 北京: 电子工业出版社, 2012.

习 题

一、单项选择题

1. 下列选项中不属于货币市场的是(　　)。

A. 同业拆借市场　　　　　　　　B. 可转让大额定期存单市场

C. 回购协议市场　　　　　　　　D. 股票市场

2. 金融机构之间发生的短期临时性借贷活动是(　　)。

A. 贷款业务　　　B. 票据业务　　　C. 同业拆借　　　D. 再贴现

3. 货币市场是指融资期限在(　　)的金融市场。

A. 1年以下　　　B. 1~5年　　　C. 5年以上　　　D. 无限制

二、多项选择题

1. 货币市场有许多子市场, 下面(　　)属于货币市场。

A. 票据市场　　　　　　　　B. 同业拆借市场　　　　　　　C. 债券市场

D. 回购协议市场　　　　　　E. 货币市场基金市场

2. 商业票据流通转让的形式有(　　)。

A. 背书转让　　　　　　　　B. 转贴现　　　　　　　　　　C. 贴现

D. 再贴现　　　　　　　　　E. 交付转让

3. 货币市场基金的投资对象有(　　)。

A. 现金

B. 1年以内的银行定期存款、大额存单

C. 剩余期限在397天以内的债券

D. 期限在1年以内的债券回购

E. 期限在1年以内的可转换债券

三、简答题

1. 简述同业拆借市场的特点。

2. 同业拆借市场的交易方式有哪些?

3. 商业票据的发行成本有哪些?

4. 商业票据的发行价格如何确定?

5. 试述银行承兑汇票贴现、转贴现和再贴现的区别。
6. 简述可转让大额定期存单的特点。
7. 试述回购协议市场的收益与风险。
8. 国库券市场的收益率如何计算？
9. 试述货币市场基金的投资对象和分红方式。

第七章　资本市场

◆**本章概要：**

1. 股票是投资者向公司提供资本的权益合同，是公司的所有权凭证。股票的分类方式很多，可以按照股东享受的权利和面临的风险、上市地区以及一些其他的分类方法进行划分。股票主要在一级市场按照一定的法律法规和发行程序，直接或通过中介机构向投资者出售新发行的股票，而二级市场又称流通市场，是对已经在一级市场中发行的股票进行转让、流通的市场。

2. 债券是政府、金融机构或工商企业等机构以融通资金为目的，向投资者借入资金而发的债权债务凭证。可根据债券利率、发行主体、募集方式、担保性质以及是否内含选择权为标准进行划分。

3. 证券投资基金(又称基金)是通过基金发起人发起，将投资者分散的资金集合起来，交由基金托管人托管，由基金管理人管理的一种收益共享、风险共担的资金投资方式。对于封闭型基金，可以通过自营商或经纪人在二级市场上随行就市，自由转让。对于开放型基金，其交易方式为投资者向基金管理公司认购股票或受益凭证。

◆**重点难点：**

1. 了解股票的概念、种类以及股票市场的运作。
2. 了解债券的概念、种类以及债券市场的运作。
3. 了解投资基金的运作。

第一节　股票市场

股票市场是股票发行和流通的场所。股票市场一般可以分为发行市场和流通市场。

一、股票的概念和分类

(一)股票的定义

股票指股份有限公司颁发给股东的用以证明其入股并凭之取得收益的有价证券。股票是一种权益凭证，代表着股东对企业的所有权。公司股东可凭借所持有的股票来获得股息和红利,能够参加股东大会并且行使股票带来的各种权利。股东权利的大小由其所持有股票数量占公司总股本的比重所决定。

股票产生于17世纪初的荷兰,至今已有400余年的历史。股份制及股票作为社会生产力发展的产物,不仅对资本主义国家有着重要意义,也同样适用于实行社会主义市场经济的我国。一般来说,企业可以通过向社会公开发行股票筹集资金用于生产经营。而国家可以通过国家控股的方式,用同样的资金控制更多资源。

股票的持有者是发行股票的公司的股东即公司的所有者,每股股票都代表股东对企业拥有一个基本单位的所有权。股东的利得来自公司对债务清偿后的剩余收益,即股东的收益权为剩余索取权。股东对公司承担有限的风险,即在公司资不抵债进行破产时,其个人财产不受影响。同时,股东能够通过其投票权对公司重大事项进行决策,如高级管理层人事任免、大型项目的决定等,但是需要注意的是,公司的日常运营活动仍由经理决策。据此可知,股东对公司的控制权应为剩余控制权,即公司章程及合同规定的经理职责之外的决策权。公司破产时,股东自动丧失其对公司的控制权。综上所述,股东对公司的所有权由剩余索取权和剩余控制权构成。

作为金融市场上主要的长期信用工具,股票是一种虚拟资本。它是股份资本所有权的证书,持有人拥有凭借股票取得一定收入的权利,所以股票具有价值,可以在资本市场中流通转让。此外,股票一经认购,其持有者不能以任何理由要求退还股本,只能通过市场将股票进行转让出售。

(二) 股票的分类

1. 按照股东享受的权利和面临的风险划分

(1) 普通股。普通股(common stock)是股份有限公司发行的标准股票。它是最基本、最重要、公司发行的数量最大的股票。也是在优先股权利被满足之后才可进行公司利润和资产分配的股票。

普通股是风险最大的股票。普通股的股息不固定,分配排在优先股之后,且股息容易受公司业绩的影响。一般情况下,业绩好则分红多,业绩差则分红少。其次,股息也会受公司红利政策松紧的影响。普通股剩余资产分配权在债权人、优先股之后。当股份有限公司破产清算时,对于剩余资产的分配在满足了债权人及优先股的求偿权之后才会考虑普通股的剩余资产分配权。除上述两个方面外,普通股收益还会受投资者心理、社会、经济、政治等各种主、客观因素的影响,导致其价格波动幅度大,因此投资者可能要承担巨大的市场风险。

普通股股东享有以下权利:

①参与公司决策的权利。普通股股东有权利出席股东大会并行使投票权、选举权、表决权、对于公司经营发展及重大项目的建议权等权利。股东所持有的普通股数量越多,决策权的体现就会越充分。

②公司盈余分配权。普通股股东能够根据所持有的股票数量获得相应的公司盈利分配，即获得股息。普通股的盈余分配权一般是在公司支付完毕债务本息及其他需要先行支付的股票(如优先股)的股息后方可进行。

③公司剩余财产分配权。在股份有限公司资不抵债进行破产清算时，满足了债权人的清偿权和优先股股东对于剩余资产的分配权之后，对普通股股东所提出的分配剩余资产的请求进行满足的权利。

④优先认股权。优先认股权的优先一般体现在价格优先方面。它指公司在增发新股时，该公司现有的普通股股东有权利优先对新股进行认购。

⑤股份自由转让权。普通股股东有权在需要的时候在市场上自由转让其持有的普通股。

(2)优先股。优先股(preferred stock)是与普通股相对的一种股票。优先股在利润分配及剩余财产分配的权利上优先于普通股。由于优先股股息固定，因此优先股的价格主要取决于市场利率，换言之，其风险小于普通股，但是预期收益率也低于普通股。

优先股的特征：

①股息率固定。优先股在发行之初就已经约定了其利息率，今后无论公司业绩如何变化，优先股约定的股息是不变的。

②股息分配优先。优先股获得收益的权利排在普通股之前。

③剩余资产分配优先。优先股股东剩余资产分配顺序排在债权人之后，普通股股东之前。

④一般没有表决权。优先股股东只有在涉及优先股股东权益的事项上才具有一定的发言权。

优先股的分类：

①按剩余索取权是否可以跨时期累积，可以将优先股分为累积优先股与非累积优先股。累积优先股(cumulative preferred stock)指如果公司在某个时期内所获盈利不足以支付优先股股息时，则在以后某年盈利时，将积累的未发放优先股股息连同本年的股息在普通股的红利发放之前，一并发放。而非累积优先股(non-cumulative preferred stock)是指当公司盈利不足以支付优先股的全部股息时，非累积优先股股东不能要求公司在以后年度补发其所欠部分。

②按剩余索取权是否为股息和红利的复合，可以将优先股分为参加优先股和非参加优先股。参加优先股(participating preferred stock)又称参与分红优先股，指在优先获得股息外，还可以参与公司的剩余收益分配的优先股。非参加优先股(non-participating preferred stock)指只能获取固定股息收益，不能参加公司额外分红的优先股。目前多数公司发行的优先股都属于非参加优先股。

③可转换优先股(convertible preferred stock)，指在一定时间内，优先股持有者可以

按一定的比率将优先股转换为普通股。此种优先股使优先股股东能够选择不同模式的剩余索取权和剩余控制权,一定程度上增强了优先股对投资者的吸引力。

④可赎回优先股(callable preferred stock),指允许公司按发行价格加上一定比例的补偿收益后能够赎回的优先股。一般情况下,公司为了减少资本或者试图用较低股息率发行新的优先股时,就可能使用上述办法购回发行的优先股股票。

2. 按照上市地区划分

A 股:即人民币普通股票。它是由我国境内的公司发行,供境内机构、组织或个人(不含港、澳、台投资者)以人民币认购和交易的普通股股票。A 股使用无纸化电子记账,有涨跌幅(10%)限制,实行 T+1 交易制度,参与投资者为中国大陆机构或个人。

B 股:即人民币特种股票。它是以人民币标明面值的,以外币认购和买卖,在境内上海证券交易所、深圳证券交易所上市交易的股票。B 股使用无纸化电子记账,有涨跌幅(10%)限制,实行 T+3 交易制度。参与投资者为香港、澳门、台湾地区居民和外国人,持有合法外汇存款的大陆居民也可投资。

H 股:即注册地在内地、上市地在香港的外资股票。H 股是我国通过香港在国际资本市场上进行筹资的主要工具,是推动我国企业和资本市场走向国际的重要途径。

N 股:即在中国大陆注册、在美国纽约证券交易所上市的外资股票。取纽约字首的第一个字母 N 作为名称。

S 股:即在中国大陆注册、在新加坡交易所上市挂牌的企业股票。

3. 其他分类方法

(1)记名股票和不记名股票。按照股票是否记载了股东的姓名将其划分成记名股票和不记名股票。记名股票在交易时需到公司办理过户手续,而不记名股票在交易时可直接进行交付。

(2)有面值股票和无面值股票。根据股票是否标注每股金额可将其分为有面值股票和无面值股票。有面值股票票面记载了每股金额,而无票面值股票仅标明股票和公司资本总额或是每一股所占发行公司总股本的比例。

二、股票的一级市场(发行市场)

一级市场又称发行市场、初级市场。它是公司为了扩充经营,按照一定的法律法规和发行程序,直接或通过中介机构向投资者出售新发行的股票所形成的市场。

(一)一级市场的特点

1. 一级市场是无形的市场

发行市场通常不存在具体的固定场所,一般也没有专业设备及设施。新股票的发行是由多家承销商分散进行的,所以没有固定场所。

2. 一级市场中的股票发行是直接融资的体现

发行市场的主要功能就是为资金的需求者和供给者提供交易平台。股票发行人通过销售股票向社会筹集资金，而股票认购人为发行人的筹资目标提供资金，以此实现直接融资。

3. 一级市场中发行的股票流动方向唯一

股票一经认购，投资者不得以任何理由要求退还股票，所以股票在发行市场中的流动方向是从发行人流向认购人，这一过程不可逆。应注意资金总是从认购人流向发行人。

(二) 一级市场的主要参与者

1. 股票发行者

股票发行者又被称作发行主体，是指股票发行市场上公开发行股票的股份有限公司，其目的在于筹措资金。发行者必须是按照法定程序经过注册登记，取得营业许可证的法人组织。

2. 股票投资者

指为了取得股息和资本收益而进行股票投资的个人投资者和机构投资者。

3. 承销商

指股票发行者和投资者之间的中介机构，是联结发行者和投资者的桥梁。承销商接受发行者的委托，通过一定的渠道与方式，在一级市场上向认购人发售发行者的股票。我国能够作为承销商进行股票承销业务的机构为证券公司、投资银行、信托公司。

发行者的股票发行规模和投资者的投资能力决定着发行市场的股票容量和发达程度。同时，为了确保发生事务的顺利进行，使发生者和投资者都能顺畅地达到自己的目的，承销商代发行者发行股票，并向发行者收取相应费用。如此，发行市场就以承销商为中心，联系发行者与投资者，开展股票发行活动。

三、股票的二级市场(流通市场)

二级市场又称流通市场，是对已经在一级市场中发行的股票进行转让、流通的市场。二级市场建立在一级市场的基础上，它能够为股票创造流动性，使股票能够通过本市场在短时间内根据投资者的需要变现。二级市场也为投资者提供获得预期收益的机会，投资者可以依据自己的投资规划和市场的变动状况对股票进行买卖。二级市场增强了流通中的股票的安全性和流动性，市场中的价格可以作为经济状况的晴雨表，能够反映出资金和市场的供求状况、行业发展状况等，是对经济进行预测和分析的一项关键指标。对于筹资企业而言，股市的行情变化可以为其提供大量用来改进管理经营决策的信息。

二级市场通常可以分为交易所市场和场外交易市场两部分，此外还有第三市场、第四市场。

(一)证券交易所

证券交易所简称证交所,是依据国家有关法律,经政府证券管理部门批准设立的集中进行证券交易的有形场所。证券交易所是买卖股票、公司债、公债等有价证券的市场。目前在我国共有两个证交所,即上海证券交易所和深圳证券交易所。

1. 组织形式

总的来说,全球的证券交易所可以大致分为两类,一是公司制证券交易所,二是会员制证券交易所。

(1)会员制证券交易所。会员制证券交易所指不以营利为目的,采用会员协会模式设立且主要成员为券商的交易所组织。目前世界上许多著名的证券交易所都采用了会员制。在会员制证券交易所中,只有会员及享有特许权的股票经纪人才有资格进行交易。会员制证券交易所的佣金和上市费用较低,有利于减少上市股票的场外交易。一般情况下,会员制证券交易所是社团法人。我国《证券交易所管理办法》中规定:证券交易所是不以营利为目的,为证券的集中和有组织的交易提供场所、设施,并履行相关职责,实行自律性管理的会员制事业法人。

(2)公司制证券交易所。公司制证券交易所是指以营利为目的,为证券商提供证券交易所需的交易场地、交易设备和服务人员,以便利证券商独立进行证券买卖的证券交易所形式。公司制证交易所一般是由银行、证券公司、信托机构及一些民营公司等共同出资建立的公司法人。由于公司制证券交易所的收入主要来自证券成交额,因此在其中上市需要缴纳较高的费用,故证券交易者可能会将上市证券转移至场外市场进行交易。

2. 上市制度

上市(listing)指已发行的股票在经证券交易所批准后,在交易所公开挂牌交易的法律行为。股票的上市能够为上市公司提供优良的筹资机会,也能够提高其知名度,但是相应的风险也是存在的。为了保证市场的稳定运行和健康发展、保障投资者权益等,需要实行相应的上市制度对有上市需求的公司进行审查。不同交易所的股票上市制度大都有以下内容:股票发行公司规模需要达到一定的标准;发行者经营状况良好;发行的股票应满足股票持有分布的要求。此外,世界各证券交易所也会根据自身情况设立其他约束条款。

3. 交易制度

根据价格决定的特点,我们可以将证券交易制度分为做市商交易制度、竞价交易制度。

(1)做市商交易制度又称报价驱动制度,指由具备一定实力和信誉的法人充当做市商向投资者提供买卖价格,并按投资者提供的价格接受买卖要求,以其自有资金和证券与投资者进行交易的制度。做市商制度为市场提供了即时性和流动性,通过买卖价差实现利润。

(2)竞价交易制度又称委托驱动制度,指买卖双方直接进行交易或是将各自的委托通过经济商送交交易中心并由交易中心进行撮合成交的制度。以证券成交时间是否连续,可以将竞价交易制度分为间断性竞价交易和连续竞价交易。

①间断性竞价交易制度指交易所在汇总一定时间内买卖双方所有交易委托的基础上,按照价格优先和时间优先的原则撮合成交。该制度成交价格唯一,通常通过最大成交量原则确定,即在某价位上满足条件的委托数量最多时,该价位即为成交价。一般而言,世界上大多证券交易所在开盘、收盘和暂停交易后的重新开市都采用了此交易方式。

②连续竞价交易制度指证券交易可以在交易日内的交易时段中连续进行。在交易过程中,如果买进委托价大于卖出委托价,则以卖出委托价成交;卖出委托价大于买进委托价时,则以买进委托价成交。如若新的委托不能成交,则该委托将会按照"价格优先,时间优先"原则排队等待。连续竞价制度的成交价格具有连续性,是一种双边交易制度。

另外,对于大宗交易,全球广泛使用的交易制度就是拍卖和标购。拍卖中的卖者唯一,标购中的买者唯一。

4. 委托制度

证券交易的委托是投资人通知经纪人进行证券买卖的指令。主要有市价委托、限价委托、停止损失委托和停止损失限价委托。

5. 信用交易

信用交易又称保证金交易或垫头交易,指证券购买者在证券经纪人处交付一定数额的保证金后,从经纪人处借入证券或资金并入市操作,按照约定的期限偿还本金和证券并支付利息的交易方式。交存的保证金比率(通常为初始保证金,一般为50%)因各国中央银行规定而异,维持保证金的比率一般情况下为30%。信用交易可以分为信用买进和信用卖出交易。

(1)信用买进交易。又称保证金购买,指投资者在看多市场行情时,向证券经纪人交存一定的初始保证金,由经纪人垫付投资者其余价款,为其买进指定证券的交易行为。

对于经纪人来说,保证金交易等于在提供经纪服务的同时,又向客户提供了一笔抵押贷款。这种交易方式风险很小,因为投资者必须把所购证券作为抵押品托管在经纪人处。如果未来该证券价格下跌,客户遭受损失使保证金低于维持担保比率(maintenance margin)的水平时,经纪人就会向投资者发出追缴保证金通知(margin call)。投资者接到追缴保证金通知后,须将保证金补足到初始保证金的水平。

对于投资者来说，通过保证金购买可以减少自有资金不足的限制，扩大投资。当其对行情判断正确时，则能够获得可观的收益，反之则会带来巨大的亏损。

(2)信用卖出交易。又称卖空交易，指投资者看空市场行情时，向证券经纪人交纳一定比率的初始保证金后借入证券并在一定的价位卖出之后再在未来买回该证券并将其返还给经纪人的交易方式。

经纪人可将其他投资者的证券借给卖空者而不用通知该证券的所有者。若该证券的所有者要卖出该证券时，经纪人可向其他投资者或其他经纪人借入股票。因此，理论上卖空的数量是无限的。但如果经纪人无法借入该证券，则卖空者须买回该证券还给经纪人。这样一来卖空的期限也是不确定的。在卖空期间，证券的所有权益归原所有人。若发生分红，虽然卖空者未得到红利，但其仍须补偿原持有者未得的现金红利。

此外，为了防止过分投机扰乱市场秩序，一般情况下证券交易所规定只有在最新的股价上扬时才能卖空。卖空所得也必须全额存入卖空者在经纪人处开设的保证金账户。

当股价上升超过一定限度从而使卖空者的保证金比率低于维持保证金比率时，投资者会收到追缴保证金通知。此时投资者要立即补足保证金，否则证券经纪人有权使用卖空者账户上的现金或将该账户上的其他证券出售来买回卖空的证券，全部损失由卖空者承担。

(二)场外交易市场(OTC)

场外交易市场是相对于证券交易所的一个概念，也就是说全部在证交所之外进行的股票交易活动都能够被称作场外交易。场外交易市场又被称作柜台市场(Over the Counter Market，OTC Market)，因为其最早是在各券商的柜台上发生的。场外交易所受的管制少且更加灵活方便，因此它能够为中小型公司和具有发展潜质的新公司提供二级市场。但是，场外市场缺乏统一的组织且存在信息不灵等缺点。

场外交易市场是一种无形且分散的市场，它没有固定、集中的交易场所，而是由各证券经营机构分别进行交易的，主要依赖电话、计算机网络等工具来实现交易。

场外交易市场不可能实行公开竞价，所以其价格来自买卖双方的议价。通常情况下由证券自营商挂出各种证券的买进和卖出两种价格。如果某种证券的交易不活跃，只需一两个自营商作为市场组织者；当交易活动增加，更多的市场组织者会加入竞争，从而降低买卖差价。

 知识链接 7-1

我国场外市场主要由金融市场报价、信息和交易系统(NET)与全国证券自动报价系统(STAQ)三部分组成。

金融市场报价、信息和交易系统(NET)于1993年4月由中国人民银行总行建立。该报价系统是经营证券交易和资金拆借业务的金融机构，根据互惠互利、共同发展的原则组建的会员制组织,是以计算机网络为依托,各种通讯手段相结合的系统。它的主要功能有集散市场信息的功能、市场统计分析功能、交易功能、清算和交割功能。报价系统的会员之间进行直接交易和自动清算和交割。

全国自动报价系统(STAQ)于1992年7月形成,是由中国证券市场研究中心(SEEC)的前身"证券交易所研究设计办公室"的9家全国性的非金融机构发起和集资成立的,并得到政府有关部门支持的非营利性、民间性、会员制事业单位。它是依托计算机网络从事证券交易的综合性场外交易市场。通过计算机通讯网络,连接国内证券交易活跃的大中城市,为会员公司提供有价证券的买卖价格信息和交易、清算等方面的服务,使分布在各地的证券经营机构相互之间高效、安全地开展业务。STAQ系统的主要功能是即时报价、辅助交易、信息分析和统一清算等。

(三) 第三市场

第三市场是已上市却在证券交易所之外进行交易的股票买卖市场。它是一种店外市场。应当指出,第三市场交易属于场外市场交易,但与其他场外市场的区别主要是第三市场的交易对象是在交易所上市的股票,而其他场外交易市场则是从事未上市的股票在交易所以外交易。第三市场的出现,不仅使参与者能够降低成本,从中得到实惠,而且对促进股票市场的进一步发展也产生了积极影响,使已上市的股票出现多层次的市场,从而加强证券业务的竞争。既为已上市的股票交易增加了机会与渠道,扩大了市场的宽度和流通性,又促使证券交易所降低服务费用,提供更好的服务,同时也繁荣了股票市场。

(四) 第四市场

第四市场指大机构和投资者绕过经济上和交易所,直接通过电子计算机网络与彼此沟通,进行证券交易。第四市场可以节省大量的手续费,所以它的交易成本很低。此外,因为该市场中买卖双方直接进行洽谈交易,所以成交的效率得到了保证。第四市场中进行的交易大都属于大宗交易的范畴,并且可以避免交易给证券行情产生的压力。但是正由于其使用计算机网络且买卖双方直接交易,第四市场也会给金融管理监督带来巨大的困难。

四、股价指数

股票价格指数即股票指数,是由金融服务机构或证券交易所编制的表明市场行情变动的一种参考性指数。

(一) 股票价格平均数

股票价格平均数反映一定时点上市股票价格的绝对水平,它可分为简单算术股价平均数、修正的股价平均数、加权股价平均数三类。人们通过对不同时点股价平均数的比较,可以看出股票价格的变动情况及趋势。

1. 简单算术股价平均数

简单算术股价平均数是将样本股票每日收盘价之和除以样本数得出的，即：

$$简单算术股价平均数 = \frac{P_1 + P_2 + P_3 + \cdots + P_n}{n} \tag{7.1}$$

世界上第一个股票价格平均——道·琼斯股价平均数在1928年10月1日前就是使用简单算术平均法计算的。

虽然简单算术平均法计算简便，但是它也有如下缺点：它未将各种样本股票的权数纳入考虑范畴，从而难以区分重要性不同的样本股票对股价平均数产生的影响。此外，当样本股票进行分割派发红股、增资等情况时，股价平均数会产生断层，失去连续性，使时间序列前后的比较发生困难。

2. 修正的股价平均数

修正的股价平均数包含两种方法，一是道氏修正法（除数修正法），二是股价修正法。

（1）道氏修正法。这一方法由美国道琼斯公司于1928年创立，旨在克服简单算术平均法的不足。该方法的核心是通过求出一个除数，用以修正派发红股、增资等情况引起的股价平均数的变化产生的影响，从而保持股价的连续性和可比性。

$$新除数 = \frac{变动后的新股价总额}{旧的股价平均数} \tag{7.2}$$

$$修正的股价平均数 = \frac{报告期股价总额}{新除数} \tag{7.3}$$

（2）股价修正法。股价修正法指将股票发生分割等变动后的股价还原为变动前的股价，使股价平均数不会因此变动的方法。这一方法被美国《纽约时报》采用，用来编制500种股价的平均数。

（二）股价指数的计算

股票指数指反映不同时点上股价变动状况的相对指标。一般情况下，股价指数是将报告期的股票价格与一定的基期价格相比后将两者的比值乘以基期的指数值，所得即为该报告期的股票指数。股票指数的计算方法有三种：一是相对法，二是综合法，三是加权法。

1. 相对法

相对法又称平均法。首先计算样本股价指数，之后加总求和得到总的算术平均数。公式如下：

$$股价指数 = \frac{1}{n} \sum_{i=1}^{n} \frac{P_1^i}{P_0^i} \tag{7.4}$$

其中，n 为样本数量，P_0^i 为第 i 种股票的基期价格，P_1^i 为第 i 种股票的报告期价格。

2. 综合法

综合法先将样本股票的基期和报告期价格分别加总，然后相除得到股票指数。公式如下：

$$股价指数 = \frac{\sum_{i=1}^{n} P_1^i}{\sum_{i=1}^{n} P_0^i} \quad (7.5)$$

3. 加权法

加权法全程为加权股价指数法。此方法根据各期样本股票的重要性赋予其权重。按时间划分，权数可以是基期权数，也可以是报告期权数。以 P_0 和 P_1 表示基期和报告期的股价，以 Q_0 和 Q_1 表示基期和报告期的成交总数或总股本，那么以基期成交股数或总股本为权数的指数(拉斯拜尔指数)的计算公式为：

$$加权股价指数 = \frac{\sum P_1 Q_0}{\sum P_0 Q_0} \quad (7.6)$$

另一种计算方法以报告期成交数或总股本为权数，这种方法被称为派许指数，其公式为：

$$加权股价指数 = \frac{\sum P_1 Q_1}{\sum P_0 Q_1} \quad (7.7)$$

目前世界上大多股价指数都使用派许指数计算。

知识链接 7-2

金融市场开放进一步便利外资流入　推动全面开放新格局

2020 年 5 月 7 日中国人民银行、国家外汇管理局发布《境外机构投资者境内证券期货投资资金管理规定》(以下简称《规定》)，取消境外机构投资者额度限制。上投摩根认为，目前仍是外资流入的初期阶段，《规定》发布有利于引入更多境外长期资金，并对 A 股的投资理念、风格、估值体系等各方面产生深远影响。

《规定》取消境外机构投资额度限制的同时，还对合格投资者资金汇入时间、投资收益汇出手续等方面做了放松和简化。

上投摩根认为，随着金融市场开放力度不断加大，目前仍是外资流入的初期阶段。截至 2019 年底，外资在 A 股市场持仓市值占比为 4.3%，相较于日韩等海外可比市场普遍 15%~30% 的占比，仍有数倍提升空间。目前 4.3% 对应着约 2.1 万亿元市值，这意味着未来等待进入 A 股市场的外资将达数万亿元。

从全球视角来看,中国市场无论从经济增长还是资产配置角度来看都难以忽视,中国拥有全球第二大的股票、债券市场,中国市场较低的估值、更大的政策空间以及相对稳定的经济基本面,是全球投资者长期看多中国市场的主要原因。

上投摩根指出,目前A股市场估值处于相对低位,低估值、高成长、高流动性的优质资产对于长线资金具有吸引力。同时随着A股纳入各类国际指数的比重不断提升,被动与主动投资需求都会持续上升。此外,境内债券市场的收益率也显著高于欧美市场,特别是安全性相对较高的利率债将会继续受到外资的青睐。

上投摩根认为,随着资本市场的改革持续推进,未来还将有更多相关举措出台,持续夯实中国资本市场长期良性发展基础。同时,外资对A股会从投资理念、风格、估值体系等各方面产生深远影响。因此,理解外资的投资思维在未来将变得非常重要。

第二节　债券市场

一、债券及债券市场基本概念

1. 债券的定义

债券是政府、金融机构或工商企业等机构以融通资金为目的,向投资者借入资金而发的债权债务凭证。它的本质是债权证书,具有法律效力,它虽然是虚拟资本,但是属于有价证券。该凭证载明发行者在指定日期支付利息并在到期日偿还本金的承诺,其要素包括面值、偿还期、票面利率、付息期、求偿等级、限制性条款、抵押与担保及选择权(如赎回与转换条款)。

2. 债券的特征

(1)偿还性。债券的偿还性是指债权有规定的偿还期限,发行人必须按照约定的时间、条件向投资人支付利息和偿还本金的要求。

(2)流动性。债券的流动性是指债券的持有人可以按照自己的意愿和市场价格变化的情况,自由地在市场上转让债券。

(3)收益性。债券的收益性主要体现在两个方面:其一,债券持有人可以获得债券持有期内的利息收益;其二,债券持有人可以根据债券价格的波动,在市场上买卖债券,以获得价差收益。

(4)安全性。与其他投资品相比,债券具有较好的安全性。其一,债券的利息率通常固定,收益稳定;其二,相比于股票等其他形式的投资产品,当发行债券的公司破产时,债券持有者对公司的剩余资产具有优先求偿权。

3. 债券与股票的区别

(1)期限与偿还要求不同。股票一般是永久性的，所以不需要偿还。而债券大部分是有明确期限的，到期必须偿还本金，并且按照约定的时间支付利息。因此，对于公司来说若发行的债券过多就可能资不抵债而破产，而公司发行越多的股票，其破产的可能性就越小。

(2)控制权不同。其一，股东可以通过投票来行使其对公司的控制权，决定公司的经营与管理，而债权人一般没有投票权，但他可能要求对大的投资决策有一定的发言权；其二，在公司破产的情况下，剩余控制权将由股东转移到债权人手中，债权人有权决定是清算公司还是重组公司。

(3)收益不同。股东从公司税后利润中分享股利，并且股利的多少受公司的经营状况、股东大会决议的影响。债券持有者则从公司税前利润中得到固定利息收入，偿还不受其他因素影响。

(4)求偿等级不同。当公司破产时，债权人有权优先取得公司财产，其次是优先股股东，最后是普通股股东。

(5)风险不同。股票是一种风险资本，不涉及抵押担保问题，而债券可要求以某些特定资产作为保证偿还的抵押，以提供超出发行人通常信用地位之外的担保，这实际上降低了债务人无法按期还本付息的风险，即违约风险或称信用风险。故此，债券的风险小于股票的风险。

(6)选择权不同。股票主要表现为优先股的转换与赎回，而债券则更为普遍。其一，多数公司在公开发行债券时都附有赎回等条款，即在某一预定条件下，由公司决定是否按照预定价格提前从债券持有者手中购回债券。其二，许多债券附有可转换性，这些可转换债券在到期日或到期日之前的某一期限内可以按预先确定的比例或预先确定的价格转换成股票。

4. 债券的分类

(1)根据利率可分为固定利率债券、浮动利率债券、息票累计债券和零息债券。固定利率债券是指事先确定利率，每半年或一年付息一次或一次还本付息的债券。浮动利率债券是在SHIBOR等利率之上增加一个固定的溢价，如10个基点即0.1%，以防止未来市场利率变动对投资者可能造成的价值损失。息票累计债券是规定了票面利率，但是债券持有人必须在债券到期时一次性获得本息，存续期内没有利息支付零息债券，而是以低于面值的贴现方式发行到期按面值兑现，不再另付利息的债券。该债券价格对利率变动极为敏感。

(2)按发行主体可分为政府债券、公司债券与金融债券。政府债券的发行主体为政府，中央政府发行的债券称为"国债"，地方政府发行的债券称为"城投债"，其主要用途是为了解决由政府主持兴建的公共设施项目的资金需求与财政赤字。公司债券是公司按照法律规定的程序发行的在一定期限内还本付息的有价证券。公司债券发行主体一般为股份制公司，但也有一些非股份制企业发行，在归类时两者合并称为公司债券。金融债券发行主体一般是以银行为主的金融机构，他们为筹集信贷资金而发行债券。发行金融债券，表面看来同银行吸收存款一样，但由于债券有明确的期限规定，不能提前兑现，所以筹集的资金要比存款稳定得多。由于银行的资信度比一般公司要高，金融债券的信用风险也较公司债券低。

（3）按募集方式可分为公募债券与私募债券。公募债券是指发行人向不特定的社会公众投资者公开发行的债券。一般公募债券发行量大、流动性好，可以在公开市场上自由交易。私募债券是指发行人向特定的少数的投资者发行，因为私募债券门槛高，它的投资者一般是机构投资者。

（4）按担保性质可分为有担保债券与无担保债券。有担保债券分为抵押债券与质押债券。抵押债券是以不动产作为担保，又被称为不动产抵押债券。质押债券以动产或者权利作为担保，通常以证券为担保。无担保债券又被称为信用债券，仅凭发行人的信用，是不提供任何抵押品、没有担保人就发行的债券。

（5）按内含选择权可分为可赎回债券、可转换债券和带认股权证的债券。可赎回债券是指债券附加早赎和以新偿旧条款，允许发行公司选择于到期日之前购回全部或部分债券。可转换债券是指公司债券附加可转换条款，赋予债券持有人按预先确定的转换比率转换为该公司普通股的选择权。使用可转换债券的方式一方面将增强对投资者的吸引力，另一方面可转换债券可被发行公司提前赎回。带认股证的债券是指把认股证作为公司债券合同的一部分附带发行。与可转换债券一样，认股证允许债券持有人购买发行人的普通股。

二、债券的发行与流通

1. 债券发行的条件

债券发行的条件，是指债券发行者发行债券筹集资金时所必须考虑的有关因素，包括发行额、期限、发行价格、票面利率等，由于公司债券通常是以发行条件进行分类的，所以，确定发行条件的同时也就确定了所发行债券的种类。

（1）发行额是指发行人一次发行的债券筹集资金的总额，这取决于发行人对资金量的需求，当然也受法定最高限额、发行债券种类、公司资信状况等方面的约束。对于发行人而言，在筹集相同资金的情况下，一次发行的经济、时间成本要比多次发行低，但是一次发行的总额太大会造成债券的销售困难，这会损坏发行人公司的名义，也会影响其未来的发行。

（2）期限的确定主要取决于发行人对债券筹集到的资金的用途与投资目标。不过，也要考虑到债券流通市场的发达程度，越发达可转让也就越迅速，债券持有者对债券没有后顾之忧，故发行人发行长期债券成功的可能性就越大。此外，债券期限的长短，还受公司的经营状况、信用级别的影响，对于经营状况良好、生产规模稳中求进的公司的债券，持有者在持有期内不担心偿还问题。

(3) 债券的发行价格是指债券持有人从债券发行人手中获取债券时所需要的价格，但是往往债券的票面价格并不一定与债券的发行价格相同。

(4) 票面利率又称作名义利率，票面利率的高低直接影响债券持有人的收益与债券发行人的成本。债券的票面率一般受以下因素影响：其一，银行同期利率水平，例如同期的存款利率水平、同期的银行间拆借利率水平(LIBOR/SHIBOR 等)；其二，发行公司的信用状况，信用级别的不同会影响公司债券的票面利率，一般是，信用级别越高票面利率越低(信用级别会有专门的公司评定)；其三，其他债券利率水平，一般来说中央政府的信用最高，因此中央政府发行的债券利率也会更低，其次是地方政府债券、金融债券等，所以公司在考虑到自己信用度的情况下会参考其他债券的利率水平；其四，债券的期限长短，一般来说债券期限的长短与票面利率的高低成正比。

2. 债券发行的方式

一般来说债券发行方式按照不同的标准，可以划分为按发行对象、有无中介人等类型。

按发行对象的不同，债券发行的方式可划分为公募债券与私募债券，前文有所提及，在此不再赘述。

按有无中介人的标准，债券发行的方式可以分为直接发行与间接发行。直接发行就是发行人自己办理有关债券发行的手续，并向投资者直接出售债券的形式，直接发行省去了委托发行的费用，但是更耗时耗力，有时候的费用甚至超过委托发行。间接发行是发行人委托证券公司等机构，作为中介来办理发行相关事宜，一般来说间接发行的方式分为代销与包销两种，其中包销分为余额包销与全额包销。直接发行多见于私募，间接发行多见于公募。

对证券公司而言，代销风险最低，只需推销债券，销售不完就退给发行人。但是包销的两种形式风险较大。余额包销就是代理发行机构先进行债券推销，最后卖不掉的由代理机构购入，全额包销是代理机构先全部买入再进行销售，风险都很大，故包销形式一般都会组成承销银团来进行，以分散风险。

3. 债券的评级

债券评级最主要原因是方便投资者进行债券投资决策。债券投资者是要承担一定风险的，如果发行者到期不能偿还本息，投资者就会遭受损失，所以对广大投资者而言，事先了解债券的信用等级非常重要。但是受到某些情况的限制，投资者无法对众多债券进行分析，因此需要专业机构对债券的可靠程度，进行公平、公正和公开的评定，以方便投资者决策。

（1）国际评级机构。美国最著名的两家评级机构就是标准普尔与穆迪。近年来，属于欧资的惠誉也逐渐进入著名的评级机构行列。评级公司通过分析公司的基本面、行业数据、宏观经济以及财务数据等对公司的债券偿付能力作出评估，并划分出如表7-1所示的这些级别。

表7-1 标准普尔与穆迪级别划分

标准普尔	释义	穆迪
投资级债券		
AAA	此级别的债券偿付能力是最高的	Aaa
AA+	此级别的债券具有很强的偿付能力，它与上级债券仅有很小的差别	Aa1
AA		Aa2
AA-		Aa3
A+	此级别的债券具有很强的偿付能力，但是在经营环境变糟糕时，它的偿付能力不如更高级别的稳定	A1
A		A2
A-		A3
BBB+	此级别的债券具有充足的偿付能力。它有一定的保障，但当公司情况糟时，它无法偿付的可能性高于更高级别的债券	Baa1
BBB		Baa2
BBB-		Baa3
投机级/可信度低债券		
BB+	就偿付能力来说，级别为BB，B，CCC和CC（穆迪为相应的级别）的债券通常被认为主要是投机债券，尽管这些债券有一定的品质和保障，但是不足以抵消不利影响可能造成的不确定性和债券的主要风险暴露	Ba1
BB		Ba2
BB-		Ba3
B+		B1
B		B2
B-		B3
CCC+		Caa
CCC		
CCC-		
CC+		Ca
CC		
CC-		
极度投机级/违约债券		
C	从未支付过利息的收入型债券	C
D	以及违约或者推迟偿付的债券	D

前四个级别债券信誉高，履约风险小，是"投资级债券"，第五级开始的债券信誉低，是"投机级债券"。加号(+)或减号(-)表示"AA"级至"CCC"级可加上加号和减号，表示评级在各主要评级分类中的相对强度。惠誉也是大同小异。

按照固有的观点，这三家评级机构的信用评级，他们以客观分析和独到见解真实反映政府、公司及其他机构的偿债能力和偿债意愿，并因此获得全球投资者的广泛关注。但是企业都是追逐利益的，无法做到真正的公平公正——1992年，标准普尔及穆迪给予后来倒闭的一家保险公司过高评级，令投资人损失惨重。2001年，美国安然等大公司出现财务欺诈丑闻，评级机构也均未做出预警。2004年，德国第二大保险公司Hannover Re 两次拒绝"穆迪"提供的"评级服务"后，信用级别被穆迪调低到"垃圾级"，结果造成了1.75亿美元的损失。

(2)国内评级机构。我国债券评级机构起步较晚，始于20世纪80年代，而且发展不足，近年来才开始有真正的大规模评级。目前国内主要有以下评级公司：中诚信国际信用评级有限公司、联合资信评估有限公司、上海新世纪资信评估投资服务有限公司、大公国际资信评估有限公司、中债资信评估有限责任公司、鹏元资信评估有限公司、上海远东资信评估有限公司、东方金诚国际信用评估有限公司等。然而，海外投资者普遍不信任中国信用评级机构，认为太宽松、太容易给被评估对象过高评级。

根据彭博数据显示，被其评估的1500家中国上市公司，近70%都给予"AA"级或以上的等级，其中900家即总数的60%，更得到最高的"AAA"评级。实质上，我国信用评级机构并没有反映出太多有意义的分别，在这方面，我们有非常显著的改进空间。

4. 债券的流通

债券的流通是指，债券在市场上在投资者之间进行流转，故此债券的流通市场又被称作二级市场、次级市场。它的交易机制基本与股票无差别，只是债券风险更小一些，故此不再赘述。

第三节 投资基金市场

一、证券投资基金基本概念

1. 基金的含义与特点

证券投资基金又称基金，是通过基金发起人发起，将投资者分散的资金集合起来，交由基金托管人托管，由基金管理人管理的一种收益共享、风险共担的资金投资方式。与股票、债券不同的是，基金属于一种间接投资工具，投资人一般不直接参与基金运作。

基金有着本身独特的特点吸引着投资者：

(1) 间接投资模式。投资者通过购买基金单位间接投资与证券市场，投资人既不与发行人建立所有权关系，也不与发行人建立债券关系，也不直接取得被投资产品的利息与收益。

(2) 专家管理。基金由专门的基金管理公司负责资金的运作与管理。基金管理公司拥有强大信息系统及拥有大量技术娴熟、实操经验丰富的分析师，能够更好地对资金进行管理。

(3) 分散风险。基金将资金分散地投资在各个证券市场的产品上，一次可以购入上百种产品，降低了只投资一种产品带来损失的可能性，而如果中小投资者自己进行投资时，由于资金量小不可能进行如此广泛的投资。

(4) 监管严格、运作独立。各国基金监管机构都对基金进行了严格的监管，要求及时、准确地披露相关信息，以确保广大投资者的利益，增强投资信心。为了达到相互制约的目的，各国也都有相关的法律条款，对基金资金的运作、保管相分离，已达到相互监督、相互制约的目的。

2. 基金的分类

(1) 根据组织形式可分为公司型基金和契约型基金。

公司型基金是依据公司法成立的、以营利为目的的股份有限公司形式的基金。这种基金的特点就是基金本身是股份制的投资公司。基金公司通过发行股票筹集资金，投资者购买基金公司股票而成为股东。

契约型基金是依据信托契约组织起来的基金，其中基金管理公司(委托人)通过发行受益凭证筹集资金，并将其交由基金保管公司(保管人)保管，本身则负责基金的投资营运，而投资者(受益人)凭基金受益凭证索取投资收益。

(2) 根据投资目标可分为收入型基金、成长型基金和平衡型基金。

收入型基金是以获取最大的当期收入为目标的投资基金，其特点是损失本金的风险小，但长期成长的潜力也相应较小，适合较保守的投资者。

成长型基金是以追求资本的长期增值为目标的投资基金，其特点是风险较大，可以获取的收益也较大，适合能承受高风险的投资者。其分为三种：一是积极成长型，投资于有高成长潜力的股票或其他证券；二是新兴成长型，投资于新行业或高成长潜力行业中有成长潜力的小公司；三是成长收入型，投资于成长潜力大、红利也较丰厚的股票。

平衡型基金是以净资产的稳定、可观的收入及适度的成长为目标的投资基金，其特点是具有双重投资目标，谋求收入和成长的平衡，故风险适中，成长潜力也不是很大。

(3) 根据赎回方式可分为开放式基金与封闭式基金。

开放式基金是指投资者可以随时申购或者赎回基金份额，因此其股份总数是不固定的。

封闭型基金是基金股份总数固定，并且规定封闭期限，在期限内投资者不得申购赎回，只能在二级市场上转让。目前我国、日本、英国、新加坡等国的基金形式均为封闭型基金。

（4）根据募集方式可分为公募基金与私募基金。

公募基金是指可以面向不特定的社会大众公开发行销售的基金。公募基金的监管要求严格、可以进行公开销售与宣传、募集对象不特定、投资金额要求低，适合中小投资者参与。公募基金在美国一般被称为共同基金。

私募基金只能用非公开的方式向特定的群体募集资金。与公募相比，私募基金一般监管要求较低、不可以公开销售与宣传、募集对象特定、投资金额要求高，适合机构投资者参与，并且它的风险也是高于公募基金的。私募基金在美国被称为对冲基金。

（5）根据投资目标可分为股票基金、债券基金和货币市场基金等。股票基金主要的投资对象是股票，这是基金中最原始的品种。债券基金主要的投资对象是债券，在市场上的规模仅次于股票型基金。货币基金是投资于货币市场工具的基金。

二、证券投资基金的设立与募集

1. 基金的设立步骤

（1）确定基金性质。例如，确定其是公司型还是契约型、是开放型还是封闭型。

（2）选择共同发起人、基金管理人与托管人，制定各项申报文件。根据有关对基金发起人资格的规定慎重选择共同发起人，签订《合作发起设立证券投资基金协议书》，选择基金保管人，制定各种文件，规定基金管理人、托管人和投资人的权责利关系。

（3）向主管机关提交规定的报批文件，并进行人员培训工作，为基金成立做好准备。

（4）发表基金招募说明书，发售基金券。招募的资金达到有关法规规定的数额或百分比，基金成立，否则失败。

2. 募集方式与特点区别

基金的设立申请一旦获得主管机关批准，发起人即可发表基金招募说明书，着手发行基金股份（公司型）或受益凭证（契约型），该股票或凭证由基金管理公司和基金保管公司共同签署并经签证后发行，发行方式可分为公募和私募两种，类似于股票的发行。

在我国公募基金与私募基金的市场份额在近几年发生了扭转，私募基金越来越得到重视与发展。公募基金与私募基金的特点与区别主要如表7-2所示。

表7-2 公募基金与私募基金的特点与区别

	公募基金	私募基金
投资门槛	投资门槛为1000元，门槛低	投资门槛为100万元，门槛高
流动性	流动性非常好	流动性差
筹资方式	向不特定的社会公众	向特定的少数群体

(续)

	公募基金	私募基金
监管	监管要求极其严格	监管相对不严格
风险	风险小	风险大
信息披露程度	信息公开，披露程度高	信息不公开，无需进行财产披露
财务杠杆	很低	具有高财务杠杆
经营业绩	由于投资限制，经营业绩通常逊于私募基金	通常较优

三、基金的运作

基金在发行结束一段时间内，就应安排基金的交易。对于封闭型基金股份或受益凭证，其交易模式与股票、债券类似，可以通过自营商或经纪人在二级市场上随行就市，自由转让。对于开放型基金，其交易方式为投资者向基金管理公司认购股票或受益凭证，认购价格一般按当日每股股票或每份受益凭证基金的净资产价值来计算，大部分基金是每天报价一次，即基金管理公司在当天收市后才计价，以反映基金净资产和股份或受益凭证总数的变化。

重要概念

普通股　优先股　剩余索取权　初级市场　次级市场　第三市场　第四市场　做市商交易制度　报价驱动　集合竞价　可转换债券　债券评级　零息债券　投资基金　开放型基金　封闭型基金　私募　公募

推荐书目

[1] 李金甜，郑建明，许晨曦. 做市商制度下新三板公司流动性困境及分析[J]. 现代管理科学，2017(12)：30-32.

[2] 孙嘉成. 股价崩盘风险影响因素文献综述[J]. 合作经济与科技，2017(22)：70-71.

[3] 马榕，石晓军. 中国债券信用评级结果具有甄别能力吗？——基于盈余管理敏感性的视角[J]. 经济学(季刊)，2016，15(01)：197-216.

[4] 贺俊程. 我国地方政府债券运行机制研究[D]. 北京：财政部财政科学研究所，2013.

[5] 赵玉. 私募股权投资基金管理人准入机制研究[J]. 法律科学(西北政法大学学报)，2013，31(4)：165-173.

[6] 付丹. 中国证券投资基金绩效评价实证研究[D]. 上海：华东政法大学，2013.

参考文献

[1] 张亦春，郑振龙，林海．金融市场学．第4版[M]．北京：高等教育出版社，2013．

[2] 李学峰．证券市场分析[M]．北京：清华大学出版社，2015．

[3] 孙睦优，周丽君．证券投资[M]．北京：清华大学出版社，2013．

[4] 证券业从业人员一般从业资格考试编写组．金融市场基础知识应试指导：精华版[M]．北京：中国铁道出版社，2016．

[4] 阮青松．投资银行学精讲[M]．大连：东北财经大学出版社，2009．

[6] 杨彩林．证券投资学[M]．长沙：国防科技大学出版社，2011．

习　题

一、名词解释

1. 优先股
2. 做市商
3. 保证金交易（信用交易制度）
4. 零息债券
5. 可转换债券
6. 证券投资基金
7. 契约型基金

二、简答题

1. 简述普通股的特征及股东权利。
2. 简述优先股的特征及股东权利。
3. 简述债券和股票的区别。
4. 什么叫开放式基金和封闭式基金？

三、论述题

1. 请详细说明哪些因素会影响股价的波动。
2. 我国知名的评级机构有哪几家？我国评级机构发展状况如何？
3. 请说明私募基金与公募基金的区别与联系。

第八章 金融远期、期货和互换

◆ **本章概要:**

1. 衍生金融工具(derivative in-struments)又称衍生证券、衍生产品,是指其价值依赖于基本标的资产价格的金融工具,如远期、期货、期权、互换等。

2. 衍生金融工具的历史不如债券股票那么久,但却因其在投融资、套期保值和套利行为中发挥的巨大作用而发展迅速。

◆ **重点难点:**

1. 了解金融远期、期货和互换的概念及特点。
2. 掌握远期合约和期货合约的定价。
3. 了解期货价格和远期价格、期货价格和现货价格之间的关系。
4. 掌握利率互换和货币互换的设计和安排。

第一节 金融远期和期货概述

一、金融远期合约概述

(一) 金融远期合约的定义和特点

金融远期市场是适应规避现货交易风险的需要而产生的、进行远期合约交易的市场。金融远期合约是指双方约定在未来的某一确定时间,按确定的价格买卖一定数量的某种金融资产的合约。合约中规定在将来买入标的物的一方称为多方,而在未来卖出标的物的一方称为空方。合约中规定的未来买卖标的物的价格称为交割价格。使得远期合约价值为零的交割价格称为远期价格。远期价格显然是理论价格,它与远期合约在实际交易中形成的实际价格(双方签约时所确定的交割价格)并不一定相等。一旦理论价格与实际价格不相等,就会出现套利机会。远期合约价值则是指远期合约本身的价值,它是由远期实际价格与远期理论价格的差距决定的。当远期价格等于交割价格时,远期价值为零。在合约签署时,若交割价格等于远期理论价格,则此时合约价值为零。

远期合约是非标准化合约，它是在金融机构之间或金融机构与客户之间通过谈判后签署的。已有的远期合约也可以在场外市场交易。在远期市场中，合约的签订灵活性较大，合约双方可以就交割地点、交割时间、交割价格、合约规模、标的物的品质等细节进行讨论，以便尽量满足双方的需要，这是远期市场相对其他衍生工具的主要优势。

但远期合约缺点也比较明显：第一，由于远期合约没有固定的、集中的交易场所，缺乏统一的组织，不利于交易信息的传递，无法形成统一的市场价格，交易成本高，效率低。第二，由于每份远期合约是双方商谈后签订的，各个远期合约之间内容差异较大，使得远期合约的流通不便，因此远期合约的流动性较差。第三，远期合约的履约没有保证，远期合约没有保证金制度，当价格变动只对一方有利时，另一方因为履行合约可能造成损失而选择不履约，因此远期合约的违约风险较高。

(二) 金融远期合约的种类

金融远期合约主要包括远期利率协议、远期外汇合约等。

1. 远期利率协议

远期利率协议(forward rate agreements，FRA)是买卖双方同意从未来某一商定的时期开始在某一特定时期内按协议利率借贷一笔数额确定、以具体货币表示的名义本金的协议。远期利率协议是防止国际金融市场上利率变动风险的一种保值方法。远期利率协议保值产生于伦敦金融市场，并迅速被世界各大金融中心所接受。

远期利率协议交易具有以下几个特点：一是具有极大的灵活性。作为一种场外交易工具，远期利率协议的合同条款可以根据客户的要求"量身定做"，以满足个性化需求；二是并不进行资金的实际借贷，尽管名义本金额可能很大，但由于只是对以名义本金计算的利息的差额进行支付，因此实际结算量可能很小；三是在结算日前不必事先支付任何费用，只在结算日发生一次利息差额时支付。

(1) 重要术语和交易流程。为了规范远期利率协议，英国银行家协会(British Banker's Association)于1985年颁布了远期利率标准化文件(FRABBA)，作为市场实务的指导原则。目前世界上大多数远期利率协议都是根据FRABBA签订的。该标准化文件使每一笔FRA交易仅需一个电传确认即可成交，大幅提高了交易速度和质量。

FRABBA对远期利率协议的重要术语作了规定：

合同金额(contract amount)——借贷的名义本金额。

合同货币(contract currency)——合同金额的货币币种。

交易日(dealing date)——远期利率协议成交的日期。

结算日(settlement date)——名义借贷开始的日期，也是交易一方向另一方交付结算金的日期。

确定日(fixing date)——确定参照利率的日期。

到期日(maturity date)——名义借贷到期的日期。

合同期(contract period)——结算日至到期日的天数。

合同利率(contract rate)——在协议中双方商定的借贷利率。

参照利率(reference rate)——在确定日用以确定结算金的在协议中指定的某种市场利率。

那么,远期利率是怎么决定的呢？远期利率是由一系列即期利率决定的。一般来说,如果现在时刻为 t, T 时刻到期的即期利率为 r, T^* 时刻($T^*>T$),到期的即期利率为 r^*,则 t 时刻的 T^*-T 期间的远期利率 f 可以通过下式求得：

$$f(T^*-T) = r^*(T^*-t) - r(T-t) \tag{8.1}$$

应注意的是,公式(8.1)仅适用于每年计一次复利的情形。

【例 8-1】 如果一年期的即期利率为 10%,两年期的即期利率为 10.5%,那么其隐含的一年到两年的远期利率就约等于 11%,这是因为：

$$(1+10\%)(1+11\%) = (1+10.5\%)^2$$

(2)连续复利(continuous compounding interest)。为了更精确地算出即期利率和远期利率之间的关系,必须引入连续复利的概念。连续复利在衍生证券定价中有相当广泛的应用。

假设数额 A 以利率 i 投资了 72 年。如果利息按每一年计一次复利,则上述投资的终值为：

$$A(1+R)^n \tag{8.2}$$

如果每年计 m 次复利,则终值为：

$$A\left(1+\frac{R}{m}\right)^{mn} \tag{8.3}$$

当 m 趋于无穷大时,就称为连续复利,此时的终值为：

$$\lim_{n\to\infty} A\left(1+\frac{R}{m}\right)^{mn} = Ae^{Rn} \tag{8.4}$$

表 8-1 显示了提高复利频率所带来的效果。从表 8-1 可以看出,连续复利(精确到小数点后两位)与每天计复利得到的效果一样。因此,从实际来看,可以认为连续复利与每天计复利等价。

表 8-1 复利频率与终值

复利频率	终值(元)	复利频率	终值(元)
每一年($m=1$)	105.00	每周($m=52$)	105.12
每半年($m=2$)	105.06	每天($m=365$)	105.13
每季度($m=4$)	105.09	连续复利	105.13
每月($m=12$)	105.12		

注：提高复利频率对 100 元在一年年末终值的影响,利率为每年 5%。

假设 R_c 是连续复利的利率，是与之等价的每年计 m 次复利的利率，从公式(8.3)和公式(8.4)有：

$$e^{R_c n} = \left(1+\frac{R_m}{m}\right)^{mn}$$

或

$$e^{R_c} = \left(1+\frac{R_m}{m}\right)^{m}$$

这意味着：

$$R_c = m\ln\left(1+\frac{R_m}{m}\right) \tag{8.5}$$

$$R_m = m\left(e^{\frac{R_c}{m}} - 1\right) \tag{8.6}$$

通过公式(8.5)和公式(8.6)，可以实现每年计 m 次复利的利率与连续复利之间的转换。

特别地，当 $m=1$ 时，

$$R_c = \ln(1+R_m)$$
$$R_m = e^{R_c} - 1$$

当即期利率和远期利率所用的利率均为连续复利时，即期利率和远期利率的关系可表示为：

$$\hat{r} = \frac{r^*(T^*-t) - r(T-t)}{T^*-t} \tag{8.7}$$

这是因为：

$$e^{r(T-t)} \times e^{\hat{r}(T^*-t)} = e^{r^*(T^*-t)}$$

所以，

$$r(T-r) + \hat{r}(T^*-T) = r^*(T^*-t)$$

例如，当一年期和两年期的连续复利年利率分别为10%和10.5%时，一年到二年的连续复利远期年利率就等于11%，这是因为：

$$e^{0.10} \times e^{0.11} = e^{0.105 \times 2}$$

(3) 远期利率协议的功能。远期利率协议最重要的功能在于预先确定将来实际交付的利率从而规避利率变动风险。签订FRA后，不管市场利率如何波动，协议双方将来收付资金的成本或收益总是以合同约定利率水平为基准。

另外，由于远期利率协议交易的本金不用交付，利率是按差额结算的，所以资金流动量较小，这就给合约双方提供了一种管理利率风险而无需改变其资产负债结构的有效工具。

与金融期货、金融期权等衍生工具相比，远期利率协议具有简便、灵活、占用资金少等优点。同时，由于远期利率协议是场外交易，故存在信用风险和流动风险，但这种风险又是有限的,因为它最后实际支付的只是利差而非本金,风险相对较少。

2. 远期外汇合约

远期外汇合约(forward exchange contracts)是指双方约定在将来某一时间按约定的远期汇率买卖一定金额的某种外汇的合约。交易双方在签订合同时,就确定好将来进行交割的远期汇率,到时不论汇价如何变化,都应按此汇率交割。在交割时,名义本金并未交割,而只交割合同中规定的远期汇率与当时的即期汇率之间的差额。

远期汇率(forward exchange rate)是指两种货币在未来某一日期交割的买卖价格。远期汇率的报价方法通常有两种:一种是报出直接远期汇率(outright forward rate);另一种是报出远期差价(forward margin),又称掉期点数(swap points)。远期差价是指远期汇率与即期汇率的差额。若远期汇率大于即期汇率,那么这一差额就称为升水(premium),反之则称为贴水(discount);若远期汇率与即期汇率相等,那么就称为平价(at par)。

目前外汇市场上大多用第二种报价法。通过即期汇率加减升贴水,就可算出远期汇率。例如即期汇率为 USD1=HKD7.8520/25,一个月远期差价为 50/55,则将即期汇率按照一定规则加减升贴水即可获得远期汇率。加减的规则是"前小后大往上加,前大后小往下减"。"前小后大"和"前大后小"是指差价的排队方式。由于上述美元兑港元的差价排列方式为前小后大,故往上加得到远期汇率为 USD1=HKD7.8570/80。

二、金融期货合约概述

20世纪70年代初,西方国家出现了严重的通货膨胀,固定汇率制也被浮动汇率制所取代,国内外经济环境和体制安排的转变使经济活动的风险增大。这种情况反映到金融市场上就是利率、汇率和证券价格的急剧波动,原有的远期交易由于流动性差、信息不对称、违约风险高等缺陷而无法满足人们急剧增长的需要,金融期货交易应运而生。金融期货是指交易双方在金融市场上,以约定的时间和价格,买卖某种金融工具的具有约束力的标准化合约,也就是以金融工具为标的物的期货合约。

(一)金融期货合约的定义和特点

金融期货合约,是指买卖双方在有组织的交易所内以公开竞价的形式达成的、在将来某一特定日期交割标准数量的特定金融资产的协议。主要包括外汇期货、利率期货、股票指数期货等合约。金融期货合约可以看作是标准化的远期合约。金融期货一般分为三类,即货币期货、利率期货和指数期货。

金融期货分为三种:货币期货、利率期货、指数期货。在各交易所上市的品种:①货币期货:主要有欧元、英镑、瑞士法郎、加元、澳元、新西兰元、日元、人民币等期货合约。②利率期货:美国短期国库券期货、美国中期国库券期货、美国长期国库券期货、市政债券、抵押担保有价证券等。③股票指数期货:标准普尔500种股票价格综合指数,纽约证券交易所股票价格综合指数,主要市场指数,价值线综合股票价格平均指数，日本的日经指数，我国香港的恒生指数等。

知识链接 8-1

国内期货交易所和期货交易品种介绍

我国现有四家期货交易所，其中郑州商品交易所、大连商品交易所、上海期货交易所三家期货交易所以商品期货交易为主，2005年9月8日挂牌成立的中国金融期货交易所(CFFEX)交易金融期货，上市的第一个品种是沪深300股指期货。

郑州商品交易所于1990年成立，是我国第一个以粮油交易为主，逐步开展其他商品期货的场所。交易的主要品种有强麦、硬麦、棉花、白糖等。

大连商品交易所于1993年2月成立，交易的主要品种有黄大豆1号、黄大豆2号、豆粕、玉米、豆油等。

上海期货交易所于1995年由上海金属交易所、上海商品交易所、上海粮油交易所合并而成。其主要上市交易品种有铝、铜、锌、黄金、天然橡胶、燃料油等。

中国金融期货交易所在2010年4月推出沪深300股指期货。

金融期货市场具有如下特点：

第一，交易的标的物的金融商品。这种交易对象大多是无形的，虚拟化了的证券，它不包括实际存在的实物商品。

第二，金融期货是标准化合约的交易。作为交易对象的金融商品，其收益率和数量都具有同质性和标准性，如货币币别，交易金额，清算日期，交易时间等都做了标准化规定，唯一不确定的是成交价格。

第三，金融期货交易采取公开竞价方式决定买卖价格。它不仅可以形成高效率的交易市场而且透明度高，可信度高。

第四，金融期货交易实行会员制度，非会员要参与金融期货的交易必须通过会员代理，由于直接交易限于会员之间，而会员又同时是结算会员，缴纳保证金，因此交易的信用风险小，安全保障程度较高。

第五，交割期限的格式化。金融期货交易的交割期限大多是3个月、6个月、9个月或十二个月，最长的是2年，交割期限内的交割时间随交易对象而定。

金融期货交易具有如下特点：

第一，期货合约交易均在交易所进行，交易双方不直接接触，而是各自与交易所的清算部或专设的清算公司结算。清算公司充当所有期货买者的卖者和所有卖者的买者，因此，交易双方无需担心对方违约。

第二，期货合约的买者或卖者可在交割日之前采取对冲交易以结束其期货头寸(平仓)，而无需进行最后的实物交割。由于通过平仓结束期货头寸比起实物交割既省事又灵活，因此目前大多数期货交易都是通过平仓来结清头寸的。据统计，最终进行实物交割的期货合约不到2%。

但交割的重要性不应被忽视。正是因为具有最后交割的可能性，期货价格和标的物的现货价格之间才具有了联系。随着期货交割月份的逼近，期货价格收敛于标的资产的现货价格。当到达交割期限时，期货的价格等于或非常接近于现货的价格，否则，就存在无风险套利机会。

第三，期货合约的合约规模、交割日期、交割地点等都是标准化的，即在合约上有明确的规定。同种金融工具的期货合约也可以存在不同交割月份、交割时间由交易所事先确定，并在合约中事先注明。

有时，交易所会允许期货合约的空方（卖方）在可供选择的标的物（主要适用于利率期货和商品期货）和交割地点（主要适用于商品期货）之间选择，在空方选择后，交易所可以按事先规定的公式对其收取的价款进行重新调整。有些金融期货，如标的物为股价指数的期货，由于直接交割标的物非常不方便，会在交割时以现金结算。

合约交割月份中可以进行交割的时间必须是确定的，交易所可以根据客户的需要规定各金融工具期货合约的交割月份，也可以由交易所指定交割具体时间。对于不同的期货合约来说，交割日期可以是整个交割月，也可以是某几周，具体在哪一天交割，则由空方选择。

第四，期货交易结算是每天进行的，而不是到期一次性进行的，买卖双方在交易之前都必须在经纪公司开立专门的保证金账户。经纪公司通常要求交易者在交易之前必须存入一定数量的初始保证金（initial margin）。在每天交易结束时，保证金账户都要根据期货价格的涨跌而进行调整，以反映交易者的浮动盈亏，这就是所谓的盯市（marking to market）制度。浮动盈亏是根据结算价格（settlement price）计算的。结算价格的确定由交易所规定，它有可能是当天的加权平均价，也可能是收盘价，甚至还可能是最后几秒钟的平均价。当天结算价格高于昨天的结算价格（或当天的开仓价）时，高出部分就是多头的浮动盈利和空头的浮动亏损。这些浮动盈利和亏损就在当天晚上分别加入多头的保证金账户和从空头的保证金账户中扣除。当保证金账户的余额超过初始保证金水平时，交易者可随时提取现金或用于开新仓；而当保证金账户的余额低于交易所规定的维持保证金（maintenance margin）水平时，经纪公司就会通知交易者限期把保证金水平补足到初始保证金水平，否则就会被强制平仓。维持保证金水平通常是初始保证金水平的75%。

（二）金融期货的种类

1. 外国货币期货

外国货币期货是买卖一定金额外国货币的合约。在芝加哥商业交易所的国际货币市场（IMM）部，一份日元合约为12500000日元，其价格用100日元值多少比率美元表示。美国期货市场上可交易的外国货币期货有加拿大元、德国马克、瑞士法郎、法国法郎、日元、英镑、欧洲货币单位7种。

2. 短期利率期货

短期利率期货所买卖的合约对象主要有仍期货、预期货、3个月期欧洲美元存款期货、6个月期欧洲美元存款期货和3个月期cp期货。其中欧洲美元存款期货员为活跃，在LIEFE、IMM、SIMEX上市的该商品，一份合同金额为1000000美元，价格是以从100美元中扣除基本商品3个月期利率的价格来表示。

3. 长期利率期货

长期利率期货也称债券期货，其买卖的对象商品最有代表性的是美国国债期货(I-Bond)。在CBT上市的该商品，以面额1000000美元，残存期限20年的债券为基本商品，其价格的决定，与债券市场的现货价相同。长期利率期货还包括GNMA债期货和T-Note期货。

4. 股价指数期货

股价指数期货是为避免段价变动风险而开发的新金融商品，它通过数十至数百种服票的价格加权平均以指数化，然后对这种指数的期货进行买卖。股价指数期贷的数量很多，品种也很多，主要有S&P100股价指数期贷、S&P500股价指数期货、股股价指数期货、NASDAQ100股价指数期货、VLA股价指数期货等。

(三) 期货合约和远期合约的比较

期货合约和远期合约虽然都是在交易时约定在将来某一时间按约定的条件买卖一定数量的某种标的物的合约，但它们存在诸多区别，归纳如表8-2所示。

表8-2 期货合约与远期合约的区别

区别	远期合约	期货合约
交易场所不同	无固定的场所，是一个效率较低的无组织分散市场	交易所内交易，不允许场外交易。是一个有组织、有秩序、统一的市场
标准化程度不同	合约双方商议空间大，具有很大的灵活性；但流动性较差，二级市场不发达	标准化合约，流动性强
价格确定方式不同	合约双方直接谈判并私下确定，市场存在信息不对称，定价效率很低	公开竞价确定，信息较为充分、透明，定价效率较高
违约风险不同	合约的履行仅以签约双方的信誉为担保，违约风险高	合约的履行由交易所或清算公司提供担保，违约风险几乎为零
结算方式不同	到期进行交割清算，期间不进行结算	每天结算，浮动盈利或浮动亏损通过保证金账户体现
履行合约双方关系不同	必须对对方的信誉和实力等方面作充分的了解	合约双方无必然关系
履约方式不同	绝大多数只能通过到期实物交割来了结	绝大多数都是通过平仓来了结

(四)期货市场的功能

期货市场具有如下功能:

1. 套期保值功能

套期保值的基本做法是:在现货市场买进或卖出某种金融资产的同时,作一笔与现货交易品种、数量、期限相当但方向相反的期货交易,以期在未来某一时间通过期货合约的对冲,以一个市场的盈利来弥补另一个市场的亏损,从而规避现货价格变动带来的风险,实现保值的目的。套期保值的基本类型有两种:一是多头套期保值;二是空头套期保值。

2. 价格发现功能

价格发现功能是指在一个公开、公平、高效、竞争的期货市场中,通过集中竞价形成期货价格的功能。期货市场之所以具有价格发现功能,是因为期货市场将众多的、影响供求关系的因素集中于交易场所内,通过买卖双方公开竞价,集中转化为一个统一的交易价格。这一价格一旦形成,便立即向世界各地传播,并影响供求关系,从而形成新的价格。如此循环往复,使价格不断地趋于合理。

有关期货市场的价格发现功能的更多深入讨论,请参见陈蓉、郑振龙(2007),方匡南、蔡振忠(2012)的文献。

第二节 远期和期货的定价

一、远期价格和远期价值

一般把使远期合约价值为零的交割价格称为远期价格(forward price)。这个远期价格显然是理论价格,它与远期合约在实际交易中形成的实际价格(双方签约时所确定的交割价格)并不一定相等。但是,一旦理论价格与实际价格不相等,就会出现套利(arbitrage)机会。若交割价格高于远期价格,套利者就可以通过买入标的资产现货、卖出远期并等待交割来获取无风险利润,从而促使现货价格上升、交割价格下降,直至套利机会消失;若交割价格低于远期价格,套利者就可以通过卖空标的资产现货、买入远期来获取无风险利润,从而促使现货价格下降、交割价格上升,直至套利机会消失。而此时,远期理论价格等于实际价格。本书中所说的对金融工具的定价,实际上都是指确定其理论价格。

这里要特别指出的是远期价格与远期价值的区别。一般来说,价格总是围绕着价值波动的,而远期价格跟远期价值却相差很远。例如,当远期价格等于交割价格时,远期价值为零。这是为什么呢?其原因在于远期价格指的是远期合约中标的物的远期价格,它是与标的物的现货价格紧密相连的,而远期价值则是指远期合约本身的价值,它是由远期实际价格与远期理论价格的差距决定的。在合约签署时，若交割价格等于远期理论价格，则此时合约价值为零。但随着时间的推移，远期理论价格有可能改变，而原有合约的交割价格则不可能改变，因此，原有合约的价值就可能不再为零。

二、期货价格与远期价格的关系

考克斯、英格索尔和罗斯（Cox, Ingersoll & Ross, 1981）证明，当无风险利率恒定，且对所有到期日都不变时，交割日相同的远期价格和期货价格应相等。但是，当利率变化无法预测时，远期价格和期货价格就不相等。两者谁高取决于标的资产价格与利率的相关性。

当标的资产价格与利率呈正相关，期货价格高于远期价格，因为当标的资产价格上升时，期货价格也会随之升高，期货合约的多头将因每日结算制而马上获利，并可按高于平均利率的水平将所获利润进行再投资。而当标的资产价格下跌时，期货合约的多头将因每日结算制而立即亏损，而它可按低于平均利率的利率从市场上融资以补充保证金。相比之下，远期合约的多头将不会因利率的变动而受到上述影响。因此，在此情况下，对于投资者来说，期货多头比远期多头更具吸引力，期货价格自然就大于远期价格。与之相反，当标的资产价格与利率呈负相关时，远期价格就会高于期货价格。

远期价格和期货价格的差异幅度还取决于合约有效期的长短。有效期越长，差异幅度越大，当有效期只有几个月时，两者的差距小到忽略不计。此外，税收、违约风险、交易费用、流动性、保证金的处理方式等方面的因素或差异都会导致远期价格和期货价格的差异。

在现实生活中，由于远期和期货价格与利率的相关性很低，以致期货价格和远期价格的差别往往忽略不计。在估计外汇期货价格和远期价格之间的合理差价时，我们可以合理地假定远期价格与期货价格相等，并且都用 F 来表示。在以下的分析中，对远期合约的定价同样适用于期货合约。

三、基本假设与基本符号

（一）基本假设

为简便起见，本节的分析建立在如下假设前提下：
(1) 没有交易费用和税收。
(2) 市场参与者能以相同的无风险利率借入和贷出资金。
(3) 远期合约没有违约风险。
(4) 允许现货卖空行为。
(5) 当套利机会出现时，市场参与者将参与套利活动，从而使套利机会消失，计算出的理论价格就是在没有套利机会下的均衡价格。

（6）期货合约的保证金账户支付同样的无风险利率。这意味着任何人均可不花成本地取得远期和期货的多头和空头地位。

(二) 基本符号

本节将要用到的符号如下：

T：远期和期货合约的到期时间，单位为年。

t：现在的时间，单位为年。变量 T 和 t 是从合约生效之前的某个日期开始计算的，$T-t$ 代表远期和期货合约中以年为单位表示的剩下的时间。

S：标的资产在时间 t 时的价格。

S_T：标的资产在时间 T 时的价格（在 t 时刻这个值是个未知变量）。

K：远期合约中的交割价格。

f：远期合约多头在 t 时刻的价值。

F：t 时刻的远期合约和期货合约中标的资产的远期理论价格和期货理论价格，在本书中如无特别注明，分别简称为远期价格和期货价格。

r：T 时刻到期的以连续复利计算的 t 时刻的无风险利率（年利率），在本章中，如无特别说明，利率均为连续复利。

四、无收益资产远期合约的定价

无收益资产是指在到期日前不产生现金流的资产，如贴现债券。

(一) 无套利定价法

本节所用的定价方法为无套利定价法。其基本思路为：构建两种投资组合，让其终值相等，则其现值一定相等；否则，就可以进行套利，即卖出现值较高的投资组合，买入现值较低的投资组合，并持有到期末，套利者就可赚取无风险收益。众多套利者这样做的结果，将使较高现值的投资组合价格下降，而较低现值的投资组合价格上升，直至套利机会消失，此时两种组合的现值相等。这样，就可根据两种组合现值相等的关系求出远期价格。

例如，为了给无收益资产的远期合约定价，可以构建如下两种组合：

组合 A：一份远期合约多头加上一笔数额为 $Ke^{-r(T-t)}$ 的现金。

组合 B：一单位标的资产。

在组合 A 中，$Ke^{-r(T-t)}$ 的现金以无风险利率投资，投资期为 $(T-t)$。到 T 时刻，其金额将达到 K。这是因为：$Ke^{-r(T-t)}e^{r(T-t)} = K$。

在远期合约到期时，这笔现金刚好可用来交割，换来一单位标的资产。这样，在 T 时刻，两种组合都等于一单位标的资产。由此可以断定，这两种组合在 t 时刻的价值相等，即：

$$f + Ke^{-r(T-t)} = S$$
$$f = S - Ke^{-r(T-t)} \tag{8.8}$$

公式(8.8)表明，无收益资产远期合约多头的价值等于标的资产现货价格与交割价格现值的差额。或者说，一单位无收益资产远期合约多头可由一单位标的资产多头和 $Ke^{-r(T-t)}$ 单位无风险负债组成。

(二)现货—远期平价定理

由于远期价格(F)就是使合约价值(f)为零的交割价格(K)，即当 $f=0$ 时，$K=F$。据此可以令公式(8.8)中 $f=0$，则

$$F = Se^{r(T-t)} \tag{8.9}$$

这就是无收益资产的现货—远期平价定理(spot-forward parity theorem)，或称现货—期货平价定理(spot-futures parity theorem)。公式(8.9)表明，对于无收益资产而言，远期价格等于其标的资产现货价格的终值。

知识链接 8-2

公式 $F = Se^{r(T-t)}$ 的证明

我们可以用反证法证明等式不成立时的情形是不均衡的。

若 $F > Se^{r(T-t)}$，即交割价格大于现货价格的终值。在这种情况下，套利者可以按无风险利率 r 借入 S 现金，期限为 $T-t$。然后用 S 购买一单位标的资产，同时卖出一份该资产的远期合约，交割价格为 F。在 T 时刻，该套利者就可将一单位标的资产用于交割换来 F 现金，并归还借款本息 $Se^{r(T-t)}$，这就实现了 $F - Se^{r(T-t)}$ 的无风险利润。

若 $F < Se^{r(T-t)}$，即交割价值小于现货价格的终值，套利者就可进行反向操作，即卖空标的资产，将所得收入以无风险利率进行投资，期限为 $T-t$，同时买进一份该标的资产的远期合约，交割价为 F。在 T 时刻，套利者收到投资本息，并以 F 现金购买一单位标的资产，用于归还卖空时借入的标的资产，从而实现 $Se^{r(T-t)} - F$ 的利润。

【例8-2】 设一份标的证券为一年期贴现债券、剩余期限为6个月的远期合约多头，其交割价格为980美元，6个月期的无风险年利率(连续复利)为5%，该债券的现价为960美元。则根据公式(8.8)，可以算出该远期合约多头的价值为：

$$F = 960 - 980e^{-0.5 \times 0.05} = 2.25(美元)$$

利用公式(8.9)，可以算出无收益证券的远期合约中合理的交割价格。

【例8-3】 假设一年期的贴现债券价格为980美元，3个月期无风险年利率为8%，则3个月期的该债券远期合约的交割价格应为：

$$F = 980e^{0.08 \times 0.25} = 999.80(美元)$$

(三) 远期价格的期限结构

远期价格的期限结构描述的是不同期限远期价格之间的关系。设 F 为在 T 时刻交割的远期价格，F^* 为在 T^* 时刻交割的远期价格，r 为 T 时刻到期的无风险利，r^* 为 T^* 时刻到期的无风险利率，$\hat{r}$ 为 T 到 T^* 时刻的无风险远期利率。对于无收益资产而言，从公式(8.9)可知：

$$F = Se^{r(T-t)}$$

$$F^* = Se^{r^*(T^*-t)}$$

两式相除消掉 S 后：

$$F^* = Fe^{r^*(T^*-t)-r(T-t)}$$

根据公式(8.7)，即 $\hat{r} = \dfrac{r^*(T^*-t)-r(T-t)}{T^*-T}$，可以得到不同期限远期价格之间的关系：

$$F^* = Fe^{\hat{r}(T-t)} \tag{8.10}$$

读者可以运用相同的方法，推导出支付已知现金收益资产和支付已知收益率资产的不同期限远期价格之间的关系。

五、支付已知现金收益资产远期合约的定价

支付已知现金收益的资产是指在到期前会产生完全可预测的现金流的资产，如附息债券和支付已知现金红利的股票。黄金、白银等贵金属本身不产生收益，但需要花费一定存储成本，存储成本可看成是负收益。令已知现金收益的现值为 I，对黄金、白银来说，I 为负值。

为了给支付已知现金收益资产的远期定价，可以构建如下两个组合：

组合 A：一份远期合约多头加上一笔数额为 $Ke^{-r(T-t)}$ 的现金。

组合 B：一单位标的证券加上利率为无风险利率、期限为从现在到现金收益派发日、本金为 I 的负债。

从之前的分析可知，组合 A 在 T 时刻的价值等于一单位标的证券。在组合 B 中，由于标的证券的收益刚好可以用来偿还负债的本息，因此，在 T 时刻，该组合的价值也等于一单位标的证券。因此，在 t 时刻，这两个组合的价值应相等，即：

$$f + Fe^{-r(T-t)} = S - I$$

$$f = S - I - Ke^{-r(T-t)} \tag{8.11}$$

公式(8.11)表明，支付已知现金收益资产的远期合约多头价值等于标的证券现货价格扣除现金收益现值后的余额与交割价格现值之差。或者说，一单位支付已知现金收益资产的远期合约多头可由一单位标的资产和 $I+Ke^{-r(T-t)}$ 单位无风险负债构成。

根据 F 的定义，可从公式(8.11)中求得：

$$F = (S-I)e^{r(T-t)} \tag{8.12}$$

这就是支付已知现金收益资产的现货—远期平价公式。公式(8.12)表明,支付已知现金收益资产的远期价格等于标的证券现货价格与已知现金收益现值差额的终值。

【例 8-4】 假设 6 个月期和 12 个月期的无风险年利率分别为 8%和 12%,而一种 10 年期债券现货价格为 990 元,该债券 1 年期远期合约的交割价格为 1010 元,该债券在 6 个月和 12 个月后都将收到 60 元的利息,且第二次付息日在远期合约交割日之前,求该合约的价值。

根据已知条件,可以先算出该债券已知现金收益的现值:

$$I = 60e^{-0.08 \times 0.5} + 60e^{-0.12 \times 1} = 110.86(元)$$

根据公式(8.11),可算出该远期合约多头的价值为:

$$f = 990 - 110.86 - 1010e^{-0.12 \times 1} = -16.65(元)$$

相应地,该合约空头的价值为 16.65 元。

【例 8-5】 假设黄金的现价为每盎司 470 美元,其存储成本为每年每盎司 2 美元,在年底支付,无风险年利率为 7%。则 1 年期黄金远期价格为:

$$F = (470 - I)e^{0.07 \times 1} \text{ 其中}, I = -2e^{-0.07 \times 1} = -1.865,$$

故:

$$F = (470 + 1.865) \times e^{0.07} = 506.08(美元/盎司)$$

六、支付已知收益率资产远期合约的定价

支付已知收益率的资产是指在到期前将产生与该资产现货价格成一定比率的收益的资产。外汇是这类资产的典型代表,其收益率就是该外汇发行国的无风险利率。股价指数也可近似地看作是支付已知收益率的资产。因为虽然各种股票的红利收益率是可变的,但作为反映市场整体水平的股价指数,其红利收益率是较易预测的。远期利率协议和远期外汇综合协议也可看作是支付已知收益率资产的远期合约。

为了给出支付已知收益率资产的远期定价,可以构建如下两个组合:

组合 A:一份远期合约多头加上一笔数额为 $Ke^{-r(T-t)}$ 的现金。

组合单位证券并且所有收入都再投资于该证券,其中 q 为该资产按连续复利计算的已知收益率。

从之前的分析可知,组合 A 在 T 时刻的价值等于一单位标的证券。组合 B 拥有的证券数量则随着获得红利的增加而增加,在时刻 T,正好拥有一单位标的证券。因此在 t 时刻两者的价值也应相等,即:

$$f + Ke^{-r(T-t)} = Se^{-q(T-t)}$$

$$f = Se^{-q(T-t)} - Ke^{-r(T-t)} \tag{8.13}$$

公式(8.13)表明,支付已知红利率资产的远期合约多头价值等于单位证券的现值与交割价现值之差。或者说,一单位支付已知红利收益率资产的远期合约多头可由 $e^{-q(T-t)}$ 单位标的资产和 $Ke^{-r(T-t)}$ 单位无风险负债构成。

根据远期价格的定义及公式(8.13)算出支付已知收益率资产的远期价格：

$$F = Se^{(r-q)(T-t)} \tag{8.14}$$

这就是支付已知红利率资产的现货—远期平价公式。公式(8.14)表明，支付已知收益率资产的远期价格等于按无风险利率与已知收益率之差计算的标的资产现货价格在 T 时刻的终值。

【例 8-6】 假设标准普尔 500 指数现在的点数为 1000 点，该指数所含股票的红利收益率预计为每年 6%（连续复利），连续复利的无风险利率为 12%，3 个月期标准普尔 500 指数期货的市价为 1050 点，求该期货的合约价值和期货的理论价格。

根据公式(8.13)，可得：

$$f = 1000e^{-0.06 \times 0.25} - 1050e^{-0.12 \times 0.25} = -33.86$$

由于标准普尔 500 指数合约规模为指数乘以 500，因此一份该合约价值为

$$-33.86 \times 500 = -16930 (美元)$$

根据公式(8.14)，可求出标准普尔 500 指数期货的理论价格：

$$F = 1000e^{(0.12-0.06) \times 0.25} = 1015.11$$

七、期货价格与现货价格的关系

期货价格和现货价格之间的相互关系可以从两个角度去考察。一是期货价格和现在的现货价格的关系；二是期货价格与预期的未来现货价格的关系。

(一)期货价格和现在现货价格的关系

从前面的定价分析中可以看到，决定期货价格的最重要的因素是现货价格。现货价格对期货价格的涨跌起着重要的制约作用，正是这种制约关系决定了期货是不能炒作的。但是，如果现货市场不够大，从而使现货价格不能对期货价格的形成有效制约，期货市场迟早会因恶性炒作而出问题。中国国债期货实验失败的重要原因之一就是没有足够庞大的国债现货市场来制约国债期货的炒作。

知识链接 8—3

中国的国债期货交易

国债期货是一种金融期货，在我国期货市场发展史上具有重要的地位和作用，可谓是中国金融期货的先驱。我国的国债期货交易试点开始于 1992 年，结束于 1995 年 5 月，历时两年半。

1992 年 12 月，上海证券交易所(简称上交所)最先开放了国债期货交易。上交所共推出 12 个品种的国债期货合约，只对机构投资者开放。但在国债期货交易开放的近一年里，交易并不活跃。从 1992 年 12 月 28 日至 1993 年 10 月，国债期货成交金额只有 5000 万元。

1993年10月25日，上交所对国债期货合约进行了修订，并向个人投资者开放国债期货交易。1993年12月，原北京商品交易所推出国债期货交易，成为我国第一家开展国债期货交易的商品期货交易所。随后原广东联合期货交易所和武汉证券交易中心等地方证交中心也推出了国债期货交易。

1994年第二季度开始，国债期货交易逐渐趋于活跃，交易金额逐月递增。1994年结束时，上交所的全年国债期货交易总额达到1.9万亿元。1995年以后，国债期货交易更加火爆，经常出现日交易量达到400亿元的市况，而同期市场上流通的国债现券不到1050亿元。由于可供交割的国债现券数量远小于国债期货的交易规模，因此，市场上的投机气氛越来越浓厚，风险也越来越大。

1995年2月，国债期货市场上发生了著名的"327"违规操作事件，对市场造成了沉重的打击。1995年2月25日，为规范整顿国债期货市场，中国证监会和财政部联合颁发了《国债期货交易管理暂行办法》，2月25日，中国证监会又向各个国债期货交易场所发出了《关于加强国债期货风险控制的紧急通知》，不仅提高了交易保证金比例，还将交易场所从原来的十几个收缩到沪、深、汉、京四大市场。

一系列的清理整顿措施并未有效抑制市场投机气氛，透支、超仓、内幕交易、恶意操纵等现象仍然十分严重，国债期货价格仍继续狂涨，1995年5月再次发生恶性违规事件——"319"事件。

1995年5月17日下午，中国证监会发出通知，决定暂停国债期货交易。各交易场所从5月18日起组织会员协议平仓；5月31日，全国14个国债期货交易场所全部平仓完毕，我国首次国债期货交易试点以失败而告终。

2020年2月，证监会与财政部、人民银行、银保监会联合发布公告，经国务院同意，允许符合条件的试点商业银行和具备投资管理能力的保险机构，按照依法合规、风险可控、商业可持续的原则，参与中国金融期货交易所国债期货交易。

此外，2020年4月8日，中国金融期货交易所修订并发布《〈中国金融期货交易所异常交易管理办法〉国债期货有关监管标准及处理程序》和《中国金融期货交易所国债期货信息发布指引》。此次规则修订包括明确非期货公司结算会员信息披露安排、在规则条款中增加非期货公司会员主体等内容。优化信息披露规定有助于保护非期货公司会员的商业秘密，促进国债期货市场发展。

资料来源：王玮，陈力峰.债券投资法律实务[M].北京：中信出版社，2003年。

期货价格和现货价格的关系可以用基差(basis)来描述。基差指现货价格与期货价格之差，即：

$$基差 = 现货价格 - 期货价格 \tag{8.15}$$

基差可能为正值也可能为负值。但在期货合约到期日，基差应为零。这种现象称为期货价格收敛于标的资产的现货价格，如图8-1所示。

期货价格和现货价格有两者大小关系。根据前面的定价公式，当标的证券没有收益，或者已知现金收益较小或已知收益率小于无风险利率时，期货价格应高于现货价格，如图8-1(a)所示；当标的证券的已知现金收益较大，或者已知收益率大于无风险利率时，期货价格应低于现货价格，如图8-1(b)所示。

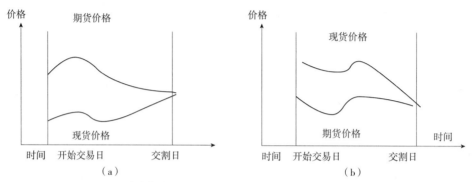

图8-1 随交割期限的临近，期货价格与现货价格之间的关系

但在期货价格收敛于现货市场的过程中，并不是一成不变的，也就是说，基差会随着期货价格和现货价格变动幅度的差距而变化。基差随着现货价格的增长大于期货价格的增长而增长，随着现货价格的增长小于期货价格增长而减少。

期货价格收敛于标的资产现货价格由市场上的套利行为决定。假定交割期间期货价格高于标的资产的现货价格，套利者就可以通过买入标的资产、卖出期货合约并进行交割来获利，从而促使现货价格上升，期货价格下跌。相反，如果交割期间现货价格高于期货价格，那么打算买入标的资产的人就会发现，买入期货合约等待空头交割比直接买入现货更合算，从而促使期货价格上升。

(二)期货价格和预期的未来现货价格的关系

下面以无收益资产为例来说明期货价格与预期的未来现货价格之间的关系。根据预期收益率的概念：

$$E(S_T) = Se^{y(T-t)} \tag{8.16}$$

其中，$E(S_T)$为现在市场上预期的该资产在T时刻的市价，y为该资产的连续复利预期收益率，t为现在时刻。

而

$$F = Se^{r(T-t)} \tag{8.17}$$

比较公式(8.16)和公式(8.17)可知，y和r的大小就决定了F和$E(S_T)$孰大孰小。

而y值的大小取决于标的资产的系统性风险。根据资本资产定价原理，若标的资产的系统性风险为0，则$y=r$；若标的资产的系统性风险大于零，则$y>r$，$F<E(S_T)$；若标的资产的系统性风险小于零，则$y<r$，$F>E(S_T)$。在现实生活中，大多数标的资产的系统性风险都大于零，因此在大多数情况下，F都小于$E(S_T)$。

对于有收益资产也可以得出同样的结论，请读者自己证明。

第三节　金融互换

一、金融互换概述

金融互换(financial swaps)是约定两个或两个以上当事人按照商定条件,在约定的时间内交换一系列现金流的合约。

二、平行贷款、背对背贷款和金融互换

金融互换是20世纪80年代在平行贷款和背对背贷款基础上发展起来的,因此二者既有联系,又有区别。

1. 平行贷款

平行贷款是于20世纪70年代首先在英国出现的,它的诞生是基于逃避外汇管制的目的。它指的是不同国家的两个母公司分别在国内向对方公司在本国境内的子公司提供金额相当的本币贷款,并承诺在指定到期日,各自归还所借货币。平行贷款既能规避国内的资本管制,又能满足双方子公司的融资需求,因此在国外市场上深受欢迎。但是我国现行外汇管理政策禁止在国内从事平行贷款业务。此外,平行贷款也存在着一定的信用风险问题,这是因为平行贷款包含了两个独立的贷款协议,这两份协议都是具有法律效力的,因此万一遇到一方出现违约的情况,另一方也不能解除履约义务。

2. 背对背贷款

背对背贷款(back to back loan)是为了解决平行贷款中的信用风险而诞生的一种产品。它是指两个国家的母公司相互直接贷款,贷款币种不同单币值相等,贷款到期日相同,各自支付利息,到期各自偿还原借款货币,以避免汇率变动造成的亏损。通俗地说,背对背贷款如同两个家庭(他们是朋友),美国人的儿子在中国,中国人的儿子在美国,现在中国人的儿子在美国手头缺钱,需要钱花,怎么办?通盘考虑,让这个美国人给这个中国人的儿子一笔美元,为了对等,中国人再按现行汇率将这笔美元折算人民币交给这个美国人的儿子。同样地,如果美国人的儿子在中国缺钱也可以如法炮制。说白了,背对背贷款就是两个朋友(公司、个人、家庭等)对身在异地的亲属、朋友等相互给予金钱关照。

从图8-2、图8-3可以看出,若把利息支出和偿还贷款本金用一系列远期合约来规定,则平行贷款和背对背贷款相当于现货交易和一系列远期交易的组合,这点对于理解互换是很重要的。

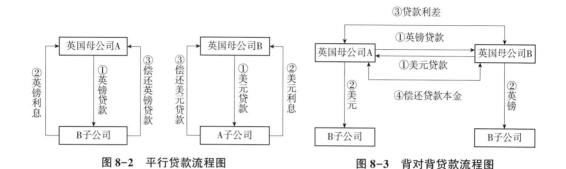

图 8-2 平行贷款流程图　　图 8-3 背对背贷款流程图

3. 互换原理

互换是比较优势理论的实际运用。

比较优势(comparative advantage)理论是英国著名经济学家大卫·李嘉图(David Ricardo)提出的。他认为,在两国都能生产两种产品,且一国在这两种产品的生产上均处于有利地位,而另一国均处于不利地位的条件下,如果前者专门生产优势较大的产品,后者专门生产劣势较小(具有比较优势)的产品,那么通过专业化分工和国际贸易,双方仍能从中获益。

互换是比较优势理论在金融领域最生动的运用。根据比较优势理论,只要满足以下两种条件,就可进行互换:①双方对对方的资产或负债均有需求;②双方在两种资产或负债上存在比较优势。

4. 金融互换的功能

金融互换的主要功能如下:

第一,通过金融互换可在全球各市场之间进行套利,从而一方面降低筹资者的融资成本或提高投资者的资产收益,另一方面促进全球金融市场的一体化。

第二,利用金融互换,可以管理资产负债组合中的利率风险和汇率风险。

第三,金融互换为表外业务,可以逃避外汇管制、利率管制及税收限制。

5. 金融互换的特点

金融互换从产生之日起,其发展一刻未停,因此其特点也在动态地发展。概括而言,金融互换的特点主要表现为:第一,品种多样化。最基本的金融互换品种是指货币互换(currency swap)和利率互换(interest rate swap),前者是指在对未来汇率预期的基础上双方同意交换不同货币本金与利息的支付的协议。后者是指在对未来利率的预期的基础上,双方以商定的日期和利率互换同一种货币的利息支付。最基础的利率互换形式是指固定利率对浮动利率的互换,即一方用固定利率债务换取浮动利率债务,支付浮动利率;另一方用浮动利率债务换取固定利率债务,支付固定利率。在此基础上,金融互换新品种不断出现,较典型的是交叉货币利率互换,从而使互换形成完整的种类,呈现出多样化的特点。

第二，结构标准化。在金融互换发展的初期，一些因素阻碍了其进一步发展。例如，互换中的信用风险难以把握、缺乏普遍接受的交易规则与合约文本等。为此，1985年2月，以活跃在互换市场上的银行、证券公司为中心，众多的互换参与者组建了旨在促进互换业务标准化和业务推广活动的国际互换交易协会（International Swap Dealer's Association，ISDA），并在《国际金融法规评论》上发表了该协会会员克里斯托弗·斯托克关于互换业务标准化的著名论文，拟定了标准文本"利率和货币互换协议"。该协议的宗旨，就是统一交易用语，制定标准的合同格式，统一利息的计算方式。到目前为止，世界上大多数银行、投资银行等均已成为该协会的成员，极大地推动了互换交易标准化的进程。该协议的实施，标志着金融互换结构进入标准化阶段，为金融互换交易的深入发展创造了良好的条件，大大提高了交易效率。

第三，参与机构多元化。互换市场参与机构包括最终用户和中介机构。最终用户是指各国政府尤其是发展中国家的政府及其代理机构、世界范围内的银行和跨国公司、储蓄机构和保险公司、国际性代理机构与证券公司等。中介机构主要包括美国、英国、日本、德国、加拿大等国的投资银行和商业银行、证券交易中心等。它们参与互换的重要目的是从承办的业务中获取手续费收入和从交易机会中得到盈利。互换交易的发展，使得上述两类机构在实践中的交叉越来越多。许多机构积极参与了双方的活动，即同一机构既可能是最终用户也可能是中介机构。特别是为数众多的大商业银行与投资银行以及信誉卓著的跨国公司，它们常常利用自身信誉高、信息广、机构多的优势直接进行互换，从而大幅减少了对中介机构的需要。

第四，产品衍生化。金融互换同其他金融工具相结合，可以衍生出许多复杂的互换衍生产品，如与期权结合产生互换期权，互换与期货结合产生互换期货，与股票指数结合产生股票指数互换等。

三、金融互换的种类

金融互换虽然历史较短，但品种创新却日新月异。除了传统的利率互换和货币互换外，一大批新的金融互换品种不断涌现。

（一）利率互换

利率互换（interest rate swaps）是指双方同意在未来的一定期限内根据同种货币的同样的名义本金交换现金流，其中一方的现金流根据浮动利率计算，而另一方的现金流根据固定利率计算。互换的期限通常在2年以上，有时甚至在15年以上。利率互换只交换利息差额，因此信用风险很小。

双方进行利率互换的主要原因是双方在固定利率和浮动利率市场上具有比较优势。假定A、B公司都想借入5年期的1000万美元的借款，A想借入与6个月期相关的浮动利率借款，B想借入固定利率借款。但两家公司信用等级不同，故市场向它们提供的利率也不同，如表8-3所示。

表8-3　市场提供给A、B两公司的借款利率

	固定利率(%)	浮动利率
A公司	9.00	6个月期LIBOR+0.30%
B公司	10.20	6个月期LIBOR+1.00%

从表8-3可以看出，A的借款利率均比B低，即A在两个市场都具有绝对优势。但在固定利率市场上，A比B的绝对优势为1.2%，而在浮动利率市场上，A比B的绝对优势为0.7%。这就是说，A在固定利率市场上有比较优势，而B在浮动利率市场上有比较优势。这样，双方就可利用各自的比较优势为对方借款，然后互换，从而达到共同降低筹资成本的目的。即A以9.00%的固定利率借入1000万美元，而B以LIBOR+1.00%的浮动利率借入1000万美元。由于本金相同，故双方不必交换本金，而只交换利息的现金流。即A向B支付浮动利息，SB向A支付固定利息。

通过发挥各自的比较优势并互换，双方总的筹资成本降低了0.5%(10.20%+6个月期LIBOR+0.30%-9.00%-6个月期LIBOR-1.00%)，这就是互换利益。互换利益是双方合作的结果，理应由双方分享。具体分享比例由双方谈判决定。

在上述互换中，每隔6个月为利息支付日，因此互换协议的条款应规定每6个月一方向另一方支付固定利率与浮动利率的差额。由于利率互换只交换利息差额，因此信用风险很小。

（二）货币互换

货币互换(currency swaps)是将一种货币的本金和固定利息与另一货币的等价本金和固定利息进行交换。货币互换的主要原因是双方在各自国家中的金融市场上具有比较优势。货币互换涉及本金互换，因此当汇率变动很大时，双方将面临一定的信用风险，但是这种风险比一般的贷款风险小得多。

假定英镑和美元汇率为1英镑=1.5000美元。A想借入5年期的1000万英镑借款，B想借入5年期的1500万美元借款。但由于A的信用等级高于B，两国金融市场对A、B两公司的熟悉状况不同，因此，市场向它们提供的固定利率也不同(表8-4)。

表8-4　市场向A、B公司提供的借款利率

	美元(%)	英镑(%)
A公司	8.0	11.6
B公司	10.0	12.0

从表8-4可以看出，A的借款利率均比B低，即A在两个市场都具有绝对优势，但绝对优势大小不同。A在美元市场上的绝对优势为2%，在英镑市场上只有0.4%。这就是说，A在美元市场上有比较优势，而B在英镑市场上有比较优势。这样，双方

就可利用各自的比较优势借款，然后通过互换得到自己想要的资金，并通过分享互换收益(1.6%)降低筹资成本。

于是，A以8%的利率借入五年期的1500万美元借款，B以12.0%的利率借入五年期的1000万英镑借款。然后，双方先进行本金的交换，即A向B支付1500万美元，B向A支付1000万英镑。

假定A、B公司商定双方平分互换收益，则A、B公司都将使筹资成本降低0.8%，即双方最终实际筹资成本分别为：A支付10.8%的英镑利率，而B支付9.2%的美元利率。

这样，双方就可根据借款成本与实际筹资成本的差异计算各自向对方支付的现金流进行利息互换，即A向B支付10.8%的英镑借款的利息计108万英镑，B向A支付8.0%的美元借款的利息计120万美元。经过互换后，A的最终实际筹资成本降为10.8%英镑借款利息，而B的最终实际筹资成本变为8.0%美元借款利息加1.2%英镑借款利息。若汇率水平不变，B最终实际筹资成本相当于9.2%美元借款利息。若担心未来汇率水平变动，B可以通过购买美元远期或期货来规避汇率风险。

在贷款期满后，双方要再次进行借款本金的互换，即A向B支付1000万英镑，B向A支付1500万美元。到此，货币互换结束。

(三) 其他互换

从最普遍的意义来说，互换实际上是现金流的交换。由于计算或确定现金流的方法有很多，因此互换的种类就很多。除了上述最常见的利率互换和货币互换外，其他主要的互换品种如下。

1. 股票互换

股票互换(equity swaps)是以股票指数产生的红利和资本利得与固定利率或浮动利率交换。投资组合管理者可以用股票互换把债券投资转换成股票投资，反之亦然。

2. 差额互换

差额互换(differential swaps)是对两种货币的浮动利率的现金流量进行交换，只是两种利息现金流量均按同种货币的相同名义本金计算。如互换一方按6月期美元的LIBOR对1000美元的名义本金支付利息，另一方按6月期英镑的UBOR减去1.90%的浮动利率对1000万美元的名义本金支付以美元表示的利息。

3. 远期互换

远期互换(forward swaps)是指互换生效日是在未来某一确定时间开始的互换。

4. 可延长互换和可赎回互换

在标准的互换中，期限是固定的。而可延长互换(extendable swaps)的一方有权在一定限度内延长互换期限。可赎回互换(puttable swaps)的一方则有权提前中止互换。

5. 零息互换

零息互换(zero-coupon swaps)是指固定利息的多次支付流量被一次性的支付所取

代。该一次性支付既可以在互换期初也可以在互换期末。

6. 后期确定互换

在普通的涉及浮动利率的互换中,每次浮动利率都是在该计息期开始之前确定的。后期确定互换(back-set swaps)的浮动利率则是在每次计息期结束之后确定的。

7. 增长型互换、减少型互换和滑道型互换

在标准的互换中,名义本金是不变的,而在这三种互换中,名义本金是可变的。其中增长型互换(accreting swaps)的名义本金在开始时较小,尔后随着时间的推移逐渐增大。减少型互换(amortizing swaps)则正好相反,其名义本金随时间的推移逐渐变小。近年来,互换市场又出现了一种特殊的减少型互换,即指数化本金互换(indexed principal swaps),其名义本金的减少幅度取决于利率水平,利率越低,名义本金减少幅度越大。滑道型互换(roller-coaster swaps)的名义本金则在互换期内时而增大,时而减小。

8. 基点互换

在普通的利率互换中,互换一方是固定利率,另一方是浮动利率。而在基点互换(basis swaps)中,双方都是浮动利率,只是两种浮动利率的参照利率不同,如一方为LIBOR,则另一方为基准利率。

9. 互换期权

互换期权(swaption)从本质上属于期权而不是互换,该期权的标的物为互换。例如,利率互换期权本质上是把固定利率交换为浮动利率,或把浮动利率交换为固定利率的权利。但许多机构在统计时都把互换期权列入互换的范围。

10. 交叉货币利率互换

交叉货币利率互换(cross-currency interest rate swaps)是利率互换和货币互换的结合,它是以一种货币的固定利率交换另一种货币的浮动汇率。

重要概念

金融远期合约　期货价格　无套利定价法　优势　利率互换　远期利率协议　远期外汇协议　利率期货　股指期货　外汇期货　基差　互换　掉期平行贷款　货币互换　金融期货合约　保证　远期价格　远期价　背对背贷款

推荐书目

[1] French K R. Detecting spot price forecasts in future prices[J]. The Journal of Business, 1986, 59: 39-54.

[2] Jarrow R A, Oldfield G S. Forward contracts and futures contracts[J]. Journal of Fi-

nancial Economics,1981(9):373-382.

[3] Kolb R. Futures, options, and swaps[M]. 3rd ed. Oxford:Blackwell, 2000.

[4] Litzenberger R H. Swaps:plain and fanciful[J]. Journal of Finance, 1992, 47:831-850.

[5] Marshall J F, Kapner K R. Understanding swaps[M]. New York:Wiley, 1993.

[6] 陈蓉,郑振龙. 结构突变、推定预期与风险溢酬：美元/人民币远期汇率定价偏差的信息含量[J]. 世界经济, 2009(6):64-76.

参考文献

[1] Cornell B, Reinganum M R. Forward and futures prices:evidence from the foreign exchange markets[J]. Journal of Finance, 1981, 36:1035-1045.

[2] Cox J C, Ingersoll J E, Ross S A. The relationship between forward prices and future prices[J]. Journal of Financial Economics, 1981(9):321-346.

[3] 陈蓉,郑振龙. 期货价格能预测未来的现货价格吗？[J]. 国际金融研究, 2007(9):70-74.

[4] 王玮,陈力峰. 债券投资法律实务[M]. 北京：中信出版社, 2003.

[5] 方匡南,蔡振忠. 我国股指期货价格发现功能研究[J]. 统计研究, 2012(5):73-78.

习 题

1. 一交易商买入两份橙汁期货，每份含 15000 磅，目前的期货价格为每磅 1.60 元，初始保证金为每份 6000 元，维持保证金为每份 4500 元。请问在什么情况下该交易商将收到追缴保证金通知？在什么情况下，他可以从保证金账户中提走 2000 元？

2. 一个航空公司的高级主管说："我们没有理由使用石油期货，因为将来油价上升和下降的机会是均等的。"请对此说法加以评论。

3. 每季度计一次复利的年利率为 16%，请计算与之等价的每年计一次复利的年利率和连续复利年利率。

4. 某笔存款的连续复利年利率为 10%，但实际上利息是每季度支付一次。请问 1 万元存款每季度能得到多少利息？

5. 假设连续复利的零息票利率如下：

期限(年)	年利率(%)
1	12.0
2	13.0

3	13.7
4	14.2
5	14.5

请计算第 2、3、4、5 年的连续复利远期利率。

6. 假设一种无红利支付的股票目前的市价为 10 元，无风险连续复利年利率为 10%，求该股票 3 个月期远期价格。

7. 试证明支付已知现金收益资产的现货—远期平价公式 $F=(S-I)\mathrm{e}^{r(T-t)}$。

8. 某股票预计在 2 个月和 5 个月后每股分别派发 1 元股息，该股票目前市价等于 30 元，所有期限的无风险连续复利年利率均为 5%，某投资者刚取得该股票 6 个月期的远期合约空头，请问：①该远期价格等于多少？若交割价格等于远期价格，则远期合约的初始价值等于多少？②3 个月后，该股票价格涨到 33 元，无风险连续复利年利率仍为 5%，此时远期价格和该合约空头价值等于多少？

9. 假设目前白银价格为每盎司 80 元，储存成本为每盎司每年 1 元，每 3 个月月初预付一次，所有期限的无风险连续复利率均为 6%，求 9 个月后交割的白银期货的价格。

10. 假设恒生指数目前为 10000 点，香港无风险连续复利年利率为 10%，恒生指数股息收益率为每年 2%，求该指数 4 个月期的期货价格。

11. 有些公司并不能确切知道支付外币的确切日期，这样它就希望与银行签订一种在一段时期中可交割的远期合同。公司希望拥有选择确切的交割日期的权力以匹配它的现金流。如果把你自己放在银行经理的位置上，你会如何对客户想要的这个产品进行定价？

12. 有些学者认为，远期汇率是对未来汇率的无偏预测。请问在什么情况下这种观点是正确的？

13. 一家银行为其客户提供了两种贷款选择，一种是按年利率 11%（一年计一次复利）贷出现金，另一种是按年利率 2%（一年计一次复利）贷出黄金。黄金贷款用黄金计算，并需用黄金归还本息。假设市场无风险连续复利年利率为 9.25%。储存成本为每年 0.5%（连续复利）。请问哪种贷款利率较低？

14. 瑞士和美国两个月连续复利率分别为 2% 和 7%，瑞士法郎的现货汇率为 0.6500 美元，2 个月期的瑞士法郎期货价格为 0.6600 美元，请问有无套利机会？

15. 股价指数期货价格大于还是小于指数预期未来的点数？请解释原因。

16. 公司 A 和 B 欲借款 200 万元，期限 5 年，它们面临的利率如下：

	固定利率(%)	浮动利率
公司 A	12.0	LIBOR+0.1%
公司 B	13.4	LIBOR+0.6%

A 公司希望借入浮动利率借款，B 公司希望借入固定利率借款。请为银行设计一个

互换协议，使银行可以每年赚0.1%，同时对A、B双方同样有吸引力。

17. 公司A希望按固定利率借入美元，公司B希望按固定利率借入日元。按目前的汇率计算，两公司借款金额相等。两公司面临的借款利率如下：

	日元(%)	美元(%)
公司A	5.0	9.6
公司B	6.5	10.0

请为银行设计一个互换协议，使银行可以每年赚0.5%，同时对A、B双方同样有吸引力，汇率风险由银行承担。

18. A、B两家公司面临如下利率：

	A	B
美元(浮动利率)	LIBOR+0.5%	LIBOR+1.0%
加元(固定利率)	5.0%	6.5%

假设A要美元浮动利率借款，B要加元固定利率借款。一银行计划安排A、B公司之间的互换，并要得到0.5%的收益。请设计一个对A、B同样有吸引力的互换。

第九章 期权和权证

◆本章概要：

1. 期权和权证是金融产品中最引人入胜、最有趣也最复杂的金融产品。

2. 期权是人类在金融领域最伟大的发明之一，被称为"期权革命"。"期权革命"不仅对金融领域产生了重大影响，对其他领域也有着深远影响。

◆重点难点：

1. 了解期权的基本特性、主要类型及盈亏分布。
2. 掌握看涨-看跌期权的平价关系。
3. 了解布莱克-斯科尔斯期权定价公式。
4. 了解权证与股票期权的异同点。
5. 了解可转换债券。

第一节 期 权

一、期权市场概述

期权交易起始于18世纪后期的美国和欧洲市场。由于制度不健全等因素影响，期权交易的发展一直受到抑制。19世纪20年代早期，看跌期权/看涨期权自营商都是些职业期权交易者，他们在交易过程中，并不会连续不断地提出报价，而是仅当价格变化明显有利于他们时，才提出报价。这样的期权交易不具有普遍性，不便于转让，市场的流动性受到了很大限制，这种交易体制也因此受挫。

直到1973年4月26日芝加哥期权交易所(CBOE)开张，进行统一化和标准化的期权合约买卖，上述问题才得到解决。期权合约的有关条款，包括合约量、到期日、敲定价等都逐渐标准化。之后，美国商品期货交易委员会放松了对期权交易的限制，有意识地推出商品期权交易和金融期权交易。由于期权合约的标准化，期权合约可以方便地在交易所里转让给第三人，并且交易过程也变得非常简单，最后的履约也得到了交易所的担保，这样不但提高了交易效率，也降低了交易成本。1983年1月，芝加哥商业交易所提出了S&P500股票指数期权，纽约期货交易所也推出了纽约股票交易所股票指数期货期权交易，随着股票指数期货期权交易的成功，各交易所将期权交易迅速扩展至其他金融期货上。自期权出现至今，期权交易所已经遍布全球。

（一）金融期权合约的定义与种类

金融期权（option），是指它的持有者有权在规定期限内按双方约定的价格〔简称协议价格（striking price）或执行价格（exercise price）〕购买或出售一定数量某种金融资产〔称为标的金融资产（underlying financial assets）〕的合约。

按期权的权利划分，有看涨期权和看跌期权两种类型。

按期权的种类划分，有欧式期权和美式期权两种类型。

按期权时间划分，有欧式期权、美式期权、百慕大期权三种类型。

按照期权合约的标的资产划分，有利率期权、货币期权（或称外汇期权）、股价指数期权、股票期权以及金融期货期权，而金融期货期权又可分为利率期货期权、货币期货期权和股价指数期货期权三种。

对于期权的买者来说，期权合约赋予他的只有权利，没有任何义务。他可以在规定期限以内的任何时间（美式期权）或期满日（欧式期权）行使其购买或出售标的资产的权利，也可以不行使这个权利。对期权的出售者来说，他只有履行合约的义务，而没有任何权利。当期权买者按合约规定行使其买进或卖出标的资产的权利时，期权卖者必须依约相应地卖出或买进该标的资产。作为给期权卖者承担义务的报酬，期权买者要支付给期权卖者一定的费用，称为期权费（premium）或期权价格（option price）。期权费视期权种类、期限、标的资产价格的易变程度不同而不同。

当标的资产在期权有效期内产生现金收益（如现金红利、利息等）时，目前通行的做法是不对协议价格进行相应调整。只有当股票期权的标的股票在期权有效期内发生股票分割、送红股、配股时，才根据除权公式对协议价格和买卖数量进行相应调整。本书将在期权有效期内没有现金收益的标的资产称为无收益资产，将有现金收益的称为有收益资产。在本书中，若未特别指明，所指期权均为无收益资产的期权。

（二）金融期权的交易市场

与期货交易不同的是，期权交易不仅有正规的交易所，还有一个规模庞大的场外交易市场。交易所交易的是标准化的期权合约，场外交易的则是非标准化的期权合约。

对于场内交易的期权来说，其合约有效期一般不超过9个月，以3个月和6个月最为常见。与期货交易一样，由于有效期（交割月份）不同，同一种标的资产可以有好几个期权品种。此外，同一标的资产还可以规定不同的协议价格而使期权有更多的品种，同一标的资产、相同期限、相同协议价格的期权还分为看涨期权和看跌期权两大类，因此，期权品种远比期货品种多得多。

铁矿石期权应用案例分析

2019年12月9日铁矿石期权正式上市挂牌交易。铁矿石期权的上市,无论是对于有套期保值需求的企业,还是密切关注铁矿石期货行情的投资者而言都是一大利好消息,它将进一步丰富期货市场参与者的投资手段。

2019年1—4月先后受巴西淡水河谷矿难及澳洲飓风事件的影响,铁矿石期货价格经历了两次提升。

若投资者在3月末澳洲飓风事件消息爆出后未及时入场看多,尽管4月期货价格进入盘整,但基本面情况整体上仍利好铁矿石价格,中长期价格仍有较大概率继续上涨。考虑到短期内不确定巴西矿难及飓风对铁矿石价格的影响会进一步加剧或逐渐冷却,运用期货合约交易风险较大。假设铁矿石期权此时已经上市,若投资者看好后市铁矿石价格继续上行,买入看涨期权相比直接买入铁矿石期货相对更为安全一些。

选择买入看涨期权合约的优势主要有三点:第一,资金占用更少。买入期货需要交纳较高的保证金且存在追保风险,而买入看涨期权只需要支付一笔权利金,且无资金追加风险。第二,买入期权潜在最大收益率更高,若未来铁矿石价格持续上涨,则买入期权有望获得更高的收益率。第三,风险相对可控,即使行情判断失误,铁矿石价格持续下跌,买入期权的最大损失也仅限于付出的权利金,而如果买入期货则可能面临较大的损失。

从实际行情来看,铁矿石价格在4月整体处于振荡状态,直至5月中旬价格才进入了明显的上涨行情。若投资者于4月15日入场,选择较为中长期的2001合约,假设当时铁矿石期权已经上市,理论上买入一手I2001期货与买入一手I2001C620看涨期权的运行情况对比如下(以收盘价、历史波动率作为期权理论价格计算依据):

投资者买入一手期货合约所需要冻结的初始保证金约为7218元(按照12%的保证金标准计算),其间最大资金占用约为10000元,买入一手看涨期权需要支付权利金4210元,投入资金不会随着行情波动而进一步增加。

从行情中我们也可以看到,入场后10天内价格不涨反跌,此时期货价格跌至约570元/吨,对应期权合约理论价跌至约27.4元/吨。买入期权的绝对数值亏损相对较少,且期权的最大亏损有限,而期货端的亏损则会随着价格下跌不断增加,投资者还面临资金追加风险。整体来看,持有期权头寸的风险更可控。

进入5月,铁矿石供应不足的情况逐渐开始体现在价格方面,1个月内价格升至701.5元/吨,而对应的看涨期权合约理论价格则涨至约101.9元/吨。从表9-1中收益率可以看出,当价格往有利的方向发展时,买入看涨期权的潜在收益率会相对更高。

表 9-1　买入一手 I2001 期货与买入一手 I200C620 看涨期权的运行情况对比

投资品种(价格:元/吨)	4月15日	4月25日	5月27日
I2001 期货	601.5	570.5(跌31)	701.5(收益率约100%)
I200C620 看涨期权	42.1	27.4(跌14.7)	101.9(收益率约142.2%)

通过上述简单的小案例,我们可以认识到买入期权有资金占用小、风险可控、潜在投资收益率更高的特点。投资者在深入了解不同期权策略组合后,还可以针对各类行情选取合适的投资组合更好地运用期权"精准制导"的优点,兼顾盈利与风险控制。

为了保证期权交易的高效、有序,交易所对期权合约的规模、期权价格的最小变动单位、期权价格的每日最高波动幅度、最后交易日、交割方式、标的资产的品质等作出明确规定。同时,期权清算公司也作为期权所有买者的卖者和所有卖者的买者,保证每份期权都没有违约风险。

(三)期权交易与期货交易的区别

1. 标的物不同

期货交易的标的物是商品或期货合约,而期权交易的标的物则是一种商品或期货合约选择权的买卖权利。

2. 投资者权利与义务的对称性不同

期权是单向合约,期权的买方在支付保险金后即取得履行或不履行买卖期权合约的权利,而不必承担义务;期货合同则是双向合约,交易双方都要承担期货合约到期交割的义务。如果不愿实际交割,则必须在有效期内对冲。

3. 履约保证不同

期货合约的买卖双方都要交纳一定数额的履约保证金;而在期权交易中,买方不需交纳履约保证金,只要求卖方交纳履约保证金,以表明其具有相应的履行期权合约的财力。

4. 现金流转不同

在期权交易中,买方要向卖方支付保险费,这是期权的价格,大约为交易商品或期货合约价格的 5%~10%;期权合约可以流通,其保险费则要根据交易商品或期货合约市场价格的变化而变化。在期货交易中,买卖双方都要交纳期货合约面值 5%~10% 的初始保证金,在交易期间还要根据价格变动对亏损方收取追加保证金;盈利方则可提取多余保证金。

5. 盈亏的特点不同

期权买方的收益随市场价格的变化而波动,是不固定的,其亏损则只限于购买期权的保险费;卖方的收益只是出售期权的保险费,其亏损是不固定的。期货的交易双方则都面临着无限的盈利和无止境的亏损。

6. 套期保值的作用与效果不同

期货的套期保值不是对期货而是对期货合约的标的金融工具的实物(现货)进行保值,

由于期货和现货价格的运动方向会最终趋同,故套期保值能收到保护现货价格和边际利润的效果。期权也能套期保值,对买方来说,即使放弃履约,也只损失保险费,对其购买资金保了值;对卖方来说,要么按原价出售商品,要么得到保险费也同样保了值。

二、期权合约的盈亏分布

(一)看涨期权的盈亏分布

假设2020年4月11日微软股票价格为28美元。甲认为微软股票价格将上升,因此以0.5美元的期权费向乙购买一份2020年7月到期、协议价格为30美元的微软股票看涨期权,一份标准的期权交易里包含了100份相同的期权。那么,甲、乙双方的盈亏分布可分为以下几种情况:

(1)如果在期权到期时,微软股票等于或低于30美元,则看涨期权就无价值。买方的最大亏损为50美元(0.5×100)。

(2)如果在期权到期时,微软股票升至30.50美元,买方通过执行期权可赚取50美元,扣掉期权费后,他刚好盈亏平衡。

(3)如果在期权到期前,微软股票升至30.50美元以上,买方就可实现净盈余。股票价格越高,买方的净盈余就越多。比如股票价格升到40美元,那么买方通过执行期权——用30美元的价格购买市价高达40美元的股票,可赚取1000美元[(40-30)×100],扣掉期权费用50美元(0.75×100),净盈利950美元。

看涨期权买者的盈亏分布如图9-1(a)所示。由于期权合约是零和游戏(zero-sum games),买者的盈亏和卖者的盈亏刚好相反,据此可以画出看涨期权卖者的盈亏分布,如图9-1(b)所示。从图中可以看出,看涨期权买者的亏损风险是有限的,其最大亏损限度是期权价格,但其盈利可能是无限的。相反,看涨期权卖者的亏损可能是无限的,而盈利是有限的,其最大盈利限度是期权价格。期权买者以较小的期权价格为代价换来了较大盈利的可能性,而期权卖者则为了赚取期权费而冒着大量亏损的风险。

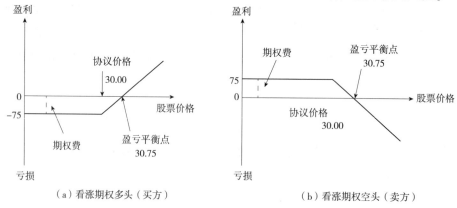

(a)看涨期权多头(买方)　　　(b)看涨期权空头(卖方)

图9-1　看涨期权盈亏分布图

从图9-1中可以看出，如果不考虑时间因素，期权的价值(盈亏)取决于标的资产市价与协议价格的差距。对于看涨期权来说，为了表达标的资产市价(S)与协议价格(X)的关系，把$S>X$时的看涨期权称为实值期权(in the money)，把$S=X$的看涨期权称为平价期权(at the money)，把$S<X$的看涨期权称为虚值期权(out of the money)。

(二) 看跌期权的盈亏分布

用同样的办法可以推导出看跌期权的盈亏分布图，如图9-2所示。当标的资产的市价跌至盈亏平衡点(协议价格减期权价格)以下时看跌期权买者就可获利，其最大盈利限度是协议价格减去期权价格后再乘以每份期权合约所包括的标的资产的数量，此时标的资产的市价为零。如果标的资产市价高于Z点，看跌期权买者就会亏损，其最大亏损是期权费总额。看跌期权卖者的盈亏状况则与买者刚好相反，即看跌期权卖者的盈利是有限的期权费，亏损也是有限的，其最大限度为协议价格减期权价格后再乘以每份期权合约所包括的标的资产的数量。

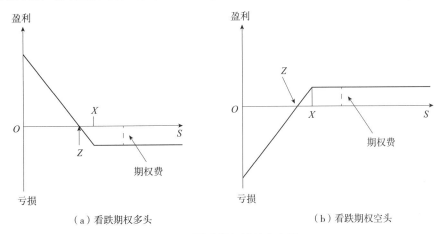

图9-2 看跌期权盈亏分布图

继续用前面的例子，假设2020年4年11日微软股票价格为28美元。甲认为微软股票价格将下跌，因此以2.5美元的期权费向乙购买一份2020年7月到期、协议价格为30美元的微软股票看跌期权，一份标准的期权交易里包含了100份相同的期权。那么，甲、乙双方的盈亏分布可分为以下几种情况：

(1)如果在期权到期时，微软股票价格等于或高于30美元，则看跌期权就无价值。买方的最大亏损为期权费250美元(2.50×100)。

(2)如果在期权到期时，微软股票跌至27.50美元，买方通过执行期权可赚取250美元，扣掉期权费后，刚好盈亏平衡。

(3)如果在期权到期前，微软股票跌到27.50美元以下，买方就可实现净盈余。股票价格越低，买方的净盈余就越多。比如股票价格下跌到20美元，那么买方通过执行期权——用30美元的价格卖出市价只有20美元的股票，可赚取1000美元[(30-20)×

100]，扣掉期权费用 250 美元(2.50×100)，净盈利 750 美元。

同样，把 $X>S$ 时的看跌期权称为实值期权，把 $X=S$ 时的看跌期权称为平价期权，把 $X<S$ 时的看跌期权称为虚值期权。

三、奇异期权

奇异期权(exotic options)是金融机构为满足客户的特殊需要而开发的，它通常在场外交易。奇异期权种类繁多，目前较常见的有以下几种。

(一) 打包期权

打包(package)期权是由标准欧式期权与远期合约、现金和标的资产共同打包而成的组合。打包期权的一个例子是范围远期合约(range forward contracts)。

范围远期合约多头由一份远期多头与一份看跌期权多头和一份看涨期权空头构成，其盈亏分布如图 9-3 所示。如果选择适当的协议价格使看涨期权价值等于看跌期权价值，由于远期合约的价值等于零，因此整个范围远期合约的初始价值也就为零。范围远期合约能够将标的资产的价格风险控制在一定范围内。

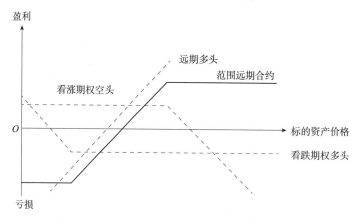

图 9-3　范围远期合约的组成

(二) 复合期权

复合期权就是期权的期权，它有四种基本类型，即看涨期权的看涨期权、看涨期权的看跌期权、看跌期权的看涨期权和看跌期权的看跌期权。

(三) 障碍期权

障碍期权(barrier option)是指其收益依赖于标的资产价格在一段特定时期内是否达到一个特定水平的期权。常见的障碍期权有两种，一是封顶期权(caps)，二是失效期权(knockout option)。

封顶看涨期权规定当标的资产价格高过协议价格一定幅度时，该期权就被自动执行。而封顶看跌期权则规定当标的资产价格低于协议价格一定幅度时，该期权就被自动执行。

失效期权则规定，当标的资产价格达到一个特定障碍时，该期权作废。失效看涨期权的障碍一般低于协议价格，而失效看跌期权的障碍一般高于协议价格。

(四) 非标准美式期权

标准美式期权在有效期内的任何时间均可行使期权，而非标准美式期权的行使期限只限于有效期内的特定日期。实际上，大多数认股权证都是非标准美式期权。有的认股权证甚至规定协议价格随执行日期的推迟而增长。

(五) 亚式期权

亚式期权(asian option)的收益依赖于标的资产有效期内至少某一段时间的平均价格。亚式期权有两个基本类型：一是平均价格期权(average price option)，它先按预定平均时期计算出标的资产的平均价格，再根据该平均价格与协议价格的差距计算出期权多空双方的盈亏；二是平均协议价格期权(average strike option)，它是把按预定平均时期计算出的标的资产的平均价格作为平均协议价格，然后根据期权到期时标的资产的现货价格与平均协议价格之间的差距计算期权多空双方的盈亏。

(六) 远期期权

远期期权是指期权费在现在支付，而有效期在未来某时刻开始的期权。

(七) 两值期权

两值期权(binary option)是具有不连续收益的期权，当到期日标的资产价格低于协议价格时，该期权作废，而当到期日标的资产价格高于协议价格时，期权持有者将得到一个固定的金额。

(八) 回溯期权

回溯期权(lookback option)的收益依赖于期权有效期内标的资产的最高或最低价格。回溯看涨期权的持有者可按期权有效期内的最低价格购买标的资产。回溯看跌期权的持有者则可按期权有效期内的最高价格出售标的资产。

(九) 资产交换期权

资产交换期权(options to exchange one asset for another)是指期权买者有权在一定期限内按一定比率把一种资产换成另一种资产。

(十) 任选期权

任选期权("as you like it" option，又称 chooser option)是指在一定期限内可由多头选择该期权为看涨期权还是看跌期权的期权。

四、看涨-看跌期权平价关系(put-call parity)

(一) 无收益欧式看涨-看跌期权平价关系

考虑两个组合：组合 A 和组合 B。

组合 A：一份欧式看涨期权加上面值为期权执行价格 X 的零息票债券[现在价值为 $Xe^{-r(T-t)}$]。

组合 B：一份有效期和协议价格与组合 A 中的看涨期权相同的欧式看跌期权加上一单位标的资产。

在期权到期时，组合 A 的回报为 $X+\max(S_T-X, 0)=\max(S_T, X)$；组合 B 的回报为 $\max(X-S_T, 0)+S_T=\max(X, S_T)$。两个组合的价值均为 $\max(S_T, X)$。由于欧式期权不能提前执行，因此根据无套利原理，两组合在时刻 t 必须具有相等的价值，即：

$$c+Xe^{-r(T-t)}=p+s \tag{9.1}$$

其中，c 为欧式看涨期权的价格，p 为欧式看跌期权的价格，s 为标的资产的价格。

这就是无收益资产欧式看涨期权与看跌期权之间的平价关系（put-call parity theorem）。它表明欧式看涨期权的价值可根据相同协议价格和到期日的欧式看跌期权的价值推导出来，反之亦然。

【例 9-1】 微软股价为 28.1 美元，看涨期权价格（有效期 6 个月，$X=34$）为 1 美元，看跌期权价格（有效期 6 个月，$X=34$）为 6 美元，无风险利率为年利率 5%，我们可以检验一下是否违背期权平价关系：

$$c+Xe^{-r(T-t)}=1+34\times e^{-5\%\times 0.5}=34.2$$

$$p+s=6+28.1=34.1$$

两个组合的价值不相等，这违背了平价关系，说明市场定价有误，存在套利机会。投资者可以一方面购买"便宜"的组合（股票加看跌期权），另一方面卖出"贵"的组合（看涨期权加债券）。于是，买进股票和看跌期权，卖出看涨期权，借款 $34\times e^{-5\%\times 0.5}$ 即 33.2 美元，就可获得 0.1 美元的套利利润。

（二）有收益资产期权

在标的资产有收益的情况下，只要把前面的组合 A 中的零息债券改为 $D+Xe^{-r(T-t)}$（D 为在期权有效期内所有红利的现值），就可推导有收益资产欧式看涨期权和看跌期权的平价关系：

$$C+D+Xe^{-r(T-t)}=p+s \tag{9.2}$$

（三）美式看涨期权和看跌期权之间的关系

1. 无收益资产美式期权

无收益资产美式看涨期权和看跌期权的平价关系为：

$$S-X<C-P<S-Xe^{-r(T-t)} \tag{9.3}$$

其中，C 为美式看涨期权的价格，P 为美式看跌期权的价格。

由于美式期权可能提前执行，因此得不到美式看涨期权和看跌期权的精确平价关系，但经过证明可以得出结论：无收益美式期权必须符合不等式(9.3)。

2. 有收益资产美式期权

同样,和欧式期权一样,在公式中加入红利 D,就可得到有收益资产美式期权必须遵守的不等式:

$$S-D-X < C-P < S-D-Xe^{-r(T-t)} \tag{9.4}$$

五、布莱克-舒尔斯(Black-Scholes)期权定价公式

(一) 期权价格的特征

期权价格(或者说价值)等于期权的内在价值加上时间价值。

1. 内在价值

期权的内在价值(intrinsic value),是多方行使期权时所获回报最大贴现值与 0 两者的较大值。由于欧式期权和美式期权可执行的时间不同,其内在价值的计算也就有所差异。

对欧式期权来说,只有在期权到期时多方才能决定行权与否并获得相应回报。例如,欧式看涨期权的到期回报为 $\max(S_T-X,0)$,如果标的资产在期权存续期内没有收益,S_T 的现值就是当前的价值 S;如果标的资产在期权存续期内支付已知的现金收益,S_T 的现值则为 $S-K$,其中 K 表示在期权有效期内标的资产的现金收益贴现。由于 X 为确定现金流,其现值的计算就是简单的贴现,故此欧式无收益和有收益资产看涨期权的内在价值分别为 $\max[S-Xe^{-r(T-t)},0]$ 与 $\max[S-K-Xe^{-r(T-t)},0]$。欧式看跌期权内在价值的分析与欧式看涨期权类似。表 9-2 给出了各种期权内在价值的计算公式。

表 9-2 期权的内在价值

头寸			期权回报	内在价值
看涨期权	欧式	无收益	$\max(S_T-X,0)$	$\max[S-Xe^{-r(T-t)},0]$
		有收益	$\max(S_T-X,0)$	$\max[S-K-Xe^{-r(T-t)},0]$
	美式	无收益	$\max(S_T-X,0)$	$\max[S-Xe^{-r(T-t)},0]$
		有收益	$\max(S_T-X,0)$	$\max[S-Xe^{-rt(t-t)},S-K-Xe^{-r(T-t)},0]$
看跌期权	欧式	无收益	$\max(S_T-X,0)$	$\max[S-Xe^{-r(T-t)},0]$
		有收益	$\max(S_T-X,0)$	$\max[S-Xe^{-r(T-t)}-(S-K),0]$
	美式	无收益	$\max(X-S_T,0)$	$\max(X-S,0)$
		有收益	$\max(X-S_T,0)$	$\max[X-S,Xe^{-rt(t-t)}-(S-K),0]$

注:无收益是指期权存续期内标的资产无收益,有收益指期权存续期内标的资产有已知的现金收益;K 为期权存续期间标的资产所有现金收益的现值;t 为行权时刻。

2. 时间价值

期权时间价值,也称外在价值,是指期权合约的购买者为购买期权而支付的权利金超过期权内在价值的那部分价值。与货币的时间价值所表示的"资金暂时让渡所带来

的价值"不同,期权的时间价值代表在期权尚未到期时,标的资产价格的波动为期权持有者带来收益的可能性所隐含的价值。概括地说,期权的时间价值就是基于期权多头权利义务不对称这一特性,在期权到期前,标的资产价格的变化可能给期权多头带来的收益的一种反映。

期权的时间价值跟转股的剩余期限、股票价格的历史波动率,以及当前股票价格的高低有关:转股剩余时间越长、价格变动越大、期权时间价值越高;股票波动率越大、期权时间价值越高;股价过高或过低,期权时间价值越低。

另一个不易被发现的关系是期权内在价值与时间价值之间的相关性。图9-4描述了这样一个事实:期权的时间价值受内在价值的影响,在期权平价点 $[S-Xe^{-r(T-t)}]$ 时间价值达到最大,S 偏离 $Xe^{-r(T-t)}$ 越大,时间价值越小。

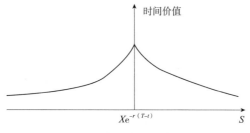

图9-4 无收益资产看涨期权时间价值与 $S-Xe^{-r(T-t)}$ 的关系

(二)期权价格的影响因素

影响期权价格的因素主要有五个,期权价格由内在价值和时间价值组成,因此它们可以通过影响期权的内在价值和时间价值来影响期权的价格。

1. 标的资产价格波动率

标的资产价格的波动率可以衡量标的资产未来价格变动不确定性。由于期权多头的最大亏损额仅限于期权价格,而最大盈利额则取决于执行期权时标的资产市场价格与协议价格的差额,因此,利于期权多头的波动越大,期权多头获利越多,期权价格也应越高。

2. 无风险利率

利率上升时,由于高利率水平降低了执行价格的现值,在其他条件不变的情况下,看涨期权价值增加,看跌期权价值下降。

3. 标的资产的市场价格与期权的协议价格

由于看涨期权在执行时,其收益等于标的资产当时的市价与协议价格之差。因此,标的资产的价格越高、协议价格越低,看涨期权的价格就越高。

对于看跌期权而言,由于执行时其收益等于协议价格与标的资产市价的差额,因此,标的资产的价格越低、协议价格越高,看跌期权的价格就越高。

4. 期权有效期

美式期权和欧式期权有效期是不同的。

对于欧式期权而言,由于它只能在期末执行,有效期长的期权不一定包含有效期短的期权的所有执行机会。这就使欧式期权的有效期与期权价格之间的关系显得较为复杂。例如，同一股票的两份欧式看涨期权，一个有效期2个月，另一个有效期3个月，假定在12周后标的股票将有大量红利支付，由于支付红利会使股价下降，上述情况中，有效期短的期权价格甚至会大于有效期长的期权价格。

对于美式期权而言，由于它可以在有效期内任何时间执行，有效期越长，多头获利机会就越大，而且有效期长的期权包含了有效期短的期权的所有执行机会，因此有效期越长，期权价格越高。

但在一般情况下(剔除标的资产支付大量收益这一特殊情况)，由于有效期越长，标的资产的风险就越大，空头亏损的风险也越大，因此，即使是欧式期权，有效期越长，其期权价格也越高，即期权的边际时间价值(marginal time value)为正值。

期权还存在边际时间价值递减规律。随着时间的延长，期权时间价值的增幅是递减的。对于到期日确定的期权来说，其他条件不变，随着时间的流逝，其时间价值的减小是递增的。这意味着，当时间流逝同样长度，期限长的期权的时间价值减小幅度将小于期限短的期权时间价值的减小幅度。

5. 股息支付

由于分企业派息等将减少标的资产的价格，因此，在期权有效期内标的资产产生收益将使看跌期权价格上升，看涨期权价格下降。

(三)期权定价公式

1973年，布莱克和舒尔斯成功地获得了欧式看涨期权和看跌期权的精确公式(B-S期权定价公式)。一个不付红利的欧式看涨期权的定价公式为：

$$c = SN(d_1) - Xe^{-r(T-t)} N(d_2) \tag{9.5}$$

其中，

$$d_1 = \frac{\ln\left(\frac{S}{X}\right) + \left(r + \frac{\sigma^2}{2}\right)(T-t)}{\sigma\sqrt{(T-t)}}$$

$$d_2 = \frac{\ln\left(\frac{S}{X}\right) + \left(r - \frac{\sigma^2}{2}\right)(T-t)}{\sigma\sqrt{(T-t)}} = d_1 - \sigma\sqrt{(T-t)}$$

$N(x)$为标准正态分布变量的累计概率分布函数(这个变量小于X的概率)，根据标准正态分布函数特性，有$N(-x) = 1 - N(x)$；σ为波动率。

例如，已知如下条件：股票价格$S = 100$，无风险利率$r = 10\%$，执行价格$X = 95$，期权期限：$T = 0.25$(三个月)，波动率$\sigma = 50\%$。

首先计算：

$$d_1 = \frac{\ln\left(\frac{S}{X}\right) + \left(r + \frac{\sigma^2}{2}\right)(T-t)}{\sigma\sqrt{(T-t)}} = 0.43$$

$$d_2=\frac{\ln\left(\frac{S}{X}\right)+\left(r-\frac{\sigma^2}{2}\right)(T-t)}{\sigma\sqrt{(T-t)}}=d_1-\sigma\sqrt{(T-t)}=0.18$$

通过查找正态分布表,查得:

$$N(0.43)=0.6664\ N(0.18)=0.5714$$

于是套用公式(9.5),计算得到该看涨期权价值为 13.7 元。

由于欧式看涨期权和看跌期权之间存在平价关系,因此把公式(9.5)代入公式(9.1)可以得到期限和执行价格相同的无收益资产欧式看跌期权的定价公式:

$$p=Xe^{-r(T-t)}N(-d_2)-SN(-d_1) \tag{9.6}$$

第二节 权 证

一、权证的定义

权证(share warrant),是指基础证券发行人或其以外的第三人发行的,约定持有人在规定期间内或特定到期日,有权按约定价格向发行人购买或出售标的证券,或以现金结算方式收取结算差价的有价证券。根据认股权证的权利不同,认股权证可以分为认购权证和认沽权证。

持有人支付一定数量的价金之后,就从发行人那获取了一个权利。这种权利使得持有人可以在未来某一特定日期或特定期间内,以约定的价格向权证发行人购买/出售一定数量的资产。购买股票的权证称为认购权证,出售股票的权证叫作认售权证(或认沽权证)。权证分为欧式权证、美式权证和百慕大式权证三种。所谓欧式权证:就是只有到了到期日才能行权的权证。所谓美式权证:就是在到期日之前随时都可以行权的权证。所谓百慕大式权证:就是持有人可在设定的几个日子或约定的到期日有权买卖标的证券。

持有人获取的是一个权利而不是责任,其有权决定是否履行契约,而发行者仅有被执行的义务,因此为获得这项权利,投资者需付出一定的代价(权利金)。权证(实际上所有期权)与远期或期货的区别在于前者持有人所获得的不是一种责任,而是一种权利,后者持有人需有责任执行双方签订的买卖合约,即必须以一个指定的价格,在指定的未来时间,交易指定的相关资产。

从上面的定义容易看出,根据权利的行使方向,权证可以分为认购权证和认沽权证,认购权证属于期权中的"看涨期权",认沽权证属于"看跌期权"。

权证价值由两部分组成,一是内在价值,即标的股票与行权价格的差价;二是时间价值,代表持有者对未来股价波动带来的期望与机会。在其他条件相同的情况下,权证的存续期越长,权证的价格就越高;美式权证由于在存续期可以随时行权,比欧式权证的相对价格要高。权证还可分为认股权证(company warrants)和备兑权证(covered warrants),认股权证专指由标的公司发行的能够产生稀释效应的权证,而备兑权证是由标的股票发行企业以外的第三者发行的,发行公司不会增发新股,对标的股票并不产生稀释效应,纯粹为一买权,藉以活跃证券市场的交易。

二、认股权证与股票期权的区别

认股权证与股票期权的区别主要在于:

(1)有效期。认股权证的有效期(发行日至到期日的期间长度)通常比股票期权的有效期长;认股权证的有效期一般在一年以上,而股票期权的有效期在一年以内。

(2)标准化。认股权证通常是非标准化的,在发行量、执行价、发行日和有效期等方面,发行人通常可以自行设定,交易所交易的股票期权大多数是高度标准化的合约。

(3)卖空。认股权证的交易通常不允许卖空,即使允许卖空,卖空也必须建立在先借入权证实物的基础上。如果没有新发行和到期,则流通中的权证的数量是固定的。

(4)第三方结算。在认股权证的结算是在发行人和持有人之间进行的,而股票期权的结算,是由独立于买卖双方的专业结算机构进行结算。因此,交易股票期权的信用风险要低于交易认股权证的信用风险。

三、权证的基本要素

权证的基本要素大致包括以下几个方面。

(1)发行人。股本权证的发行人为标的上市公司,而衍生权证的发行人为标的公司以外的第三方,一般为大股东或券商。在后一种情况下,发行人往往需要将标的证券存放于独立保管人处,作为其履行责任的担保。

(2)看涨和看跌权证。当权证持有人拥有从发行人处购买标的证券的权利时,该权证为看涨权证。反之,当权证持有人拥有向发行人出售标的证券的权利时,该权证为看跌权证。认股权证一般指看涨权证。

(3)到期日。到期日是权证持有人可行使认购(或出售)权利的最后日期。该期限过后,权证持有人便不能行使相关权利,权证的价值也变为零。

(4)执行方式。在美式执行方式下,持有人在到期日以前的任何时间内均可行使认购权;而在欧式执行方式下,持有人只有在到期日当天才可行使认购权。

(5)交割方式。交割方式包括实物交割和现金交割两种形式,其中,实物交割指投资者行使认股权利时从发行人处购入标的证券,而现金交割指投资者在行使权利时,由发行人向投资者支付市价高于执行价的差额。

(6)认股价(执行价)。认股价是发行人在发行权证时所订下的价格,持证人在行使权利时以此价格向发行人认购标的股票。

(7)权证价格。权证价格由内在价值和时间价值两部分组成。当正股股价(标的证券市场价格)高于认股价时,内在价值为两者之差;而当正股股价低于认股价时,内在价值为零。但如果权证尚没有到期,正股股价还有机会高于认股价,因此权证仍具有市场价值,这种价值就是时间价值。

(8)认购比率。认购比率是每张权证可认购正股的股数,如认购比率为0.1,就表示每10张权证可认购一股标的股票。

(9)杠杆比率(leverage ratio)。杠杆比率是正股市价与购入一股正股所需权证的市价之比,即:

$$杠杆比率 = \frac{正股股价}{权证价格/认购比率}$$

杠杆比率可用来衡量"以小博大"的放大倍数,杠杆比率越高,投资者盈利率越高,其可能承担的亏损风险就越大。

知识链接9-2

权证的发展

权证是一种衍生证券,是指发行人所发行的、持有人有权利在特定期间以特定价格买进或卖出特定数量标的证券之凭证。1911年,美国电灯和能源公司发行的认股权证标志着权证这一衍生证券的诞生。20世纪70年代以来,随着金融竞争的加剧和管制的放松,华尔街上的金融衍生工具如雨后春笋般大量涌现出来,大大冲击了原有的金融体系,金融衍生产品的崛起使得金融业进入了新的金融时代,由于衍生产品交易承担风险过度而导致企业瞬间崩溃的案例更是不胜枚举。但不管怎样,金融衍生工具交易出现了持续的巨幅增长,权证以其独特的产品设计,以小博大的经济效果,成为各国家和地区推出金融衍生产品时的首选。作为金融衍生产品的重要产品,权证市场已成为整个市场体系不可缺少的一个重要组成部分。

在海外市场,权证不但交易规模庞大,而且发展速度迅猛。2004年全球权证交易总额超过1900亿美元,比2003年的1230亿美元上升了50%多。根据国际证券交易所联合会(FIBV)2003年3月的一项抽样调查,其54个会员交易所中已经有83%(45个)推出了权证交易,这一比例仅次于股票(95%)和企业债(88%),位列所有交易品种的第三位。可见,权证已经成为海外各证券交易所的一类主体交易品种,并且仍在高速发展。尽管权证最早起源于美国,但真正获得蓬勃发展的却是在欧洲,德国、意大利、瑞士等国长期占据权证交易额的前几名。但近年来,以中国香港和中国台湾为代表的亚洲权证市场发展迅猛,2004年中国香港一举超过德国,以673亿美元的总成交金额跃居全球权证交易第一位，2005年第一季度发行规模和交易金额更是同比增长50%，进一步巩固了权证市场龙头老大的地位。而中国台湾在推出权证仅7年的时间，就挤入全球权证交易的前五名。与此同时，澳洲的权证市场在稳步发展多年之后，再次呈现出加速发展的态势。

我国的证券市场经过十余年的发展，已初具规模，但仍然处于新兴加转轨阶段，主要以股票市场为主，债券市场极不发达，金融衍生产品缺乏，资本市场整体结构还很不完善。

资料来源：我国权证市场发展的研究，殷华。

知识链接9-3

中国权证市场发展现状及存在问题研究

我国于20世纪90年代初期就推出了权证交易。1992年6月上海证券交易所推出了飞乐股份配股权证交易。之后，沪深两市相继推出了长期权证、个人股配股权证、公股转配权证、分离运作权证和公私并存配股权证等品种。但是由于权证市场制度不完善、权证设计不合理、投资者风险意识淡薄和监管水平的局限，权证交易中出现了极为严重的过度投机现象，1996年6月权证市场建立仅4年就被监管层关闭。近几年，随着资本市场各项改革和制度建设的深入，市场运行机制和运行环境逐步改善，我国已经具备了重新发展权证市场的条件。2005年我国启动了股权分置改革。权证因其具有发现价格和对冲风险功能，同时，权证作为股权分置改革市场化对价支付工具，不涉及上市公司股权的重新分割，但又能体现对原流通股股东的补偿，也不会对二级市场产生直接的冲击，更容易被控股股东和流通股股东所接受，而且权证用于管理层股权激励，还能有效激发管理层对股权分置改革的积极性。因此，在中国证监会公布的第二批股权分置改革试点公司中，宝钢股份和长江电力都推出了包含权证的方案。8月19日，宝钢权证上市，我国权证市场得以重建。

四、权证和股权激励计划

股权激励计划（executive stock option）是上市公司经常采用的经营激励措施，其特征和认购权证一样，持有者有权在一定期限内按照一定价格向上市公司购买一定数量的新发行股票。

可以用认股权证的定价原理分析股权激励计划对公司股票价格的影响。假设公司在执行股权激励计划之前的股票价格为 S_0，股票数量为 N。公司计划执行数量为 M 的股权激励计划。

执行股权激励计划之前，公司股权价值为 NS_0。执行股权激励计划之后，变为 $S_0'+$

Mf_0,f_0 为认股权证的价值,S_0' 为执行股权激励计划后的股价。根据 $NS_0 = S_0' + Mf_0$,可以得到:

$$S_0' = \frac{NS_0 - Mf_0}{N}$$

【例 9-2】 假设甲公司现有普通股股票数量为 200 万股,每股价格为 40 元。该公司打算执行一个股权激励计划,赠与公司高管总共 40 万份的认购权证,每份权证有权在 5 年之后按照 60 元的价格购买公司股票。市场的无风险利率为 3%,该公司股票价格的波动率为 30%,并且该公司没有股利分红政策。根据认购权证和普通期权的关系和 B-S 期权定价公式,可以计算出该认购权证的价值为:

$$\frac{2000000}{2000000+400000} \times 7.04 = 5.87(元)$$

执行股权激励计划之后的股票价格为:

$$S_0 = \frac{NS_0 - Mf_0}{N} = 38.83(元)$$

股票价格会下跌 40-38.83=1.17 元。

第三节 可转换债券

一、可转换债券的定义和特点

(一)可转换债券的定义

可转换债券(convertible bond),是指持有者可以在一定时期内按一定比例或价格将之转换成一定数量的另一种证券的债券。可转换债券是可转换公司债券的简称,又简称可转债,是一种可以在特定时间、按特定条件转换为普通股票的特殊企业债券。可转换债券兼具债权和股权的特征,公司发行的含有转换特征的债券,在招募说明中发行人承诺根据转换价格在一定时间内可将债券转换为公司普通股。

从证券权利角度分析,可转换债券赋予持有人一种特殊的选择权利,即持有人有权利决定是否需要按照事先约定的,在一定期限内将可转债转换为公司股票。相对地,转换特征也就成为发行可转债企业的一项义务。这样,可转换债券就将传统的股票与债券的融资功能结合起来,在转换之前属于企业发行的债务,权利行使之后则成为发行企业的股权资本。

(二)可转换债券的特点

因为可转债可在必要时转换属性,因此兼有债权和股权两者的特点。与一般债券和股票相比,可转换债券有一系列重要的特点,主要表现如下。

1. 有效期限和转换期限

就可转换债券而言,其有效期限与一般债券相同,指债券从发行之日起至偿清本息之日止的存续期间。转换期限是指可转换债券转换为普通股票的起始日至结束日的期间。大多情况下,发行人都规定一个特定的转换期限,在该期限内,允许可转换债券的持有人按转换比例或转换价格转换成发行人的股票。我国《上市公司证券发行管理办法》规定,可转换公司债券的期限最短为1年,最长为6年,自发行结束之日起6个月方可转换为公司股票。

2. 股票利率或股息率

可转换公司债券的票面利率(或可转换优先股票的股息率)是指可转换债券作为一种债券时的票面利率(或优先股股息率),发行人根据当前市场利率水平、公司债券资信等级和发行条款确定,一般低于相同条件的不可转换债券或不可转换优先股票。可转换公司债券应半年或1年付息1次,到期后5个工作日内应偿还未转股债券的本金及最后1期利息。

3. 转换比例或转换价格

转换比例是指一定面额可转换债券可转换成普通股票的股数。用公式表示为:

$$转换比例 = \frac{可转换债券面值}{转换价格}$$

转换价格是指可转换债券转换为每股普通股份所支付的价格。用公式表示为:

$$转换价格 = \frac{可转换债券面值}{转换比例}$$

4. 赎回条款与回售条款

赎回是指发行人在发行一段时间后,可以提前赎回未到期的发行在外的可转换公司债券。

赎回条件一般是当公司股票在一段时间内连续高于转换价格达到一定幅度时,公司可按照事先约定的赎回价格买回发行在外尚未转股的可转换公司债券。回售是指公司股票在一段时间内连续低于转换价格达到某一幅度时,可转换公司债券持有人按事先约定的价格将所持可转换债券卖给发行人的行为。

赎回条款和回售条款是可转换债券在发行时规定的赎回行为和回售行为发生的具体市场条件。

5. 转换价格修正条款

转换价格修正是指发行公司在发行可转换债券后,由于公司尚未送股、配股、增发股票、分立、合并、拆细及其他原因导致发行人股份发生变动,引起公司股票名义价格下降时而对转换价格所做的必要调整。

中国可转债的例子——凌钢转债

凌钢转债

债券简称	凌钢转债	债券代码	110070
上市日期	2020-05-13	债券面额	100元
发行总额	44000万元	债券期限	6年
起息日	2020-04-13	到期日	2026-04-12

(一) 票面利率

本次发行的可转债票面利率设定为：第一年为0.40%、第二年为0.70%、第三年为1.10%、第四年为1.60%、第五年为2.00%、第六年为2.20%。

(二) 初始转股价说明

本次发行的可转债的初始转股价格为2.80元/股，不低于募集说明书公告日前20个交易日公司A股股票交易均价(若在该20个交易日内发生过因除权、除息引起股价调整的情形，则对调整前交易日的交易均价按经过相应除权、除息调整后的价格计算)和前一个交易日公司A股股票交易均价。同时，转股价格不得低于最近一期经审计的每股净资产值和股票面值。

前20个交易日公司股票交易均价 = $\dfrac{\text{前20个交易日公司股票交易总额}}{\text{该20个交易日公司股票交易总量}}$；前1个交易日公司股票交易均价 = $\dfrac{\text{前1个交易日公司股票交易总额}}{\text{该日公司股票交易总量}}$。

(三) 转股价格调整说明

在本次发行之后，若公司发生派送红股、转增股本、增发新股(不包括因本次发行的可转换公司债券转股而增加的股本)、配股以及派发现金股利等情况，将按下述公式进行转股价格的调整(保留小数点后两位，最后一位四舍五入)：

送股或转增股本：$P_1 = \dfrac{P_0}{1+n}$；

增发新股或配股：$P_1 = \dfrac{P_0 + A \times k}{1+k}$；

上述两项同时进行：$P_1 = \dfrac{P_0 + A \times k}{1+n+k}$；

派发现金股利：$P_1 = P_0 - D$；

上述三项同时进行：$P_1 = \dfrac{P_0 - D + A \times k}{1 + n + k}$。

其中，P_1 为调整后转股价，P_0 为调整前转股价，n 为派送红股或转增股本率，A 为增发新股价或配股价，k 为增发新股或配股率，D 为每股派送现金股利。

当公司出现上述股份和/或股东权益变化情况时，将依次进行转股价格调整，并在中国证监会指定的上市公司信息披露媒体上刊登转股价格调整的公告，并于公告中载明转股价格调整日、调整办法及暂停转股时期（如需）。当转股价格调整日为本次发行的可转换公司债券持有人转股申请日或之后，转换股份登记日之前，则该持有人的转股申请按公司调整后的转股价格执行。

当公司可能发生股份回购、合并、分立或任何其他情形使公司股份类别、数量和/或股东权益发生变化从而可能影响本次发行的可转换公司债券持有人的债权利益或转股衍生权益时，公司将视具体情况按照公平、公正、公允的原则以及充分保护本次发行的可转换公司债券持有人权益的原则调整转股价格。有关转股价格调整内容及操作办法将依据届时国家有关法律法规及证券监管部门的相关规定来制订。

(四) 付息说明

本次发行的可转换公司债券采用每年付息一次的付息方式，到期归还所有未转股的可转债本金和最后一年利息。

1. 年利息计算

年利息指可转换公司债券持有人按持有的可转换公司债券票面总金额自可转换公司债券发行首日起每满一年可享受的当期利息。

年利息的计算公式为：

$$I = B \times i$$

其中，I 为年利息额；B 为本次发行的可转换公司债券持有人在计息年度（以下简称"当年"或"每年"）付息登记日持有的可转换公司债券票面总金额；i 为可转换公司债券当年票面利率。

2. 付息方式

(1) 本次发行的可转债采用每年付息一次的付息方式，计息起始日为可转债发行首日，即 2020 年 4 月 13 日（T 日）。

(2) 付息债权登记日：每年的付息债权登记日为每年付息日的前一交易日，公司将在每年付息日之后的五个交易日内支付当年利息。在付息债权登记日前（包括付息债权登记日）已转换或已申请转换为公司股票的可转换公司债券，公司不再向其持有人支付本计息年度及以后计息年度的利息。

(3) 付息日：每年的付息日为本次发行的可转债发行首日起每满一年的当日。如该日为法定节假日或休息日，则顺延至下一个工作日，顺延期间不另付息。每相邻的两个付息日之间为一个计息年度。

(4) 可转债持有人所获得利息收入的应付税项由可转债持有人承担。

(五) 赎回条款

1. 到期赎回条款

在本次发行的可转债期满后5个交易日内，公司将以本次可转债票面面值的112%(含最后一期利息)的价格赎回全部未转股的可转债。

2. 有条件赎回条款

在本次发行的可转换公司债券转股期内，当下述两种情形的任意一种出现时，公司董事会有权决定按照债券面值加当期应计利息的价格赎回全部或部分未转股的可转换公司债券：

(1) 在本次发行的可转换公司债券转股期内，如果公司A股股票连续30个交易日中至少有15个交易日的收盘价格不低于当期转股价格的130%(含130%)。

(2) 当本次发行的可转换公司债券未转股的票面总金额不足人民币3000万元时。

当期应计利息的计算公式为：

$$I_A = B \times i \times \frac{t}{365}$$

其中，I_A为当期应计利息，B为本次发行的可转换公司债券持有人持有的可转换公司债券票面总金额，i为可转换公司债券当年票面利率，t为计息天数，即从上一个付息日起至本计息年度赎回日止的实际日历天数(算头不算尾)。

若在前述30个交易日内发生过转股价格调整的情形，则在调整前的交易日按调整前的转股价格和收盘价计算，在调整后的交易日按调整后的转股价格和收盘价计算。

(六) 回售条款

1. 有条件回售条款

本次发行的可转换公司债券最后两个计息年度，如果公司股票在任何连续30个交易日的收盘价格低于当期转股价格的70%时，可转换公司债券持有人有权将其持有的可转换公司债券全部或部分按债券面值加上当期应计利息的价格回售给公司。

若在上述交易日内发生过转股价格因发生派送股票股利、转增股本、增发新股(不包括因本次发行的可转换公司债券转股而增加的股本)、配股，以及派发现金股利等情况而调整的情形，则在调整前的交易日按调整前的转股价格和收盘价格计算，在调整后的交易日按调整后的转股价格和收盘价格计算。如果出现转股价格向下修正的情况，则上述30个交易日须从转股价格调整之后的第一个交易日起重新计算。

本次发行的可转换公司债券最后两个计息年度，可转换公司债券持有人在每年回售条件首次满足后可按上述约定条件行使一次回售权，若在首次满足回售条件而可转换公司债券持有人未在公司届时公告的回售申报期内申报并实施回售的，该计息年度不应再行使回售权。可转换公司债券持有人不能多次行使部分回售权。

2. 附加回售条款

若公司本次发行的可转换公司债券募集资金投资项目的实施情况与公司在募集说明书中的承诺情况相比出现重大变化，该变化被中国证监会认定为改变募集资金用途的，可转换公司债券持有人享有一次回售的权利。可转换公司债券持有人有权将其持有的可转换公司债券全部或部分按债券面值加上当期应计利息价格回售给公司。可转换公司债券持有人在附加回售条件满足后，可以在公司公告后的附加回售申报期内进行回售，该次附加回售申报期内不实施回售的，自动丧失该回售权，不能再行使附加回售权。

(七) 特别向下修正条款

1. 修正条件与修正幅度

在本次发行的可转换公司债券存续期间，当公司股票在任意连续30个交易日中至少有15个交易日的收盘价低于当期转股价格的85%时，公司董事会有权提出转股价格向下修正方案并提交公司股东大会表决。

上述方案须经出席会议的股东所持表决权的2/3以上通过方可实施。股东大会进行表决时，持有本次发行的可转换公司债券的股东应当回避。修正后的转股价格应不低于本次股东大会召开日前20个交易日公司股票交易均价和前一交易日均价之间的较高者。同时，修正后的转股价格不得低于最近一期经审计的每股净资产值和股票面值。

若在前述30个交易日内发生过因除权、除息等引起公司转股价格调整的情形，则在转股价格调整日前的交易日按调整前的转股价格和收盘价计算，在转股价格调整日及之后的交易日按调整后的转股价格和收盘价计算。

2. 修正程序

如公司决定向下修正转股价格时，公司将在中国证监会指定的信息披露媒体上刊登相关公告，公告修正幅度和股权登记日及暂停转股期间。从股权登记日后的第一个交易日(转股价格修正日)，开始恢复转股申请并执行修正后的转股价格。

若转股价格修正日为转股申请日或之后，转换股份登记日之前，该类转股申请应按修正后的转股价格执行。

二、可转换债券价值的分析

可转换债券具备了股票和债券两者的属性，结合了股票的长期增长潜力和债券所具有的安全和收益固定的优势。此外，可转换债券与股票相比还有优先偿还的要求权。可转换债券是一种复杂的信用衍生产品，除了一般的债权外，它还包含着很多的期权。这些期权主要有：

(1) 公司在一定条件下调整转股价格的期权(转股价格调低权)。

(2) 公司在一定条件下赎回可转换债券的期权(赎回权)。

(3) 投资者按照一定价格在一定期限内将债券转换成公司股票的期权(转股权)。

(4) 投资者在一定条件下将债券按照一定价格回售给公司的期权(回售权)。

其中转股价格调低权和赎回权则属于发行公司的多头期权，而转股权和回售权属于投资者的多头期权。发行公司与投资者行使期权的过程中存在着复杂的博弈过程，而且这些期权的行使都有一定的条件，这就决定了可转换债券定价的复杂性。

通过上面的分析可知，低股价下时投资者会保留证券的形式，此时可转债券表现的是债券的性质；高股价下，投资者会选择转换为公司股票获得更高利益，此时可转换债券就表现出股票性质。可转换债券的价值与标的股票价格的关系如图9-5所示。

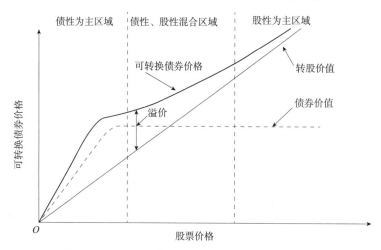

图9-5 可转换债券的价值与标的股票价格的关系

三、分离交易可转换债券

分离交易可转换债券是债券和股票的混合融资品种，它与普通可转换债券的本质区别在于债券与权证可分离交易。它把原来传统的转债分离为一个纯企业债和若干数量的看涨期权，拥有期权的投资者可以按一个约定的固定翁格在未来一段时间内买入股票。分离交易可转换债券和普通可转换债券的主要区别如下。

第一，分离交易可转换债券不设重设和赎回条款，有利于发挥发行公司通过业绩增长来促成转股的正面作用，避免了普通可转换债券发行人往往不是通过提高公司经营业绩，而是以不断询下修正转股价或强制赎回方式促成转股而带给投资人的损害。

第二，普通可转换债券中的认购权证一般是与债券同步到期的，分离交易可转换债券则并非如此。

分离交易可转债的优点有以下3点。

第一，投资者可以获得还本付息，由此给发行公司的经营能力提出了较高要求；

第二，当认股权证行使价格低于正股市价时，投资者可通过转股或转让权证在二级市场上套利，而毋须担心发行人在股票市价升高时强制赎回权证；

第三，而当认股权证行使价格高于正股市价时，投资者可选择放弃行使权证，而权证往往是发行人无偿赠予的。

中国分离交易可转换债券的例子

四川长虹分离交易可转债将于今日起正式发行。而这也是继 A 股 IPO 和公司债继重启之后，分离债时隔一年后的再次露面。公告显示，本期债券发行规模为 30 亿元，债券期限 6 年，票面利率的询价区间为 0.8%~2%；每手四川长虹债的最终认购人可以同时获得发行人派发的 191 份认股权证，权证的存续期自认股权证上市之日起 24 个月，行权比例为 1∶1，初始行权价格为人民币 5.23 元/股。本期债券向原股东优先配售 80%，剩余部分按 50∶50 的比例分别在网上和网下进行发售。绵阳市投资控股(集团)有限公司为四川长虹发行的分离交易可转债提供全额不可撤销的连带责任保证担保。经中诚信综合评定，发行人的长期主体信用等级为 AA−，本期债券信用等级为 AA。

重要概念

金融期权　看涨期权　看跌期权　欧式期权　美式期权　看涨期权与看跌期权平价　内在价值　时间价值　B-S 期权定价公式　权证　可转换债券

推荐书目

[1] Black F, Scholes M. The pricing of options and corporateliabilities[J]. Journal of Political Economy, 1973, 81: 637-659.

[2] Hull J. Options, futures and other derivatives, 8th Edition[M]. Boston: Prentice Hall, 2012.

[3] Rendleman R J Jr, Bartter B J. Two-state option pricing[J]. The Journal of Finance, 1979, 34: 1093-1110.

[4] 陈蓉, 郑振龙. 固定收益证券[M]. 北京: 北京大学出版社, 2011.

参考文献

[1] 郑振龙, 陈蓉. 金融工程(第 3 版)[M]. 北京: 高等教育出版社, 2012.

[2] 郑振龙, 林海. 中国可转换债券定价研究[J]. 厦门大学学报(哲学社会科学版), 2004(2): 93-100.

[3] Black F, Scholes M. The pricing of options and corporate liabilities[J]. Journal of Political Economy, 1973, 81: 637-659.

习 题

1. 某投资者买进一份看涨期权，同时卖出一份相同标的资产、相同期限、相同协议价格的看跌期权，请描述该投资者的状况。

2. 某一协议价格为25元、有效期6个月的欧式看涨期权价格为2元，标的股票价格为24元，该股票预计在2个月和5个月后各支付1元股息，所有期限的无风险连续复利年利率均为6%，请问该股票的协议价格为25元，有效期6个月的欧式看跌期权价格为多少？

3. 假设你是一家负债率很高的公司的唯一股东。该公司的所有债务在1年后到期。如果到时公司的价值高于债务，你将偿还债务。否则的话，你将宣布破产并让债权人接管公司。

(1) 请将你的股权表示为公司价值的期权。

(2) 请将债权人的债权表示为公司价值的期权。

(3) 你有什么办法来提高股权的价值？

4. 假设某种不支付红利的股票的市价为50元，无风险利率为10%，该股票的年波动率为20%，求该股票的协议价格为50元、期限为6个月的欧式看跌期权价格。

5. 假设一个公司现有股票数量为10万股，每股价格为40元。该公司打算执行一个股权激励计划，送给公司的高管人员5万份认购权证，每份权证有权在3年之后按照45元的价格购买1股公司股票。市场的无风险利率为5%，该公司股票价格的波动率为30%，该公司不付红利。请计算该股权激励计划执行对股票价格的影响。

6. 考虑具有相同的标的资产、期限、协议价格的美式期权和欧式期权，请解释为何欧式期权的价值一定低于美式期权。

第十章　抵押和证券化资产

◆ **本章概要：**

1. 本章主要阐述抵押和证券化资产以及具体的类型。
2. 抵押和证券化资产可能面临着哪些风险。随着资产证券化市场的迅速发展，有关资产证券化的问题在金融市场中的重要性日益提高。

◆ **重点难点：**

1. 了解资产证券化的一般程序。
2. 了解抵押支持证券的主要类型。
3. 了解资产支持证券的主要类型。
4. 了解中国资产证券化的主要情况。

第一节　资产证券化

资产证券化是指以基础资产未来所产生的现金流为偿付支持，通过结构化设计进行信用增级，在此基础上发行资产支持证券（asset-backed securities，ABS）的过程。它是以特定资产组合或特定现金流为支持，发行可交易证券的一种融资形式。资产证券化仅指狭义的资产证券化。自1970年美国政府国民抵押协会首次发行以抵押贷款组合为基础资产的抵押支持证券——房贷转付证券，完成首笔资产证券化交易以来，资产证券化逐渐成为一种被广泛采用的金融创新工具而得到了迅猛发展，在此基础上，又衍生出风险证券化产品。

一、资产证券化的定义和特征

广义的资产证券化是指某一资产或资产组合采取证券资产这一价值形态的资产运营方式，它包括以下四类。

（1）实体资产证券化。即实体资产向证券资产的转换，是以实物资产和无形资产为基础发行证券并上市的过程。

(2) 信贷资产证券化。就是将一组流动性较差的信贷资产，如银行的贷款、企业的应收账款，经过重组形成资产池，使这组资产所产生的现金流收益比较稳定并且预计今后仍将稳定，再配以相应的信用担保，在此基础上把这组资产所产生的未来现金流的收益权转变为可以在金融市场上流动、信用等级较高的债券型证券进行发行的过程。

(3) 证券资产证券化。即证券资产的再证券化过程，就是将证券或证券组合作为基础资产，再以其产生的现金流或与现金流相关的变量为基础发行证券。

(4) 现金资产证券化。是指现金的持有者通过投资将现金转化成证券的过程。

狭义的资产证券化是指信贷资产证券化。按照被证券化资产种类的不同，信贷资产证券化可分为住房抵押贷款支持的证券化(mortgage-backed securitization，MBS)和资产支持的证券化(asset-backed securitization，ABS)。

资产证券化的主要特征如下。

(1) 利用金融资产证券化可提高金融机构资本充足率。
(2) 增加资产流动性，改善银行资产与负债结构失衡。
(3) 利用金融资产证券化来降低银行固定利率资产的利率风险。
(4) 银行可利用金融资产证券化来降低筹资成本。
(5) 银行利用金融资产证券化可使贷款人资金成本下降。
(6) 金融资产证券化的产品收益良好且稳定。

知识链接10-1

资产证券化在全球的发展

在中国启动了资产证券化的有益尝试之后，作为一种金融创新，资产证券化问题也引起了市场的广泛关注。由于资产证券化是当代国际金融创新的典范之一，自20世纪70年代在美国产生以来，资产证券化一直处于内涵不断深化、边界不断扩展的发展过程中，其载体和方式不断扩大化和复杂化，并日益渗透到了经济领域的各个层面。资产证券化的发展，金融体系的演进由市场本位阶段进入了证券化阶段。

在国际市场上，资产证券化基础资产的种类从最初的抵押贷款资产逐渐向多元化拓宽，资产的规模呈现不断扩大的发展趋势。另外，从国外的实践来看，随着证券市场的发展，资产证券化经历了从住房抵押贷款证券化到非抵押资产证券化的发展过程。

资产证券化最初在美国从住房抵押贷款市场起步发展，以满足抵押贷款出借者资产负债表管理的财务需要，推动和支持美国政府的住房制度改革，住房抵押贷款是最早实施证券化的资产。由于资产证券化具有提高金融机构资产流动性以及转移和分散信贷风险的功效，有利于金融机构加强资产负债管理、防范信用风险和提高金融资产效率，信用卡应收款、汽车抵押贷款、商业不动产抵押贷款等信贷资产也先后采用了资产证券化。

历经30多年的发展，随着融资方和投资人的需求变化以及证券化对象的多样化，根据基础资产规模的大小、期限长短、原始权益人的所有权结构等因素，资产证券化的交易结构也在不断创新。从证券化交易结构的发展来看，有单宗交易结构与多宗交易结构、单层交易结构与双层交易结构、单一借款人证券化结构以及循环型交易结构等。

根据基础资产种类的不同，投资者对期限、风险和收益率的不同偏好，通过对现金流的分割和组合，以及对基础资产本息的任意组合，甚至可以将不同种类的证券组合在一起，形成合成衍生证券，资产证券化的品种呈现千变万化之态。按照基础资产是否为抵押资产划分，证券化的品种可以分为资产担保证券（asset-backed securities, ABS）和抵押支持证券（mortgage-backed securities, MBS），资产担保证券种类较为单一，结构比较相同，而抵押担保证券则结构日益复杂，种类较多。

目前资产证券化有许多不同的形式、种类和结构及其派生出的很多衍生品，而且它们都随着交易的深化而不断地演化，多样化的证券结构和品种有利于匹配资金成本收益和期限，降低交易费用，推动着资产证券化市场不断发展。

资产证券化起源于美国，后来在许多发达市场经济国家和新兴市场经济国家也得到了很快发展，并以其旺盛的生命力在全世界范围内推广。金融市场和公司市场的全球化发展，进一步扩展了资产证券化的发展空间。资产证券化已发展成为全球金融制度创新和金融产品创新的重要潮流。

美国是资产证券化的发端国家，也是全球最大的资产证券化市场。以政府国民抵押协会（GNMA）、联邦国民抵押协会（FNMA）、联邦住房贷款抵押公司（FHLMC）等为代表的具有政府背景的机构是推动美国资产证券化快速发展的重要力量，在美国政府有关法律和税收优惠的保障下，在市场竞争和产品创新的原动力的推进下，美国资产证券化发展最为迅速。截至2005年第三季度，美国住房按揭资产证券化（MBS）余额已达5.9万亿美元，非按揭资产证券化（ABS）余额2.0万亿美元，两项总和7.9万亿美元，占美国债务市场25.3万亿美元的31%。而同期美国市政债券余额为2.2万亿美元，国债市场余额为4.2万亿美元，联邦政府债券市场余额为2.6万亿美元，货币市场工具余额为3.5万亿美元，公司债券市场余额为5.0万亿美元，资产证券化是美国资本市场最重要的融资工具，对美国经济和金融市场产生了巨大影响。

2005年美国MBS发行额达到1.92万亿美元，历史性的较低的抵押贷款利率支持了强劲的住房销售和住房市场的增长，住房销售和抵押发起的高增长为证券化的贷款量提供了坚实的基础。2005年ABS共发行1.1万亿美元，其中HEL（home equity loan）

发行4536亿美元,汽车贷款887亿美元,助学贷款部分发行627亿美元,信用卡应收款发行629亿美元。从而使2005年美国中长期债券市场新发行的资产证券化产品达3.02万亿美元。

欧洲是世界上第二大资产证券化市场。由于金融体制和法律体系与美国不同,欧洲传统的证券化类型是表内证券化,真正意义上的资产证券化直到20世纪80年代才在欧洲出现,在80年代以后得到较大发展。目前欧洲资产证券化的步伐正在大大加快。

欧洲资产证券化发行总量增加很快,从1996年的327亿欧元增长到2004年的2435亿欧元。2005年前三季度共发行1962亿欧元,其中居民住房抵押贷款(residental mort-gage-backed securities,RMBS)所占的比重最高,总量为940亿欧元,占近一半的发行量,第二大部分为商用住房抵押贷款(commercial mortgage backed securities,CMBS),总量为304亿欧元,占15.4%,债务抵押债券(collateralized debt obligations,CDOs),总量为223亿欧元,占11.3%,包括消费、商业、不动产和其他贷款的贷款证券占5.1%,混合型抵押证券、汽车贷款、信用卡应收款分别为42亿欧元、41亿欧元和20亿欧元,其他类由几项大的交易构成,如发行80亿欧元德国邮政养老金证券。资产证券化在欧洲已进入了快速发展阶段。

近年来,资产证券化在亚洲(日本、韩国等)也得到了快速发展。亚洲的资产证券化直到1997年亚洲金融危机爆发前,经历了一个较长的探索和尝试过程。亚洲金融危机促进了资产证券化融资的发展,有关国家和地区也在法律、税收、监管等方面为资产证券化创造有利条件,对利用资产证券化提高资本市场效率发挥了积极作用。国际投资银行的积极介入推动了亚洲资产证券化的发展。截至2004年末,整个亚洲市场资产证券化产品发行量从1998年的70亿美元上升到680亿美元。惠誉预计,整个亚太地区的CDO市场,日本、印度和韩国的住房抵押资产证券化市场,亚太地区的房地产投资信托和商业房产抵押资产证券化市场将面临巨大的发展机遇。

二、资产证券化的参与者

资产证券化交易比较复杂,涉及的参与者较多,一般而言,下列参与者在证券化过程中具有重要作用。

(一)发起人

发起人也称原始权益人,是证券化基础资产的原始所有者,通常是金融机构或大型工商企业。从发起人(一般是金融机构)的角度来看,资产证券化提供了将相对缺乏流动性、个别的资产转变成流动性高、可在资本市场上交易的金融商品的手段。通过资产证券化,发起者能够补充资金,用来进行另外的投资。例如,商业银行利用资产证券化提高其资产流动性。

资产证券化有利于发起者将风险资产从资产负债表中剔除出去,有助于发起者改善各种财务比率，提高资本的运用效率，满足风险资本指标的要求。例如，根据《巴塞尔协议》和我国《商业银行法》的要求，一个稳健经营的商业银行，资本净额占表内外风险加权资产总额的比例不得低于8%，其中核心资本不得低于4%。为了满足这一要求，许多银行必须增加资本或出售资产。

资产证券化还为发起者提供了更为灵活的财务管理模式。这使发起者可以更好地进行资产负债管理，取得精确、有效的资产与负债的匹配。

总之，资产证券化为发起者带来了传统筹资方法所没有的益处，并且随着资产证券化市场的不断深入发展，将愈加明显。

(二) 特定目的机构或特定目的受托人(SPV)

这是指接受发起人转让的资产，或受发起人委托持有资产，并以该资产为基础发行证券化产品的机构。选择特定目的机构或受托人时，通常要求满足所谓破产隔离条件，即发起人破产对其不产生影响。

(三) 资金和资产存管机构

为保证资金和基础资产的安全，特定目的机构通常聘请信誉良好的金融机构进行资金和资产的托管。

(四) 信用增级机构

此类机构负责提升证券化产品的信用等级，为此要向特定目的机构收取相应费用，并在证券违约时承担赔偿责任。有些证券化交易中，并不需要外部增级机构，而是采用超额抵押等方法进行内部增级。

(五) 信用评级机构

如果发行的证券化产品属于债券，发行前必须经过评级机构信用评级。

(六) 承销人

承销人是指负责证券设计和发行承销的投资银行。如果证券化交易涉及金额较大，可能会组成承销团。

(七) 证券化产品投资者

即证券化产品发行后的持有人。

除上述当事人外，证券化交易还可能需要金融机构充当服务人，服务人负责对资产池中的现金流进行日常管理，通常可由发起人兼任。

三、资产证券化的一般程序

一般来说，一个完整的资产证券化融资过程的主要参与者有发起人、投资者、特设信托机构、承销商、投资银行、信用增级机构或担保机构、资信评级机构、托管人及律师等。通常来讲，资产证券化的基本运作程序主要有以下几个步骤，如图10-1所示。

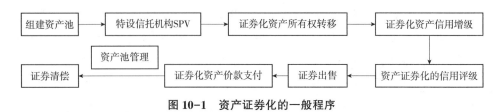

图 10-1 资产证券化的一般程序

(1) 重组现金流，构造证券化资产。发起人(一般是发放贷款的金融机构，也可以称为原始权益人)根据自身的资产证券化融资要求，确定资产证券化目标，对自己拥有的能够产生未来现金收入流的信贷资产进行清理、估算和考核，根据历史经验数据对整个组合的现金流的平均水平有一个基本判断，决定借款人信用、抵押担保贷款的抵押价值等并将应收和可预见现金流资产进行组合，对现金流的重组可按贷款的期限结构、本金和利息的重新安排或风险的重新分配等进行，根据证券化目标确定资产数，最后将这些资产汇集形成一个资产池。

(2) 组建特设信托机构，实现真实出售，达到破产隔离。特设信托机构是一个以资产证券化为唯一目的的、独立的信托实体，有时也可以由发起人设立，注册后的特设信托机构的活动受法律的严格限制，其资本化程度很低，资金全部源于发行证券的收入。特设信托机构是实现资产转化成证券的"介质"，是实现破产隔离的重要手段。

(3) 完善交易结构，进行信用增级。为完善资产证券化的交易结构，特设机构要完成与发起人指定的资产池服务公司签订贷款服务合同、与发起人一起确定托管银行并签订托管合同、与银行达成必要时提供流动性支持的周转协议、与券商达成承销协议等一系列的程序。同时，特设信托机构对证券化资产进行一定风险分析后，就必须对一定的资产集合进行风险结构的重组，并通过额外的现金流来源对可预见的损失进行弥补，以降低可预见的信用风险，提高资产支持证券的信用等级。

(4) 资产证券化的信用评级。资产支持证券的评级为投资者提供证券选择的依据，因而构成资产证券化的又一重要环节。评级由国际资本市场上广大投资者承认的独立私营评级机构进行，评级考虑因素不包括由利率变动等因素导致的市场风险，而主要考虑资产的信用风险。

(5) 安排证券销售，向发起人支付。在信用提高和评级结果向投资者公布之后，由承销商负责向投资者销售资产支持证券，销售的方式可采用包销或代销。特设信托机构从承销商处获取证券发行收入后，按约定的购买价格，把发行收入的大部分支付给发起人。至此，发起人的筹资目的已经达到。

挂牌上市交易及到期支付。资产支持证券发行完毕到证券交易所申请挂牌上市后，即实现了金融机构的信贷资产流动性的目的，但资产证券化的工作并没有全部完成。发起人要指定一个资产池管理公司或亲自对资产池进行管理，负责收取、记录由资产池产生的现金收入，并将这些收款全部存入托管行的收款专户。

第二节 抵押支持证券

一、抵押支持证券的定义和分类

抵押支持证券(MBS)是一种类型的资产支持安全抵押的抵押贷款或集合。抵押被汇总并出售给一组个人(政府机构或投资银行),这些个人将贷款证券化或打包在一起,制成投资者可以购买的证券。证券化抵押贷款的债券通常被视为一个单独的类别,称为住宅;另一类是商业的,具体取决于基础资产是借款人拥有的抵押资产还是用于商业目的的资产(从办公空间到多层住宅)。

抵押支持证券MBS的结构可以称为"传递",其中借款人或购房者的利息和本金通过它传递给MBS持有人,或者可能更复杂,由其他MBS池组成。其他类型的MBS包括抵押债务(CMO,通常被构造为房地产抵押投资渠道)和抵押债务义务(CDO)。

(一)抵押过手证券

抵押过手证券是抵押支持证券中最简单的一种形式。抵押过手证券是将一个或一个以上抵押贷款集合起来建立一个抵押池并出售该抵押池的参与凭证(participation certificates)形成的。投资者获得的现金流一般会小于抵押贷款的现金流,因为服务人、受托人和担保人要从中扣除一定的服务费和保险费。转手证券不对基础资产所产生的现金流作任何处理,虽然交易技术简单,但也由此伴生了一些缺陷,如证券的现金流不稳定,投资者须承担基础贷款的提前偿付风险。而且,转手证券只是将贷款原始权益人的收益与风险转移并细化到每个投资者,投资者面临着相同性质的风险与相同水平的收益,难以同时吸引不同类型的投资者。抵押过手证券的构建流程及现金流模式见图10-2。

【例10-1】 假设构建一个资产池,该池中包含6份住房抵押贷款,每份贷款的本金是50万元,这样整个资产池的本金额度就是300万元。以这个资产池发行150份的抵押过手证券,因此支持每份抵押过手证券的本金就是1.5万元,证券持有人每期将按0.5%的比例收取该抵押池的现金流。

(二)抵押担保债券

投资于抵押过手证券存在提前偿付风险。不同的投资者对风险的偏好程度不同,为了满足不同投资者的风险偏好,抵押贷款产生的现金流可以被重新分配从而使提前偿付风险也得到重新分配,形成了一系列不同期限、不同息票率、不同风险程度的投资序列(tranches),抵押担保债券CMO应运而生。

CMO是以抵押过手证券或抵押贷款本身的现金流为基础发行的一种衍生债券,又称多级抵押支持债券。资产池中总的提前偿付风险并没有因为CMO的出现而减少,

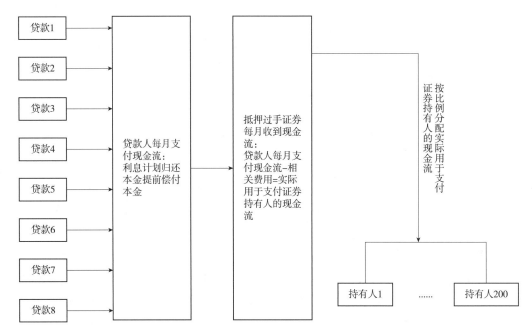

图 10-2 抵押过手证券的构建流程及现金流模式

CMO 提供的只是风险的重新分配，在部分投资者的风险暴露程度降低的同时，部分投资者的风险暴露程度却提高了。

知识链接10-2

CMO 交易结构

现金流量型 CMO 是一种通过发行不同信用级别的债券并利用发行所得来购买证券化交易资产池，以资产池所产生的现金流量来支付债券投资人的结构化融资工具。对各投资者的偿付一般是持有最高评级等级债券的投资者最为优先，以此类推，最后才是最先承担资产池损失风险且其所持有的 CMO 通常未经过评级的权益型投资人。作为承担资产池最先信用损失风险的回报，权益型投资人通常可以取得资产池的大部分剩余利息，且其投资收益率可能较高。SPV 会把发行 CMO 的收入用于购买证券化资产和支付执行交易过程中的相关成本。

合成型 CMO 系在没有实质移转资产的情形下，利用信用衍生商品实现与现金流量型 CMO 同样具有转移信用风险功能的结构化工具。在合成型 CMO 中，投资人的款项并不直接用于向发起人购买证券化资产，SPV 只是名义上拥有证券化资产，资产实际上仍属于发起人。SPV 将就证券化资产与第三方签定信用违约交换合约（credit default swap），由第三方向 SPV 购买证券化资产的信用保险，第三方定期向 SPV 缴交的资产信用保费，SPV 将承担证券化资产的信用风险。证券发行款项可由 SPV 或第三方持有，

SPV持有的投资人款项应按交易规定投资于低风险的合格金融工具(如公债等)。证券本息偿付来源于资产信用保费和证券发行款项的投资收入。在SPV持有证券发行款项的情况下,当证券化资产发生信用损失时,SPV应向第三方支付证券化资产的信用损失金额,SPV应在证券化交易终止时会将其持有的剩余款项归还投资人。若证券发行款项由第三方持有,则在证券化资产发生违约时SPV会与第三方协调并针对损失进行估价确认,由第三方在交易结束时将扣除证券化资产的信用损失后的剩余款项支付给证券投资人。合成型CMO除了可进行债务工具的风险交易外,也可用于"捆绑(bundle)"企业或其他类型的信用风险。合成型CMO可有不同交易结构,其基础资产既可以是实质资产也可以是衍生商品。

市值型CMO与现金流量型CMO类似,投资人购买证券的投资金额被用于购买证券化资产。但SPV并不是根据证券化资产面值而是根据每类资产的放贷比例(advance rate)发行证券。由于每一类资产的放贷比例一般取决于其历史价格或报酬率波动性,相互之间并不相同,因此,证券化资产池将定期按市价进行评估。若资产池的价值过低以致背离其放贷比例时,则资产担保品将被出售以使资产的放贷比例回复至应有的水平,担保品出售所得现金款项将偿付给投资人。市值型CMO证券化资产可以为传统公司债及贷款,也可以是其他金融工具如私人企业股票或避险基金股份等。

混合型CMO得名于其资产池构成的"混合性",该类CMO的证券化资产既有从发起人处购买的资产,也有通过信用违约交换合约指定的资产,由此决定了混合型CMO兼有上述各类型CMO特点。

(三) 可剥离抵押支持证券

可剥离抵押支持证券又称切块抵押贷款证券。是将资产池现金流中的利息与本金进行分割与组合,由此衍生出的金融产品。它是1986年美国联邦国民抵押贷款协会推出的一种金融工具。

第一代的本息分离抵押贷款支持证券叫作合成利率转手证券,其主要特征是利息和本金的不同分配比例,从而导致了不同于基础抵押贷款利率的合成票面利率。

1987年,IO证券和PO证券第一次出现。所有利息都被分配给IO证券的投资者,IO证券没有任何本金偿付;而所有来自基础抵押品的本金现金流则全都被分配给PO证券的投资者。IO和PO被合称为抵押贷款本息分离证券。

对于那些IO证券的投资者来说,IO证券是没有票面价值的。他们所收到的是基础资产池未清偿本金余额的利息,因而他们的收入随着未偿还本金的变化而变化,从而依赖于基础资产池的提前偿付率。提前偿付率越大,本金余额偿付的速度越快,利息支付就下降得越快。事实上,如果提前偿付进行得太快,IO证券投资者可能收不回其购买IO证券的成本。相反地,提前偿付率越小,本金余额偿付的速度越慢,IO证券的投资者所收到的利息就可以保持在一个较高的水平。由于低利率会导致较高的提前偿付率，相应地会使得 IO 证券持有者的现金流状况恶化，虽然现金流会以一个较低的利率贴现，但是其净影响一般是 IO 证券的市场价值会随着利率的下降而下降。当利率上升的时候，预期现金流将增加，但贴现率会上升，其净影响可能导致 IO 证券价格上升，也可能导致其下跌：在一定的利率上升范围内，提前偿付率下降较大，预期现金流增加得较多，因而利率变化给 IO 证券带来的现金流变化大于贴现率变化所导致的 IO 证券价值变化，IO 证券价格上升；但是，当利率继续上升，提前偿付速度只会略有减少，相对不变的现金流以更高的利率进行贴现，贴现率变化的影响增大，从而导致 IO 证券的价值开始下跌。因此，我们可以看到：当市场利率低于基础资产池的合同利率时，以及市场利率高于合同利率的一定范围时，IO 证券的价格会呈现出与利率同向的变化，也就是说，IO 证券一般具有负久期的特性。

PO 证券往往以一个大大低于面值的折扣价格出售。PO 证券对提前偿付率也具有敏感性，其投资者所实现的收益率也取决于基础资产池提前偿付的速度，但是它的价格反应正好与 IO 证券相反，因为 PO 证券是一个贴现工具。当利率下跌、提前偿付率提高的时候，PO 证券的现金流量就会增加，贴现率较低，从而使得 PO 证券价格上升。反之，当利率上升、提前偿付率下降的时候，PO 的价值下跌。因此，PO 有正久期特性。

CMO 的结构可以设计为其中一档债券只收到本金或只收到利息。实际上，前述的剩余级别的债券就具有 IO 和 PO 的特性。

二、提前偿付风险

所谓提前偿付是指借款人除了按照抵押贷款既定摊销计划偿付之外的任何偿付行为。提前偿付行为加速了付给投资者的本金现金流的回报，并因此对发起人、抵押贷款资产池平均周期和投资的收益率产生重要影响。随着抵押资产证券化规的不断增长，学术界和实务界开始对提前偿付行为日益重视。

提前偿还风险指因为借款人提前偿还贷款，导致放款人提前收回现金、资金回报降低的可能性。就抵押贷款而言，提前还款通常是因为市场利率下降，以较低的利率重新安排一个抵押贷款会比保持现状划算，因此抵押利率下滑时，提前还款会趋向活跃。

对于抵押贷款者来说，每期的现金支出由三个部分构成，分别是利息、规定偿还的本金和提前偿还本金。通常情况下，许多国家对贷款者提前偿还本金不做惩罚，因此，当市场情况或者贷款人自身状况发生变化时，他们会提前偿还贷款本金。MBS 分配给投资人的现金流由抵押池现金流支撑，贷款人的提前还款会使 MBS 投资者每期收到的现金流产生波动，从而导致风险。那么，什么情形会促使贷款人提前还款呢？第一，贷款人卖掉抵押品后取得现金偿还了全部贷款；第二，当前的市场利率降低，使得贷款人能够以低利率进行再融资来还款；第三，贷款人因无法按期支付贷款而导致抵押品被拍卖，得到的收入被用来偿还贷款；第四，有保险的抵押品由于火灾和其他灾害而损坏，保险公司对抵押品的赔偿也导致了提前还款的发生。

进行 MBS 定价时考虑的提前偿付风险主要和利率变动引起的提前偿付相关，也就是上面的促使贷款人提前还款原因分析的第二点。总的来说，对于 MBS 投资者和产品设计者来说，要警惕提前偿付风险，因为提前偿付风险通常会转化成：

第一，现金流的不确定性。MBS 每期的现金流主要由三个部分构成：利息、计划偿还本金、提前偿付本金等。提前偿付是在利息和计划偿还的本金支付之后，贷款者额外支付的不定时间、金额的本金，双重的不确定性使得对于 MBS 的定价变得复杂。

第二，再投资风险（reinvestment risk）。如果贷款人是由于市场利率下降，再融资成本降低而进行提前还款，那么带给投资者的不单单是现金流的波动，还有再投资风险。选择进行再投资的证券持有人只能将更多的现金投入到更低的市场利率中，收益将大幅降低。

知识链接10-3

美国次级房贷危机

美国次级抵押贷款市场通常采用固定利率和浮动利率相结合的还款方式，即购房者在购房后头几年以固定利率偿还贷款，其后以浮动利率偿还贷款。

在 2006 年之前的 5 年里，由于美国住房市场持续繁荣，加上前几年美国利率水平较低，美国的次级抵押贷款市场迅速发展。

随着美国住房市场的降温尤其是短期利率的提高，次贷还款利率也大幅上升，购房者的还贷负担大为加重。同时，住房市场的持续降温也使购房者出售住房或者通过抵押住房再融资变得困难。这种局面直接导致大批次贷的借款人不能按期偿还贷款，银行收回房屋，却卖不到高价，大面积亏损，引发了次贷危机。

2007 年 2 月 13 日美国新世纪金融公司（New Century Finance）发出 2006 年第四季度盈利预警。汇丰控股宣布业绩，并额外增加在美国次级房屋信贷的准备金额达 70 亿美元，合计 105.73 亿美元，升幅达 33.6%；消息一出，令当日股市大跌，其中恒生指数下跌 777 点，跌幅 4%。面对来自华尔街 174 亿美元的逼债，作为美国第二大次级抵押贷款公司——新世纪金融公司（New Century Financial Corp）在 2007 年 4 月 2 日宣布申请破产保护、裁减 54% 的员工。

2007 年 8 月 2 日，德国工业银行宣布盈利预警，后来更估计出现了 82 亿欧元的亏损，因为旗下的一个规模为 127 亿欧元为"莱茵兰基金"（Rhineland Funding）以及银行本身少量地参与了美国房地产次级抵押贷款市场业务而遭到巨大损失。德国央行召集全国银行同业商讨拯救德国工业银行的一揽子计划。美国第十大抵押贷款机构——美国住房抵押贷款投资公司于 2007 年 8 月 6 日正式向法院申请破产保护,成为继新世纪金融公司之后美国又一家申请破产的大型抵押贷款机构。2007 年 8 月 8 日,美国第五大投行贝尔斯登宣布旗下两支基金倒闭,原因同样是由于次贷风暴。2007 年 8 月 9 日,法国第一大银行——巴黎银行宣布冻结旗下三支基金,同样是因为投资了美国次贷债券而蒙受巨大损失,此举导致欧洲股市受到重挫。2007 年 8 月 13 日,日本第二大银行瑞穗银行的母公司瑞穗集团宣布与美国次贷相关损失为 6 亿日元。日、韩银行已因美国次级房贷风暴产生损失。据瑞银证券日本公司的估计,日本九大银行持有美国次级房贷担保证券已超过一万亿日元。此外,包括 Woori 在内的五家韩国银行总计投资 5.65 亿美元的担保债权凭证(CDO)。投资者担心美国次贷问题会对全球金融市场带来强大冲击。不过日本分析师深信日本各银行投资的担保债权凭证绝大多数为最高信用评等,次贷危机影响有限。

其后花旗集团也宣布,2007 年 7 月由次贷引起的损失达 7 亿美元,不过对于一个年盈利 200 亿美元的金融集团,这也只是个小数目。不过 2007 年的花旗集团的股价已由高位时的 23 美元跌倒了 2008 年的 3 美元多一点,也就是说 2007 年的花旗集团的身价相当于一家美国地区银行的水平,根据最新排名花旗已经跌至 19 名,市值已经缩水百分之九十,且其财务状况也不乐观(图 10-3)。

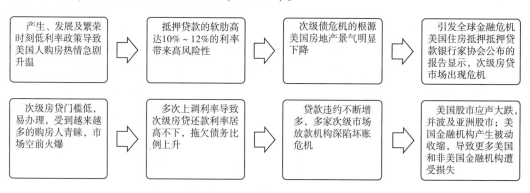

图 10-3 美国次债危机形成示意图

第三节 资产支持证券

上一节介绍了以住房作为抵押的抵押支持证券,本节将介绍那些以非房产资产作为抵押的资产支持证券。

一、资产支持证券的定义

资产支持证券是由受托机构发行的、代表特定目的信托的信托受益权份额。受托机构以信托财产为限,向投资机构承担支付资产支持证券收益的义务。其支付基本来源于支持证券的资产池产生的现金流。项下的资产通常是金融资产,如贷款或信用应收款,根据它们的条款规定,支付是有规律的。资产支持证券支付本金的时间常依赖于涉及资产本金回收的时间,这种本金回收的时间和相应的资产支持证券相关本金支付时间的固有的不可预见性,是资产支持证券区别于其他债券的一个主要特征,是固定收益证券当中的主要一种。可以用作资产支持证券抵押品的资产分为两类:现存的资产或应收款,将来发生的资产或应收款。前者称为"现有资产的证券化",后者称为"将来现金流的证券化"。

二、资产支持证券的分类

根据基础资产池的不同,理论上资产支持证券产品大致可以分为以下三类:房地产抵押贷款支持证券(mortgage backed securities,MBS)、狭义的资产支持证券 ABS 及担保债务凭证 CDO(collateralized debt obligation,CDO)。

MBS 是最早出现的证券化产品,包括以个人消费者购买住房所申请抵押贷款为基础资产的证券化产品(residential mortgage backed securities,RMBS)和以商用房地产抵押贷款为基础资产的证券化产品(commercial mortgage backed securities,CMBS)。RMBS 根据发行人不同分为政府机构发行的 Agency RMBS 和私人(机构)发行的 Non-Agency RMBS;前者一般为"两房"及"吉利美"发行的 RMBS。CMBS 的资产池为商业房产抵押贷款,贷款所对应的抵押物为商业地产,涵盖办公、公寓、酒店、仓储等。MBS 是资产证券化产品最重要的类型之一,2013 年其占资产证券化产品市场份额超过 90%。受益于长期低利率和美国房地产市场的持续上涨,RMBS 在资产证券化产品中占绝大多数,这种优势一直持续到 2007 年金融危机爆发。虽然金融危机后出现了明显的下降,但从整体来看,RMBS 在所有证券化产品中的占比在资产证券化发展的全部时期基本保持平稳。狭义的 ABS 指除了 MBS 和 CDO 外的资产支持证券类型,是资产证券化发展到中期,基础资产类型不断扩张的结果。其类型包括资产支持商业票据(asset backed commercial paper,ABCP)和其他类型的狭义 ABS。前者的期限通常在一年以下;后者主要涉及某一类型的同质资产,包括汽车贷款、信用卡账债、学生贷款、设备租赁、房屋权益贷款等。

(一)规则现金流结构

过手型证券化(pass-through),简称过手证券,是最早出现的证券化交易结构。过手证券代表着对一个抵押贷款组合及其还款流量的直接所有权。它是指住房抵押贷款的所有权经 SPV 受让并随以后证券的出售而转给投资者。由于相应的抵押贷款组合归投资者所有,因而过手证券不是发行人的债务,不出现在发行人的资产负债表上。抵押贷款的管理人按月收取借款人偿还的利息和本金,在扣除合理费用后,将剩余部分"过手"给投资者。

1. 委托人信托

委托人信托是市场上最早的 ABS 形态，其现金流(包括利息、计划归还本金和提前偿付本金)按照一定的分配方式同时分配给证券持有人，平均期限取决于抵押资产的提前还款情况。提前还款情况发生得越频繁，证券的平均期限就越短。委托人信托的典型代表是汽车贷款支持证券(auto loan-backed securities)。

汽车贷款债权证券化(汽车消费贷款证券化)是将多件汽车贷款群组起来，通过法律架构，现金流量，以及信评机制的安排，加以包装组合后，发行受益证券给投资人。于证券化过程中，创始机构(卖方)会从所有车贷组合中，按合格之筛选标准(申请资格)挑选出适合做证券化之车贷组合，筛选标准如针对贷款人之年龄、缴款记录、车子种类、贷放成数、贷放期间等均有所限制，然后针对证券化之资产组合进行风险评估及现金流量模拟并做信用分组(信贷 Tranching)，将资产切割成多组不同信用评等之受益证券经评等机构评等确认，再经主管机关核准后，方能正式发行。一般而言，车贷证券化于架构上可采静止式(静态类型)或循环式(循环型)，端看创始机构之需求，亦即于证券化期间，资产组合中可新增或不新增新的汽车贷款。而车贷资产的风险评估主要着重于贷款人违约风险，贷款人提前还款风险，贷款人行使抵销权之风险等，再经由信用增强(信用增强)方式，降低投资人风险。

汽车贷款证券化的思路和运作方式与住宅抵押贷款完全一致，也是盘活自身资产、获取新资金来源的手段。在证券化之前，企业贷款的资金几乎完全由汽车金融服务公司和银行等机构提供，而有 3/4 的资金是通过资本市场，依靠发行资产保证证券来支撑。也就是说整个汽车销售市场中，超过 3/4 的信贷应收账款由汽车金融服务公司拥有并被证券化，为发行公司带来最优的成本收益。

汽车贷款证券化交易中的信用风险主要在于资产池入池贷款的拖欠和违约所引致的现金流的匮乏：有赖于交易结构的安排和资产池抵押品的表现，如果源自资产池应收款的现金流难以保障及时的债务兑付，则将引发流动性风险；如果源自资产池应收款的现金流难以保障债务的最终偿付，则引发违约损失风险。信用支持手段，包括准备金、优先/次级结构、信用证、债券保险、超额利差以及超额担保等用于缓释此类风险。

2. 所有者信托

目前市场上用得最多的还是多级证券形式的 ABS，即所有者信托。过手证券的一个不足就是所有过手证券的投资者都承受着提前偿付风险，而多级证券从某种程度上克服了这一不足。多级证券将每期收到的现金流按照证券等级进行重新分配。证券等级包括短期货币市场级别(money-market class)、一年期级别(1-year class)、二年期级别(2-year class)和三年期级别(3-year class)。所有者信托按照投资级别的不同，将每期收到的现金先支付利息给所有级别证券的持有人，之后按照期限由短到长依次支付本金。当货币市场级别的本息全部偿还以后，开始偿还一年期级别的本金，以此类推，直到所有本金支付完毕。这样的结构设计类似于接序还本结构 CMO。

(二) 无规则现金流结构

无规则现金流结构中没有摊销时间表，这类证券的抵押池为那些循环贷款(revolving loans)，比如信用卡应还款和贸易应收款等。信用卡应收款支持证券是信贷资产证券化模式之一。是由信用卡应收款资产池的现金流提供支持所发行的证券。指金融机构把信用卡应收款组合成贷款，由证券化机构购入后以证券形式出售给投资者的融资过程。由信用卡应收款资产池的现金流提供支持。现金流包括收取的融资成本，基于借款人在还款宽限期后尚未清偿的余额而收取的周期性利息；费用，包括迟到付款费和年费；利息按一定周期支付给债券持有人（如月度、季度、半年度），利率是固定的或浮动的。

信用卡应收款属于不分期还款资产，因此具有循环结构。在锁定期内，由信用卡借款人所支付的本金都由受托机构保留并用于再投资其他的应收款，用以维持资产池的规模。锁定期在 18 个月到 10 年不等。在锁定期内，支付给债券持有人的现金流依赖于融资成本和费用。锁定期后是分期还款期，此时本金不再用于再投资，而是支付给债券持有人。信用卡应收款支持证券规定在特定情况下可提前分期还款，称提前分期还款规定或快速分期还款规定，目的是保证交易结构的信用质量。改变本金现金流的唯一方式是启动提前分期还款规定。如果应收款在三个月内的平均超额利差降到零点或更低水平时，允许快速归还本金。在提前分期还款时，各债券类别按信用等级从高到低依次偿还。

第四节　中国的资产证券化市场

2020 年，国内资产证券化产品的发行单数与金额仍保持快速增长。根据 CNABS 截至 2021 年 1 月 5 日的统计，2020 年资产证券化市场共发行资产证券化产品 2085 单，发行总规模为 28901.85 亿元，同比分别增长 42.61% 和 23.49%。其中，企业资产支持证券共发行 1453 单，发行规模合计 15563.00 亿元，同比分别增长 40.66% 和 40.41%；信贷资产支持证券共发行 184 单，发行规模合计 8230.48 亿元，信贷资产支持证券发行单数较 2019 年增长 2.22%，发行规模较 2019 年下降 12.75%；资产支持票据共发行 448 单，发行规模合计 5108.37 亿元，同比分别增长 79.92% 和 76.92%。

一、企业资产证券化市场

2020 年企业资产证券化产品共发行了 1453 单，发行规模共计 15563.00 亿元，基础资产主要以个人消费贷款、供应链应收款、特定非金债权和融资租赁应收款为主。

其中，个人消费贷款资产支持证券发行了 332 单，发行规模总额为 4150.74 亿元，居于市场首位，发行规模较 2019 年增长 146.71%，高于企业资产证券化市场平均增长速度。个人消费贷款多为小额贷款公司利用大数据、云计算、移动互联网等技术手段发放的网络小贷，随着《网络小额贷款业务管理暂行办法（征求意见稿）》的发布，相关部门对于网络小贷的监管趋严，后续个人消费贷款资产支持证券的发行量或有所减少。供应链资产支持证券发行了 582 单，发行规模总额为 3307.38 亿元，位居第二，发行规模较 2019 年增长 12.97%。此类产品多采用应收账款的反向保理模式，以高信用评级的企业作为核心债务人或差额支付承诺人，以出具付款确认书或差额支付承诺函的形式为证券化产品提供信用支撑，有助于中小供应商及时回款，缓解资金压力，降低融资成本。特定非金债权和融资租赁分别发行了 20 单和 155 单，发行总额分别为 1666.57 亿元和 1624.11 亿元。融资租赁资产证券化的发行规模较 2019 年增长 4.50%，融资租赁应收款是资产证券化业务的传统基础资产类型，此类基础资产的发行规模近年来一直保持增长态势，2020 年以一般融资租赁和交通工具融资租赁为基础资产的资产支持证券共分别发行 53 单和 46 单，发行规模分别为 546.27 亿元和 506.22 亿元，分别较 2019 年增长 29.29%和 1.58%。

二、信贷资产证券化市场

2020 年信贷资产证券化产品共发行了 184 单，发行规模共计 8230.48 亿元。信贷资产证券化的基础资产主要以个人住房抵押贷款和汽车贷款为主，其中个人住房抵押贷款资产支持证券（RMBS）发行了 55 单，发行规模共计 4243.86 亿元，位居第一。在"房住不炒"的大背景下，房地产市场环境偏紧，监管政策对于购房按揭政策也较严，近年来个人住房贷款余额的增速在逐步放缓，一定程度上对 RMBS 的发行规模有所影响，其发行规模较 2019 年下滑了 14.98%；汽车贷款资产证券化产品发行了 41 单，发行规模共计 1940.32 亿元，位居第二，其发行规模较 2019 年也下滑 1.30%，可能与当年整体汽车销量有关。

三、资产支持票据市场

2020 年资产支持票据共发行了 448 单，发行规模共计 5108.37 亿元。资产支持票据产品的基础资产以有限合伙份额、供应链和融资租赁等为主，其中有限合伙份额、供应链和融资租赁分别发行了 36 单、147 单和 82 单，发行规模总额分别为 1028.38 亿元、999.96 亿元和 968.50 亿元，发行规模分别占发行总额的 20.13%、19.57%和 18.96%，分别位居市场第一、第二和第三，分别较 2019 年增长了 639.83%、216.58%和 6.86%。

重要概念

资产证券化　抵押支持证券　资产支持证券　抵押担保债券　可剥离抵押支持证

券规则　现金流结构

推荐书目

[1] Blackburn R. The Subprime Mortgage Crisis[J]. New Left Review, 2008, 50(March-April).

[2] Childs P D, Ott S H, Riddiough T J. The pricing of multiclass commercial mortgage-backed securities[J]. The Journal of Financial and Quantitative Analysis, 1996, 31: 581-603.

[3] McConnell J J, Singh M. Rational prepayments and the valuation of collateralized mortgage obligations[J]. The Journal of Finance, 1994, 49: 891-921.

[4] Schwartz E S, Torous W N. Prepayment and the valuation of mortgage-backed securities[J]. The Journal of Finance. 1989, 44: 375-392.

[5] Stanton R. Rational prepayment and the valuation of mortgage-backed securities[J]. The Review of Financial Studies, 1995(8): 677-708.

参考文献

[1] Loutskina E. The role of securitization in bank liquidity and funding management[J]. Journal of Financial Economics, 2011, 9100: 663-684.

[2] Raynes S, Rutledge A. The analysis of structured securities[M]. Oxford University Press, 2003.

习　题

1. 为什么当市场利率降低时，MBS 投资者面临的风险增加？

2. 如果一个资产池中有 100 份贷款，且每份都为 200 万元，以这个资产池发行了 1000 份抵押过手债券，那么每份债券的本金是多少？

3. CMO 如何分配资产池中总的风险？

4. 当利率上升时，纯本金证券持有人的收益是上升了还是下降了？为什么？

5. 在阅读材料 10-3 中提到的美国次级贷款危机中倒掉的雷曼兄弟公司曾经在我国香港市场上发行过一种名为"迷你债券"的金融产品，这种产品是不是真的像它的产品名称一样是一种债券？试通过对网络等其他资源的使用画出这种迷你债券的产品收益结构图。

第十一章 外汇市场

◆ **本章概要：**

1. 外汇这一概念有动态和静态两种表述形式，而静态的外汇又有广义和狭义之分。动态的外汇是指一国货币兑换或折算为另一国货币的运动过程。广义的静态外汇是指一切用外币表示的资产，狭义的静态外汇概念是指以外币表示的可用于进行国际间结算的支付手段。

2. 汇率就是两种不同货币之间的折算比价，也就是以一国货币表示的另一国货币的价格，也称汇价、外汇牌价或外汇行市。汇率的表达方式有两种：直接标价法和间接标价法。

3. 外汇市场是指由各国中央银行、外汇银行、外汇经纪人和客户组成的买卖外汇的交易系统。外汇市场可根据外汇交易参与者、外汇市场经营范围、外汇交易的方式来进行划分。

4. 外汇市场由主体和客体构成，主体即外汇市场的参与者，主要包括外汇银行、顾客、中央银行、外汇交易商及外汇经纪商，客体即外汇市场的交易对象。

5. 外汇市场的作用主要为实现购买力的国际转移、为国际经济交易提供资金融通、提供外汇保值和投机的场所。

6. 外汇市场上的各种交易可按合同的交割期限或交易的形式特征、交易的目的或交易的性质来进行划分，除此之外，外汇市场上还出现了许多新的交易方式，如外汇期货、期权交易。

7. 汇率决定理论主要有购买力平价说、利率平价说、国际收支说以及资产市场说。而影响汇率的经济因素主要有国民经济发展状况、相对通货膨胀率、相对利率、宏观经济政策以及国际储备。除此之外，也有一些非经济因素的影响，如政治、军事以及心理等。

◆ **重点难点：**

1. 了解外汇与汇率的概念范畴。
2. 掌握外汇市场的含义、分类、组成部分及其功能。

3. 熟悉外汇市场的多种交易方式。
4. 了解汇率决定理论以及影响汇率的各种因素。

第一节 外汇市场概述

一、外汇与汇率

(一) 外汇

世界上的每个国家都有自己独立的货币和货币制度，各国货币相互之间不能流通使用，因此，国际间债权债务的清偿，必然要产生国际间的货币兑换，由此产生外汇和汇率的概念。

外汇，英文名是 Foreign currency，是货币行政当局(中央银行、货币管理机构、外汇平准基金及财政部)以银行存款、财政部库券、长短期政府证券等形式保有的在国际收支逆差时可以使用的债权。包括外国货币、外币存款、外币有价证券(政府公债、国库券、公司债券、股票等)、外币支付凭证(票据、银行存款凭证、邮政储蓄凭证等)。

广义的外汇是指一国拥有的一切以外币表示的资产，是指货币在各国间的流动以及把一个国家的货币兑换成另一个国家的货币，借以清偿国际间债权、债务关系的一种专门性的经营活动。

狭义的外汇是指以外国货币表示的，为各国普遍接受的，可用于国际间债权债务结算的各种支付手段。必须具备三个特点：可支付性(必须以外国货币表示的资产)、可获得性(必须是在国外能够得到补偿的债权)和可换性(必须是可以自由兑换为其他支付手段的外币资产)。

由此看来，外汇的三个特点是外币、自由兑换、普遍接受性。是外汇不一定是外币，是外币也不一定是外汇。人民币具有管制性不能自由兑换，故不是外汇。

按受限程度分为自由兑换外汇、有限自由兑换外汇和记账外汇。自由兑换外汇，就是在国际结算中用得最多、在国际金融市场上可以自由买卖、在国际金融中可以用于偿清债权债务，并可以自由兑换其他国家货币的外汇，如美元、港币、加拿大元等。有限自由兑换外汇，则是指未经货币发行国批准，不能自由兑换成其他货币或对第三国进行支付的外汇。国际货币基金组织规定凡对国际性经常往来的付款和资金转移有一定限制的货币均属于有限自由兑换货币。世界上有一大半的国家货币属于有限自由兑换货币，包括人民币。记账外汇，又称清算外汇或双边外汇，是指记账在双方指定银行账户上的外汇，不能兑换成其他货币，也不能对第三国进行支付。

按来源用途分为贸易外汇、非贸易外汇和金融外汇。贸易外汇，也称实物贸易外汇，是指来源于或用于进出口贸易的外汇，即由于国际间的商品流通所形成的一种国际支付手段。非贸易外汇是指贸易外汇以外的一切外汇，即一切非来源于或用于进出口贸易的外汇，如劳务外汇、侨汇和捐赠外汇等。金融外汇与贸易外汇、非贸易外汇不同，属于一种金融资产外汇，例如银行同业间买卖的外汇，既非来源于有形贸易或无形贸易，也非用于有形贸易，而是为了各种货币头寸的管理和摆布。

按市场走势分为硬外汇和软外汇，或称为强势货币和弱势货币。

(二) 汇率

汇率又称外汇利率、外汇汇率或外汇行市，指的是两种货币之间兑换的比率，亦可视为一个国家的货币对另一种货币的价值。具体是指一国货币与另一国货币的比率或比价，或者说是用一国货币表示的另一国货币的价格。

汇率变动对一国进出口贸易有着直接的调节作用。在一定条件下，通过使本国货币对外贬值，即让汇率上升，会起到促进出口、限制进口的作用；反之，本国货币对外升值，即汇率下降，则起到限制出口、增加进口的作用。

确定两种不同货币之间的比价，先要确定用哪个国家的货币作为标准。由于确定的标准不同，于是便产生了几种不同的外汇汇率标价方法。

直接标价法，又称应付标价法，是以一定单位(1、100、1000、10000)的外国货币为标准来计算应付多少单位本国货币。就相当于计算购买一定单位外币所应付多少本币，所以就叫应付标价法。在国际外汇市场上，包括中国在内的世界上绝大多数国家目前都采用直接标价法。如日元兑美元汇率为119.05，即1美元兑119.05日元。在直接标价法下，若一定单位的外币折合的本币数额多于前期，则说明外币币值上升或本币币值下跌，叫作外汇汇率上升；如果要用比原来较少的本币即能兑换到同一数额的外币，这说明外币币值下跌或本币币值上升，叫作外汇汇率下跌，即外币的价值与汇率的涨跌成正比。直接标价法与商品的买卖常识相似，例如，美元的直接标价法就是把美元外汇作为买卖的商品，以美元为1个单位，且单位是不变的，而作为货币一方的人民币，是变化的。一般商品的买卖也是这样，500元买进一件衣服，550元把它卖出去，赚了50元，商品没变，而货币却增加了。

间接标价法又称应收标价法。它是以一定单位(如1个单位)的本国货币为标准，来计算应收若干单位的外汇货币。在国际外汇市场上，欧元、英镑、澳元等均为间接标价法。如欧元兑美元汇率为0.9705，即1欧元兑0.9705美元。在间接标价法中，本国货币的数额保持不变，外国货币的数额随着本国货币币值的变化而变化。如果一定数额的本币能兑换的外币数额比前期少，这表明外币币值上升，本币币值下降，即外汇汇率上升；如果一定数额的本币能兑换的外币数额比前期多，则说明外币币值下降、本币币值上升，即外汇汇率下跌，说明外汇的价值和汇率的升跌成反比。因此，间接标价法与直接标价法相反。

直接标价法和间接标价法所表示的汇率涨跌的含义相同，即外币贬值，本币升值，汇率下降，外币升值，本币贬值，汇率上升，不同之处在于标价方法不同，所以在引用某种货币的汇率和说明其汇率高低涨跌时，必须明确采用哪种标价方法，以免混淆。

美元标价法又称纽约标价法，是指在纽约国际金融市场上，除对英镑用直接标价法外，对其他外国货币用间接标价法的标价方法。美元标价法由美国在1978年9月1日制定并执行，是(在2013年)国际金融市场上通行的标价法。在金本位制下，汇率决定的基础是铸币平价(mint par)。在纸币流通条件下，其决定基础是纸币所代表的实际价值。

知识链接11-1

人民币对美元汇率

表11-1是2020-4-9至2020-5-8的人民币对美元汇率中间价变动图，USD/CNY表示人民币兑换美元的汇率，由直接标价法表示1美元兑换的人民币金额。从图中的走势可以看出细微的变动，数字降低说明1美元能换到的人民币变少了，说观人民币"值钱"了，而美元"不值钱"了，那么用术语描述则是，人民币相对美元升值了，而且一段时间处于不断升值的通道中。

按照不同的标准，汇率可有基本汇率和套算汇率，固定汇率和浮动汇率，即期汇率(spot exchange rate)和远期汇率(forward exchange rate)，单一汇率与复汇率，买入汇率、卖出汇率和中间汇率，官方汇率与市场汇率，电汇汇率、信汇汇率和票汇汇率等不同分类。

表11-1　2020年4月9日至2020年5月8日人民币对美元汇率中间价变动

日期	USD/CNY	日期	USD/CNY
2020-05-08	7.0788	2020-04-28	7.0710
2020-05-07	7.0931	2020-04-27	7.0703
2020-05-06	7.0690	2020-04-24	7.0803
2020-04-30	7.0571	2020-04-23	7.0887
2020-04-29	7.0704	2020-04-22	7.0903

二、外汇市场的含义

外汇市场是指在国际间从事外汇买卖，调剂外汇供求的交易场所。它的职能是经营货币商品，即不同国家的货币。

国际上因贸易、投资、旅游等经济往来，总不免产生货币收支关系。但各国货币制度不同，要想在国外支付，必须先以本国货币购买外币；另外，从国外收到外币支付凭证也必须兑换成本国货币才能在国内流通。这样就发生了本国货币与外国货币的兑换问题。两国货币的比价称为汇价或汇率。西方国家和我国的中央银行为执行外汇政策，影响外汇汇率，经常买卖外汇的机构。所有买卖外汇的商业银行、专营外汇业务的银行、外汇经纪人、进出口商，以及其外汇市场供求者都经营各种现汇交易及期汇交易。这一切外汇业务组成一国的外汇市场。

三、当代外汇市场的特点

近年来，外汇市场之所以能为越来越多的人所青睐，成为国际上投资者的新宠儿，这与外汇市场本身的特点密切相关。外汇市场的主要特点是：

（一）有市无场

欧洲等西方国家的金融业基本上有两套系统，即集中买卖的中央操作和没有统一固定场所的行商网络。股票是通过交易所买卖的。像纽约证券交易所、伦敦证券交易所、东京证券交易所，分别是美国、英国、日本股票主要交易的场所，集中买卖的金融商品，其报价、交易时间和交收程序都有统一的规定，并成立了同业协会，制定了同业守则。

投资者则通过经纪公司买卖所需的商品，这就是"有市有场"。而外汇买卖则是通过没有统一操作市场的行商网络进行的，它不像股票交易有集中统一的地点。但是，外汇交易的网络却是全球性的，并且形成了没有组织的组织，市场由大家认同的方式和先进的信息系统所联系，交易商也不具有任何组织的会员资格，但必须获得同行业的信任和认可。

这种没有统一场地的外汇交易市场被称为"有市无场"。全球外汇市场每天平均产生上万亿美元的交易。如此庞大的巨额资金，就是在这种既无集中的场所又无中央清算系统的管制，以及没有政府的监督下完成清算和转移。

（二）循环作业

由于全球各金融中心的地理位置不同，亚洲市场、欧洲市场、美洲市场因时间差的关系，连成了一个全天24小时连续作业的全球外汇市场。早上8时半（以纽约时间为准）纽约市场开市，9时半芝加哥市场开市，10时半旧金山开市，18时半悉尼开市，19时半东京开市，20时半香港、新加坡开市，凌晨2时半法兰克福开市，3时半伦敦市场开市。

如此24小时不间断运行，外汇市场成为一个不分昼夜的市场，只有星期六、星期日以及各国的重大节日，外汇市场才会关闭。这种连续作业，为投资者提供了没有时间和空间障碍的理想投资场所，投资者可以寻找最佳时机进行交易。

比如，投资者若上午在纽约市场上买进日元，晚间香港市场开市后日元上扬，投资者在香港市场卖出，不管投资者本人在哪里，他都可以参与任何市场、任何时间的买卖。因此，外汇市场可以说是一个没有时间和空间障碍的市场。

(三) 零和游戏

在股票市场上，某种股票或者整个股市上升或者下降，那么，某种股票的价值或者整个股票市场的股票价值也会上升或下降，例如，日本新日铁的股票价格从 800 日元下跌到 400 日元，这样新日铁全部股票的价值也随之减少了一半。

四、外汇市场的作用

外汇市场主要有如下几方面的作用：

(一) 国际清算

因为外汇是国际间经济往来的支付手段和清算手段，所以清算是外汇市场的最基本作用。

(二) 兑换功能

在外汇市场买卖货币，把一种货币兑换成另一种货币作为支付手段，实现了不同货币在购买力方面的有效转换。国际外汇市场的主要功能就是通过完备的通信设备、先进的经营手段提供货币转换机制，将一国的购买力转移到另一国，交付给特定的交易对象，实现国与国之间货币购买力或资金的转移。

(三) 授信

由于银行经营外汇业务，它就有可能利用外汇收支的时间差为进出口商提供贷款。

(四) 套期保值

即保值性的期货买卖。这与投机性期货买卖的目的不同，它不是为了从价格变动中牟利，而是为了使外汇收入不会因日后汇率的变动而遭受损失，这对进出口商来说非常重要。如果出口商有一笔远期外汇收入，为了避开因汇率变化而可能导致的风险，可以将此笔外汇当作期货卖出；反之，进口商也可以在外汇市场上购入外汇期货，以应付将来支付的需要。

(五) 投机

即预期价格变动而买卖外汇。在外汇期货市场上，投机者可以利用汇价的变动牟利，产生"多头"和"空头"，对未来市场行情下赌注。"多头"是预计某种外币汇价将上涨，即按当时价格买进，而待远期交割时，该种外币汇价上涨，按"即期"价格立即出售，就可牟取汇价变动的差额。相反，"空头"是预计某种外币汇价将下跌，即按当时价格售出远期交割的外币，到期后，价格下降，按"即期"价买进补上。这种投机活动，是利用不同时间外汇行市的波动进行的。在同一市场上，也可以在同一时间内利用不同市场上汇价的差别进行套汇活动。

第二节 外汇市场的构成

外汇市场由主体和客体构成,主体即外汇市场的参与者,主要包括外汇银行、顾客、中央银行、外汇交易商及外汇经纪商;客体即外汇市场的交易对象,主要是各种可自由交换的外国货币、外币有价证券及支付凭证等。

一、外汇市场的参与者

(一)外汇银行

外汇银行亦称"汇兑银行",是专门办理外汇业务和国际结算的银行。其主要业务是:经营外汇买卖和外币兑换,办理对外贸易结算,为国内进出口商提供外汇信贷和担保,在国外发行证券等。该行一般在国外设有较多分支机构。我国的中国银行是国家指定的外汇专业银行。

外汇银行起着组织和创造外汇市场的作用。外汇银行通常是商业银行,可以是专门经营外汇的本国银行,也可以是兼营外汇业务的本国银行或者在本国的外国银行分行。外汇银行是外汇市场上最重要的参加者,其外汇交易构成外汇市场活动的主要部分。

知识链接11-2

外汇市场中四条要诀

(1)稳

在涉足外汇市场时,以小钱作学费,细心学习了解各个环节的细节,看盘模拟作单,有多少实力就作多少投资,宁下几次小口,也不可满口,切勿超出自己的财力。要知道,外汇投资具有较高的风险,如果再加上资金不足的压力,患得患失之时,自然不可能发挥个人完全的智慧,取胜的把握也就相对较小。

所谓稳,当然不是随便跟风潮入市,要有自己的思维方式,对大的趋势做认真的分析,而不是人云亦云。所谓稳,还要将自己的估计,时时刻刻结合市场的走势不断修正,并以此取胜。换言之,投机者需要灵活的思维与客观的形势分析相结合,只有这样,才能够使自己立于不败之地。

(2)忍

外汇市场的行情升降、涨落并不是一朝一夕就能形成的,而是慢慢形成的,正所谓冰冻三尺非一日之寒。多头市场的形成是这样,空头市场的形成也是这样。因此,势未形成之前决不动心,免得杀进杀出造成冲动性的投资,要学会一个"忍"字。

(3) 准

所谓准，就是要当机立断，坚决果断。如果像小脚女人走路，走一步摇三下，再喘口气，是办不了大事的。如果遇事想一想，思考思考，把时间拖得太久那也是很难谈得上"准"字的。当然，我们所说的准不是×××的准确，世界上也没有十分把握的事。如果大势一路看好，就不要逆着大势作空，同时，看准了行情，心目中的价位到了就进场作多，否则，犹豫太久失去了比较好的机会，那就只能后悔了。

(4) 狠

所谓狠，有两方面的含义。一方面，当方向错误时，要有壮士断腕的勇气认赔出场。另一方面，当方向对时，可考虑适量加码，乘胜追击。汇价上升初期，如果你已经饱赚了一笔，不妨再将现有的单子多保持一会，不可轻易获利了结，可再狠狠赚他一笔。

招汇国际表示：上面所谈的稳、忍、准、狠四字心理要诀，在整体策略使用上，准是其次，稳才是最重要的。因为在任何一种技艺中，准需要靠天赋，稳则靠策略及资金，进而可通过管理的手段来达到。所以，一般人应该建立在稳扎稳打的基础上，才能平步青云，一飞冲天。

(二) 外汇经纪人

外汇经纪人是指外汇市场上经中央银行或有关外汇经营机构批准、经营代客买卖外汇业务的中介人。他们受商业银行、其他金融机构或一国政府的委托，作为中介人在外汇市场上买卖外汇，有些也兼做外汇交易。外汇经纪人分为两类：第一类，跑街掮客。完全作为外汇买者和卖者之间的中介人，对外汇买卖的风险不负任何责任，只以收取佣金为目的。第二类，一般外汇经纪人。除代客买卖外汇外，本身也兼做外汇交易并承担经营盈亏。

(三) 顾客

通过外汇买卖，个人可以卖出手中持有的外币，买入存款利率较高或处于升值中的另一种外币，从而获取更高的利息收益或者获得外汇升值的好处，避免汇率风险。如买入利率较高且处于升值中的货币，可获得汇差、利息两方面的收入。通过外汇买卖，个人还可以调整手中所持外汇的币种结构，既方便使用，也有利于保值。

目前按国家有关政策规定，只能进行实盘外汇买卖，还不能进行虚盘外汇买卖。所以个人外汇买卖业务均为实盘交易（不能进行透支、保证金等交易），个人在银行规定的交易时间内，通过柜面服务人员或其他电子金融服务方式，进行实盘外汇买卖。银行接受客户的委托，按照银行个人外汇买卖业务的报价，为客户把一种外币买卖成另一种外币。目前人民币还没有实现完全可兑换，人民币与外汇之间还不能进行自由买卖。居民个人可以持现钞去银行开户，也可以将已有的现汇账户存款转至开办个人外汇买卖业务的银行。在交易手段上，既可以到银行柜台办理交易，也可以通过电话、因特网进行外汇买卖。

(四)中央银行及其他官方机构

外汇市场上另一个重要的参与者是各国的中央银行。作为国家的银行的中央银行，一方面，行使着国际储备管理的职能，代理本国的官方外汇储备，成为一般的外汇市场供求者；另一方面，中央银行为稳定汇率，调节货币供应量，实现货币政策，成为外汇市场的监督者、干预者和操纵者，也有些国家由政府主管机构充当外汇市场干预者和操纵者。

中国人民银行作为中央银行，是最重要的宏观调节机构之一，是宏观金融活动的主体。外汇管理是宏观金融活动最重要的组成部分之一，无疑应是中央银行的主要活动。外汇的微观活动是与微观经济活动相对应的，其目标在于筹集外汇资金，融通外汇资金，引导外汇资金的流向，提高外汇资金的使用效率。把外汇的宏观活动和微观活动分离开来，有利于各活动主体对本体活动的目标和手段的选择，有利于活动主体分清自身职责，有利于提高外汇运用的整体效率，有利于外汇宏观控制和微观搞活的有机结合。

以上是从横向上对外汇市场的参与者进行分类。如果从纵向上观察，上述参与者可分为四个层次：第一层次(也是最低层)是进出口商，他们是外汇的最终使用者和供应者。第二层次是外汇银行，它们在外汇供应者和使用者之间起着媒介作用。第三层次是外汇经纪商，外汇银行通过它们平衡银行内部外汇的流入与流出。第四层次(也是最高层次)是中央银行，它在一国总的外汇供求失衡时，运用国家外汇储备，起着最后贷款者的作用。外汇市场参与者纵向观察图如图11-1所示。

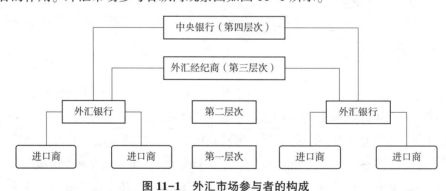

图11-1 外汇市场参与者的构成

二、外汇市场交易的结构

(一)按外汇市场的外部形态进行分类

按外汇市场的外部形态进行分类，外汇市场可以分为无形外汇市场和有形外汇市场。无形外汇市场，也称抽象的外汇市场，是指没有固定、具体场所的外汇市场。这种市场最初流行于英国和美国，故其组织形式被称为英美方式。这种组织形式不仅扩展到加拿大、东京等其他地区，而且也渗入欧洲大陆。无形外汇市场的主要特点是：第一，没有确定的开盘与收盘时间。第二，外汇买卖双方无需进行面对面的交易，外汇供给者和需求者凭借电传、电报和电话等通信设备与外汇机构进行联系。第三，各主体之间有较好的信任关系，否则，这种交易难以完成。除了个别欧洲大陆国家的一部分银行与顾客之间的外汇交易还在外汇交易所进行外，世界各国的外汇交易均通过现代通信网络进行。无形外汇市场已成为今日外汇市场的主导形式。有形外汇市场，也称为具体的外汇市场，是指有具体的固定场所的外汇市场。这种市场最初流行于欧洲大陆，故其组织形式被称为大陆方式。有形外汇市场的主要特点是：第一，固定场所一般指外汇交易所，通常位于世界各国金融中心。第二，从事外汇业务经营的双方都在每个交易日的规定时间内进行外汇交易。在自由竞争时期，西方各国的外汇买卖主要集中在外汇交易所。但进入垄断阶段后，银行垄断了外汇交易，致使外汇交易所日渐衰落。

(二) 按外汇所受管制程度进行分类

按外汇所受管制程度进行分类，外汇市场可以分为自由外汇市场、外汇黑市和官方市场。自由外汇市场是指政府、机构和个人可以买卖任何币种、任何数量外汇的市场。自由外汇市场的主要特点是：第一，买卖的外汇不受管制。第二，交易过程公开。例如，美国、英国、法国、瑞士的外汇市场皆属于自由外汇市场。外汇黑市是指非法进行外汇买卖的市场。外汇黑市的主要特点是：第一，是在政府限制或法律禁止外汇交易的条件下产生的。第二，交易过程具有非公开性。由于发展中国家大多执行外汇管制政策，不允许自由外汇市场存在，所以这些国家的外汇黑市比较普遍。官方市场是指按照政府的外汇管制法令来买卖外汇的市场。这种外汇市场对参与主体、汇价和交易过程都有具体的规定。在发展中国家，官方市场较为普遍。

(三) 按外汇买卖的范围进行分类

按外汇买卖的范围进行分类，外汇市场可以分为外汇批发市场和外汇零售市场。外汇批发市场是指银行同业之间的外汇买卖行为及其场所。其主要特点是交易规模大。外汇零售市场是指银行与个人及公司客户之间进行的外汇买卖行为及场所。

知识链接 11—3

外汇市场发展

外汇市场从创始至今已历经数次的改变。以前，美国及其盟国皆以《布雷顿森林协定》为准则，即一国货币汇率钉住于其黄金准备的多寡，然而在 1971 年的夏天，尼克松总统暂停美元与黄金的兑换后，而产生了汇率浮动制度。一国货币的汇率取决于其供给与需求及其相对价值。障碍的减少及机会的增加，如共产主义的瓦解、亚洲及拉丁美洲的戏剧性经济成长，已为外汇投资人带来新的契机。

贸易往来的频繁及国际投资的增加，使各国之经济形成密不可分的关系，全球的经常性经济报告如通货膨胀率、失业率及一些不可预期的消息如天灾或政局的不安定等等，皆为影响币值的因素，币值的变动也影响了这个货币在国际间的供给与需求。而美元的波动持续抗衡世界上其他的货币。国际性贸易及汇率变动的结果，造就了全球最大的交易市场——外汇市场，一个具有高效率性、公平性及流通性的一流世界级市场。外汇交易市场是个现金银行间市场或交易商间市场，它并非传统印象中的实体市场，没有实体的场所供交易进行，交易是透过电话及经由计算机终端机在世界各地进行。直接的银行间市场是以具外汇清算交易资格的交易商为主，他们的交易构成总体外汇交易中的大额交易，这些交易创造了外汇市场的交易巨额，也使外汇市场成为最具流通性的市场。

国际外汇市场是现行国际市场中最年轻的市场。创建于 1971 年废止金汇兑本位时期。FOREX 市场的日流通额达到 4 万亿～5 万亿美元——是世界交易数量最大的市场。再没有如此稳定和安全的市场！FOREX 市场是世界经济的中枢系统，它总是反映当前时事事件，市场不能承受的崩盘和突发事件。

外汇市场是全球最大的金融市场，单日交易额高达 1.5 兆亿美元。在传统印象中，认为外汇交易仅适合银行、财团及财务经理人所应用，但是经过这些年发展，外汇市场持续成长，并已连接了全球的外汇交易人，包括银行、中央银行、经纪商及公司组织，如进出口业者及个别投资人，许多机构组织包括美国联邦银行都透过外汇赚取丰厚的利润。现今，外汇市场不仅为银行及财团提供了获利的机会，也为个别投资者带来了获利的契机。

第三节　外汇市场的交易方式

外汇交易市场是全球最大的金融产品市场，到 2007 年 9 月日均交易量达到 3.2 万亿美元，相当于美国证券市场的 30 倍，中国股票市场的 600 倍。日常所说的外汇交易是指同时买入一对货币组合中的一种货币而卖出另一种货币的外汇交易方式。国际市场上各种货币相互间的汇率波动频繁，且以货币对形式交易，比如欧元/美元或美元/日元。

外汇交易市场的主要优势在于其透明度较高，由于交易量巨大，主力资金（如政府外汇储备、跨国财团资金汇兑、外汇投机商的资金操作等）对市场汇率变化的影响能力非常有限。另外，从对汇率波动的基本面分析来看，能够产生较大影响的通常是由各国政府公布的重要数据（如 GDP、央行利率），高级政府官员的讲话，或者国际组织（如欧洲央行）发布的消息。

外汇交易市场没有具体地点，没有中心交易所，所有的交易都是在银行之间通过网络进行的。世界上的任何金融机构、政府或个人每天24小时随时都可参与交易。

一、外汇交易步骤

外汇交易一般分为五大步骤：询价(asking)、报价(quotation)、成交(done)、证实(confirmation)、结算(settlement)。

通过以下询价报价交易过程的实例来分析外汇交易步骤。

询价方甲：Spot USD JPY please？（请问即期美元兑日元你报什么价格？）

报价方乙：MP.（稍等片刻。）80/90.（买价80点/卖价90点。）

询价方甲：Buy USD 3.（买进300万美元。）

报价方乙：OK, done, I sell USD 2 million and buy JPY at 110.90, value 19/10/2012.（好的，成交。我卖给你300万美元买进日元，汇率是110.90，起息日是2012年10月19日。）

询价方甲：JPY please to AAA BK Tokyo. A/C No. 147369.（我的日元请付至东京AAA银行，账号是147369。）

报价方乙：USD to GGT BK A/C 8520 CHIPS UID 15973. Thanks very much for deal BIFN.（我们的美元请付至纽约GGT银行，账号是8520，CHIPS UID 15973，多谢你的交易，再见朋友甲。）

外汇询价报价交易完成之后，随后就是交易计算过程。银行间的收付款即各种货币的结算是利用SWIFT电信系统，通过交易双方的代理行或分行进行的，无论是即期交易还是远期交易的结算，最终都是以有关交易货币的银行存款的增减或划拨为标志的。

二、即期外汇交易

(一) 基本原理

即期外汇交易(spot foreign exchange transaction)，又称现汇买卖，是交易双方以当时外汇市场的价格成交，并在成交后的两个营业日内办理有关货币收付交割的外汇交易。例如，2020年7月16日(星期四)纽约花旗银行和日本东京银行通过电话达成一项外汇买卖业务，花旗银行愿意按1美元兑107.10日元的汇率卖出100万美元，买入10710万日元；而东京银行也愿意按同样的汇率卖出10710万日元，买入100万美元。7月17日(星期五)，花旗银行和东京银行分别按照对方的要求，将卖出的货币汇入对方指定的账户内，从而完成这笔交易。即期外汇交易是外汇市场上最常见、最普遍的买卖形式。

(二) 即期汇率的标价方法与计算

即期交易的汇率是即期汇率，或称现汇汇率，通常采用以美元为中心的报价方法，即以某个货币对美元的买进或卖出的形式进行报价。除了欧元和原英联邦国家的货币（如英镑、澳大利亚元和新西兰元等）采用间接报价法（即以1单位该货币等值美元标价）以外，其他交易货币均采用直接报价法（即以1单位美元等值该币标价），并同时报出买入价和卖出价。买入价是指报价行愿意以此价买入标的货币的汇价，卖出价是报价行愿意以此价卖出标的货币的汇价，买入价与卖出价之间的价格差称为价差。

按照即期外汇市场的报价惯例，通常用5位数字来表示买卖价。如工商银行2020年7月16日的汇价为：

$$HKD1 = RMB\ 0.90020 - 0.90390$$

（买入价）（卖出价）

报价的最小单位（市场称基本点）是标价货币的最小价值单位的1%。如港元兑人民币价格中的1个基点为0.0001人民币。因此，如果港元兑人民币从0.90020-0.90390上升到0.90120-0.90490，则称该汇率上升了100个基本点，或简称为100个点。

通常各银行的交易员在报价时只取最末两位数，因为前面几位数只有在外汇市场发生剧烈动荡时才会变化，一般情况下，频繁变动的只是最末两位数，如汇率为138.65-138.75时，就报65/75。

银行和客户之间的零售交易大多按银行报出的汇价买卖外汇，少数按客户要求作限价交易。所谓限价交易是指客户要求银行按指定汇价买卖一定数量的外汇。当市场汇价变化到符合客户要求时进行交易，否则银行不能进行交易。

在国际外汇市场上，各种货币的汇率普遍以美元标价，即与美元直接挂钩，非美元货币之间的买卖必须通过美元汇率进行套算。通过套算得出的汇率叫交叉汇率。交叉汇率的套算遵循以下几条规则：

（1）如果两种货币的即期汇率都以美元作为单位货币，那么计算这两种货币比价的方法是交叉相除。

【例11-1】 假定目前外汇市场上的汇率是：

$$USD1 = HKD7.7844 - 7.7851$$
$$USD1 = JPY128.10 - 128.20$$

这时单位港元兑换日元的汇价为：

$$HKD1 = JPY\frac{128.10}{7.7851} \sim \frac{128.20}{7.7844} = JPY16.4545 \sim 16.4688$$

即银行买入1港元，支付给客户16.4545日元，银行卖出1港元，向客户收取16.4688日元。换句话说，客户卖出1港元可得16.4545日元，要买入1港元需支付16.4688日元。之所以这样计算，是因为如前所述，两种货币都以美元为中心报价，这样要计算港元对日元的汇价，首先必须将港元换成美元，然后以美元换取日元。7.7851为银行的美元卖出价，也就是说要从银行取得1美元须支付7.7851港元，即HKD1 =

USD 1/7.7851。买到美元后，再以美元买日元。而银行美元对日元的买入价为128.10，即客户卖1美元给银行可得到128.10日元，即USD1=JPY128.10，因此，HKD1=JPY1/7.7851*128.10=JPY16.4545。同理可求出卖日元买港元的汇价。

(2) 如果两个即期汇率都以美元作为计价货币，那么，汇率的套算也是交叉相除。

【例11-2】 假如目前市场汇率是：

$$GBP1 = USD1.7125 - 1.7135$$
$$AUD1 = USD0.8120 - 0.8130$$

单位英镑换取澳元的汇价为：

$$GBP1 = AUD\frac{1.7125}{0.8130} \sim \frac{1.7135}{0.8120} = AUD2.1064 \sim 2.1102$$

即客户若要以澳元买入英镑，须按 GBP1=AUD2.1102 的汇价向银行买入英镑。若要卖英镑买澳元，则须按 GBP1=AUD2.1064 的汇价向银行卖出英镑。其道理如上所述，要计算客户卖澳元买英镑的汇率，首先必须卖澳元换美元，然后以美元买英镑。因此可反过来考虑：客户要买入1英镑需按照银行的英镑卖出价 GBP1=USD1.7135，支付1.7135美元，而要获得1.7135美元，需按银行的澳元买入价 AUD1=USD0.8120，支付 $\frac{1.7135}{0.8120}$ 澳元，即2.1102澳元。因此，客户卖澳元买英镑的汇价为 GBP1=AUD2.1102（即银行英镑对澳元的卖出价）。同理可算出客户买澳元卖英镑（即银行英镑对澳元的买入价）的价格为：

$$GBP1 = AUD\frac{1.7125}{0.8130} = AUD2.1064$$

(3) 如果一种货币的即期汇率以美元作为计价货币，另一种货币的即期汇率以美元作为单位货币，那么，此两种货币间的汇率套算应为同边相乘。

【例11-3】 假设市场汇率如下：

$$USD1 = HKD7.7844 - 7.7851$$
$$GBP1 = USD1.7610 - 1.7620$$

则英镑对港元的汇价为 GBP1=USD1.7610×7.7844-1.7620×7.7851=HKD13.7083-13.7173。道理同上述计算过程，即客户按银行英镑对美元的买入价 GBP1=USD1.7610 卖出1英镑得1.7810美元，然后按银行美元对港元的买入价 USD1=HKD7.7844，卖出1.7610美元，得 1.7610×7.7844=13.7083 港元，因此客户卖英镑买港元的汇价（即银行英镑对港元的买入价）为 GBP1=HKD13.7083，同理可算出银行英镑对港元的卖出价。

(三) 外汇交易的方式

外汇交易方式有四种：即期、远期、期货交易以及期权交易。

即期又称为现货交易或现期交易，是指外汇买卖成交后，交易双方于当天或两个交易日内办理交割手续的一种交易行为。即期外汇交易是外汇市场上最常用的一种交易方式，即期外汇交易占外汇交易总额的大部分。主要是因为即期外汇买卖不但可以满足买方临时性的付款需要，也可以帮助买卖双方调整外汇头寸的货币比例，以避免外汇汇率风险。

远期跟即期外汇交易相区别的是指市场交易主体在成交后，按照远期合同规定，在未来（一般在成交日后的3个营业日之后）按规定的日期交易的外汇交易。远期外汇交易是有效的外汇市场中必不可少的组成部分。20世纪70年代初期，国际范围内的汇率体制从以固定汇率为主转向以浮动汇率为主，汇率波动加剧，金融市场蓬勃发展，从而推动了远期外汇市场的发展。

期货交易随着期货交易市场的发展，原来作为商品交易媒体的货币（外汇）也成为期货交易的对象。外汇期货交易就是指外汇买卖双方于将来时间（未来某日），以在有组织的交易所内公开叫价（类似于拍卖）确定的价格，买入或卖出某一标准数量的特定货币的交易活动。在这里，有几个概念读者可能有些模糊，解释如下：A. 标准数量：特定货币（如英镑）的每份期货交易合同的数量是相同的，如英镑期货交易合同每份金额为25000英镑；B. 特定货币：指在合同条款中规定的交易货币的具体类型，如3个月的日元、6个月的美元等。

期权交易外汇期权常被视作一种有效的避险工具，因为它可以消除贬值风险以保留潜在的获利可能。在上面我们介绍远期交易，其外汇的交割可以是特定的日期（如5月1日），也可以是特定期间（如5月1日至5月31日）。但是，这两种方式双方都有义务进行全额的交割。外汇期权是指交易的一方（期权的持有者）拥有合约的权利，并可以决定是否执行（交割）合约。如果愿意的话，合约的买方（持有者）可以听任期权到期而不进行交割。卖方毫无权利决定合同是否交割。

三、远期外汇交易

（一）基本原理

远期外汇交易是外汇市场上进行远期外汇买卖的一种交易行为，即期交易的对称。远期外汇交易是外汇市场上重要的交易形式之一。通常也是由经营即期外汇交易的外汇银行与外汇经纪人来经营，远期交易一般是买卖双方先订立买卖合同，规定外汇买卖的数量、期限和汇率等，到约定日期才按合约规定的汇率进行交割。远期交易的交割期限一般为1个月、3个月、6个月，个别可到1年。这种交易的目的在于避免或尽量减少汇率变动可能带来的损失。投机商也经常利用远期交易牟取利益。因而许多国家对远期交易有一定的限制性措施。

直接的远期外汇交易是指直接在远期外汇市场做交易，而不在其他市场进行相应的交易。银行对于远期汇率的报价，通常并不采用全值报价，而是采用远期汇价和即期汇价之间的差额，即基点报价。远期汇率可能高于或低于即期汇率。期权性质的远期外汇交易是指公司或企业通常不会提前知道其收入外汇的确切日期。因此，可以与银行进行期权外汇交易，即赋予企业在交易日后的一定时期内，如5~6个月内执行远期合同的权利。

远期外汇买卖根据交割日是否固定，分为两种类型：

(1)固定交割日的远期外汇买卖(fixed forward transaction)即事先具体规定交割时间的远期买卖。其目的在于避免一段时间内汇价变动造成的风险。固定方式的交割期以星期和月份为单位，如1星期、2个月(60天)、6个月(180天)等，这是实际中较常用的远期外汇交易形式。

(2)选择交割日的远期外汇买卖(optional forward transaction)称为择期远期外汇买卖，指交易的一方可在成交日的第三天起至约定的期限内的任何一个营业日，要求交易的另一方，按照双方约定的远期汇率进行交割的交易。其特点是：

交割日期随客观形势与主观判断而转移，并不固定，它意味着客户可以在择期的第一天，也可在最后一天履行交割手续，银行不给这类业务活动以优惠汇率。

确定择期远期交易的方法有两种：

(1)事先把交割期限固定在两个具体日期之间。如某一出口商在1999年9月25日成交一笔出口交易，预期3个月内收到货款。这样，该出口商马上在外汇市场上卖出一笔3个月的远期外汇，并约定择期日期为9月29日至12月29日。这就意味着该出口商在这段时间内，随时可以将收到的外汇卖给银行。

(2)事先把交割期限固定在不同月份之间。如上例中，出口商可视其需要，将交割期限规定为第一个月、第二个月、第三个月这三个月中的任意两个月，或择期3个月。

择期远期交易在外汇买卖当中发展迅速。这是因为：交割日期固定就缺乏灵活性和机动性，难以满足进出口商的需要。在实际贸易中，诸如福汇环球金汇等外汇交易商往往事先并不知道外汇收入或支出的准确时间。但他们仍然希望通过远期市场避免汇率变动风险。因此，他们便与银行签订一项合同，保证按双方约定的汇率，在将来规定的期限内进行外汇买卖。

【例11-4】 假设某家美国银行的报价如下：

即期：GBP1＝USD1.5600－1.5650

1月期：GBP1＝USD1.5700－1.5750

2月期：GBP1＝USD1.5800－1.5850

3月期：GBP1＝USD1.5900－1.5950

如果择期从第一个月开始，到第三个月结束，对向该行出售外汇的顾客来说适用的汇率是GBP1＝USD1.5600，对于从该行购买外汇的顾客来说适用的汇率为GBP1＝USD1.5950。如果择期在第二、三个月，则对出售外汇的顾客和购买外汇的顾客适用的汇率分别为 GBP1=USD1.5700 和 GBP1=USD1.5950。由此可见，对于购买者来说，适用的汇率在两种情况下都一样，而对出售外汇者来说，适用的汇率则有所差别。

(二) 远期汇率的标价方法与计算

远期交易的汇率也称作远期汇率(forward rate)，其标价方法有两种：一种是直接标出远期汇率的实际价格，另一种是报出远期汇率与即期汇率的差价，即远期差价(forward margin)，也称远期汇水。升水(premium)是远期汇率高于即期汇率时的差额，贴水(discount)是远期汇率低于即期汇率时的差额。就两种货币而言，一种货币的升水必然是另一种货币的贴水。

在不同的汇率标价方式下，远期汇率的计算方法不同。

直接标价法下，远期汇率=即期汇率+升水，或远期汇率=即期汇率-贴水。

间接标价法下，远期汇率=即期汇率-升水，或远期汇率=即期汇率+贴水。

不过，如果标价中将买卖价格全部列出，并且远期汇水也有两个数值，那么，前面这些情况也可以不去考虑，只要掌握下述规则即可求出正确的远期外汇买卖价格。

(1) 若远期汇水前大后小，表示单位货币的远期汇率贴水，计算远期汇率时应用即期汇率减去远期汇水。

【例 11-5】 市场即期汇率为 USD1=HKD7.7955-7.7962，1 个月远期汇水为 60/55，则 1 个月的远期汇率为：

$$\frac{HDK7.7955 \sim 7.7962 - 0.0060 \sim 0.0055}{1\ 个月远期汇率\ USD1 = HDK7.7895 \sim 7.7907}$$

(2) 若远期汇水前小后大，表示单位货币的远期汇率升水，计算远期汇率时应把即期汇率加上远期汇水。

【例 11-6】 市场即期汇率为 GBP1=USD1.6050~1.6060，3 个月远期汇水为 74/90，则 3 个月的远期汇率为：

$$\frac{HDK1.6050 \sim 1.6060 + 0.0064 \sim 0.0080}{3\ 个月远期汇率\ GBP1 = USD1.6104 \sim 1.6130}$$

四、掉期交易

掉期交易(swap)，又称时间套汇(time arbitrage)，是指同时买进和卖出相同金额的某种外汇但买与卖的交割期限不同的一种外汇交易，进行掉期交易的目的也在于避免汇率变动的风险。掉期交易可分为以下三种形式。

(一) 即期对远期

即期对远期(spot against forward)，即在买进或卖出一笔现汇的同时，卖出或买进相同金额该种货币的期汇。期汇的交割期限大都为 1 星期、1 个月、2 个月、3 个月、6 个月。这是掉期交易中最常见的一种形式。

(二)明日对次日

明日对次日(tomorrow-next or rollover),即在买进或卖出一笔现汇的同时,卖出或买进同种货币的另一笔即期交易,但两笔即期交易交割日不同,一笔是在成交后的第二个营业日(明日)交割,另一笔反向交易是在成交后第三个营业日(次日)交割。这种掉期交易主要用于银行同业的隔夜资金拆借。

(三)远期对远期

远期对远期(forward to forward),指同时买进并卖出两笔相同金额、同种货币、不同交割期限的远期外汇。这种掉期形式多为转口贸易中的中间商所使用。

五、套汇交易

套汇,是指境内机构或者个人采取一定方式私自向他人用人民币或者物资换取外汇或者外汇收益的行为。根据规定,违反国家规定,以人民币支付或者以实物偿付应当以外汇支付的进口货款或者其他类似支出的;以人民币为他人支付在境内的费用并由对方付给外汇的;未经外汇管理机关批准,境外投资者以人民币或者境内所购物资在境内进行投资的;以虚假或者无效的凭证、合同、单据等向外汇指定银行骗购外汇等的行为都属于套汇行为。

利用不同外汇市场的外汇差价,在某一外汇市场上买进某种货币,同时在另一外汇市场上卖出该种货币,以赚取利润。在套汇中由于涉及的外汇市场多少不同,分为两角套汇、三角套汇和多角套汇。

(一)直接套汇

两角套汇,是利用两地间的汇率差价,在一个外汇市场上以低价买入一种货币,同时在另一个外汇市场以高价卖出该种货币,以赚取利润。由于是在两个市场之间,套汇者直接参加交易,所以又称直接套汇。

比如,在伦敦外汇市场上,英镑对美元的即期汇率为:

$$£1 = \$1.98 \text{ 或 } \$1 = £0.505$$

在纽约外汇市场上,英镑与美元的即期汇率为:

$$£1 = \$2.00 \text{ 或 } \$1 = £0.5$$

很明显,在伦敦外汇市场,由于英镑是本国货币,供给充足,所以英镑的价格低。在纽约外汇市场,由于英镑是外汇,供给不足,所以英镑价格高。同理,美元在纽约外汇市场上价格低,在伦敦外汇市场上价格高。

如果某一套汇者在伦敦花 1980 美元买 1000 英镑,同时在纽约卖 1000 英镑收 2000 美元。这简单的一买一卖就使套汇者赚得 20 美元。一些套汇者在伦敦花美元低价买英镑,英镑需求增加,推动英镑的价格上涨。套汇者在纽约卖英镑,英镑供给增加,促使英镑的价格下跌。可见套汇者的投机行为会自发地把伦敦和纽约两个外汇市场的价格拉平，自发地使两个外汇市场的供求关系协调一致起来，使两个外汇市场更有效地运行。根据这一点，西方人认为套汇对调节外汇供求关系来说是不可缺少的，套汇活动是正当的。在买卖外汇时是要花手续费的，套汇者的净利润等于毛利润减去买卖外汇时所花的手续费。

（二）间接套汇

三角套汇是指利用三个外汇市场上外汇的差价，在三个外汇市场同时进行贱买贵卖，以赚取利润的活动。三角套汇又叫间接套汇。

设：伦敦外汇市场上 £1 = $2

巴黎外汇市场上 £1 = Fr10

纽约外汇市场上 $1 = Fr5

在这种情况下，如果不考虑买卖外汇的手续费，某套汇者在伦敦以100英镑买200美元，同时在纽约外汇市场用200美元买1000法郎，在巴黎外汇市场以1000法郎再买100英镑。交易结束，套汇者拿出100英镑收回100英镑，一个便士都没有增加，而且白花电报费和手续费。

这个例子说明三角套汇值不值得进行，不像两角套汇那样分明。首先要看，上面涉及的英镑、美元、法郎这三种货币之间的交叉汇率与公开汇率是否一致。交叉汇率也称套算汇率，两种货币之间的汇率是通过二者各自与第三国货币间的汇率间接计算出来的。根据上面的情况，在伦敦外汇市场上，£1 = $2，在巴黎外汇市场上，£1 = Fr10，由此可得 $2 = Fr10，$1 = Fr5。

$1 = Fr5 是利用英镑与美元的公开汇率、英镑与法郎的公开汇率套算出来的。这个套算汇率与公开汇率 $1 = Fr5 完全一致。同样，根据美元与法郎的汇率、美元与英镑的汇率也能算出英镑与法郎之间的套算汇率与公开汇率完全一致。由此可以得出结论，如果套算汇率与公开汇率完全一致，就不存在三角套汇的条件，不能进行三角套汇。只有套算汇率与公开汇率不一致的情况下，才可以进行三角套汇。比如说：

在伦敦外汇市场上 £1 = $2

在巴黎外汇市场上 £1 = Fr10

在纽约外汇市场上 $1 = Fr6

根据伦敦和巴黎外汇市场上英镑与美元的汇率、英镑与法郎的汇率，套算出的美元与法郎的套算汇率为 $1 = Fr5，而美元与法郎的公开汇率为 $1 = Fr6。可见套算汇率与公开汇率不一致，为从事三角套汇提供了条件。套汇者在伦敦花100英镑买200美元，同时在纽约外汇市场上用200美元买1200法郎，在巴黎外汇市场上用1200法郎买120英镑。套汇者拿出100英镑，收回120英镑，三角套汇利润为20英镑。

三角套汇对外汇市场所起的作用与两角套汇的作用一样。当美元与法郎的公开的汇率与交叉汇率不一致，公开汇率高于交叉汇率时，套汇者就会增加美元的供给，高价卖出美元买法郎。美元的供给增加，美元的价格逐渐下跌，法郎的美元价格逐渐上升，最终美元的价格降到$1=Fr5，使交叉汇率与公开汇率一致，消除了三角套汇的条件。所以三角套汇也能调节三个不同的外汇市场的供求关系，使外汇市场运行得更有效率。

六、套利交易

套利交易是指利用相关市场或相关电子合同之间的价差变化，在相关市场或相关电子合同上进行交易方向相反的交易，以期望价差发生变化而获利的交易行为。

这里的期货合约既可以是同一期货品种的不同交割月份，也可以是相互关联的两种不同商品的合约，还可以是不同期货市场的同种商品合约。套利交易者同时在一种期货合约上做多的同时在另一种期货合约上做空。通过两个合约间价差变动来获利，与绝对价格水平关系不大。套利交易已经成为国际金融市场中的一种主要交易手段，由于其收益稳定，风险相对较小，国际上绝大多数大型基金均主要采用套利或部分套利的方式参与期货或期权市场的交易。随着中国期货市场的规范发展以及上市品种的多元化，市场蕴含着大量的套利交易机会。套利交易已经成为一些大机构参与期货市场的有效手段。

在进行套利交易时，投资者关心的是合约之间的相互价格关系，而不是绝对价格水平。投资者买进自认为价格被市场低估的合约，同时卖出自认为价格被市场高估的合约。如果价格的变动方向与当初的预测相一致，即买进的合约价格走高，卖出的合约价格走低，那么投资者可从两合约价格间的关系变动中获利，反之，投资者就有损失。

(一) 非抵补套利

非抵补套利(uncovered interest arbitrage)是把资金从低利率货币转向高利率货币，从而谋取利差收益，但不同时进行反方向交易轧平头寸。

【例11-7】 假设美国金融市场短期利率的年息为7%，而在英国则为5%。又设外汇市场的即期汇率为GBP1=USD1.5620，资本金额为100万英镑，投资时间为6个月。

(1)汇率不变时的套利分析：①在英国投资的本利和为$100\times(1+5\%\times6\div12)=102.5$万英镑；②在美国货币市场投资，资本金为$100\times1.5620=156.20$万美元，期满后的本利和为$156.20\times(1+7\%\times6\div12)=161.67$万美元，若到期汇率不变，可折合英镑值为$161.67\div1.5620=103.2$万英镑；③套利收益为$103.5-102.5=1$万英镑；④套利收益折年率为$(1/100)\times(12/6)=2\%$，即多赚了2%的利息收益。

(2)汇率变化时的套利分析：①设6个月后，英镑升值2.5%，即GBP1=USD1.5620×$(1+2.5\%)$=USD1.6011；②则在美国投资的本利和折合英镑仅为$161.67/1.6011=100.981$万英镑；③套利收益为$100.981-102.5=-1.519$万英镑，即比在英国投资还亏损或少赚 1.519 万英镑。

上述分析表明,高利率货币的贬值对非抵补套利影响极大,投资者在此种情况下要承受较大的风险。

(二) 抵补套利

抵补套利(covered interest arbitrage)是指把资金调往高利率货币的同时,在外汇市场上卖出远期高利率货币,即在进行套利的同时做掉期交易,以避免汇率风险。实际上就是套期保值,一般的套利交易多为抵补套利。

在上例中,如果做抵补套利,投资者在买进美元调往纽约的同时,马上在远期市场上卖出为期 6 个月的远期美元(包括预计的利息收入)。这样无论汇率如何变化,投资者在 6 个月后的英镑收入都有保障。

另外,判断是否存在套利机会,也可比较利差和汇差造成的损益。一方面,汇差会带来汇兑损失,即在一定程度上削减套利收益,这个损失的比率就约等于基准货币的升贴水率的绝对值。升贴水率定义式为 $\frac{F-S}{S}$,F 为基准货币的远期汇率,S 为基准货币的即期汇率。另一方面,由于投资于高利率国家的货币,利差会带来利差收益。利差率定义式为 $\frac{n}{12} \times (i_a - i_b)$,其中 i_a 为基准货币的利率,i_b 为另一国货币的利率,n 为投资期限(月)。当利差收益(利差率)大于汇兑损失(升贴水率)时,表明存在抵补套利机会,否则,不存在抵补套利机会。

因为抵补套利还要涉及一些交易成本,如税收差异、手续费、佣金等,所以不一定等到利差和远期升贴水率完全一致,抵补套利就会停止。

第四节 汇率决定理论与影响因素

从上述外汇市场的各类交易中可以看出,汇率是影响各类交易者交易行为的重要因素。保值者为了防范汇率变动的风险而从事外汇交易,投机者根据自己对汇率变动的预测进行外汇交易,并从中牟利。因此,了解和把握决定汇率及其变动的因素就显得十分重要。

一、汇率决定理论

汇率决定理论(exchange rate determination theory)是国际金融理论的核心内容之一,主要分析汇率受什么因素决定和影响。汇率决定理论随经济形势和西方经济学理论的发展而发展,为一国货币局制定汇率政策提供理论依据。汇率决定理论主要有国际借贷学说、购买力平价学说、利率平价学说、国际收支说、资产市场说。资产市场说又分为货币分析法与资产组合分析法。货币分析法又分为弹性价格货币分析法和黏性价格货币分析法。

长期以来，各国经济学家致力于研究和探讨汇率决定基础，产生了各种各样的汇率理论。下面对其中几种较具影响的汇率理论做一简要的介绍和评价。

(一) 购买力平价学说

购买力平价学说(theory of purchasing power parity)的理论渊源可追溯到 16 世纪。1914 年，第一次世界大战爆发，金本位制崩溃，各国货币发行摆脱羁绊，导致物价飞涨，汇率出现剧烈波动。1922 年，瑞典学者 Cassel 出版了《1914 年以后的货币和外汇》一书，系统地阐述了购买力平价学说。

该学说认为，两种货币间的汇率取决于两国货币各自所具有的购买力之比(绝对购买力平价学说)，汇率的变动也取决于两国货币购买力的变动(相对购买力平价学说)。假定 A 国的物价水平为 P_A，B 国的物价水平为 P_B，e 为 A 国货币的汇率(直接标价法)，则依绝对购买力平价学说：$e = P_A/P_B$。

假定 t_0 时期 A 国的物价水平为 P_{A_0}，B 国的物价水平为 P_{B_0}，A 国货币的汇率为 e_0，t_1 时期 A 国的物价水平为 P_{A_1}，B 国的物价水平为 P_{B_1}，A 国货币的汇率为 e_1。P_A 为 A 国在 t_1 时期以 t_0 时期为基期的物价指数，P_B 为 B 国在 t_1 时期以 t_0 为基期的物价指数，则依相对购买力平价学说，相对购买力平价意味着汇率升降是由两国的通胀率决定的。

1. 购买力平价的形式

(1) 绝对购买力平价。这是指一定时点上两国货币的均衡汇率是两国物价水平之比。设 R_0 为该时点的均衡汇率，则 $R_0 = P_a/P_b$。式中 P_a 和 P_b 分别为 A 国和 B 国的一般物价水平。绝对购买力平价说是以一价定律为基础的，即它假设：在自由贸易条件下，同一种商品在世界各地以同一种货币表示的价格是一样的，只不过按汇率折合成不同货币的价格形式。若在某些国家出现商品价格的不一致，则会出现国际间的商品套购活动，直到现实汇率调整到与绝对购买力平价相等，两国商品以同一种货币表示的价格一样为止。将上式改变为 $P_a = R_0 \times P_b$，即为一价定律的表达式。

(2) 相对购买力平价。相对购买力平价学说将汇率在一段时期内的变动归因于两个国家在这段时期中的物价或货币购买力的变动。这就是说，在一定时期内，汇率的变化与同一时期内两国物价水平的相对变动成比例，用公式表示为：

$$R_1 = \frac{(P_{a_1} - P_{a_0})/P_{a_0}}{(P_{b_1} - P_{b_0})/P_{b_0}} \times R_0 \tag{11.1}$$

其中，R_1 和 R_0 分别为计算期和基期的均衡汇率，P_{a_1} 和 P_{a_0} 分别为 A 国计算期和基期的物价水平，P_{b_1} 和 P_{b_0} 分别为 B 国计算期和基期的物价水平。

相对购买力平价学说与绝对购买力平价学说相比更富有意义，因为它从理论上避开了一价定律的严格假设。如果相对购买力平价学说是正确的，绝对购买力平价学说却不一定正确。但如果绝对购买力平价学说是正确的,则相对购买力平价学说也不一定正确。

2. 对购买力平价学说的评价

购买力平价学说提出后,在西方学术界引起很大争论,毁誉不一。但这一学说在外汇理论上占有重要的位置,却是不可否认的。

该理论较令人满意地解释了长期汇率变动的原因。相对购买力平价理论在物价剧烈波动、通货膨胀严重时期具有相当重要的意义。因为它是两国货币各自对一般商品和劳务的购买力比率,作为汇率决定的基础,能相对合理地体现两国货币的对外价值;另外,从统计验证来看,相对购买力平价很接近均衡汇率。该理论有可能在两国贸易关系新建或恢复时,提供一个可参考的均衡汇率。它是西方国家最重要的、唯一的传统汇率决定理论,为金本位制崩溃后各种货币定值和比较提供了共同的基础。70多年来它在汇率决定理论中一直保持着重要的地位,对当今西方国家的外汇理论和政策仍产生重大影响。今天,许多西方经济学家将其作为预测长期汇率趋势的重要理论之一。但是,在许多方面仍受到批评,具体表现在理论基础的错误。其理论基础是货币数量论,但货币数量论与货币的基本职能是不相符的。把汇率的变动完全归于购买力的变化,忽视了其他因素。如国民收入、国际资本流动、生产成本、贸易条件、政治经济局势等对汇率变动的影响,也忽视了汇率变动对购买力的反作用。该理论在计算具体汇率时,存在许多困难。主要表现在物价指数的选择上,是以参加国际交换的贸易商品物价为指标,还是以国内全部商品的价格即一般物价为指标,很难确定。绝对购买力平价方面的"一价定律"失去意义。因为诸如运费、关税、商品不完全流动、产业结构变动以及技术进步等会引起国内价格的变化从而使一价定律与现实状况不符。

(二)利率平价说

利率平价理论主张,两国间相同时期的利率只要有差距存在,投资者即可利用套汇或套利等方式赚取价差,两国货币间的汇率将因为此种套利行为而产生波动,直到套利的空间消失为止。依据利率平价理论,两国间利率的差距会影响两国币值水平及资金的移动,进而影响远期汇率与即期汇率的差价。二者维持均衡时,远期汇率的贴水或升水应与两国利率的差距相等,否则将会有无风险套汇行为存在,使其恢复到均衡的状态。与购买力平价说相比,利率平价说是一种短期的分析,这两者之间的关系可以用图11-2说明。

中长期:货币数量————→购买力(商品价格)————→汇率
短期:货币(资金)供求数量————→利率(资产价格)————→汇率

图11-2 购买力平价说和利率平价说的关系

1. 利率平价说的主要内容

利率平价理论认为,两国之间的即期汇率及远期汇率的关系与两国的利率有密切的联系。该理论的主要出发点，就是投资者投资于国内所得到的短期利率收益应该与按即期汇率折成外汇在国外投资，并按远期汇率买回该国货币所得到的短期投资收益相等。一旦出现由于两国利率之差引起的投资收益的差异，投资者就会进行套利活动，其结果是使远期汇率固定在某一特定的均衡水平。同即期汇率相比，利率低的国家的货币的远期汇率会上升，而利率高的国家的货币的远期汇率会下跌。远期汇率同即期汇率的差价约等于两国间的利率差。利率平价学说可分为套补的利率平价（covered interest rate parity）和非套补的利率平价（uncovered interest rate parity）。

套补的利率平价。假定 i_A 是 A 国货币的利率，i_B 是 B 国货币的利率，p 是即期远期汇率的升跌水平。假定投资者采取持有远期合约的套补方式交易时，市场最终会使利率与汇率间形成下列关系：$p=i_A\times i_B$。其经济含义是：汇率的远期升贴水平等于两国货币利率之差。在套补利率平价成立时，如果 A 国利率高于 B 国利率，则 A 国远期汇率必将升水，A 国货币在远期市场上将贬值，反之亦然。汇率的变动会抵消两国间的利率差异，从而使金融市场处于平衡状态。

非套补的利率平价。假定投资者根据自己对未来汇率变动的预期而计算预期的收益，在承担一定的汇率风险情况下进行投资活动。假定，E_p 表示预期的汇率远期变动率，则 $E_p=i_A\times i_B$。其经济含义是：远期的汇率预期变动率等于两国货币利率之差。在非套补利率平价成立时，如果 A 国利率高于 B 国利率，则意味着市场预期 A 国货币在远期将贬值。

2. 对利率平价说的评价

利率平价说从资金流动的角度指出了汇率与利率之间的密切关系，有助于正确认识现实外汇市场上汇率的形成机制，有特别的实践价值，它主要应用于短期汇率的决定。利率平价说不是一个独立的汇率决定理论，与其他汇率决定理论之间是相互补充而不是相互对立的。

利率平价理论研究的对象是因利率差异而引起的资本流动与汇率决定之间的关系，它从一个侧面阐述了短期汇率变动的原因——资本在国际间的流动。因此，利率平价理论于 20 世纪 20 年代首次提出后，就得到西方经济学家重视。首先，利率平价说从资金流动的角度指出了汇率和利率之间的密切关系，有助于正确认识现实外汇市场上汇率的形成机制。其次，利率平价说不是一个独立的汇率决定理论，它只描述了汇率与利率之间的相互作用关系，并不是谁决定谁的问题，实际上它们都受到更为基本的因素的作用而发生变化，利率平价只是在这一过程中表现出来的利率与汇率之间的关系。因此，经常把利率平价作为一种基本关系式而运用在其他汇率决定理论的分析中。最后，利率平价说具有特别的实践价值。由于利率的变动非常迅速，同时利率又可对汇率产生立竿见影的影响，利率与汇率间存在的这一关系就为中央银行对外汇市场进行灵活的调节提供了有效的途径。例如，当市场上存在着本币将贬值的预期时，就可以相应提高本国利率，以抵消这一贬值预期对外汇市场的压力，维持汇率的稳定。

但这一理论也存在一些缺陷，主要表现为：①理论上的最大不足之处是未能说明汇率决定的基础，而只是解释了在某些特定条件下汇率变动的原因。②利率平价实现的先决条件是资金能不受限制地在国际间自由流动。但事实上，许多国家还实行外汇管制和对资本流动的限制，因而利率平价事实上难以实现。③利率平价成立的另一个条件是：在达到利率平价之前，套利活动不断进行。但实际上，在跨国投资中存在着一些额外风险和费用，如政治风险、各种交易费用、税收差异和流动性差异等，都会影响到套利收益，使国际间的抛补套利活动在达到利率平价之前就会停止。因此，在现实世界中，利率平价往往难以成立。④在实际应用中，很多人往往错误地混淆了期汇汇率与预期未来汇率的关系，夸大了利率平价对汇率预期的作用，忽略了市场对外汇风险溢酬的反应。关于这一内容，具体可参见 Sarno 等（2012）的论述。

(三) 国际收支说

1944 年到 1973 年布雷顿森林体系实行期间，各国实行固定汇率制度。这一期间的汇率决定理论主要是从国际收支均衡的角度来阐述汇率的调节，即确定适当的汇率水平。这些理论统称为国际收支学说。它的早期形式就是国际借贷学说。这一期间，有影响的汇率理论主要有局部均衡分析的弹性论、一般均衡分析的吸收论、内外均衡分析的蒙代尔–弗莱明模型（Mundell-Fleming Model）以及注重货币因素在汇率决定中重要作用的货币论。

1. 国际借贷说的主要内容

国际收支说指出了汇率和国际收支间存在的密切关系，有利于全面分析短期内汇率的变动和决定。国际收支说是关于汇率决定的流量理论，核心思路是国际收支引起的外汇流量供应决定了短期汇率水平及其变动。这一特点使其很难解释现实中的一些经济现象。

2. 国际收支说的原理

当国际收支处于均衡状态时，其经常项目收支差额应等于（自主性）资本流出入的差额。如果用 CA 表示经常账户收支差额，KA 表示资本账户差额，则国际收支的均衡条件可表示为：

$$CA+KA=0 \tag{11.2}$$

经常账户收支为商品劳务的进出口差额，而出口（X）和进口（M）分别是由外国国民收入 Y^*、相对价格 P/SP^* 和本国国民收入 Y、相对价格 P/SP^* 所决定的。即：

$$X=X(Y^*, P, P^*, S)$$
$$M=M(Y, P, P^*, S) \tag{11.3}$$

而资本账户收支则主要取决于国内外的利率差异（$r-r^*$），以及人们对未来汇率变

化的预期,即 $\frac{(Se-S)}{S}$,其中 KA 为未来现汇汇率的预期值,即:

$$KA = KA\left(r, \ r^*, \ \frac{Se-S}{S}\right) \quad (11.4)$$

当一国国际收支处于均衡状态时,

$$CA(Y, \ Y^*, \ P, \ P^*, \ S) = -KA\left(r, \ r^*, \ \frac{Se-S}{S}\right) \quad (11.5)$$

由此所决定的汇率水平就是均衡汇率。因此,均衡汇率可表示为:

$$S = S(Y, \ Y^*, \ P, \ P^*, \ r, \ r^*, \ S, \ Se) \quad (11.6)$$

根据上述公式,影响均衡汇率波动的因素包括国内外国民收入、国内外价格水平、国内外利率以及人们对未来汇率的预期。①在其他条件不变的情况下(下同),国民收入的增加会导致进口的增加,导致对外汇的过度需求和汇率的上升,另外,外汇收入的增加会导致国内出口的增加和汇率的下降;②国内价格水平相对国外价格水平下降,出口增加,进口减少,导致汇率下降;反之,国内物价的相对上涨导致汇率上升;③如果国内利率高于国外利率,会增加国外资本的流动,减少国内资本的流出,从而导致汇率的下降;④如果人们预期未来汇率走势看涨,就会在外汇市场上卖出本币买入外汇,这也会导致汇率上升,反之,汇率将会下降。

此外,凯恩斯主义者进一步分析,一国的宏观经济政策会对其收入水平、价格水平和利率水平产生影响,从而影响均衡汇率。例如,扩张性财政政策一方面会通过扩大总需求导致收入和价格的上升,从而导致经常账户赤字和国内货币贬值压力的形成。另一方面,扩张性财政政策可能导致利率上升,从而刺激外国资金的流动,减少国内资金的流出,使资本账户余额出现盈余,形成本币升值的压力。因此,净效应取决于具体情况。而扩张性的货币政策将刺激投资需求和消费需求,扩大进口需求;同时,利率会降低,导致国际短期资本大量流出,抑制短期资本的流动,导致外汇市场需求过剩,从而使汇率上升。

3. 对国际收支说的评价

国际收支理论从国际收支供给和需求的角度来解释汇率的决定,影响国际收支的各种重要因素都将被纳入汇率均衡分析中,这对短期外汇市场的分析具有一定的意义。首先,该理论指出了汇率与国际收支之间的密切关系,这对于全面分析短期汇率变动和决策具有很大的益处。其次,该理论并不是一个完整的汇率决定理论。只有当外汇市场的供求平衡时,汇率才处于稳定状态。任何汇率理论都应以这种关系作为分析的前提。因此,国际收支理论可以作为进一步分析的工具。

然而,该理论也有许多不足之处:①该理论是建立在外汇市场稳定的假设基础上的。②理论分析是建立在凯恩斯宏观经济理论、弹性理论和利率平价理论基础上的,这些理论都有相同的缺陷,其结论往往与现实不符。

(四)资产市场说

1973年,布雷顿森林体系解体,固定汇率制度崩溃,实行浮动汇率制度,汇率决定理论有了更进一步的发展。资本市场说在20世纪70年代中后期成为汇率理论的主流。与传统理论相比,汇率的资本市场说更强调了资本流动在汇率决定理论中的作用,汇率被看作资产的价格,由资产的供求决定。

依据对本币资产与外币资产可替代性的不同假定,资产市场说分为货币分析法与资产组合分析法,货币分析法假定本币资产与外币资产两者可完全替代,而资产组合分析法假定两者不可完全替代。在货币分析法内部,依据对价格弹性的假定不同,又可分为弹性价格货币分析法与黏性价格货币分析法。

1. 弹性价格货币分析法

弹性价格货币分析法假定所有商品的价格是完全弹性的,这样,只需考虑货币市场的均衡性。其基本模型是:

$$\ln e = (\ln Ms - \ln Ms') + a(\ln y' - \ln y) + b(\ln i' - \ln i) \quad a、b>0$$

该模型由Cagan的货币需求函数及货币市场均衡条件$\frac{MD}{P} = L(y, i) = kya_ib$,$MD = MS$及购买力平价理论三者导出。它表明,该国与外国之间国民收入水平、利率水平及货币供给水平通过对各自物价水平的影响而决定了汇率水平。

2. 黏性价格货币分析法

1976年,Dornbuseh提出黏性价格货币分析法,也即所谓的超调模型(overshooting model)。他认为商品市场与资本市场的调整速度是不同的,商品市场上的价格水平具有黏性的特点,这使得购买力平价在短期内不能成立,经济存在着由短期平衡向长期平衡的过渡过程。在超调模型中,由于商品市场价格黏性的存在,当货币供给一次性增加以后,本币的瞬时贬值程度大于其长期贬值程度,这一现象被称为汇率的超调。

3. 资产组合分析方法

1977年,Branson提出了汇率的资产组合分析方法。一是与货币分析方法相比,这一理论的特点是假定本币资产与外币资产是不完全的替代物,风险等因素使非套补的利率平价不成立,从而需要对本币资产与外汇资产的供求平衡在两个独立的市场上进行考察。二是将该国资产总量直接引入了模型。该国资产总量直接制约着对各种资产的持有量,而经常账户的变动会对这一资产总量造成影响。这样,这一模型将流量因素与存量因素结合了起来。

假定该国居民持有三种资产,该国货币M,该国政府发行的以本币为面值的债券B,外国发行的以外币为面值的债券F,一国资产总量为$W = M + B + e'F$。一国资产总量是分布在该国货币、该国债券、外国债券之中的。从货币市场来看,货币供给是由政府控制的，货币需求是该国利率、外国利率的减函数，是资产总量的增函数。从该国债券市场来看，该国债券供给同样是由政府控制的，该国债券的需求是该国利率的增函数、外国利率的减函数，是资产总量的增函数。从外国债券市场来看，外国债券的供给是通过经常账户的盈余获得的，在短期内也是固定的。对外国债券的需求是该国利率的减函数、外国利率的增函数，是资产总量的增函数。

以上只是简要介绍了几种传统的汇率决定理论。随着资产定价理论的广泛应用，许多学者试图从新的角度来论述汇率和宏观经济、资本市场的关系，郑振龙和邓弋威（2011）就相关领域文献进行了综述。

二、汇率变动的影响

(一) 影响汇率的因素

国际收支。这是最重要的影响因素。如果一国国际收支为顺差，则外汇收入大于外汇支出，外汇储备增加，该国对于外汇的供给大于对于外汇的需求，同时外国对于该国货币需求增加，则该国外汇汇率下降，本币对外升值；如果为逆差，反之。需要注意的是，美国的巨额贸易逆差不断增加，但美元却保持长期的强势，这是很特殊的情况，究其原因还是美元是世界货币，美元占到全球支付体系份额的 39.35%（2018 年 6 月数据），巨大的美元需求导致美元汇率居高不下，当然这也与美国强大的实力分不开。

通货膨胀率。任何一个国家都有通货膨胀，如果本国通货膨胀率相对于外国高，则本国货币对外贬值，外汇汇率上升。

利率。利率水平对于外汇汇率的影响是通过不同国家的利率水平的不同，促使短期资金流动导致外汇需求变动。如果一国利率提高，外国对于该国货币需求增加，该国货币升值，则其汇率下降。当然利率影响的资本流动需要考虑远期汇率的影响，只有当利率变动抵消未来汇率不利变动仍有足够的好处，资本才能在国际间流动。

经济增长率。如果一国为高经济增长率，则该国货币汇率高。

财政赤字。如果一国的财政预算出现巨额赤字，则其货币汇率将下降。

外汇储备。如果一国外汇储备高，则该国货币汇率将升高。

投资者的心理预期。投资者的心理预期在国际金融市场上表现得尤为突出。汇兑心理学认为外汇汇率是外汇供求双方对货币主观心理评价的集中体现。评价高，信心强，则货币升值。这一理论在解释无数短线或极短线的汇率波动上起到了至关重要的作用。

各国汇率政策的影响。

(二) 汇率对经济的影响

对贸易收支的影响：汇率对进出口的影响为，汇率上升（直接标价法），能起到促进出口、抑制进口的作用(外汇汇率上涨,本币汇率下跌)。

对非贸易收支的影响:

(1)对无形贸易收支的影响:一国货币汇率下跌,外币购买力提高,本国商品和劳务低廉。本币购买力降低,国外商品和劳务变贵,有利于该国旅游与其他劳务收支状况改善。

(2)对单方转移收入的影响:一国货币汇率下跌,如果国内价格不变或上涨相对缓慢,对该国单方转移收支产生不利影响。

(3)对资本流出入的影响:汇率对长期资本流动影响较小。从短期来看,汇率贬值,有利于资本流出;汇率升值,有利于资本流入。

(4)对官方储备的影响:①本国货币变动通过资本转移和进口贸易额的增减,直接影响本国外汇储备的增加或减少;②储备货币汇率下跌,使保持储备货币国家的外汇储备的实际价值遭受损失,储备国家因货币贬值减少债务负担,从中获利。

对国内物价的影响:

(1)汇率变动通过进口商品价格变化;

(2)汇率变动以后,如对外贬值,由于奖入限出,对出口有利,对进口相对不利,其他因素不变的情况下,国内市场的商品供应趋于紧张,价格趋于上涨;

(3)汇率变动后,如本币对外贬值,出口增加,进口减少,贸易逆差减少以至顺差增加,导致该国货币投放量增加,在其他因素不变的情况下,推动价格上涨;

(4)对于货币兑换国家,如本币对外币有升值之势,使大量国外资金流入,以谋取利差,若不采取必要控制措施,也推动该国的物价上涨。

对国民收入、就业和资源配置的影响:本币贬值,利于出口、限制进口,限制的生产资源转向出口产业、进口替代产业,促使国民收入增加,就业增加,由此改变国内生产结构。

对国际经济的影响:

(1)汇率不稳,加深国家争夺销售市场的竞争,影响国际贸易的正常发展;

(2)影响某些储备货币的地位和作用,促进国际储备货币多元化的形成;

(3)加剧投机和国际金融市场的动荡,同时又促进国际金融业务的不断创新。

对金融市场的影响:

(1)一些主要国家汇率的变化直接影响国际外汇市场上其他货币汇率变化,使国际金融市场动荡不安;

(2)由于汇率频繁变动,外汇风险增加,外汇投机活动加剧,这就更加剧了国际金融市场的动荡;

(3)汇率大起大落,尤其是主要储备货币的汇率变动,影响国际金融市场上的资本借贷活动。

对外汇风险的影响:

(1)交易汇率风险,运用外币进行计价收付的交易中,经济主体因外汇汇率的变动而有蒙受损失的可能性。交易风险主要发生在以下几种场合:商品劳务进口和出口交易中的风险;资本输入和输出的风险;外汇银行所持有的外汇头寸的风险。

(2)折算汇率风险,又称会计风险,指经济主体对资产负债表的会计处理中,将功能货币转换成记账货币时,因汇率变动而导致账面损失的可能性。功能货币指经济主体与经营活动中流转使用的各种货币。记账货币指在编制综合财务报表时使用的报告货币,通常是本国货币。

(3)经济汇率风险,又称经营风险,指意料之外的汇率变动通过影响企业的生产销售数量、价格、成本,引起企业未来一定期间收益或现金流量减少的一种潜在损失。

2020年全球金融稳定报告

2020年4月15日,国际货币基金组织(IMF)发布《全球金融稳定报告》(以下简称《报告》)。《报告》指出,新冠肺炎疫情给全球金融市场带来了历史性挑战,多边合作至关重要。

1. 新冠肺炎疫情带来了历史性挑战

《报告》显示,新冠肺炎疫情带来了历史性挑战。2月中旬,市场参与者开始担忧疫情可能演变成全球性流行病,股价从此前的过高水平大幅下跌。信贷市场利差飙升,特别是在高收益率债券、杠杆贷款和私人债务等高风险领域,以至于这些领域的发行活动基本停滞。

《报告》称,由于全球需求走弱,以及"欧佩克+"国家未能达成减产协议,石油价格暴跌,这导致风险偏好进一步恶化。动荡的市场条件导致投资者转向高质量资产,避险债券的收益率陡降。

2. 资产价格变动剧烈

《报告》认为,多个因素放大了资产价格变动,导致金融条件以前所未有的速度急剧收紧。主要短期融资市场出现承压迹象,包括全球美元市场,与十年前金融危机时期的市场动态十分相似。

《报告》称,市场流动性显著恶化,包括传统上被视为深度较好的市场。杠杆投资者开始承压,据报道,部分投资者被迫将部分头寸平仓,以满足追加保证金的要求并进行投资组合再平衡。

3. 新兴和前沿市场经济体证券投资流动逆转

《报告》表示,新兴和前沿市场经济体正面临最严峻的风暴。它们经历了有史以来最剧烈的证券投资流动逆转，不论是以美元计价还是以占新兴和前沿市场 GDP 的比重计算都是如此。

《报告》指出，外部债务融资的减少可能使杠杆较高和可信度较差的借款者承压。这可能导致债务重组规模增加，对现有的债务处置框架构成考验。

《报告》建议，很多新兴市场经济体正面临动荡的市场条件，应在可行情况下通过汇率灵活性来管理这些压力。

《报告》称，这一历史性挑战势必需要强有力的政策来应对。当务之急是挽救生命并实施恰当的防控措施以避免卫生体系不堪重负。各国当局需为受疫情影响最严重的民众和公司提供支持。

4. 各国已采取系列政策

《报告》指出，全球各国当局已出台一系列的政策。2020 年 4 月《财政监测报告》描述了全球各国政府已宣布的一揽子财政支持。当局有必要采取大规模、及时、临时和有针对性的财政措施，以确保经济活动的暂时停滞不会给经济的生产能力和整个社会带来持久性破坏。

《报告》还称，全球央行已采取大胆和果断的行动，包括放松货币政策，购买一系列资产，为金融体系提供流动性，以抵消金融条件收紧的影响，并保持信贷向实体经济流通。

《报告》建议，政策制定者需要在维护金融稳定和支持经济活动之间取得平衡。首先，银行应将其现有的资本和流动性缓冲用于吸收损失和融资压力。其次，为审慎管理大规模资金外流带来的流动性风险，监管当局应鼓励基金管理公司在符合基金份额持有者利益的情况下充分利用现有的流动性工具。另外，监管当局应采取准确、有针对性的措施，并确保政策的透明，来加强市场韧性，如熔断机制。

《报告》强调，多边合作对于缓解新冠肺炎疫情冲击的强度及其对全球经济和金融体系的破坏至关重要。

《报告》表示，国际货币基金组织总裁和世界银行行长已呼吁官方双边债权人对低于国际开发协会业务门槛且在对抗疫情期间请求提供债务延期的国家暂停偿债要求。国际货币基金组织具备一万亿美元的可用资源，正在积极为成员国提供支持。

重要概念

直接标价法　间接标价法　敞开头寸　基本点　即卖出价　交叉汇率　远期汇率　远期差价　远期汇　远期交易　套期保值　外汇投机　择期交易　掉期交易　铸币平价　一价定律　绝对购买力平价　相对购买力平价　国际借贷说　国际收支说　资产市场说

推荐书目

[1] Obstfeld M, Rogoff K. Exchange rate dynamics redux[J]. Journal of Political Economy, 1995, 103: 604-660.

[2] Lyons R. The microstructure approach to exchange rate[M]. Cambridge: MIT Press, 2001.

[3] Cope land L. Exchange rates and international Finance[M]. 5th Edition. NY: Prentice Hall, 2008.

参考文献

[1] Cassel G. Money and foreign exchange after 1914[M]. London: Constable, 1922.

[2] Grauwe De P, Dewachter H. A chaotic monetary of the exchange rate[M]. Kredit and Kapital, 1992, 25: 26-54.

[3] Grauwe De P, Dewachter H. Chaos in the dornbusch model: the role of fundamentalists and chartists[J]. Open Economics Review, 1994(3): 351-379.

[4] Lyons R. The microstructure approach to exchange Rate[M]. Cambridge: MIT Press, 2001.

[5] Sarno L, Schneider P, Wagner C. Properties of foreign exchange risk premiums[J]. Journal of Financial Economics, 2012, 105(2): 279-310.

[6] Svensson L E O, S van Wijnbergen. Excess capacity, monopolistic competition, and international transmission of monetary disturbances[J]. Economic Journal, 1989, 99: 784-785.

[7] 郑振龙, 邓弋咸. 外汇风险溢酬理论述评[J]. 厦门大学学报(哲社版), 2011(1): 9-15.

习 题

1. 判断题

(1) 外汇就是以外国货币表示的支付手段。( )

(2) 买入价和卖出价是同一笔外汇交易中, 买卖双方所使用的价格。( )

(3) 在直接标价法和间接标价法下, 升水与贴水的含义截然相反。( )

(4) 远期外汇的买卖价之差总是大于即期外汇的买卖价之差。( )

(5) 甲币对乙币升值10%, 则乙币对甲币贬值10%。( )

(6) 外汇银行只要存在"敞开头寸", 就一定要通过外汇交易将其轧平。( )

(7)只要两国间存在着利率差异,国际投资者就可从套利交易中获利。(　　)

(8)根据利率平价说,利率相对较高国家的货币未来升水的可能性较大。(　　)

(9)购买力平价理论认为,一国的物价变动是外汇汇率涨落的结果。(　　)

(10)弹性货币分析法的结论与国际收支说的结论是一致的。(　　)

2. 选择题

(1)下列不适于掉期交易的说法是(　　)。

A. 一对交易构成,通常一方是即期,另一方是远期日

B. 能够代替两种市场交易

C. 消除了对方的信用风险

D. 可以用来充分利用套利机会

(2)在伦敦外汇市场上,即期汇率 GBP1 = HKD10.9863~10.9873,6 个月的 HKD 差价为 90~100,那么,斯密公司买进 6 个月的远期 HKD10000,折合英镑(　　)。

A. 10000÷(10.9863+0.0090)　　B. 10000÷(10.9863+0.0100)

C. 10000÷(10.9863+0.0090)　　D. 10000÷(10.9863-0.0090)

(3)利率对汇率变动的影响是(　　)。

A. 国内利率上升,则本国汇率上升

B. 国内利率下降,则本国汇率下降

C. 须比较国内外的利率和通货膨胀率后确定

(4)对于资产市场分析法,下列说法不正确的是(　　)。

A. 决定汇率的是流量因素而不是存量因素

B. 以动态分析法分析长期均衡汇率

C. 预期因素对当期汇率有重要的影响

(5)纸币流通条件下,可能使一国货币汇率上升的因素是(　　)。

A. 政府宣布减少税收　　　　B. 物价下降

C. 放宽对进口的限制　　　　D. 银行利率下降

3. 远期对远期的掉期交易。英国某银行在 6 个月后应向外支付 500 万美元,同时在 1 年后又将收到另一笔 500 万美元的收入。假设目前外汇市场行情为:

即期汇率 GBP1＝USD1.6770/80

1 个月的汇水　　　　20/10

2 个月的汇水　　　　30/20

3 个月的汇水　　　　40/30

6 个月的汇水　　　　40/30

12 个月的汇水　　　30/20

可见,英镑兑美元是贴水,其原因在于英国的利率高于美国。但是若预测英美两

国的利率在6个月后将发生变化，届时英国利率可能反过来低于美国，因此英镑兑美元会升水。此时，外汇市场的行情变为：

即期汇率 GBP1=USD1.6700/10

6个月汇水 100/200

那么，如何进行掉期交易以获利呢？（提示：先做"6个月对12个月"的远期对远期掉期交易；当第6个月到期时，市场汇率发生变动后，再进行一次"即期对6个月"的即期对远期的掉期交易。）

4. 某年8月15日我国某公司按汇率 GBP1=USD1.6700 向英国某商人报出销售核桃仁的美元和英镑价格，任其选择，该商人决定按美元计价成交，与我国某公司签订了数量1000公吨合同，价值750万美元。但到了同年11月20日，美元与英镑的汇率却变为 GBP1=USD1.6650，于是该商人提出应该按8月15日所报英镑价计算，并以增加3%的货价作为交换条件。你认为能否同意该商人要求？为什么？

5. 设纽约市场上年利率为8%，伦敦市场上年利率为6%，即期汇率为 GBP1=USD1.6025~1.6035，3个月汇水为30~50点。若一位投资者拥有10万英镑，应投放在哪个市场上较有利？如何确保其投资收益？请说明投资、避险的操作过程及获利情况。说明该方法的理论依据是什么，并简述该理论。

第十二章 互联网金融市场

一、互联网金融的概念

互联网金融是随着以互联网为代表的现代信息科技,特别是移动支付、社交网络、搜索引擎和云计算等的发展,出现的既不同于商业银行间接融资,也不同于资本市场直接融资的第三种金融融资模式。李克强总理在2015年政府报告中提出,"制定'互联网+'行动计划,推动移动互联网、云计算、大数据、物联网等与现代制造业结合,促进电子商务、工业互联网和互联网金融健康发展,引导互联网企业拓展国际市场。"李克强总理将互联网金融与电子商务和工业互联网相提并论,意味着互联网金融已经成为一个正在崛起的新经济形态,并且越来越成为人们生活中不可或缺的一种生活手段。

二、互联网金融市场的发展历程

联网金融市场的发展历程可以分为四个阶段:

第一阶段:网络金融阶段(萌芽阶段)(1995—2005年),以网络银行、网络证券和网络保险等形式的网络金融出现为标志。自世界第一家网络银行—美国安全第一网络银行1995年10月创建以来,网上银行业务在全球发展迅猛,这个时期虽然业务形式很多,但没有产生对传统金融的根本性变革。银行、证券、保险等金融机构主要借助互联网业务,以方便客户,降低服务成本。

第二阶段:个别业态发展阶段(2006—2013年),传统金融机构不断利用互联网技术发展线上业务,而互联网企业则利用先天优势涉足金融业,尤其是电子商务企业利用其数据资源,将其业务范围渗透到金融领域。这个阶段发展最成熟的业态为以支付宝为代表的网络支付。

第三阶段:野蛮生长阶段(2013—2016年),传统金融机构包括银行、证券、保险开始纷纷涉足互联网金融,而传统互联网企业更是发挥技术、商务等优势开始全面布局互联网金融,社交网络、移动支付、大数据、云计算、搜索引擎等新技术与传统金融深度融合,催生出形态各异的互联网金融业态,行业呈现百花齐放的盛况。

第四阶段:规范发展阶段(2016年至今),从2015年7月央行、工信部等十部委共同印发《关于促进互联网金融健康发展的指导意见》,到2016年7月后各监管机构陆续出台互联网金融各业态管理规定及其实施细则。互联网金融从2013年开始取得了爆发式的增长,既产生了数家高估值的独角兽公司,也有 e 租宝、中晋、金鹿等机构因恶意欺诈或资金链断裂而倒台。然而,市场并没有因为个别平台的违规而阻止整个互联网金融市场健康有序地发展。

三、互联网金融市场的发展模式

目前,互联网金融市场模式常见的主要有第三方支付、P2P 网贷、大数据金融、众筹、信息化金融机构、互联网金融门户六大互联网金融模式。

(一)第三方支付

第三方支付狭义上是指具备一定实力和信誉保障的非银行机构,借助通信、计算机和信息安全技术,采用与各大银行签约的方式,在用户与银行支付结算系统间建立连接的电子支付模式。从广义上讲,第三方支付是指非金融机构作为收、付款人的支付中介所提供的网络支付、预付卡、银行卡收单以及中国人民银行确定的其他支付服务。

目前,除了大家熟知的中国银联和支付宝外,具有代表性的第三方支付机构还有财付通、快钱支付、易宝支付、汇付天下等。而从发展路径与用户积累途径来看,市场上第三方支付公司的运营模式可以归为两大类:一类是以支付宝、财付通为首的依托于自有 B2C、C2C 电子商务网站,提供担保功能的第三方支付模式;另一类就是以快钱为典型代表的独立第三方支付模式。

(二)P2P 网贷

P2P 网络借贷是指个人通过 P2P 网络贷款平台,以收取一定利息为目的,向其他个人提供小额贷款的金融模式。

通常情况下,借款者借助 P2P 网络贷款平台发布融资信息,招标有意愿贷款者的贷款,而 P2P 网络贷款平台在整个借贷过程中是一个中间人的角色,对借贷双方的信息沟通、资金流动起到撮合作用。

P2P 网络贷款本质上依旧是一种资源(资本)配置。其借款者主要是被传统金融市场排斥的个体商户或小微企业,在 P2P 网络贷款的模式下,他们享受到了金融市场所提供的融资服务。所以,P2P 网络贷款对于传统金融来说是一种有益补充,扩大了金融行业的服务范围。

但是,P2P 网络贷款依然隐藏着巨大的风险,个体商户或小微企业被传统金融市场所排斥,主要是因为他们本身偿还能力有限,贷款风险过大。因此,P2P 网络贷款要获得良好发展,就必须具备较强的信息甄别能力,能够对个体商户或小微企业建立起良好的信用评价体系,为有意愿贷款者筛选出具有良好信用的借款者,从而减少 P2P 网络贷款的信用风险。

(三)大数据金融

大数据金融是指依托于海量、非结构化的数据,通过互联网、云计算等信息化方式对其数据进行专业化的挖掘和分析，并与传统金融服务相结合，创新性开展相关资金融通工作的统称。

大数据金融扩充了金融业的企业种类，不再是传统金融独大，并创新了金融产品和服务，扩大了客户范围，降低了企业成本。

大数据金融按照平台运营模式，可分为平台金融和供应链金融两大模式。两种模式代表企业分别为阿里金融和京东金融。

(四) 众筹

众筹是指项目发起人通过利用互联网和 SNS 传播的特性，发动公众的力量，集中公众的资金、能力和渠道，为小企业、艺术家或个人进行某项活动或某个项目或创办企业提供必要的资金援助的一种融资方式。

相比于传统的融资方式，众筹的精髓就在于小额和大量。融资门槛低，且不再以是否拥有商业价值作为唯一的评判标准，为新型创业公司的融资开辟了一条新的路径。从此，其融资渠道不再局限于银行、PE 和 VC。

众筹项目种类繁多，不单单包括新产品研发、新公司成立等商业项目，还包括科学研究项目、民生工程项目、赈灾项目、艺术设计、政治运动等。经过几年的迅速发展，众筹已经逐步形成奖励制众筹、股份制众筹、募捐制众筹和借贷制众筹等多种运营模式，典型平台包括点名时间、大家投、积木网等。

(五) 信息化金融机构

信息化金融机构是指通过广泛运用以互联网为代表的信息技术，在互联网金融时代，对传统运营流程、服务产品进行改造或重构，实现经营、管理全面信息化的银行、证券和保险等金融机构。

互联网金融时代，信息化金融机构的运营模式相对于传统金融机构运营模式发生了很大的变化，目前信息化金融机构主要运营模式可分为以下三类：传统金融业务电子化模式、基于互联网的创新金融服务模式、金融电商模式。

传统金融业务电子化模式主要包括网上银行、手机银行、移动支付和网络证券等形式；基于互联网的创新金融服务模式包括直销银行、智能银行等形式及银行、券商、保险等创新型服务产品；金融电商模式就是以建行"善融商务"电子商务金融服务平台、泰康人寿保险电商平台为代表的各类传统金融机构的电商平台。

知识链接12—1

虚拟银行进入香港"鲶鱼"效应或搅动市场

新华财经香港 5 月 6 日电(记者张欢) 4 月末，香港首家虚拟银行已经运营一月有余，原本在本世纪初就可能诞生的金融科技商业模式，经过 20 年的酝酿才进入市场。

背后的缘由是香港鉴于实体网点和电子货币形成的高度金融渗透率而将其搁置,但最终却看到了传统银行的发展痛点和科技创新带来的广阔金融格局。

香港金融管理局紧锣密鼓地将虚拟银行推入市场,并认为引入虚拟银行是香港迈向"智慧银行新纪元"的关键举措,也是提升国际金融中心优势的一个里程碑。

依据金管局的定义,香港的虚拟银行是通过互联网或其他形式电子传送渠道如手机,而非实体分行提供零售业务的银行,是在传统银行之外,利用科技灵活手段,向个人、家庭、中小企业提供存取款、贷款、结算、汇兑、投资理财等零售服务,肩负的是科技创新和普惠使命。

因此,虚拟银行可以让用户享有传统银行尚不具备的新型体验:7×24 小时服务,30 分钟内获得贷款审批结果,人脸识别远程认证,凭借香港身份证 5 分钟手机远程开户,手机一站式多币种存款、转账,不设最低账户余额要求,活期存款收获市场普遍水平 1000 倍的收益(香港传统银行港元活期存款利率为 0.001%,众安银行港元活期存款利率为 1%)……

这些服务难免让传统银行汗颜。已经获得牌照但尚未营业的 WeLab 虚拟银行董事局主席、香港特区政府财经事务及库务局原局长陈家强谈道,金管局引入虚拟银行就是为了引进新的参与者刺激行业改变,刺激香港传统银行改革,加快推进香港金融科技发展。

"在香港这个成熟的金融市场中,并不缺乏金融机构,但是金融机构提供的服务和覆盖的人群尚有不足,而且传统银行存在实体网点运营成本高企等包袱,虚拟银行作为新生事物,可以轻装上阵,打破时间、空间、用户财富水平对银行服务的限制。"众安银行首席技术官田丹说。

金管局的调查结果显示,虚拟银行通过推出更便捷的产品,以及更具有吸引力的收益水平,从而吸引客户来提高市场占有率,可能对现有银行的融资成本构成上行压力,尽管短期影响因为虚拟银行的业务规模尚且有限而仍属缓和,但是长远影响则取决于现有银行会否加快金融科技应用以保持竞争力。

不过成为虚拟银行就意味着可以颠覆传统银行吗?答案是任重道远。

(六)互联网金融门户

互联网金融门户是指利用互联网提供金融产品、金融服务信息汇聚、搜索、比较及金融产品销售并为金融产品销售提供第三方服务的平台。

从相关互联网金融门户平台的服务内容及服务方式,可将互联网金融门户分为第三方资讯平台、垂直搜索平台以及在线金融超市三大类。第三方资讯平台是提供全方位、权威的行业数据及行业资讯的门户网站,典型代表为网贷之家、和讯网等。垂直搜索平台是聚焦于金融产品的垂直搜索门户,消费者在门户上可以快速地搜索到相关的金融产品信息,典型代表为融360、安贷客等。而在线金融超市的业务形态是在线导购，提供直接的购买匹配，因此该类门户集聚着大量金融类产品，利用互联网进行金融产品销售，并提供与之相关的第三方服务，典型代表为大童网、格上理财、91金融超市以及软交所科技金融超市等。

此外，互联网金融门户又可以根据汇集的金融产品、金融信息的种类，将其细分为P2P网贷类门户、信贷类门户、保险类门户、理财类门户以及综合类门户五个子类。

知识链接12-2

《经济学人》：中国在移动支付软硬件的全球竞争中胜出

新华财经北京5月12日电 英国《经济学人》周刊日前发表文章指出，在不断变化的世界经贸格局下，各国都在搭建数字跨境金融基础设施，中国的探索走在了世界前列。

《经济学人》在这篇题为《全球金融中枢正在重塑》的观察文章中指出，在全球金融数字化重塑的背景下，真正的革命正在小额支付领域发生。得益于无现金化程度高的经济环境及巨大的国内市场，中国企业正在移动支付的全球软硬件竞争中崭露头角。据统计，2019年中国消费者的移动支付总额达到惊人的49万亿美元，是2013年的35倍。

文章指出，新冠肺炎疫情导致的全球大规模居家隔离也让金融业数字化需求更为紧迫。移动支付方式上的竞争只是表面，背后更大的竞争是支撑移动支付方式的软硬件之争，这也是中国正在胜出的竞争领域。

文章提到，中国企业正在走国际化发展道路，其在移动支付方面的专业经验吸引了更多海外合作伙伴。除了支付软件上的领先，中国在硬件上也走在世界前列。低利率和高固定成本迫使全亚洲的银行都在数字化，亟需把业务"搬上云端"。阿里巴巴占据了亚太地区云服务基础设施五分之一的市场，超过了亚马逊和微软两家的总和。

四、互联网金融市场的监管

随着互联网金融行业风险的不断暴露，市场关于其监管的探讨也在不断深入。金融风险隐蔽性、传染性、广泛性和突发性在互联网金融行业更加突出，整治任务艰巨。2016年互联网金融风险专项整治启动以来，增量风险有所下降，存量风险业务有序化解，风险案件高发频发势头得到一定程度遏制，行业规范发展态势逐步显现，监管自律市场协调配合的行业治理机制不断完善。不过，整治任务依然艰巨，风险不容忽视，具体建议如下：

（一）确保监管职责明确，完善互联网金融审批制度

中国现行金融监管架构可以称为"一行二会"。"一行"为中国人民银行。"二会"是

中国银保监会、中国证监会，分别负责银行、保险、证券三大市场的监管。

1. 中国人民银行，负责货币政策。

2. 银保监会，统一监督管理银行、金融资产管理公司、信托投资公司以及其他存款类金融机构和全国保险市场。

3. 证监会，负责对全国证券、期货业进行集中统一监管。

当前阶段，金融机构要获取互联网金融牌照，需通过以下两种方式：一是按监管部门的要求和条件进行申请；二是收购市场上已有的互联网金融牌照。但是第一种方式，即向监管部门申请互联网金融牌照难度较大，这是因为申请获取速度相对较慢，且一些牌照的颁发处于暂停状态，从而使得后者更为便捷的方式越来越受到潜在行业进入者的青睐。但是通过收购已有牌照的方式虽然能够快速获取牌照以及相关的资源，对于急于开拓互联网金融业务的企业来说，这是一种相对较快的操作方式，但收购牌照会因为政策障碍、资产界定、税务安排等多种现实问题阻碍收购的成功，因此在实践中也有很大的难度。所以监管部门应着实考虑到这一情况，对互联网金融的牌照予以严格要求的同时，对优质的企业发放金融牌照。

(二) 建立健全市场准入机制

互联网金融在一定程度上改善了金融服务的可获得性，是践行普惠金融的重要载体。因此，对于互联网金融行业不能"一竿子"打死。

互联网金融市场准入应有针对性，防止一刀切，不管是监管标准，还是准入门槛，都需要做好相应的对待和处理，综合分析其实际类型、产品类别、行业分类、安全标准以及对应的平台资质等，从而针对不同的风险设置相应的承受水平，并且基于市场准入标准，落实审批程序；确保准入本身的规范性，能够从开始阶段就可以将原本潜在的、既定的危险因素隔离，真正做到兴利除弊，达到降低互联网金融市场准入风险的目的，进一步完善互联网金融市场准入机制。

建立健全网络银行市场准入机制。从本质上看，网络银行属于商业银行，它在互联网上开展业务，如果不根据银行业市场准入标准加以规范，必然会增大网络银行发生风险的可能性，导致网络银行的经营行为受到合法性质疑。但也不能根据传统银行的市场准入标准要求网络银行，因为门槛太高会提高网络银行运营成本，制约网络银行的发展，并且此时设立过高的市场准入标准，会造成已经成立的网络银行基于现有市场与资源形成垄断，对网络银行的建设、发展与创新极为不利。所以针对网络银行应设立适当的市场准入门槛和完善的准入机制，条件不宜过高。

建立健全众筹市场准入机制。中国证券业协会在 2014 年公布实行的《私募股权众筹融资管理办法(试行)(征求意见稿)》，规定众筹准入市场主要有：平台准入门槛宽松，即在国内依法设立的合伙企业、公司，净资产不少于 500 万元人民币等；融资者准入，即融资者是中小微企业抑或其发起人；合格投资者，即私募股权众筹融资投资者务必要满足《私募投资基金监督管理暂行办法》的相关规定，抑或是投资单个融资项目的金额不少于 100 万元人民币的个人、单位，还有净资产不少于 1000 万元人民币的单位、社会公益基金和依法设立且在中国证券投资基金业协会备案的投资计划、金融资产不少于 300 万元人民币抑或是最近三年的年均收入不少于 50 万元人民币的个人。

(三) 完善准入监管法律体系

为推动互联网金融业有序发展，完善的市场准入监管法律体系不可或缺。这是美国的监管经验，对中国同样适用，应形成完善的互联网金融市场准入监管法律体系，大力调研并尽早制定基本法是重中之重，这是完善中国互联网金融市场准入监管法律体系的必由之路。随后要逐步制定其他有关互联网金融市场监管的法律法规，其内容主要有监管法律主体以及各个主体的监管权力、监管原则、职能划分、法律责任等等。例如，互联网金融市场准入监管涉及的法律法规大多都是规定传统金融的法律法规，基于互联网金融修订有关法律法规与规章制度的内容，明确互联网金融市场准入监管的主体及其职能，还有责任承担。

除此以外，还要加快有关互联网金融的其他领域的市场准入监管立法进程，借鉴国外有关保护金融参与者合法权益、建立社会信用体系、构建互联网信息安全系统等规定，逐步完善建立有关互联网金融市场准入及其发展的监管法律体系。完善的法律体系不仅要涵盖互联网金融基础法律，还要包括配套的、专门的法律法规，如保护个人信息、保护消费者合法权益、社会征信体系等法律法规，围绕基础法这一中心，进一步细化专门的法律，形成完善的互联网金融市场准入监管法律体系，保障互联网金融有序发展。

(四) 创新监管模式

在我国，随着互联网金融的持续发展，其业务类型变得越发多样化，例如，传统的银行金融业务开始逐渐被基于消费市场交易平台的第三方支付所取代，甚至快速发展的第三方支付已经渗透到了现有的网络交易市场中。现阶段，我国在市场监管中采用的是"分业经营、分业管理"，但是这种模式并不能有效满足金融市场发展需求。互联网金融本身的特点使得其可以提供多样化的金融服务，在发展过程中呈现出混合化以及多样化的特征，显然与当前的市场监管原则存在一定冲突。针对这样的问题，相关部门需要及时更新观念认识，改革现有的监管模式，使得互联网金融监管能够朝着"分业经营、统一管理"的方向发展，以更好地适应网络时代金融产业发展的客观要求，实际上，这种监管模式已经得到了很多国家的认可。考虑我国互联网金融以及传统金融行业的发展情况，想要实现监管体制的转变，需要经过一个过渡期，在相关法律法规完善前，非银行金融机构和其他非金融机构如果想要进入到互联网金融市场中，可能会遇到一定的制约和阻碍。另外，在信息不对称的情况下，消费者的合法权益很容易受到互联网金融机构的侵害，因为其金融机构本身的利益与金融消费者的利益并不完全一致。对此,有关部门应该重视对于互联网金融消费者的权益保护工作,制定切实可行的保护办法,通过相关立法,要求互联网金融机构做好信息披露,针对交易过程中的风险分配、责任承担、消费者个人信息保护等,做出更加明确的规定。面对当前互联网金融混业经营的局面,应该做好对于消费者权益的跨行业、跨区域协调保护工作,成立相应的互联网金融消费者保护机构,完善赔偿及诉讼机制,对互联网金融服务中存在的问题和纠纷进行处理。

五、互联网金融市场的展望

(一) 有助于发展普惠金融,弥补传统金融服务的不足

互联网金融的市场定位主要在"小微"层面,具有"海量交易笔数,小微单笔金额"的特征,这种小额、快捷、便利的特征,具有普惠金融的特点和促进包容性增长的功能,在小微金融领域具有突出的优势,一定程度上填补了传统金融覆盖面的空白。因此,互联网金融和传统金融相互促进、共同发展,既有竞争又有合作,两者都是我国多层次金融体系的有机组成部分。

(二) 有利于发挥民间资本作用,引导民间金融走向规范

我国民间借贷资本数额庞大,长期以来缺乏高效、合理的投资方式和渠道,游离于正规金融监管体系之外,客观上需要阳光化、规范化运作。通过规范发展 P2P 网贷、众筹融资等,引导民间资本投资于国家鼓励的领域和项目,遏制高利贷,盘活民间资金存量,使民间资本更好地服务实体经济。众筹股权融资也体现了多层次资本市场的客观要求。

(三) 满足电子商务需求,扩大社会消费

2013 年 8 月,国务院发布的《关于促进信息消费扩大内需的若干意见》提出,到 2019 年,电子商务交易额要超过 34.81 万亿元。电子商务对支付方便、快捷、安全性的要求,推动了互联网支付特别是移动支付的发展;电子商务所需的创业融资、周转融资需求和客户的消费融资需求,促进了网络小贷、众筹融资、P2P 网贷等互联网金融业态的发展。电子商务的发展催生了金融服务方式的变革,与此同时,互联网金融也推动了电子商务的发展。

(四) 有助于降低成本,提升资金配置效率和金融服务质量

互联网金融市场利用电子商务、第三方支付、社交网络形成的庞大的数据库和数据挖掘技术,显著降低了交易成本。互联网金融企业不需要设立众多分支机构、雇佣大量人员,大幅降低了经营成本。互联网金融提供了有别于传统银行和证券市场的新融资渠道,以及全天候、全方位、一站式的金融服务,提高了资金配置效率和服务质量。

(五)有助于促进金融产品创新,满足客户的多样化需求

互联网金融市场的快速发展和理念创新,不断推动传统金融机构改变业务模式和服务方式,也密切了与传统金融之间的合作。随着信息技术与金融的不断深入融合,互联网金融加速创新,从最初的网上银行、第三方支付,到最近的手机银行、移动支付,无不体现了金融与互联网的创新应用。互联网金融企业依靠大数据和云计算技术,能够动态了解客户的多样化需求,计量客户的资信状况,有助于改善传统金融的信息不对称问题,提升风险控制能力,推出个性化金融产品。此外,民间借贷也开始规范化,线上各类融资平台不断涌现,"智慧金融"也由概念开始走向市场。目前很多基金公司、保险公司也开始尝试通过电商网销、社交网络,甚至微信平台等推广自己的品牌或销售产品,基于社交网络的金融产品与服务不断涌现。

互联网金融市场的深层意义不在于它是一个工具,而是它打破了垄断,为经济发展和人的工作生活带来新的生机。

重要概念

互联网金融　电子商务　金融互联网　第三方支付　B2C　C2C　P2P 网贷　大数据金融　众筹　融资　信息化金融机构　互联网金融门户　一行三会　金融牌照　分业经营、分业管理　分业经营、统一管理

推荐书目

[1]胡爱平,张春艳,周莎.财务共享对企业财务绩效的影响研究——以华为公司为例[J].会计之友,2021(19):14-19.

[2]汪厚冬.互联网金融的包容审慎监管研究[J].金融与经济,2021(07):31-37.

[3]谢博文.行为金融学对研究金融市场问题的重要作用——基于当前互联网金融发展分析[J].大众投资指南,2021(15):19-20.

[4]Lu X. Analysis and Research on Chinese Enterprises' Participation in International Financial and Securities Market based on Internet Big Data[A]//Wuhan Zhicheng Times Cultural Development Co., Ltd. Proceedings of 2nd International Conference on Business, Economics, Management Science(BEMS 2020)[C]. Wuhan Zhicheng Times Cultural Development Co., Ltd., 2020:5.

[5]Jiayi Y. Analysis of the Government's Comprehensive Governance of the Financial Market in the Internet Age[A]//Proceedings of 1st International Symposium on Economic Development and Management Innovation(EDMI 2019)[C]. Wuhan Zhicheng Times Cultural

Development Co., Ltd., 2019: 5.

[6] Na P. The Impact of Internet Financial Strategy Behavior on Financial Market Structure[A]//Institute of Management Science and Industrial Engineering. Proceedings of 2018 International Conference on Educational Research, Economics, Management and Social Sciences(EREMS 2018)[C]. Institute of Management Science and Industrial Engineering：计算机科学与电子技术国际学会(Computer Science and Electronic Technology International Society), 2018: 4.

[7] Wang D, Chang Y, Zhu W, et al. Research on Financial Development Opportunity Graph based on Energy Internet[P]. 6th International Conference on Financial Innovation and Economic Development(ICFIED 2021), 2021.

参考文献

[1] 杨杰. 互联网金融背景下 SD 农商行发展战略研究[D]. 济南：山东财经大学, 2021.

[2] 许恋天. 互联网金融"信息服务型"监管模式构建研究[J]. 江西财经大学学报, 2021(03): 138-148.

[3] 薛妮. 互联网金融市场准入的法律规制研究[J]. 中国商论, 2021(10): 82-84.

[4] 张晨. 金融脱媒对商业银行的影响及机遇分析[J]. 时代金融, 2021(11): 30-33.

[5] 中国互联网金融发展格局研究报告[A]//艾瑞咨询系列研究报告(2015 年第 6 期)[C]. 上海：上海艾瑞市场咨询有限公司, 2015: 69.

习 题

1. 支付这个领域是个日新月异、发展迅速、创新突出的大舞台，在这个大舞台上多方进行着竞争和博弈，既有来自央行的监管，也有银行、银联和第三方支付机构的竞争，还有银行、银联和(　　)之间的博弈。

　　A. 证券公司　　　　　　　　B. 民营银行

　　C. 电信运营商　　　　　　　D. 电视运营商

2. 要使用银联闪付功能，只需办理一张"闪付卡"，同时往(　　)圈存一定金额的钱即可。

　　A. 支付宝账户　　　　　　　B. 储蓄卡账户

　　C. 银行卡账户　　　　　　　D. 电子现金账户

3. 在线支付一般是指（　　）仅需通过网络传递即可成功完成支付的一种支付形式。

   A. 用户状态　　　　　　　　B. 支付密码

   C. 支付信息　　　　　　　　D. 支付卡

4. 互联网金融与金融互联网的差异首先体现在（　　）。

   A. 发展理念及思维方式　　　B. 安全性

   C. 交易价格策略　　　　　　D. 监管体系

5. 互联网金融发展的技术基础是（　　）。

   A. 金融交易技术　　　　　　B. 信息网络技术

   C. 大数据技术　　　　　　　D. 云计算技术

6. 互联网金融带来的影响有哪些？

7. 以金融机构为主导的移动支付有哪些优缺点？

8. 我国P2P网络借贷监管不足之处有哪些体现？你有何建议？

9. 试谈众筹的发展建议。

10. 电子货币与虚拟货币的主要联系和区别。

11. 互联网金融与传统金融的融合体现在哪些方面？

12. 互联网金融的功能是什么？互联网金融会带来什么影响？

第十三章 投资组合理论

◆ **本章概要：**

1. 风险是由经济和社会中的各种不确定性因素引起的发生损失或获取收益的可能性。风险具有不确定性、相关性、高杠杆性和传染性。

2. 投资组合理论是指若干种证券组成的投资组合，其收益是这些证券收益的加权平均数，但是其风险不是这些证券风险的加权平均风险，投资组合能降低非系统性风险。

3. 通过投资收益与风险的衡量，证券组合与分散风险，风险偏好与无差异曲线可以有效地降低投资组合的风险。

◆ **重点难点：**

1. 了解投资收益和风险的衡量。
2. 了解分散投资如何降低投资组合的风险。
3. 了解投资者的风险偏好。
4. 了解投资组合有效集和最优投资组合的构建。
5. 了解无风险借贷对投资组合有效集的影响。

第一节 金融风险的定义和类型

一、金融风险的定义

(一) 金融风险的概念

风险(risk)是由经济和社会中的各种不确定性因素引起的发生损失或获取收益的可能性。

金融风险(financial risk)是指经济主体(金融机构、参与金融活动的政府、企业和个人)在进行金融活动时，由于各种不确定性因素的影响，使其实际收益与预期收益之间产生偏差，从而蒙受一定损失或取得一定额外收益的可能性(在此主要指蒙受损失的可能性),即金融变量的各种可能值偏离其期望值的可能性及幅度。

(二) 金融风险的成因

1. 社会分工与交易多元化是金融风险产生的基本原因

社会分工是商品生产存在的前提。只有存在社会分工,才能产生交易,进而引起商品这一经济范畴的存在与发展。在市场经济下,由广泛而精细的社会分工而导致的多元化交易活动,从表象上呈现为缤纷多彩而又纯粹的商品交换。但从深层角度考察,这种交易实际上是不同经济主体间的产权交易。而产权交易维系与实现的基础是契约的达成与履行。鉴于交易契约的双方都是独立的社会分工主体和拥有不同私利的经济人,所以在产权及其制度安排不规范、不完善的情况下,若其中一方违约,必然会给另一方带来风险损失。所以,建立在社会分工基础上的经济运行必然存在着风险性,经济风险是难以避免的,市场经济从本质上说是一种风险经济。由此不难推论,金融机构与其他经济主体(居民、企业和政府)之间要完全履行金融资源交易契约是不可能的,金融风险是客观存在的。

2. "经济人"是金融风险产生和形成的前提

经济人是被假定为取得效用最大化的经济主体。经济人一般具有四大禀性:一是追求自身利益最大化或效用最大化,即天性的趋利避害;二是多样性的需求偏好;三是有限的理性;四是机会主义倾向。经济人的四大禀性特征决定了在金融活动中,各经济主体——金融监管者与金融监管对象之间、金融机构所有者与经营者之间、金融机构的总分支机构之间、存款者与金融机构之间、金融机构与企业之间,往往是一种非合作的博弈。由于现实生活中任何制度都不是无懈可击的,存在着各种各样的漏洞、陷阱,对人们追求私利的行为约束力轻化,加之信息不对称的普遍存在和市场纪律的松懈,使得人们的求利本能往往出轨,助长了金融风险的形成和泛滥。

3. 经济环境的不确定性是金融风险产生的必要条件

对于金融经营者来说,经济环境的不确定性总是其从事金融活动时面临的十分现实的问题。金融业所面临的不确定性的经济环境主要表现在:一是资源,特别是金融资源的稀缺性,决定其在各种可供选择的用途中间进行配置,配置效率是金融风险的一个标志;二是金融储蓄和实际投资、金融领域与实际经济的分离,决定金融价值与实际资产之间错综复杂和不确定的关系,可能导致金融泡沫现象;三是科技进步的先进性和预期的不确定性,决定金融创新与金融风险相伴而生。可见,经济环境是人类赖以生存和发展的物质条件,但其不确定性是造成金融风险的必要条件。

4. 杠杆率问题

杠杆化运作是金融的内在属性(最典型的银行、投资银行都是此类运作模式),如何有效把握好适度杠杆率,是始终未能解决的问题,每次金融危机都与过度杠杆化密切相连。

5. 传染性问题

金融交易相互交错、相互连接，因此，往往一家机构、一个地区出现问题，极容易快速波及其他貌似无关的机构或地区，这种传染往往因为金融机构普遍的杠杆化运作而放大，即产生所谓的"蜘蛛效应"，最终酿成全局性的灾难。

6. 资产泡沫事先确认的困难

几乎每次危机，都与各类资产泡沫的破灭有关。但是，由于资产价格取决于未来的现金流，而未来具有不确定性，因此，估测未来现金流的困难直接造成认定资产价格和确认是否存在泡沫的困难。

7. 动态适度监管问题

理论上来说，如果人们能够事先知道适度的杠杆率水平，并加以有效监管，金融危机出现的次数会减少，危机的烈度也会小得多，但往往监管总是大幅落在金融创新的后面，一般要经历一次危机之后才能促使监管政策向前有效推进。即便如此也仅仅是事后的亡羊补牢，对未来可能出现的新风险点仍然无法有效处理。

(三) 金融风险的特征

金融风险的基本特征有以下几个：

(1) 不确定性：影响金融风险的因素事前难以完全把握。

(2) 相关性：金融机构所经营的商品——货币的特殊性决定了金融机构同经济和社会是紧密相关的。一家银行发生问题，往往会使整个金融体系周转不灵乃至诱发信用危机，这就是所谓的"多米诺"骨牌效应。

(3) 高杠杆性：金融企业负债率偏高，财务杠杆大，导致负外部性大，另外金融工具创新、衍生金融工具等也伴随高度金融风险。

(4) 传染性：金融机构承担着中介机构的职能，割裂了原始借贷的对应关系。处于这一中介网络的任何一方出现风险，都有可能对其他方产生影响，甚至发生行业的、区域的金融风险，导致金融危机。

二、金融风险的防范措施

第一，完善金融制度，加快金融体制改革，实施国内金融监管制度创新。降低金融风险隐患要最大限度地消除各种金融风险隐患，创新金融体制、深化金融体制改革是必不可少的措施。组建全国统一的金融监管委员会，按监管需要设立证监会和保监会的派生机构，建立独立性较强、廉洁高效的监管机制，建立健全金融同业自律监管组织，强化自律监管机制。

第二，建立有效的金融风险防范预警机制。首先要建立风险防范的"识别—评估—分类—控制—监控—报告"机制，金融机构一方面要建立完善的信贷档案，对贷款的发放、管理、回收全面详细真实地记录，另一方面要密切关注风险早期预警信号，以便发现问题和预测贷款的发展趋势。其次要建立金融风险防范的分析机制,通过财务和非财务两方面的分析来把握风险。

第三,利用现代金融工具,提高风险防范效率。通过金融工具创新,金融市场主体能够有更多选择的余地,以形成自己的资产组合,增强其规避风险、投资盈利的机会和手段。商业银行有效地运用有关的金融工具可以锁定风险、转移风险甚至从中获利。

第四,加强金融市场监管,保证金融市场稳定运行。首先,防范金融市场风险应继续深化金融改革,完善法律体系,加强监管与调节力度。其次,应完善上市公司的产权结构,提高上市公司的信息透明度,防止内幕交易。再次,应建立机构投资者准入制度,防止由于机构投资者操纵市场而造成价格暴涨暴跌。最后,应尽快推出避险金融工具,如股指期货,使投资者能利用金融衍生工具规避价格风险。

第五,实施国内金融监管制度创新。组建全国统一的金融监管委员会,按监管需要设立证监会和保监会的派生机构,建立独立性较强、廉洁高效的监管机制,建立健全金融同业自律监管组织,强化自律监管机制。

三、金融风险的类型

金融风险有多种分类方法,从不同的角度出发,会有不同的认识或不同的关注点,按其来源可分为信用风险、利率风险、流动性风险、价格风险、购买力风险、汇率风险、经营风险、国家风险;按会计标准可分为会计风险和经济风险;按能否分散可分为系统性风险和非系统性风险。

(一) 按风险来源分类

1. 信用风险

信用是以还本和付息为特征的借贷行为。信用风险(credit risk)又称违约风险,是指在信用活动中由于存在不确定性而使本金和收益遭受损失的可能性。例如,在银行业务中,贷款是一项主要的资产业务,要求银行对借款人的信用水平作出正确判断。但由于信息不对称,这些判断并非总是正确的,而且借款人的信用水平可能会因各种原因而下降。因此,银行面临的主要风险就是借款人不能履约的风险,即信用风险。这种风险不仅存在贷款业务中,也存在其他债券投资、票据买卖、担保、承兑等业务中。信用风险的一个显著特征是在任何情况下都不可能产生额外收益,风险后果只能是损失。

信用风险是金融业面临的一个主要问题。当今世界,许多国家的银行都被呆账、坏账所笼罩。我国商业银行也同样面临着很多的信用风险,如国有商业银行的不良贷款问题。造成信用风险的可能是债务人的品质、能力等方面的原因,也可能是宏观经济萧条引起的使债务人无力按时还款的连锁反应。

2. 利率风险

利率风险(interest risk)是指由于利率的变动而给金融机构带来损失或收益的可能性。存贷款业务中,利率的上升与下降,意味着利息支出或利息收入的增加或减少。证券投资业务中,利率的高低反方向影响证券价格,从而影响买卖证券的价格收益。保险业务中,费率的确定需要考虑利率因素,不可避免地也会遇到利率风险。与信用风险不同,利率风险既可能使金融机构遭受损失,也可能使其从中获得收益;利率的某一变动,在使用金融机构的某些业务受损或获益的同时,也会使其他一些业务获益或受损,当然,这些受到相反影响的业务不一定属于同一金融机构。例如,银行从事固定利率定期存单业务和固定利率长期贷款业务,如果一段时间后,市场利率或官定利率下降,未到期的定期存单将使银行净利息收入减少,而未到期的贷款业务将使银行的净利息收入增加,反之亦然。

利率是资金的价格,是调节货币市场资金供求的杠杆,由于受到中央银行的管理行为、货币政策、投资者预期等多种因素的影响,利率经常处于变动状态,导致金融机构的现金流量和资产、负债的经济价值变幻不定,从而使其收益具有很大的不确定性。在实行市场化利率的国家,金融机构面临的利率风险通常较大。

3. 流动性风险

流动性风险(liquidity risk)是指由于流动性的不确定变化而使金融机构遭受损失的可能性。流动性包含两层含义:一层是指金融资产以合理的价格在市场上流通、交易及变现的能力;另一层是指金融机构能够随时支付其应付款项的能力以及能以合理的利率方便地筹措资金的能力。如果这些方面的能力强,则其流动性好,反之,则流动性差。当发生储户挤兑而银行头寸不足时,就会发生流动性风险,若控制不力会波及整个金融体系的安全。

流动性强弱受多种因素的影响,如金融机构的资产负债比例及构成、客户的财务状况和信用、二级市场的发育程度、已建立的融资渠道等。金融机构在选择持有资产形式时,除了考虑收益性外,应保持一定的流动性,以减少流动性风险的发生。

4. 价格风险

价格风险(price risk)是指由于证券市场价格变动的不确定性使作为投资主体的金融机构遭受损失或获取收益的可能性。各类金融机构都与证券市场价格有着极为密切的关系,证券价格的高低直接影响其所持有的证券资产的价值高低及资本利得收益的多少。

证券价格受政治、经济、法律、社会心理等多种因素的影响,具有很大的不确定性,且很难准确预测,因此金融机构应充分重视这一风险。

5. 购买力风险

购买力风险(purchasing risk)是指由于通货膨胀的不确定性变动导致金融机构遭受

经济损失的可能性。通货膨胀是各国经济发展中经常发生的经济现象。通货膨胀率的高低对利率和金融资产价格及其收益都会产生很大影响。当通货膨胀率提高时，由于货币贬值将使金融机构的债权受到损失，同时金融机构的投资收益所代表的实际购买力也在下降，如果通货膨胀率大于名义投资收益率，实际收益将为负，这会给金融机构造成更大损失。

6. 汇率风险

汇率风险(exchange risk)也称外汇风险，是指由于汇率变动的不确定性而对以外币计价的收付款项、资产负债造成影响，从而给金融机构带来损失或收益的可能性。汇率风险主要包括：

(1)外汇买卖风险(买卖外汇时)。

(2)交易结算风险(将外汇现金换算成本币时)。

(3)会计风险(会计处理时，将外币资产或负债折算成本币，以本币表示的账面价值因汇率而浮动)。

目前世界上大部分国家实行有管理的浮动汇率制度，加之国际政治经济形势复杂，使得主要汇率波动频繁，这些因素都加大了金融机构的汇率风险。

7. 经营风险

经营风险(business risk)是指金融机构的经营和管理人员在经营过程中由于各种不确定性因素的影响导致经营管理过程中出现偏差或失误，从而使金融机构遭受损失的可能性。主要有以下几种方式：

(1)决策风险。

(2)管理风险。

(3)操作风险。

(4)诈骗风险。

8. 国家风险

国家风险(national risk)也称政治风险，是指在国际经济活动中因外国政府行为的变化导致金融机构遭受损失的可能性。如一家银行向外国政府发放跨国贷款，若该国发生政权更迭，新政府拒付前政府外债，则该银行就将收不回贷款。

(二)按会计标准分类

1. 会计风险

会计风险是指经济实体的财务报表所反映的风险，可以根据资产负债表的期限结构、现金流量、利润表、币种结构等信息进行客观的评估。会计风险源于会计信息失真，而会计信息失真不仅会给企业带来经济损失，也使会计人员承担法律责任，还会给社会公众带来严重的损失，包括道德风险、技术风险、监督控制风险。道德风险是指企业相关人员因对自身利益的追求而违背道德原则，进行不实的会计处理、提供虚假的会计信息，导致金融机构遭受损失的可能性。

会计技术风险具体表现：一是职业判断失误风险。随着经济环境越来越复杂，不确定因素越来越多，客观上需要会计估计和职业判断的事项必然越来越多，会计人员在确认、计量、报告过程中，如果对会计准则、会计制度的理解出现偏差，企业资产的计价、收入费用的确认、会计政策的选择等方面出现错报的可能性将会很大。二是业务操作不当风险。企业会计人员每天要面对大量的结算票据、现金资产、印章、重要凭证、有价单证等，一旦发生票据遗失、短款、计算错误等工作疏漏，就会给企业造成损失。三是决策支持不力风险。会计部门未能充分发挥会计参与管理的作用，导致支持决策的职能形同虚设，不能及时向决策层提供决策需要的反馈信息，甚至未能通过会计核算分析及时发现企业存在的问题，使得企业决策失误而产生风险。四是监督控制风险。企业的内部会计监督控制系统未能发挥其应有的作用，致使会计信息失实，而使企业遭受损失、产生风险。

2. 经济风险

经济风险是指因经济前景的不确定性，使各经济实体在从事正常的经济活动时蒙受经济损失的可能性，是对一个经济实体的整体运作带来的风险。经济风险可以说是一把"双刃剑"，既能激励经济主体趋利避险，加强和改善经营管理、改进技术、更新设备、降低消耗，提高经济效益，促进经济迅速发展，又能使市场主体患得患失、顾虑重重，追求盈利的冲动受到可能蒙受的经济风险制约，使其在经济行为理性化的同时，有可能失去发展的良机，由此而使经济运行趋于稳定或停滞。我们必须正视其抑制作用，强化风险制约的功能，同时采取积极的措施，充分发挥其激励作用。

经济风险按其产生的原因，可分为：①自然风险指由于自然因素，如洪灾、火灾、地震、流行性传染病等引起的风险。如我国 2020 年出现的新冠肺炎病毒，就给我们的生产和生活带来了一定的影响和损失。②社会风险指因个人或团体在社会上的行为，如偷盗、战争、政治动乱等引起的风险。③经营风险指商品在生产或销售过程中，因经营管理不善或市场供求等因素引起的风险。

按经济过程的不同阶段，经济风险可分为：①投资风险，即投资者在进行某一项投资时承担的风险；②生产风险，即生产者在生产某种产品或提供劳务时承担的风险；③销售风险，即销售者在从事商品的销售活动时承担的风险。

(三) 按风险的大小分类

按风险的大小，金融风险可以划分为三个层次。①微观金融风险：指金融机构在运营过程中发生资产或收入损失的可能性；②一般性金融风险：指金融机构内部某一特定行业存在或面临的风险；③宏观金融风险：指整个金融业存在或面临的系统风险。这三个层次的风险是互为导火线的关系，任何一个层次的风险都可能导致高层次或低层次的风险。如不增强有力的风险防范，最终将危及整个金融体系的安全，危及国民经济的安全运行,乃至危及社会稳定和国家安全。

(四)按能否分散分类

1. 系统性风险

系统性风险是指由影响整个金融市场的风险因素所引起的风险,这些因素包括经济周期、国家宏观经济政策的变动等。

2. 非系统性风险

非系统性风险是指与特定公司或行业相关的风险,它与经济、政治和其他影响所有金融变量的因素无关。

(五)按照金融风险产生的根源分类

按照金融风险产生的根源划分,包括静态金融风险和动态金融风险。静态金融风险是指由于自然灾害或其他不可抗力产生的风险,基本符合大数定律,可以比较准确地进行预测。动态金融风险则是由于宏观经济环境的变化产生的风险,其发生的概率和每次发生的影响力大小都随时间而变化,很难进行准确的预测。

四、投资组合理论

投资组合理论是指若干种证券组成的投资组合,其收益是这些证券收益的加权平均数,但是其风险不是这些证券风险的加权平均风险,投资组合能降低非系统性风险。

投资组合理论(portfolio theory)被定义为最佳风险管理的定量分析。无论分析的单位是家庭、公司,还是其他经济组织,为了找到最优的行动方案,需要在减少风险成本与收益之间进行权衡,对这些内容阐述并估计的过程,即投资组合理论的应用。

对家庭而言,消费和风险偏好是已知的。偏好会随着时间而改变,但这些变化的机制和原因并非投资组合理论阐述的内容。投资组合理论阐述了如何在金融工具中进行选择,以使其特定的偏好最大化。通常,最佳选择包括对获取较高预期回报和承担较大风险之间权衡的评估。

(一)投资组合理论简介

美国经济学家马科维茨(Markowitz)1952年首次提出投资组合理论(portfolio theory),并进行了系统、深入和卓有成效的研究,因此获得了诺贝尔经济学奖。该理论包含两个重要内容:均值—方差分析方法和投资组合有效边界模型。在发达的证券市场中,马科维茨投资组合理论早已在实践中被证明是行之有效的,并且被广泛应用于组合选择和资产配置。但是,我国的证券理论界和实务界对于该理论是否适合我国股票市场一直存有较大争议。

从狭义的角度来说,投资组合是规定了投资比例的一揽子有价证券,当然,单只证券也可以当作特殊的投资组合。本文讨论的投资组合限于由股票和无风险资产构成的投资组合。

人们进行投资,本质上是在不确定性的收益和风险中进行选择。投资组合理论用均值—方差来刻画这两个关键因素。所谓均值,是指投资组合的期望收益率,它是单只证券的期望收益率的加权平均值,权重为相应的投资比例。当然,股票的收益包括分红派息和资本增值两部分。所谓方差,是指投资组合的收益率的方差。我们把收益率的标准差称为波动率,它刻画了投资组合的风险。

人们在证券投资决策中应该怎样选择收益和风险的组合,是投资组合理论研究的中心问题。投资组合理论研究"理性投资者"如何选择优化投资组合。所谓理性投资者,他们在给定期望风险水平下对期望收益进行最大化,或者在给定期望收益水平下对期望风险进行最小化。

(二)投资组合理论

把上述优化投资组合在以波动率为横坐标,收益率为纵坐标的二维平面中描绘出来,形成一条曲线。曲线上波动率最低的点,称为最小方差点(MVP)。这条曲线在最小方差点以上的部分就是著名的(马科维茨)投资组合有效边界,对应的投资组合称为有效投资组合。投资组合有效边界为一条单调递增的曲线。

如果投资范围中不包含无风险资产(无风险资产的波动率为零),曲线 AMB 是一条典型的有效边界。A 点对应投资范围中收益率最高的证券。

如果在投资范围中加入无风险资产,那么投资组合有效边界是曲线 AMC。C 点表示无风险资产,线段 CM 是曲线 AMB 的切线,M 是切点。M 点对应的投资组合被称为"市场组合"。

如果市场允许卖空,那么 AMB 是二次曲线;如果限制卖空,那么 AMB 是分段二次曲线。在实际应用中,限制卖空的投资组合有效边界要比允许卖空的情形复杂得多,计算量也要大得多。

在波动率—收益率二维平面上,任意一个投资组合要么落在有效边界上,要么处于有效边界之下。因此,有效边界包含了全部帕累托最优投资组合,理性投资者只需在有效边界上选择投资组合。

(三)现代投资理论的产生与发展

现代投资组合理论主要由投资组合理论、资本资产定价模型、APT 模型、有效市场理论以及行为金融理论等部分组成。它们的发展极大地改变了过去主要依赖基本分析的传统投资管理实践,使现代投资管理日益朝着系统化、科学化、组合化的方向发展。

1952 年 3 月,美国经济学家哈里·马科威茨发表了《证券组合选择》的论文,作为现代证券组合管理理论的开端。马科威茨对风险和收益进行了量化,建立的是均值方差模型,提出了确定最佳资产组合的基本模型。由于这一方法要求计算所有资产的协方差矩阵,严重制约了其在实践中的应用。

1963年，威廉·夏普提出了可以对协方差矩阵加以简化估计的单因素模型，极大地推动了投资组合理论的实际应用。

20世纪60年代，夏普、林特和莫森分别于1964年、1965年和1966年提出了资本资产定价模型（CAPM）。该模型不仅提供了评价收益—风险相互转换特征的可运作框架，也为投资组合分析、基金绩效评价提供了重要的理论基础。

1976年，针对CAPM模型存在的不可检验性的缺陷，罗斯提出了一种替代性的资本资产定价模型，即APT模型。该模型直接导致了多指数投资组合分析方法在投资实践上的广泛应用。

第二节 投资收益与风险的衡量

一、投资收益与风险衡量

（一）投资收益含义及投资收益率

1. 投资收益

投资收益是对外投资取得的利润、股利和债券利息等收入减去投资损失后的净收益。严格地讲，所谓投资收益是指以项目为边界的货币收入等，既包括项目的销售收入又包括资产回收（即项目寿命期末回收的固定资产和流动资金）的价值。投资可分为实业投资和金融投资两大类，人们平常所说的金融投资主要是指证券投资。

2. 投资收益率

投资收益率等于公司投资收益与平均投资额的比值。用公式表示为：投资收益率＝投资收益／[（期初长、短期投资＋期末长、短期投资）÷2]×100％。

投资收益率又称投资利润率是指投资收益（税后）占投资成本的比率。投资收益率又称投资效果系数，定义为每年获得的净收入与原始投资的比值，记为E。

投资收益率反映投资的收益能力。当该比率明显低于公司净资产收益率时，说明其对外投资是失败的，应改善对外投资结构和投资项目；而当该比率远高于一般企业净资产收益率时，则存在操纵利润的嫌疑，应进一步分析各项收益的合理性。

投资收益率的优点是计算公式较为简单；缺点是没有考虑资金时间价值因素，不能正确反映建设期长短及投资方式不同和回收额的有无对项目的影响，分子、分母计算口径的可比性较差，无法直接利用净现金流量信息。只有投资收益率指标大于或等于无风险投资收益率的投资项目才具有财务可行性。该指标反映公司利用资金进行长、短期投资的获利能力。

（二）风险衡量

理论上对于风险的数学表达还没有统一的定义。风险源自未来事件的不确定性，从数学角度看,它表明的是各种结果发生的可能性。在公司金融学中,研究风险是为了研究投资的风险补偿,对风险的数学度量,是以投资(资产)的实际收益率与期望收益率的离散程度来表示的。最常见的度量指标是方差和标准差。

风险衡量也称风险估测,是在识别风险的基础上对风险进行定量分析和描述,即在对过去损失资料分析的基础上,运用概率和数理统计的方法对风险事故的发生概率和风险事故发生后可能造成的损失的严重程度进行定量的分析和预测。

通过风险衡量,计算出较为准确的损失概率,可以使风险管理者在一定程度上消除损失的不确定性。对损失幅度的预测,可以使风险管理者了解风险所带来的损失后果,进而集中力量处理损失后果严重的风险,对企业影响小的风险则不必过多投入,如可以采用自留的方法处理。

风险衡量所要解决的两个问题是损失概率和损失严重程度,其最终目的是为风险决策提供信息。风险衡量提供的主要信息有:

(1)每一风险引起的致损事故的发生概率和损失分布;

(2)几种风险对同一单位所致损失的概率和损失分布;

(3)单一风险单位的损失幅度,并在此基础上,进一步估测整个经济单位发生致损事故的概率和总损失分布,以及某一时期内的总损失金额;

(4)所有风险单位损失的期望值和标准差等。

二、单个证券的收益与风险的衡量

收益和风险是所有金融资产的两个基本属性,也是投资者选择金融资产的重要参考指标。从投资学的角度来看,所谓收益,就是投资者通过投资获得的财富增加。投资金融资产的收益来自两个方面:由资产价格变化而产生的资本利得和持有资产期间所获得的现金流。所谓风险,就是指未来结果的不确定性或波动性。在投资中,这种"不确定性"既包括未来实际收益超过预期的目标收益,也包括未来实际收益低于预期的目标收益。

证券投资收益是指投资者在一定时期内进行投资,其所得与支出的差额,即证券投资者在从事证券投资活动中获得的报酬。在财务管理中通常使用相对数,即证券投资收益率,一般以收益额与投资额之比表示。证券投资收益包括股票投资收益、债券投资收益和基金投资的收益。股票投资收益是指股票持有人因拥有股票所有权而获得的超出股票实际购买价格的收益,它由股利、资本利得和资本增值收益组成。

证券投资的单期收益率可定义为:

$$R = \frac{D_t + (P_t - P_{t-1})}{P_{t-1}}$$

其中，R 为收益率，t 指特定的时间段，D_t 为第 t 期的现金股利（或利息收入），P_t 为第 t 期的证券价格，P_{t-1} 为第 $t-1$ 期的证券价格。

因为事先不知道风险证券的收益，所以投资者只能预估各种可能发生的结果以及每一种结果可能发生的概率，因此，可用统计学中的期望表示：

$$\bar{R} = \sum_{i=1}^{n} R_i P_i$$

其中，$\bar{R}$ 为预期收益率，R_i 为第 i 种可能的收益率，P_i 为收益率 R_i 发生的概率，n 为可能性的数目。

预期收益率描述的是以概率为权重的平均收益率，其与实际收益率的偏差越大，投资该证券的风险相对而言就越大，单个证券的风险通常用统计学中的方差或标准差表示，方差可以表示为：

$$\sigma^2 = \sum_{i=1}^{n} (R_i - \bar{R})^2 P_i$$

则标准差可以表示为：

$$\sigma = \sqrt{\sum_{i=1}^{n} (R_i - \bar{R})^2 P_i}$$

当证券收益率服从正太分布时，68.26%的收益率在 $\bar{R} \pm \sigma$ 的范围内，95.44%的收益率在 $\bar{R} \pm 2\sigma$ 的范围内，99.74%的收益率在 $\bar{R} \pm 3\sigma$ 的范围内。

三、证券组合收益与风险衡量

由上文所述，对于单个投资的风险和收益的讨论是不够的。在现实生活中，投资者往往会将"鸡蛋"放入不同的"篮子"中——将总投资额分配在多个证券上，即构成一个证券组合，而接下来将讨论证券组合收益与风险衡量。

（一）两种证券组合的收益与风险衡量

若投资者将其资金分别投资于风险证券 B 和风险证券 C 上，投资比重分别为 X_B 和 X_C，$X_B + X_C = 1$，那么该组合的预期收益率 $\bar{R}_P$ 应该是这两种证券预期收益率以投资比重为权重的加权平均数，也就是：

$$\bar{R}_P = X_B \bar{R}_B + X_C \bar{R}_C$$

如果是用两种证券来计算的话，由于两种证券的风险可能会相互抵消，所以计算两种证券风险的加权平均数不能像计算其收益那样简单，并且将其加权平均数作为该组合的风险。我们用 σ_P^2 表示该组合收益率的方差，公式为：

$$\sigma_P^2 = X_A^2 \sigma_A^2 + X_B^2 \sigma_B^2 + 2 X_A X_B \sigma_{AB}$$

其中，σ_{AB} 是证券 A 和 B 实际收益率与预期收益率离差之积的期望值，在统计学中称为协方差，它可以衡量两种证券收益率之间的相关性，计算公式为：

$$\sigma_{AB} = \sum_i (R_{Ai} - \overline{R}_A)(R_{Bi} - \overline{R}_B) P_i$$

正的协方差表示两个变量朝同一方向变动，负的协方差则表示两个变量朝相反方向变动。两种证券收益率的协方差刻画的就是这两种证券一起变化的方向和幅度。

在统计学中，还有一种更为常用的描述两个变量之间相关关系的统计量——相关系数 ρ_{AB}，它和协方差的关系是：

$$\rho_{AB} = \frac{\sigma_{AB}}{\sigma_A \sigma_B}$$

相关系数的一个重要的数字特征是取值介于 −1 到 +1 之间。由此可以得到 σ_P^2 的另外一个计算公式：

$$\sigma_P^2 = X_A^2 \sigma_A^2 + X_B^2 \sigma_B^2 + 2X_A X_B \rho_{AB} \sigma_A \sigma_B$$

这里指出，$|\rho_{AB}|$ 越大，表示两种证券的收益相互关系越大。具体来说：当 $0 < \rho_{AB} < 1$ 时，两种证券的收益正相关；当 $-1 < \rho_{AB} < 0$ 时，两种证券的收益负相关。特别地，当 $\rho_{AB} = 1$ 时，两种证券完全正相关；当 $\rho_{AB} = -1$ 时，两种证券完全负相关；当 $\rho_{AB} = 0$ 时，两种证券完全不相关。这三种典型情况如图 13-1 所示：

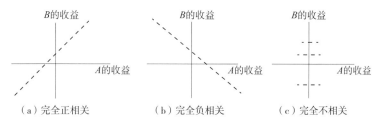

图 13-1 A、B 两种证券的收益相关性

易知：当 $\rho_{AB} = 1$ 时，$\sigma_P = X_A \sigma_A + X_B \sigma_B$；当 $\rho_{AB} < 1$ 时，$\sigma_P < X_A \sigma_A + X_B \sigma_B$；当 $\rho_{AB} = -1$ 时，$\sigma_{AB} = |X_A \sigma_A - X_B \sigma_B|$。

【例 13-1】 假设市场上有两种风险证券，预期收益率分别为 10% 和 5%，标准差分别为 21% 和 17%。这两种证券收益率的相关系数为 0.5。某投资者准备投资这两种证券，投资比重分别为 0.7 和 0.3。

那么按照公式，该组合的预期收益率和方差为：

$$\overline{R}_P = 0.7 \times 10\% + 0.3 \times 5\% = 8.5\%$$

$$\sigma_P^2 = 0.7^2 \times 21\%^2 + 0.3^2 \times 17\%^2 + 2 \times 0.7 \times 0.3 \times 21\% \times 17\% \times 0.5 \approx 3.2\%$$

表 13-1 给出了不同权重组合下的预期收益率和标准差。从表的第三列和第六列可以看出，当证券 A 投资比重从 0 逐步提高到 1（即 B 的投资比重从 1 逐步下降到 0）时，组合的预期收益率从 10% 逐步下降到 9%，而组合的标准差从 3.6% 逐步下降又回升至 1.7%。而且可以利用函数求极值的方法求出最低标准差，方法是：令 $X_B = 1 - X_A$，代入公式 $\sigma_P^2 = X_A^2 \sigma_A^2 + X_B^2 \sigma_B^2 + 2X_A X_B \rho_{AB} \sigma_A \sigma_B$，再对 X_A 求偏导，解得：

$$X_A = (\sigma_B^2 - \rho_{AB}\sigma_A\sigma_B)/(\sigma_A^2 + \sigma_B^2 - 2\rho_{AB}\sigma_A\sigma_B)$$

表 13-1 A、B 两种证券在不同权重组合下的预期收益率和标准差

X_A	X_B	预期收益率(%)	给定相关系数下投资组合的标准差(%)			
			-1	0	0.4	1
0	1	10	3.6	3.6	3.6	3.6
0.1	0.9	9.9	2.5	2.9	3.1	3.4
0.2	0.8	9.8	1.5	2.3	2.7	3.2
0.3	0.7	9.7	0.8	1.9	2.3	3.0
0.4	0.6	9.6	0.3	1.6	2.0	2.7
0.5	0.5	9.5	0.09	1.3	1.8	2.6
0.6	0.4	9.4	0.10	1.2	1.7	2.4
0.7	0.3	9.3	0.11	1.1	1.6	2.2
0.8	0.2	9.2	0.04	1.2	1.5	2.0
0.9	0.1	9.1	0.96	1.4	1.6	1.8
1	0	9	1.7	1.7	1.7	1.7
最小方差组合						
	X_A		0.594	0.681	0.789	—
	X_B		0.406	0.319	0.211	—
	预期收益率(%)		9.4	9.3	9.2	—
	方差(%)		0	1.1	1.5	—

权重的改变对组合预期收益率和标准差的影响如图 13-2 所示:

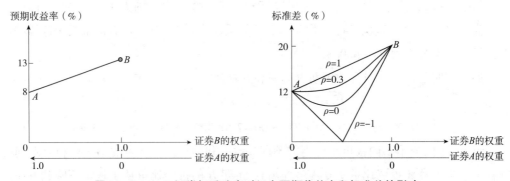

图 13-2 A、B 证券权重改变对组合预期收益率和标准差的影响

可以看出,除了完全相关外,最低方差组合均低于 A、B 两种证券的标准差,这说明分散化投资的好处。

将两个图结合起来，可以得到一个能更直观反映分散化效果的图。如图 13-3 所示，当相关系数为 1 时，组合的收益与风险落在直线 AB 上（具体哪一点取决于投资比重）。当相关系数小于 1 时，组合的收益与风险是一条向后弯曲的曲线，这说明在相同风险水平下收益更多，或者说相同收益情况下风险越小。而且相关系数越小，越往后弯曲。为 -1 时，是一条后弯的折线。

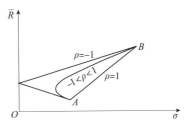

图 13-3 分散化投资效果图

需要说明的是，相关系数也是一个随时间变化的量。近年来部分学者开始关注相关系数的变化对资产配置的影响。

（二）三种证券组合的收益与风险衡量

若投资者将资金按 X_A、X_B、X_C 的权重分别投资风险证券 A、B、C，预期收益率分别为 $\overline{R}_A$，$\overline{R}_B$，$\overline{R}_C$，收益方差分别为 σ_A^2，σ_B^2，σ_C^2，两两证券预期收益率之间的协方差为 σ_{AB}，σ_{AC}，σ_{BC}，仿照两种证券组合的计算方法，可以得出三种证券组合的预期收益率 $\overline{R}_P$ 为：

$$\overline{R}_P = X_A \overline{R}_A + X_B \overline{R}_B + X_C \overline{R}_C$$

三种证券组合的风险用方差表示为：

$$\sigma_P^2 = X_A^2 \sigma_A^2 + X_B^2 \sigma_B^2 + X_C^2 \sigma_C^2 + 2(X_A X_B \sigma_{AB} + X_A X_C \sigma_{AC} + X_B X_C \sigma_{BC})$$

（三）N 种证券组合的收益与风险衡量

综合以上的讨论，我们直接给出 N 种风险证券组合的预期收益率：

$$\overline{R}_P = \sum_{i=1}^{N} X_i \overline{R}_i$$

X_i，$\overline{R}_i$ 分别为第 i 种证券的投资比重和预期收益率。

N 种证券组合的风险用一个方差—协方差矩阵描述：

$$C = \begin{pmatrix} X_1 X_1 \sigma_{11} & X_1 X_2 \sigma_{12} & \cdots & X_1 X_N \sigma_{1N} \\ X_2 X_1 \sigma_{21} & X_2 X_2 \sigma_{22} & \cdots & X_2 X_N \sigma_{2N} \\ \vdots & \vdots & \cdots & \vdots \\ X_N X_1 \sigma_{N1} & X_N X_2 \sigma_{N2} & \cdots & X_N X_N \sigma_{NN} \end{pmatrix}$$

则风险可以用矩阵 C 各元素的和来表示，即：

$$\sigma_P^2 = \sum_{i=1}^{N} \sum_{j=1}^{N} C_{ij} = \sum_{i=1}^{N} \sum_{j=1}^{N} X_i X_j \sigma_{ij}$$

σ_{ij} 为第 i 和第 j 种证券收益率的协方差。

分析了两种、三种以及 N 种证券组合的风险后，我们知道证券组合的风险不仅与单个证券方差有关,还取决于证券之间的协方差。当一个组合扩大到能够包含所有证券时,只有协方差是重要的,方差项将变得微不足道。因此,充分投资组合的风险,只受证券之间协方差的影响而与各证券本身的方差无关。

【例13-2】 设某一只股票预期收益率为18%,另一只股票预期收益率为16%。标准差分别为14%、10%。两只股票的相关系数为0.3,投资额各占一半。那么该组合的预期收益率为:

$$\overline{R}_P = 0.5 \times 18\% + 0.5 \times 16\% = 17\%$$

方差—协方差矩阵为:

$$C = \begin{pmatrix} 0.5^2 \times 1 \times 0.14^2 & 0.5 \times 0.5 \times 0.3 \times 0.14 \times 0.1 \\ 0.5 \times 0.5 \times 0.3 \times 0.1 \times 0.14 & 0.5^2 \times 1 \times 0.1^2 \end{pmatrix}$$

组合的方差等于矩阵所有元素的和,即:

$$\sigma_P^2 = 0.01895, \quad \sigma_P = \sqrt{0.01895} = 13.8\%$$

从这个例子可以发现一个规律:只要两种证券的相关系数小于1,证券组合的标准差就要小于两种证券的标准差的加权平均数。事实上,无论组合中有多少证券,只要各个证券之间的相关系数小于1,组合的标准差就会小于单个证券的标准差的加权平均数。这意味着只要组合中证券的变动不完全一致,高风险的证券组合在一起也有可能变成一个中低风险的证券组合。

第三节 证券组合与分散风险

在证券投资上,将资金分配在多种资产上,若这些资产的回报率相互之间的关联性比较低,可以达到分散风险的目的。

然而每个证券的全部风险并非完全相关,在构成一个证券组合时,单一证券收益率变化的一部分可能被其他证券收益率的反向变化减弱或者完全抵消。事实上,可以发现证券组合的标准差一般都低于组合中单一证券的标准差,因为各组成证券的总风险已经通过分散化而大量抵消,因此,没有理由要求预期收益率与总风险相对应。与预期收益率相对应的只能是通过分散投资不能相互抵消的风险,即系统性风险。

根据证券组合预期收益率和风险的计算公式可知,不管组合中证券的数量多少,证券组合的收益率只是单个证券收益率的加权平均数,分散投资不会影响组合的收益率。但是分散投资可以降低收益率的波动,各个证券之间收益率变化的相关关系越弱,分散投资降低风险的效果就越明显。当然,在现实的证券市场上,大多数情况是各个证券收益之间存在一定的正相关关系,相关的程度有高有低。有效证券组合的任务就是找出相关关系较弱的证券组合,以保证在一定的预期收益率水平上尽可能降低风险。

从理论上来讲,一个证券组合只要包含了足够多的相关关系弱的证券,就完全有可能消除所有的风险。但是在现实的证券市场上,各证券收益率的正相关程度很高,因为各证券的收益率在一定程度上受相同因素影响(如经济周期、利率的变化等),所以,分散投资可以消除证券组合的非系统性风险,但是并不能消除系统性风险。

瓦格纳和刘(Wagner & Lau,1971)根据1960年7月标准普尔公司的股票质量评级将200种在纽约证券交易所上市的股票样本分成六组,以最高质量等级A+构成第一组,依此类推。从每一组股票中随机抽取1至20只股票组成证券组合,计算每一组合从2018年7月至2019年5月10个月的月平均收益率。为减少对单一样本的依赖,这一工作连续进行10次,然后对10个数值进行平均。表13-2是A+质量等级股票组合的一部分计算结果。

表13-2 随机抽样A+质量股票组合的风险和分散效果(2018年7月至2019年5月)

组合中股票数量	平均收益率(%/月)	标准差(%/月)	与市场的相关系数 R	与市场的可决系数 R^2
1	0.88	7.0	0.54	0.29
2	0.69	5.0	0.63	0.40
3	0.74	4.8	0.75	0.56
4	0.65	4.6	0.79	0.62
5	0.71	4.6	0.79	0.62
10	0.68	4.2	0.85	0.72
15	0.69	4.0	0.88	0.77
20	0.67	3.9	0.89	0.80

表13-2中的可决系数为相关系数的平方,其取值范围从0到1,用来衡量证券组合的收益率变动(用方差表示)中可归因于市场收益的比例,其余风险为组合的特有风险。因此,一个证券组合的 R^2 越接近1,这个组合的风险分散就越充分。从表中的数据可知:

(1)一个证券组合的预期收益率与组合中股票的数量无关,证券组合的风险随着股票数量的增加而减少。当股票组合中的股票逐渐从1只扩大到10只时,证券组合的风险下降很明显。但是随着组合中股票数量的增加,风险降低的边际效果在迅速减少,特别是当持有的股票超过10只时,风险降低的效果变得微乎其微。

(2)平均而言,随机抽取的20只股票构成的股票组合的总风险几乎降低到只包含系统性风险的水平,单个证券风险的40%被抵消,这部分风险就是非系统性风险。

(3)一个充分分散的证券组合的收益率的变化与市场收益率的变化密切相关,其波动性或不确定性基本上就是市场总体的不确定性。投资者不论持有多少股票都必须承担这一部分风险。

根据以上分析,证券组合所包含的证券数量与组合系统性和非系统性风险之间的关系,可用图13-4表示。

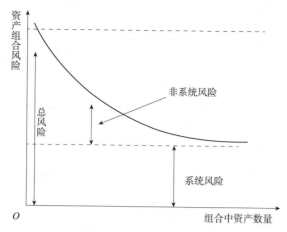

图 13-4 证券组合中数量与风险的关系

20 世纪 70 年代中期发展的"分散风险理论",其前期代表人物是凯夫斯(R. E. Caves)和斯蒂文斯(G. V. Stevens)。他们从马科维茨的证券组合理论出发,认为对外直接投资多样化是分散风险的结果,因此,证券组合理论的依据也是该理论的基础。

凯夫斯认为,直接投资中的"水平投资"通过产品多样化降低市场不确定,减少产品结构单一的风险;而"垂直投资"是为了避免上游产品和原材料供应不确定性的风险。斯蒂文斯认为,厂商分散风险的原则和个人一样,都要求在一定的预期报酬下,力求风险最小化。但个人投资条件与企业不一样,个人主要投资金融资产,厂商则投资不动产、投资不同国家和地区的工厂和设备。

因此证券投资多样化具体体现在以下几个方面:

(1)投资行业分散化。明智的证券投资者应投资利润水平负相关的行业,即当某一行业证券的价格或利率下跌时,另一行业证券的价格或利率上涨,或者相反。证券组合中各种证券上涨与下跌相互抵消,降低了证券组合的风险。

(2)投资工具多样化。投资者应将资金合理投放到股票、债券、基金、银行存款等各类投资工具上。

(3)证券期限多样化。不同类型的证券,其期限是不同的,投资者可合理安排证券投资的期限结构,以期使收益性、流动性和风险性高度统一。

(4)投资区域多样化。不同地区的经济状况各异,因而投资的风险程度也不同,投资者应将投资分散于各个不同的国家和地区,避免因某一地区政治经济环境恶化而造成重大损失。

证券投资者一般可划分为两类:一类是风险回避者,此类投资者倾向于选择较少风险、较低收益率的证券组合;另一类是风险偏好者,此类投资者倾向选择较高风险、较高收益率的证券组合。因此,不同类型的投资者,其理想的证券组合是不同的。

证券投资多样化的前提条件是信息是充分的。投资者为了将其资本投资于各类证券,必须进行信息生产,即通过收集、整理和分析各种经济信息了解各类证券的收益和风险水平。有的投资者由于掌握了充分的信息,可获得信息生产的比较优势,进而可以作出更为理性的选择,促进证券投资的专业化。投资的多样化与投资的专业化是一致的,都能促进国际资本运动。应当指出,证券投资多样化是有一定限度的,过度多样化将会大幅提高交易费用、管理费用和信息费用,使投资者难以负担。

第四节 风险偏好与无差异曲线

收益与风险是相对应的,也就是两者是相伴而生的。一般地,收益高则风险大,风险小则收益低。正所谓"高风险,高收益;低风险,低收益",对于任何一项投资而言,风险与收益都是一对孪生兄弟。本节主要着重论述风险与收益在投资者的投资决策中充当的角色以及风险机制如何发挥作用。

一、风险偏好

风险偏好(risk appetite)针对企业目标实现过程中所面临的风险,风险管理框架对企业风险管理提出风险偏好和风险容忍度两个概念。从广义上看,风险偏好是指企业在实现其目标的过程中愿意接受的风险的数量。风险容忍度的概念是建立在风险偏好概念基础上的。风险容忍度是指在企业目标实现过程中对差异的可接受程度,是企业在风险偏好的基础上设定的对相关目标实现过程中所出现的差异的可容忍限度。

1952年,马科维茨(Markowitz,1952)发表了一篇具有里程碑意义的论文,标志着现代投资组合理论的诞生,该理论对投资者对于收益和风险的态度有两个基本的假设,一个是不满足性,另一个是风险厌恶。

(一)不满足性

根据经济人的假定,人们都希望以尽可能少的付出,获得最大限度的收获。而现代投资组合理论假设,投资者在选择其余条件相同的两个投资组合其中一个时,总是选择预期回报率较高的那个组合。换句话来说,在一期投资的情况下,期初投资者用相同的财富值进行投资,期末总是偏好获得更多的财富,从而满足投资者的未来消费。

不满足性的假设意味着在给定两个标准差相同的组合时,投资者将选择具有较高预期收益率的组合。

(二)风险厌恶

风险厌恶(risk aversion)是一个人在承受风险情况下其偏好的特征,可以用来测量人们为降低所面临的风险而进行支付的意愿。在降低风险的成本与收益的权衡过程中,厌恶风险的人们在相同的成本下更倾向于作出低风险的选择。例如,如果通常情况下你更倾向于在一项投资上接受一个较低的预期回报率，因为这一回报率具有更高的可测性，你就是风险厌恶者。当对具有相同的预期回报率的投资项目进行选择时，风险厌恶者一般选择风险较低的项目，即在其他条件相同的情况下，投资者将选择标准差较小的组合。

除了风险厌恶投资者，还有风险中性(risk-neutral)投资者和风险爱好投资者(risk lover)。前者对风险的高低漠不关心，只关心预期收益率的高低；对后者而言，风险给他带来的是正效用，因此在其他条件不变的情况下他将选择标准差大的组合。

在正常情况下，理性的投资者的确是厌恶风险的。但在某些极端的情况下，理性的投资者也可能爱好风险。例如，如果你身无分文，并欠别人1000万元，此时若有人要与你掷硬币赌博，正面赢1000万元，反面输1000万元。虽然其预期收益率为0，但你很可能会选择赌博。因为如果赌赢了，你就一身轻松了；如果赌输了，也无非多欠别人1000万元而已。

风险厌恶系数受多种因素影响，如投资者的风险偏好、投资者的风险承受力、投资者的时间期限等。

风险厌恶系数是投资者的主观态度，因人而异，通常通过问卷调查来获得。通过人为规定一个风险厌恶系数的范围，如美国投资理财行业通常规定在2~6，用来测度风险厌恶程度。

 知识链接13-1

交易型开放式指数基金(ETF)的世界已经发出了又一个信号，相比美国投资者，欧洲投资者正变得越来越厌恶资产风险。

彭博编译的数据显示，虽然自2017年初起，投资者们已经往追踪新兴市场、股票以美元计价的ETF市场中投入了44亿美元，但他们却从欧洲市场撤出了2.44亿美元。这一趋势和黄金ETF的正相反，ETF市场被视作动荡的货币和股票市场的避风港。

包括Patrick Mattar在内的贝莱德(Black Rock)分析师们在一份电邮声明中表示，大西洋两岸投资者分化的投资偏好表明，相比全球其他地区，欧洲投资者更倾向于规避风险。贝莱德的数据显示，1月从位于欧洲的发展中国家股票基金中流出的资金悄悄流向了其他地方的类似基金。

在出现众多影响(欧洲)单一市场稳定性的新威胁的背景下，欧洲的投资者们正采取行动隐蔽起来。在英国准备好正式脱离欧盟之际，法国、荷兰和德国的反建制候选人在大选前正获得牵引。此外，对希腊债务问题的担忧开始重现，因为欧盟留给希腊完成新一轮救助评估的时间已经所剩无几。

贝莱德的数据还确认了以下趋势：流向该机构欧元计价的股权基金的资金量已连续4个月超过了流向固定收益基金的资金量；发达国家股票基金中，美国和欧洲股票敞口录得最大资金流入。

2017年1月,欧元计价的黄金基金吸引了4亿美元资金,从全球基金中流出的资金达7亿美元。

二、无差异曲线

(一)无差异曲线概述

无差异曲线是用来表示两种商品或两组商品的不同数量组合给消费者提供的效用是相同的,无差异曲线符合这样一个要求:如果听任消费者对曲线上的点作选择,那么,所有的点对他都是同样可取的,因为任一点所代表的组合给他带来的满足都是无差异的。

无差异曲线(indifference curve)在香港译为等优曲线,在台湾译为无异曲线,是一条向右下方倾斜的曲线(见图13-5),其斜率一般为负值,在经济学中表明在收入与价格既定的条件下,消费者为了获得同样的满足程度,增加一种商品的消费就必须减少另一种商品,两种商品在消费者偏好不变的条件下,不能同时减少或增多。

如果两种商品不仅可以相互替代,并且能够无限可分,则消费者可以通过两种商品此消彼长的不同组合来达到同等的满足程度。假定某个消费者按既定的价格购买两种商品X和Y,他购买3单位商品X和2单位商品Y或者2单位商品X和3单位商品Y所带来的满足是相同的。那么,这两种组合中任一种对这个消费者来说,都是无差异的。事实上,这个消费者在购买X和Y两种商品的过程中,会产生一系列无差异组合,形成无差异表。X和Y两种商品的各种组合如表13-3所示。

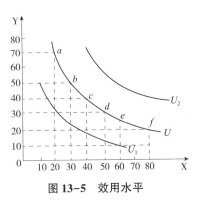

图13-5 效用水平

表13-3 购买X、Y两种商品的组合方式

组合方式	X	Y	组合方式	X	Y
A	1	6	C	3	2
B	2	3	D	4	1.5

将表中关于X、Y的不同数量组合在平面坐标上,用对应的各点表示,然后连接起来,就得到一条无差异曲线I。

无差异曲线表明,此线上的任何一点所代表的两种物品组合所提供的总效用或总满足水平都是相等的,因此消费者愿意选择其中任何一种组合。

如图13-6所示。图中的横轴和纵轴分别表示商品X、Y的消费数量,I这条无差异曲线表示给消费者带来相同满足程度的两种商品X、Y的不同组合A、B、C、D的轨迹。

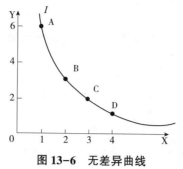

图 13-6 无差异曲线

(二) 无差异曲线的特点

第一，由于消费者的偏好是无限的，因此在同一平面上可以有无数条无差差异曲线，形成无差异曲线群，全部的曲线称为消费者的偏好系统。如图 13-7 所示一条无差异曲线代表一种满足程度，不同的无差异曲线代表不同的满足程度。离原点越远的无差异曲线代表满足程度越高，离原点越近的无差异代表满足程度越低。在图 13-7 中 I_1、I_2、I_3 代表三条不同的无差异曲线。$I_1<I_2<I_3$。

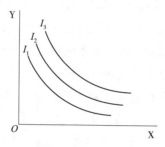

图 13-7 平行的无差异曲线

第二，在同一平面图上，任意两条无差异曲线决不能相交。

如图 13-8 所示，M、E 在同一条无差异曲线 I_1 上，代表相同的效用水平，M、N 在同一条无差异曲线 I_2 上，同样代表相同的效用水平，因此 N、E 两点的效用水平也应该是相同的。但是在 N 点，X、Y 两种商品的数量都要多于 E 点，所以，N 点 X 和 Y 的组合提供的效用水平应大于 E 点 X 和 Y 的组合提供的效用水平，即 N、E 两点的效用水平不能相等。所以在同一平面图上任意两条无差异曲线不能相交。

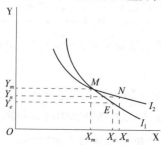

图 13-8 交叉的无差异曲线

第三,无差异曲线是一条从左上方向右下方倾斜的曲线,其斜率为负值。表明消费者为了获得同样的满足程度,增加一种商品的数量就必须减少另一种商品的数量,两种商品不可能同时增加或减少。

第四,一般情况下无差异曲线是凸向原点的,这一点可以用商品的边际替代率来说明。边际效用是增加一个单位消费品的消耗所增加的效用,随着消费品的增加边际效用是递减的。正由于边际效用递减,边际替代率递减,从而导致无差异曲线凸向原点。

(三) 投资者的投资效用函数

效用函数表示消费者在消费中所获得的效用与所消费的商品组合之间数量关系的函数。它被用以衡量消费者从消费既定的商品组合中所获得满足的程度。运用无差异曲线只能分析两种商品的组合,而运用效用函数则能分析更多种商品的组合。其表达式是:

$$U = U(X, Y, Z, \cdots)$$

其中,X,Y,Z 分别为消费者所拥有或消费的各种商品的数量。

但为了更准确地衡量风险和预期收益对投资者效用水平的影响,可以引入投资效用函数 U,表示为:

$$U = U(\overline{R}, \sigma)$$

其中,$\overline{R}$ 为预期收益率,σ 为标准差(风险)。

在各种各样效用函数中,目前金融理论界使用最为广泛的是以下函数:

$$U = \overline{R} - \frac{1}{2}A\sigma^2$$

其中,A 为投资者的风险厌恶系数,其典型值在 2~4 之间。

在一个完全竞争市场,各种证券的预期收益率和风险估计保持一致,但由于各种类型投资者的风险偏好不同,自然会做出不同的投资决策。

【例13-3】 假定一个投资者可以选择两种投资工具,分别为风险资产 X 和风险资产 Y(国库券),风险资产 X 和风险资产 Y(国库券)的预期收益率分别为 18.5%、30%,标准差分别为 15、25;国库券的无风险收益率为 2.5%。那么,投资者应该选择哪种投资呢?若投资于国库券,则效用水平与 A 无关,恒等于 2.5%。投资于风险资产的效用水平取决于投资者的风险厌恶系数 A。若 $A=3$(激进型投资者),则 $U=5.625\%$,由于投资于风险资产的效用水平高于无风险资产,将选择风险资产;若 $A=4$(温和型投资者),则 $U=2.5\%$,这时投资于风险资产和无风险资产是无差异的;若 $A=5$(保守型投资者),则 $U=0.625\%$,由于投资于风险资产的效用水平低于无风险资产,将选择无风险资产。

在上例中,当投资者的风险厌恶系数 A 等于 4 时,X 和 Y 给投资者带来的效用水平相同，都等于无风险资产的收益率，我们把这个收益率称为 X 的确定性等价收益率。不同投资者对风险的厌恶程度不同，从而风险厌恶系数 A 不同，对于相同风险资产的确定性等价收益率也不尽相同。可见，准确度量风险厌恶系数对投资决策有着重大意义。

知识链接13-2

无差异曲线在旅游消费的行为分析

在旅游过程中，旅游消费者经常会面临一些行为选择问题，需要作出理性的决策，使得效益最大化。多数旅游消费者都具有这种效益最大化的内在倾向，但就行为选择过程来看，其依据的往往是一些感性的认识和判断，因此，行为选择的过程一般缺乏一种标准，过程与结果之间容易前后矛盾，效益最大化的内在要求难以实现。比如，一对恋人准备购置下周去新疆旅游的物品，在采购物品的过程中两人对购买零食和CD碟片产生了不同看法，喜欢吃零食的女士认为，这次旅行的交通工具是火车，当火车在大西北黄土高原或大沙漠中行驶时，嘴里一边含着话梅，一边眺望车外的风景，可以消除旅途的单调；若买CD碟片还要带上CD播放机，太麻烦了。而喜欢音乐的男士则提出另外看法，因为旅途中的时间较长，带一些流行音乐（或歌曲）的CD碟片，可以消磨旅途中一些时间；并且法国流行歌曲和大西北的风景融合在一起，其效果将是精神上、物质上双重收获；况且，更重要的是，新疆有的是水果，到时你吃都来不及，还是CD碟片的效用更大。

究竟是按照女士的偏好还是依从男士的看法来决定花费呢？这是在旅游前购物决策中的一个典型例子。

在旅游决策过程中，如旅游目的地、交通工具以及住宿条件的选择等食、住、行、游、购、娱各方面都存在类似的问题，因此，本文将从经济学角度利用无差异曲线来分析旅游消费行为。

三、序数效用理论与无差异曲线

旅游决策受多种因素的影响，最终的消费行为归结为旅游者对各种选择的效用分析与比较。效用是旅游消费行为理论的基础，西方经济学家认为"效用"是人的一种心理感受，而不是商品本身存在的有用性。效用与有用性或商品的使用价值具有不同的含义，前者是主观感受，而后者是客观存在的。由于消费者对商品使用价值的主观评价不同，消费者从商品的消费中得到的满足程度即效用也不同。不同的人从同一个商品中得到的效用不同，同一个人在不同的时间从同一个商品中得到的效用也不同。因此，用来体现消费满意度的无差效用就产生了，无差异曲线也成为了研究消费者行为的重要工具。

利用无差异曲线研究旅游消费的前提是序数效用论，即商品的效用是无法具体衡量的，只能用顺序或等级来表示。因此，用消费者偏好的概念，取代基数效用论的效用的大小可以用"效用单位"表示的说法。消费者对各种不同的商品组合的偏好程度是有差别的，这种偏好程度的差别决定了不同商品组合效用的大小顺序。

无差异曲线是消费者感受满足程度相等的商品组合点的轨迹，是消费者主观嗜好的几何表现。它是一条向右下方倾斜、凸向原点且斜率为负的线，因此，为实现同样的满足程度，一个旅游产品消费的增加，必然伴随另外一种旅游产品消费的减少。边际替代率递减决定了曲线的凸性。

同一个平面上可以有无数条不相交的无差异曲线，离原点越远的无差异曲线代表的旅游产品组合量越大，满足程度越高。无差异曲线凸向原点是由边际替代率递减决定的。

这种曲线表示消费者在一定的偏好、一定的技术和资源条件下选择商品时，对不同组合商品的满足程度是没有区别的。这时消费者对商品消费的选择，只有先后次序问题，没有大小问题。

四、无差异曲线在旅游消费行为中的作用

社会越发达，人们就越注重消费过程中的心理感受。消费者一旦受到了"心理伤害"，是很难靠金钱等物质赔偿手段来进行弥补的。因此，消费心理决定了消费行为，为了能更加有效地满足自身的消费心理，旅游者的消费行为通常是由无差异曲线和预算线来决定的，其中，无差异曲线是由旅游者的旅游动机、偏好、性格、家庭角色等一系列自然的和社会的属性共同作用而形成的。例如，对于黄山和泰山两种类似的休闲观光旅游产品的不同组合而言，科学考察和休闲度假两种类型的旅游者会产生不同的旅游心理，休闲度假型旅游者的无差异曲线比科学考察型旅游者的无差异曲线要更远离原点，表示效用更大，满意度更高。进而，在同等条件下，度假型旅游者选择此组合的可能性就更大。

无差异曲线与消费可能性曲线相切时，商品的组合是消费者在既定支出水平上所能实现的最大化效用；如果两条曲线相割则是以较多的钱实现较低的满足程度；如果不相切不相割则是既定的无差异曲线实现不了既定的满足程度，没有意义。因此，在研究旅游消费者行为时，要在消费可能的前提下，即找到无差异曲线与消费可能线的相切点。

五、无差异曲线在旅游消费行为中的运用

由于边际效用递减是一种不可改变的规律，因此，在人们的收入和商品价格既定条件下，如何使用有限的收入获得最大效用就成为消费者非常关心的问题。

序数效用论以无差异曲线和预算线相结合来表示消费者均衡。消费者的偏好决定了消费者的无差异曲线，一个消费者关于任何两种商品的无差异曲线有无数条；消费者的收入和商品价格决定了消费者的预算线，在收入和商品价格既定的条件下，

一个消费者关于两种商品的预算线只有一条。只有既定的预算线与其中一条无差异曲线的相切点，才是消费者均衡点。在切点，无差异曲线和预算线的斜率相等。无差异曲线的斜率的绝对值即商品的边际替代率，预算线的斜率的绝对值即两种商品价格之比。

如图13-9所示，既定的预算线 I 与无差异曲线 U 相切于 E 点，E 点是消费者均衡点。在均衡点 E 上，消费者关于商品1和商品2的最优购买数量的组合为 $(\bar{X}_1, \bar{X}_2)$。在旅游消费行为决策中，消费者均衡可以指导旅游经营者认识潜在旅游者的消费倾向，从而有利于其积极地做出相应促销和准备工作。

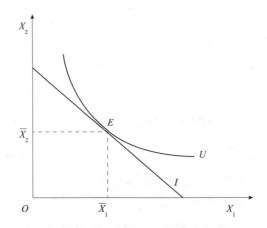

图13-9　序数效用论的消费者均衡

假定某旅游者的假期只有7天，可供选择的目的地是上海或杭州，上海、杭州的旅游消费各为80元/天、50元/天，该旅游者的旅游消费总额为500元。以时间为限制条件的旅游消费可以用时间限制线 $X+Y=7$ 来表示，如下图所示JK线；以费用为限制条件的旅游消费可以用预算线 $50X+80Y=5X$ 来表示，如图13-10所示的CD线。

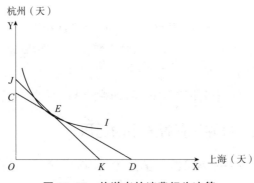

图13-10　旅游者的消费行为决策

预算线和时间限制线相交的区域，如图13-10所示 OCEK，双重限制线为 CEK，CEK 与坐标轴之间的区域 OCEK 表示既满足收入和价格的限制，又满足时间的要求和消费组合。而区域 JCE 表示只满足时间限制并不满足价格、收入限制；区域 EKD 表示只满足价格、收入限制,但不满足时间限制。

旅游者最大满足的选择:E 点为均衡点,表示在杭州旅游 2 天,上海旅游 5 天,用尽 500 元收入和 7 天假期,该旅游者获得最大消费满足。图中无差异曲线 I 与双重限制线 CEK 相切于 E 点,消费者在 E 点表示的组合进行旅游并获得的效益为最大。

注:$C(0,50/8)$,$D(10,0)$,$J(0,7)$,$K(7,0)$,$X+Y=7$ 天,$50X+80Y=5X$ 元,联立成方程组,得 $X=2$ 天(杭州),$Y=5$ 天(上海),$E(2,5)$ 为消费均衡点。

可见,无差异曲线是旅游者进行旅游决策的有效途径之一。在收入、旅游偏好、时间以及两种旅游产品价格既定的前提下,消费者要获取效用最大化,对两种旅游产品的选择点应该是无差异曲线与预算约束线的切点。它运用在为旅游者的消费行为决策中,为旅游者提供了一个既经济又有效的方法。

第五节 有效集和最优投资组合

按照马科维茨的均值方差理论,构建股票的可行集,得到有效前沿,并根据夏普比率获得有效前沿上的最优投资组合,并按照一定的无风险资产配置进行投资,使用测试集检验该种方法的有效程度。

一、可行集

可行集是指资本市场上由风险资产可能形成的所有投资组合的总体,由 N 种证券所形成的所有组合的集合,包括了现实生活中所有可能的组合。也就是说,所有可能的组合都位于可行集的边界上或内部。将所有可能投资组合的期望收益率和标准差关系描绘在期望收益率标准差坐标平面上,如图 13-11 所示。图中由 A、N、B、H 所围成的区域,封团曲线上及其内部区域表示可行集,其边界上或边界内的每一点代表一个投资组合。因现实生活中不同证券特性不同,可行集的位置也会有所改变,但形状大部分情况下不会发生变化。

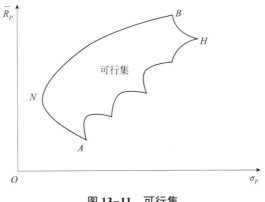

图 13-11 可行集

二、有效集

(一) 有效集的定义

有效集最初是由马科维茨提出，作为资产组合选择的方法而发展起来的，它以期望代表收益，以对应的方差(或标准差)表示风险程度。对于理性的投资者而言，都是厌恶风险而偏好收益的。对于相同的风险水平，他们会选择能提供最大预期收益率的组合；对于相同的预期收益率，他们会选择风险最小的组合。能同时满足这两个条件的投资组合的集合就是有效集，又称有效边界。处于有效边界上的组合称为有效组合。

(二) 有效集的有效曲线的特点

(1) 有效集是一条向右上方倾斜的曲线，反映了"高收益、低风险"的原则。

(2) 有效集是一条向上凸的曲线。

(3) 有效集曲线上不能有凹陷的地方。

三、最优投资组合的选择

确定了有效集的形状之后，投资者就可根据自己的无差异曲线选择使自己的投资效用最大化的最优投资组合了。这个组合位于无差异曲线与有效集的相切点 P，如图 13-12 所示。

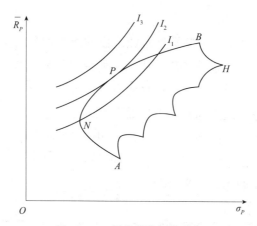

图 13-12 最优投资组合选择

从图 13-12 可以看出，虽然 I_3 所代表的效用最高，但是可行集中找不到这样的组合，因此，这些组合是不可能实现的。而 I_1 上的组合，虽然可以在可行集上找到，但是由于 I_1 的位置位于 I_2 的右下方，即 I_1 所代表的效用低于 I_2，I_1 上的组合都不是最优组合。而 I_2 代表了可以实现的最高投资效用，因此，P 点所代表的组合就是最优投资组合。

有效集向上凸的特性和无差异曲线向下凹的特性决定了有效集和无差异曲线的相切点只有一个，也就是说，最优投资组合是唯一的。

对于投资者而言有效集是客观存在的，是由证券市场决定的。而无差异曲线是主观的，是由投资者的风险—收益偏好决定的。从先前的分析可知，投资者无差异曲线的斜率越大说明其风险厌恶程度越高，因此，其最优投资组合越接近 N 点。风险厌恶程度越低的投资者，其无差异曲线的斜率越小，因此，其最优投资组合越接近 B 点。

第六节　无风险借贷对有效集的影响

上文都是建立在所有证券及证券组合有风险的条件下的，并未将无风险资产纳入考虑范围之内，也没有考虑投资者按无风险利率借入资金投资于风险资产的情况。但这些情况都存在于我们的现实生活中，为此，我们需要分析在允许投资者进行无风险借贷的投资组合下，有效集将会发生的变化。

一、无风险贷款对有效集的影响

(一) 无风险贷款或无风险资产的定义

无风险资产是指具有确定的收益率，并且不存在违约风险的资产。从数理统计的角度看，无风险资产是指投资收益的方差或标准差为零的资产。当然，无风险资产的收益率与风险资产的收益率之间的协方差及相关系数也为零。从理论上来看，只有由中央政府发行的、期限与投资者的投资期长度相匹配的、完全指数化的债券才可视作无风险资产。在现实经济中，完全符合上述条件的、流通中的有价证券非常少。故在投资实务中，一般把无风险资产看作是货币市场工具，如国库券利率 LIBOR。

(二) 允许无风险贷款下的投资组合

1. 投资于一种无风险资产和一种风险资产的情形

为了考察无风险贷款对有效集的影响，首先要分析由一种无风险资产和一种风险资产组成的投资组合的预期收益率和风险。

假设风险资产和无风险资产在投资组合中的比重分别为 W_1 和 W_2，它们的预期收益率分别为 $\bar{R}_1$ 和 R_i，它们的标准差分别为 σ_1 和 σ_2，它们之间的协方差为 σ_{12}。根据 X_1 和 X_2 的定义，有 $W_1+W_2=1$，且 $W_1>0$，$W_2>0$。根据无风险资产的定义，我们有 σ_2 和 σ_{12} 都等于 0。这样，根据公式，可以算出该组合的预期收益率为：

$$\bar{R}_p = \sum_{i=1}^{n} W_i \bar{R}_i = W_1 \bar{R}_1 + W_2 R_i \tag{13.1}$$

根据公式，我们可以算出该组合的标准差 σ_p 为：

$$\sigma_p = \sqrt{\sum_{i=1}^{n}\sum_{j=1}^{n} W_i W_j \sigma_{ij}} = W_1 \sigma_1 \tag{13.2}$$

由此可得：

$$W_1 = \frac{\sigma_p}{\sigma_1}, \quad W_2 = 1 - \frac{\sigma_p}{\sigma_1} \tag{13.3}$$

最终可得：

$$\overline{R}_p = R_f + \frac{\overline{R}_1 - R_f}{\sigma_1} \cdot \sigma_p \tag{13.4}$$

由于 $\overline{R}_1$、R_f 和 σ_1 已知，公式(13.4)为线性函数，其中，$\frac{\overline{R}_1 - R_f}{\sigma_1}$ 为单位风险报酬，又称为夏普比率(sharpe ratio)。

由于 $W_1>0$，$W_2>0$，公式(13.4)所表示的只是一个线段。在图13-13中，A 点表示无风险资产，B 点表示风险资产，这个线段上面的每一个点都表示这两种资产构成的投资组合的预期收益率和风险，因此，线段 AB 可以称为资产配置线。

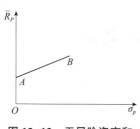

图13-13 无风险资产和风险资产的组合

由于资产配置线上的组合均是可行的，因此允许无风险贷款将大幅扩大可行集的范围。

2. 投资于一种无风险资产和一个证券组合的情形

假设风险资产组合 B 是由风险证券 C 和 D 组成的。根据先前分析可知，B 一定位于经过 C、D 两点的向上凸的弧线上，如图13-14所示。如果仍用 $\overline{R}_1$ 和 σ_1 代表风险资产组合的预期收益率和标准差，用 W_1 代表该组合在整个投资组合中所占的比重，则公式(13.1)~公式(13.4)的结论同样适用于由无风险资产和风险资产组合构成投资组合的情形。在图13-14中，这种投资组合的预期收益率和标准差一定落在线段 AB 上。

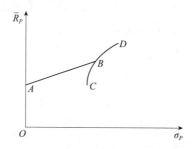

图13-14 无风险资产和风险资产组合的组合

(三) 无风险借款对有效集的影响

引入无风险借款后，有效集也将发生重大变化。在图13-15中，弧线 CD 代表马科维茨有效集，T 点代表马科维茨有效集中众多有效组合中的一个很特殊的组合，其所代表的组合称为切点投资组合，在图中表示 CD 弧线与过 A 点直线的直切点。在允许无风险借款的情形下，投资者可以通过无风险借款并投资于最优风险资产组合 T 使有效集由线段 AT 和弧线 TD 构成。而且引入线段 AT 后，弧线 CT 将不再是有效集，线段 AT 上组合的预期收益率均大于马科维茨有效集上组合的预期收益率。从图13-15中可以看出，最优风险组合实际上是使无风险资产与风险资产最大的风险资产组合(A 点)，其中 $\overline{R}_1$ 和 σ_1 分别代表风险资产组合的预期收益率和标准差，我们的目标是 $\max\limits_{X_a, X_b} \frac{\overline{R}_1 - R_i}{\sigma_1}$。

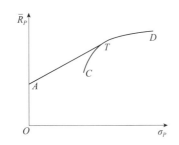

图 13-15 允许无风险贷款时的有效集

其中：
$$\overline{R}_1 = X_A \overline{R}_A + X_B \overline{R}_B$$
$$\sigma_1^2 = X_A^2 \sigma_A^2 + X_B^2 \sigma_B^2 + 2X_A X_B \rho \sigma_A \sigma_B$$

约束条件为 $X_A + X_B = 1$。这是标准的求极值问题。通过将目标函数对 X_A 求偏导并令偏导等于 0，就可以求出最优风险组合的权重，如下所示：

$$X_A = \frac{(\overline{R}_A - R_i)\sigma_B^2 - (\overline{R}_B - R_i)\rho\sigma_A\sigma_B}{(\overline{R}_A - R_i)\sigma_B^2 + (\overline{R}_B - R_i)\sigma_A^2 - (\overline{R}_A - R_i + \overline{R}_B - R_i)\rho\sigma_A\sigma_B}$$

$$X_B = 1 - X_A$$

【例 13-4】 假设市场上有 A、B 两种证券，其预期收益率分别为 9.8% 和 15.13%，标准差分别为 14.12% 和 22.20%。A、B 两种证券的相关系数为 0.3~0.4。市场无风险利率为 5%。

某投资者决定用这两种证券组成最优风险组合，则：

$$X_A = \frac{(0.09 - 0.05) \times 0.22^2 - (0.15 - 0.05) \times 0.4 \times 0.14 \times 0.22}{(0.09 - 0.05) \times 0.22^2 + (0.15 - 0.05) \times 0.14^2 -} = 0.32$$
$$(0.09 - 0.05 + 0.15 - 0.05) \times 0.4 \times 0.14 \times 0.22$$

$$X_B = 1 - 0.32 = 0.68$$

该最优风险组合的预期收益率和标准差分别为：

$$\overline{R}_1 = 0.32 \times 0.09 + 0.68 \times 0.15 = 13.08\%$$

$$\sigma_1 = (0.32^2 \times 0.14^2 + 0.68^2 \times 0.22^2 + 2 \times 0.32 \times 0.68 \times 0.4 \times 0.14 \times 0.22)^{\frac{1}{2}} = 17.2\%$$

该最优风险组合的单位风险报酬为：

$$\frac{13.08\% - 5\%}{17.2\%} = 0.47$$

有效边界的表达式为：

$$\overline{R}_p = 5\% + 0.47\sigma_p$$

(四) 无风险贷款对投资组合选择的影响

不同投资者对于无风险贷款的喜恶程度不同。对于选择位于弧线 DT 上的投资组合的风险喜好投资者来说，其投资组合的选择不受影响。因为只有弧线 DT 上的组合才能获得最大的满足程度,如图13-16(a)所示。对于该投资者而言,他仍将所有资金投资于风险资产,而不会对无风险资产进行投资。

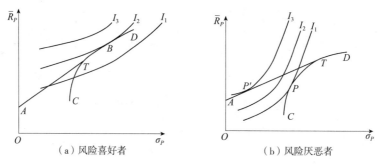

图13-16 无风险贷款下的投资组合选择

对于风险厌恶投资者来说,由于代表其原先最大满足程度的无差异曲线 A 与线段 AT 相交,因此其不再符合效用最大化的条件。该投资者将选择无差异曲线 I_3 与线段 AT 的相切点 P' 所代表的投资组合,如图13-16(b)所示。对于该投资者而言,他将把部分资金投资于风险资产,而把另一部分资金投资于无风险资产。

下面,用一个一般的模型框架来分析此问题,假设投资者的效用函数 U 为:

$$U = \bar{R}_P - \frac{1}{2} A \sigma_P^2 \tag{13.5}$$

其中,A 为风险厌恶系数,$\bar{R}_P$ 和 σ_P^2 分别为整个投资组合(包括无风险资产和最优风险组合)的预期收益率和标准差。

它们的计算公式分别为:

$$\bar{R}_P = (1-y)R_i + y\bar{R}_T$$
$$\sigma_P^2 = y^2 \sigma_T^2$$

其中,y 为投资者分配给最优风险组合的投资比例,R_i 为最优风险组合的预期收益率,σ_T 为最优风险组合的标准差。

投资者的目标是通过选择最优的资产配置比例来使投资效用最大化。将 $\bar{R}_P$ 和 σ_P^2 代入投资效用函数中,可以写成以下的数学表达式:

$$\max_y U = (1-y)R_i + y\bar{R}_T - 0.5 A y^2 \sigma_T^2$$

对上式的 y 求偏导,并令其等于0,就可以得到最优的资产配置比例 y^*:

$$y^* = \frac{\bar{R}_T - R_i}{A\sigma_T^2} \tag{13.6}$$

【例13-5】 衔接前面的例子,如果投资者面对的最优风险组合的预期收益率 $\bar{R}_1$ 为13.08%,标准差 σ_1 为17.2%,市场无风险利率 R_i 为5%。又如果该投资者的风险厌恶系数 $A=5$,则其 $y^* = (13.08\% - 5\%)/(5 \times 17.2\%^2) = 0.5462$。也就是说,该投资者应将54.62%的资金投入最优风险组合,将45.38%的资金投入无风险资产。这样他的整个投资组合的预期收益率为9.41%（即0.4538×5%+0.5462×13.08%），标准差为9.39%（即0.5462×17.2%）。显然，这种资产配置的效果是不行的。

二、无风险借款对有效集的影响

（一）允许无风险借款下的投资组合

在推导马科维茨有效集的过程中，假定投资者可以用于购买风险资产的金额仅限于他的期初财富。但是在我们日常生活中，投资者可以向他人借入资金来用于风险资产的购买。所以在对他人借款的还本付息偿还中虽然利率已知，但其他方面存在许多的不确定性，称为风险借款。为方便起见，以下假定投资者可按相同的利率进行无风险借贷。

1. 无风险借款并投资于一种风险资产的情形

为了分析无风险借款并投资于一种风险资产的情形，我们只需要对上一节的推导过程进行适当的扩展即可。

首先把无风险借款看成负的投资，则投资组合中风险资产和无风险借款的比重也可用 W_1 和 W_2 表示，$W_1+W_2=1$，$W_1>0$，$W_2<0$。这样，公式（13.1）～公式（13.4）也完全适用于无风险借款的情形。由于 $W_1>0$，$W_2<0$，公式（13.4）在图上表现为线段 AB 右上方的延长线上，如图13-17所示。这个延长线再次大幅扩展了可行集的范围。

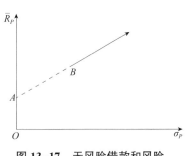

图13-17 无风险借款和风险资产的组合

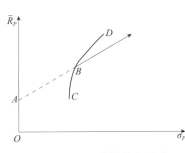

图13-18 无风险借款和风险资产组合的组合

2. 无风险借款并投资于风险资产组合的情形

同样，由无风险借款和风险资产组合构成的投资组合，其预期收益率和风险的关系与由无风险借款和一种风险资产构成的投资组合的情形相似。

我们仍假设风险资产组合 B 是由风险证券 C 和 D 组成的，则由风险资产组合 B 和无风险借款 A 构成的投资组合的预期收益率和标准差一定落在线段 AB 右上方的延长线上，如图13-18所示。

（二）无风险借款对有效集的影响

有效集在引入无风险借款后将发生重大变化。在图13-19中，弧线 CD 仍代表马科维茨有效集，T 点仍表示弧线 CD 与过 A 点直线的相切点。在允许无风险借款的情形下，投资者可以通过无风险借款并投资于最优风险资产组合 T，使有效集由弧线 TD 变成线段 AT 右上方的延长线。这样，在允许无风险借款的情况下，马科维茨有效集由弧线 CTD 变为弧线 CT 加上过 A、T 点的直线在 T 点右边的部分。

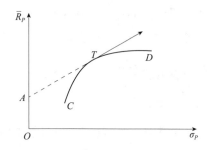

图 13-19 允许无风险借款时的有效集

(三) 无风险借款对投资组合选择的影响

允许无风险借款对不同投资者的投资组合选择的影响不同。对于风险喜好投资者,即选择位于弧线 DT 上投资组合的投资者而言,由于代表其原先最大满足程度的无差异曲线 I_1 与直线 AT 相交,因此,其不再符合效用最大化的条件。该投资者将选择无差异曲线 I_2 与直线 AT 的相切点 P' 所代表的投资组合。如图 13-20(a) 所示。对于该投资者而言,他将进行无风险借款并投资于风险资产。

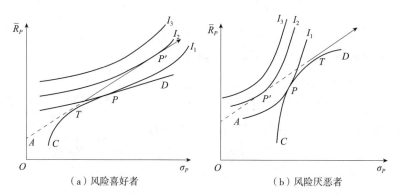

(a) 风险喜好者　　　　　　　(b) 风险厌恶者

图 13-20 无风险借款下的投资组合选择

对于风险厌恶投资者,即选择位于弧线 CT 上投资组合的投资者而言,其投资组合的选择将不受影响。因为只有弧线 CT 上的组合才能获得最大的满足程度,如图 13-19(b) 所示。对于该投资者而言,他只会将自有资产投资于风险资产,而不会进行无风险借款。

【例 13-6】 继续前面的例子,如果投资者的风险厌恶系数 $A=5$,则他的最优资产配置比例 $y^* = \dfrac{(13.08\%-5\%)}{(5\times 17.2\%^2)} = 0.5462$。也就是说,该投资者应借入 45.38% 的无风险资金。则他的整个投资组合的预期收益率为 9.41% (即 $0.4538\times 5\% + 0.5462\times 13.08\%$),标准差为 9.39% (即 $0.5462\times 17.2\%$)。

综上所述,在允许无风险借贷的情况下,有效集将变为一条直线,该直线经过无风险资产点 A 并与马科维茨有效集相切。

重要概念

预期收益率　系统性风险　非系统性风险　会计风险　经济风险　协方差　相关系数　分散化　证券组合　最小方差组合　厌恶风险　风险中性　爱好风险　无差异曲线　效用函数　确定性等价收益率　有效集　有效组合　可行集　最小方差组合　最小方差边界　无风险资产　无风险借款　无风险贷款　单位风险报酬　夏普比率　资产配置线　切点处投资组合　最优风险组合　最优投资组合　现代投资组合理论

推荐书目

[1] Arrow K. The role of securities in the optimal allocation of risk-bearing[J]. Review of Economic Studies, 1964, 31: 91-96.

[2] Driessen J, Pascal J, Maenhout, Vilkov G., The price of correcation risk: Evidence from Equity option[J]. The Journal of Finance, 2009, 64: 1377-1406.

[3] Markowitz H M. Porfolio selection, efficient diversification of investments[M]. New York: Wiley, 1959.

[4] Markowitz H M. Portfolio selection[J]. Journal of Finance, 1952(7): 77-91.

参考文献

[1] Buraschi A, Porchia P, Trojani F. Correlation risk and optimal portfolio choice[J]. The Journal of Finance, 2010, 65(1): 393-420.

[2] Fisher L, Lorie J H. Some studies of variability of returns on investment in common stocks[J]. Journal of Business, 1970, 43: 99-134.

[3] Hube K. Time for investing's four-letter word[J]. The Wall Street Journal, 1998: 23.

[4] Markowitz H M. Portfolio selection[J]. Journal of Finance, 1952(7): 77-91.

[5] Samuelson P A. The fundamental approximation theorem of portfolio analysis in terms of means, variances and higher moments [J]. Review of Economic Studies, 1970, 37: 537-542.

[6] Wagner W, Lau S. The effect of diversification on risk. Financial Analyst Journal, 1971, 27(6), 48-53.

[7] 封建强. 股价行为理论与实证分析[M]. 经济科学出版社, 2004(6): 35-114.

[8] 刘张发, 舒宁, 谢小龙. 商业银行操作风险度量方法比较[J]. 企业经济, 2012, 31(2): 165-167.

[9] 王燕, 杨文瀚. 金融风险度量方法的研究进展[J]. 科技进步与对策, 2005

(8): 194-196.

[10] 彭寿康. 风险度量的经济学理性与风险度量方法比较[J]. 经济学家, 2009(7): 90-99.

[11] 岳西泉, 孔萍, 许乃伟. 证券风险度量方法的统计分析与应用[J]. 信息技术与信息化, 2009(1): 21-24, 29.

[12] 苏经纬. 现行金融市场风险度量方法评析[J]. 内蒙古金融研究, 2010(6): 29-32.

[13] 闫冀楠, 张维. 关于上海股市收益分布的实证研究[J]. 系统工程, 1998(1): 21-25.

习　题

1. 甲、乙、丙三种证券的标准差和相关系数为下表所示：

证券	标准差(%)	证券的相关系数		
		甲	乙	丙
甲	1.2	1	0.4	0.2
乙	8.4	0.4	1	-1
丙	2.8	0.2	-1	1

计算甲、乙、丙分别以权重40%、20%和40%组成的证券组合的标准差。

2. 假如证券组合由两个证券组成，它们的标准差和权重分别为20%、25%和0.35、0.65。这两个证券可能有不同的相关系数。什么情况使这个证券组合的标准差最大？什么情况最小？

3. 估计的证券甲和乙的投资收益率与联合概率分布为下表所示：

甲(%)	乙(%)	联合概率
-8	12	0.12
7	8	0.19
9	5	0.23
15	0	0.25

基于你的估计，计算这两种证券投资的协方差和相关系数。

4. 假设你的投资组合由一个风险投资组合(14%的期望收益率和28%的标准差)以及一个无风险资产(6%的收益率)组成，总投资组合的标准差为20%，那么它的期望收益率为多少？

5. 某风险组合的预期收益率为26%，标准差为37%，而无风险利率为6%。请问该风险组合的单位风险报酬(夏普比率)等于多少?

6. 某风险组合年末的价值要么为4000元,要么为13000元,其概率分别为50%,而无风险年利率为5%。

(1)如果你要求获得13%的风险溢价,那么你愿意支付多少金额购买这个风险组合?

(2)如果你要求获得20%的风险溢价,那么你愿意支付多少金额购买这个风险组合?

7. 怎样决定一个证券的预期回报?证券组合呢?

8. 决定证券组合风险的因素是什么?

9. 投资者如何寻找最优证券组合?

10. 说明为什么多样化能降低独有风险而不能降低市场风险。

11. "假设所有证券的预期收益率和标准差以及无风险借款利率和贷款利率都已知,那么所有投资者的最优风险组合都相同。"请判断此陈述是否正确,并解释原因。

12. 如何使用无风险资产改进马科维茨有效集?这时投资者如何寻找最优证券组合?

附录 A 投资收益与风险的衡量方法的讨论

一、未来收益率的衡量

在美国,长期的数据证实了这样的观点:收益率(即市盈率的倒数)是股票投资实际回报率很好的估计值。过去130年内整个市场的平均市盈率为14.45,平均市盈率的倒数就是$\frac{1}{14.45}$,也就是6.8%。但本书为了衡量投资组合未来收益率,除了本章介绍的期望值(或者称为均值)外,还可以用中位数和众数来衡量。

用期望值来衡量未来收益率是以所有可能结果相应的概率为权重的加权平均数。而如果用中位数衡量,将未来各种可能的收益率从大到小排序,因只考虑了顺序,其缺点也显而易见——没有考虑其他各种可能出现的概率,众数又覆盖范围较片面,当其代表未来收益率时,不够准确。

总而言之,目前我国比起用中位数和众数来衡量未来收益率,更多的是使用期望值。

二、风险的衡量

对于特定企业而言,企业风险可进一步分为经营风险和财务风险。经营风险是指公司的决策人员和管理人员在经济管理中出现失误而导致公司盈利水平变化从而产生投资者预期收益下降的风险。如企业原材料供应数、质量等因素带来的供应方面风险;

生产的产品质量、交货期等因素而带来的生产方面的风险；由于销售决策失误带来的销售方面的风险。财务风险是指公司财务结构不合理、融资不当使公司丧失偿债能力而导致投资者预期收益下降的风险。企业举债经营，全部资金中除自有资金外还有一部分借入资金，借入资金必然存在还本付息的要求。若公司亏损严重、财务状况恶化，丧失支付能力，就会出现无法还本付息甚至招致破产的风险。

风险是客观存在的，但不同的风险对企业财务活动影响程度不同。作为企业都希望以最小的风险获取最大的收益。因此，正视风险并准确衡量风险便成为企业财务管理中的一项重要工作。风险主要用资产收益率的离散程度来衡量，离散程度越大，风险越大；离散程度越小，风险越小。而离散程度主要用方差、标准离差、标准离差率V来表示。方差、标准离差、标准离差率的计算与概率、期望值直接相关。

风险衡量的两种方法：第一，衡量风险发生的原因。在衡量风险的时候，衡量风险发生的原因也是很重要的一部分，譬如决策原因导致的风险很有可能使这一项投资全部亏损进去。第二，衡量投资的技术指标。风险绝大多数情况都是根据投资的技术指标来进行衡量的，譬如投资中不确定的变量指标、某项投资的期望值和投资的方差等技术指标。

风险衡量的分类：第一，衡量投资能力的风险，即在通货膨胀时，货币的购买力下降，这时投资的资金反而不一定比投资前的资金更具有购买力；第二，衡量银行利率的风险，即在银行利率上涨的时候，民众大多会将资金存储进银行中，导致债券等金融产品的价格下跌而致使风险发生；第三，衡量投资市场的风险，即投资市场的波动导致投资出现风险，这也是最常见的风险；第四，衡量投资变现的风险，即投资人不能及时地将投资标的物转化为资金的风险；第五，衡量社会中大事件的风险，即某个意外事件导致投资遭受损失的风险。

三、正态分布与对数正态分布

现在投资组合理论大多假定证券收益率服从正态分布，这是因为正态分布的特征可以完全用均值和方差来描述，从而与均值—方差分析法一致。费舍尔和格里（Fisher & Lorie，1970）证明即使单个证券的收益率不是正态的，充分分散的投资组合的收益率也非常接近正态分布。

但是单个证券的收益率分布显然与正态分布相去甚远，而且有限责任的性质决定了证券的价格不可能为负，而正态分布的取值范围为正负无穷大之间，因此这也是互相矛盾的。为了解决这个矛盾，通常假定证券的连续复利收益率遵循正态分布，而不是比例收益率。在等式两边取自然对数，可以解决与有限责任的矛盾问题。

附录 B 预期收益率、均方差、协方差和相关系数的经验估计

预期收益率、均方差、协方差和相关系数的经验估计在投资决策中有着举足轻重的作用，这里我们介绍一种经验估计法，即根据过去的实际数据对未来进行估计。

首先我们要选定样本期的长度。选择一个适当的样本期长度并不是一件简单的事情。一般来说，数据越多估计结果通常越精确。但是有一个重要的问题，有关经验研究表明，预期收益率、均方差、协方差和相关系数会随着时间的变化而变化，因此太早的数据对预测未来的作用可能不大。所以，一个折中的方案就是使用最近 90~180 天的每日收盘价进行估计；另一个经常使用的原则是选择与使用期相同长度的样本期；更为复杂的方法则是使用 GARCH 等计量经济方法。另外一个重要的问题是时间应使用日历时间还是交易时间。大量的经验研究结果显示，用交易时间较为合理。令 $n+1$ 为选定的样本天数；S_i 为第 i 天的收盘价，$(i=0, 1, 2, \cdots, n)$；$u_i = \ln \dfrac{S_i}{S_{i-1}}$，为第 i 天的连续复利收益率，$(i=1, 2, \cdots, n)$。

则预期收益率的估计值 $(\bar{u})$ 就等于 u_i 的均值：

$$\bar{u} = \frac{1}{n} \sum_{i=1}^{n} u_i$$

收益率的均方差 (σ) 的无偏估计为：

$$\sigma = \sqrt{\frac{1}{n-1} \sum_{i=1}^{n} (u_i - \bar{u})^2}$$

现假设有两种证券甲和乙，其连续复利年收益率分别为 u_1 和 u_2，收益率的均值分别为 $\bar{u}_1$ 和 $\bar{u}_2$，均方差分别为 σ_1 和 σ_2，则其协方差 (σ_{12}) 的无偏估计为：

$$\sigma_{12} = \frac{1}{n-1} \sum_{i=1}^{n} [(u_{1i} - \bar{u}_1)(u_{2i} - \bar{u}_2)]$$

两种证券的相关系数 (ρ_{12}) 的估计值为：

$$\rho_{12} = \frac{\sigma_{12}}{\sigma_1 \sigma_2}$$

由于股票价格的波动较大，每日收益率的变化也很大，股价也是波浪式上升或下降。因此，持有期不应设定为 3 天而应设定为一段时期，这也是我们估计收益率时需要注意的问题。例如中国人寿 2020 年 3 月 27 日至 2020 年 5 月 8 日的交易数据，计算出中国人寿股票的连续复利年收益率是 34.29%，实际上中国人寿 2020 年 3 月 27 日的收盘价是 26.83 元，2020 年 5 月 8 日的收盘价是 27.94 元，年收益率为 4.14%。由此

可见，单纯的选取一个长期的走势区间，而不注意短时间段内的具体形态，计算出来的期望收益率误差会非常大。

　　本篇简要的分析了常用的计算期望收益率的估计方法，即经验估计法，结合实际的应用之后发现这个方法存在很多问题。这些问题的出现，证明了我们常用的期望收益率估计方法存在缺陷，也说明了我们需要结合中国具体的股票市场行情进行分析，需要适用于本国的期望收益率估计方法。

第十四章 资产定价理论

◆**本章概要**：

　　风险资产的定价是金融学的核心内容之一。在讨论资产定价的时候，我们关心资产价格和哪些因素有关，如何确定一个合理的资产价格水平，在一个无套利的市场上，不同资产价格之间有何关系等一系列问题。

◆**重点难点**：

1. 了解资本资产定价模型的主要内容。
2. 了解资本资产定价模型的假设条件。
3. 了解套利定价模型的主要内容。
4. 了解资产定价模型的实证分析。

第一节　资本资产定价模型

　　资本资产定价模型(Capital Asset Pricing Model，CAPM)是由美国学者威廉·夏普(William Sharpe)、林特尔(John Lintner)、特里诺(Jack Treynor)和莫辛(Jan Mossin)等人于1964年在资产组合理论和资本市场理论的基础上发展起来的，主要研究证券市场中资产的预期收益率与风险资产之间的关系以及均衡价格是如何形成的，是现代金融市场价格理论的支柱，广泛应用于投资决策和公司理财领域。

　　资本资产定价模型假设所有投资者都按马科维茨的资产选择理论进行投资，对期望收益、方差和协方差等的估计完全相同，投资人可以自由借贷。基于这样的假设，资本资产定价模型研究的重点在于探求风险资产收益与风险的数量关系，即为了补偿某一特定程度的风险，投资者应该获得多少的报酬率。

一、基本假定

为了推导资本资产定价模型，假定：

(1)投资者希望财富越多越好，效用是财富的函数，财富又是投资收益率的函数，因此可以认为效用为收益率的函数。

(2)投资者事先知道投资收益率的概率分布相同。

(3)投资风险用投资收益率的方差或标准差标识。

(4)影响投资决策的主要因素为期望收益率和风险两项。

(5)投资者都遵守主宰原则(Dominance rule),即同一风险水平下,选择收益率较高的证券;同一收益率水平下,选择风险较低的证券。

(6)可以在无风险折现率 R 的水平下无限制地借入或贷出资金。

(7)所有投资者对证券收益率概率分布的看法一致,因此市场上的有效边界只有一条。

(8)所有投资者具有相同的投资期限,而且只有一期。

(9)所有的证券投资可以无限制地细分,在任何一个投资组合里可以含有非整数股份。

(10)税收和交易费用可以忽略不计。

(11)所有投资者可以及时免费获得充分的市场信息。

(12)不存在通货膨胀,且折现率不变。

(13)投资者具有相同预期,即他们对预期收益率、标准差和证券之间的协方差具有相同的预期值。

上述假设表明:第一,投资者是理性的,而且严格按照马科威茨模型的规则进行多样化的投资,并将从有效边界的某处选择投资组合;第二,资本市场是完全有效的市场,没有任何磨擦阻碍投资。

二、资本市场线

(一)分离定理

分离定理是指在投资组合中可以以无风险利率自由借贷的情况下,投资人选择投资组合时都会选择无风险资产和风险投资组合的最优组合点,因为这一点相对于其他的投资组合在风险上或是报酬上都具有优势。投资人对风险的态度,只会影响投入的资金数量,而不会影响最优组合点。

分离定理也可以表述为最佳风险资产组合的确定独立于投资者的风险偏好,取决于各种可能风险组合的期望报酬率和标准差。个人的投资行为可分为两个阶段:先确定最佳风险资产组合,后考虑无风险资产和最佳风险资产组合的理想组合。只有第二阶段受投资人风险反感程度的影响,第一阶段即确定最佳风险资产组合时不受投资者风险反感程度的影响。

对于分离定理的应用可知,其在理财方面非常重要,表明企业管理层在决策时不必考虑每位股东对风险的态度。证券的价格信息完全可以确定投资者所要求的报酬率,该报酬率可指导管理层进行决策。

(二) 市场组合

市场组合是指所有证券以各自市值为权重的组合，可用大盘代表，比如上证综指包括了所有在上海证券交易所上市的股票，每支股票在指数(市场组合)中所占的比例就是这支股票的市值÷沪市股票总市值。

根据分离定理，每个投资者都持有一定数量的切点组合(T)，习惯上，人们将切点处组合称为市场组合，并用 M 代替 T 来表示。从理论上讲，M 不仅由普通股构成，还包括优先股、债券、房地产等其他资产，但在现实生活中，人们常将 M 局限于普通股。M 点为唯一最有效的市场组合点，是所有证券以各自的总市场价值为权数的加权平均组合。马科维茨的资产组合理论告诉我们，有效市场组合是市场上所有收益最大、风险最小的投资组合的集合，每个人都可以在这个点上找到自己的最优组合。

(三) 共同基金定理

如果投资者持有市场资产组合，他们也就获得了有效资产组合(如投资与标准普尔500指数)。投资者可以通过调整资产组合与无风险资产之间的比例来调整所承受的风险，把投资和融资决策分割开来(分割理论)。这种方法对投资者来说，是消极却有效的一种投资策略。也就是说如果我们把货币市场基金看作无风险资产，那么投资者所要做的事情就是根据自己的风险厌恶系数 A，将资金合理地分配于货币市场基金和指数基金，即共同基金定理。

一个投资者在对自己拥有的财富做出分配决定的时候会分成两步，首先对满意的风险资产确定一个有效投资组合，即切线投资组合；然后将自己拥有的财富分配给切线投资组合和无风险资产。而技术问题和个人喜好问题即共同基金定理将证券选择问题分解成的两个不同问题，前者是专业人士和科学算法的更新换代，后者是投资者对风险的抗压能力和喜恶程度。

(四) 有效集

由资本资产定价模型的假设条件可知，我们易得风险有效组合和获得收益之间的关系。假定 M 为市场组合，R_i 为无风险利率，从 R_i 出发画一条经过 M 的直线，这条线就是在允许无风险借贷情况下的线性有效集，即资本市场线。此线的下方表示投资者将自身财富完全不进行风投或者完全不利用任何市场组合进行投资。

资本市场线的斜率等于市场组合预期收益率与无风险证券收益率之差除以它们的风险之差，由于资本市场线与纵轴的截距为 R_i，因此其表达式为：

$$\overline{R}_p = R_i + \frac{\overline{R}_M - R_i}{\sigma_M} \sigma_p \qquad (14.1)$$

其中，$\overline{R}_p$ 和 σ_p 分别为最优投资组合的预期收益率和标准差。

从公式(14.1)可以看出，证券市场的均衡可用两个关键指标表示：无风险利率和单位风险报酬,它们分别代表时间报酬和风险报酬。所以可以得出结论,只要投资者关注好这两个关键指标就可以选择出在自身风险承受能力之内而又满足自己对于投资组合的预期收益的资产投资组合。

三、证券市场线

资本市场线反映的是投资组合的预期收益率与市场风险之间的关系,但是单个资产证券并不是有效的投资组合,所以其一定位于资本市场线之下,而不在资本市场线之上。因此从资本市场线我们只能知道投资组合的情况,而不能了解单个资产证券的预期收益率与风险之间的关系。为此,我们需要引进一个新的市场线,也就是证券市场线。

根据公式(12.12)可以得出市场组合标准差的计算公式为:

$$\sigma_M = \Big(\sum_{a=1}^{n}\sum_{b=1}^{n} X_{aM}X_{bM}\sigma_{ab}\Big)^{\frac{1}{2}} \tag{14.2}$$

其中,X_{aM} 和 X_{bM} 分别表示证券 a 和 b 在市场组合中的比重。公式(14.2)可以展开为:

$$\sigma_M = \Big(X_{1M}\sum_{b=1}^{n} X_{bM}\sigma_{1b} + X_{2M}\sum_{b=1}^{n} X_{bM}\sigma_{2b} + X_{3M}\sum_{b=1}^{n} X_{bM}\sigma_{3b} + \cdots + X_{nM}\sum_{b=1}^{n} X_{bM}\sigma_{nb}\Big)^{\frac{1}{2}} \tag{14.3}$$

根据协方差的性质,证券 a 与市场组合的协方差 σ_{aM} 等于证券 a 与市场组合中每种证券的协方差的加权平均数:

$$\sigma_{aM} = \sum_{b=1}^{n} X_{bM}\sigma_{ab} \tag{14.4}$$

如果将协方差的这个性质运用于市场组合中的每一个风险证券,并代入式(14.3),可以得到:

$$\sigma_M = (X_{1M}\sigma_{1M} + X_{2M}\sigma_{2M} + X_{3M}\sigma_{3M} + \cdots + X_{nM}\sigma_{nM})^{\frac{1}{2}} \tag{14.5}$$

其中,σ_{1M} 表示证券 1 与市场组合的协方差,σ_{2M} 表示证券 2 与市场组合的协方差,依此类推。公式(14.5)表明,市场组合的标准差等于所有证券与市场组合协方差的加权平均数的平方根,其权重为各种证券在市场组合中的比例。

由此可见,投资者在投资行为中考虑风险时,比起考虑各种证券自身整体风险,更应该考虑证券本身与市场组合的协方差。换句话说,表面上看起来投资风险很高的证券可能会带来更高的预期收益率,即具有较大 σ_{aM}(协方差)值的证券需按比例提供较高的预期收益率以吸引投资者。也就是说证券产品带来的预期收益率取决于该证券与市场组合的协方差。如果某种证券的预期收益率相对于其协方差值太低的话,投资者只要把这种证券从其投资组合中剔除就可提高其投资组合的预期收益率;而如果某种证券的预期收益率相对于其协方差值太高的话,投资者只要增持这种证券就可提高其

投资组合的预期收益率。但这两种情况都会导致证券市场失衡。所以在均衡状态下,单个证券的风险和收益的关系可以表示为:

$$\overline{R}_a = R_i + \left(\frac{\overline{R}_M - R_i}{\sigma_M^2}\right)\sigma_{aM} \tag{14.6}$$

公式(14.6)表示的就是著名的证券市场线(security market line,SML),反映了单个证券与市场组合的协方差和其预期收益率之间的均衡关系,如果用纵轴表示$\overline{R}_a$,用横轴表示σ_{aM},则证券市场线在图上就是一条截距为R_i,斜率为$\frac{\overline{R}_M - R_i}{\sigma_M^2}$的直线,如图14-1(a)所示。

从公式(14.6)可以发现,对于$\sigma_{aM}=0$的风险证券而言,其预期收益率等于无风险利率,因为其风险证券与无风险证券一样,对市场组合的风险没有任何影响。更有趣的是,当某种证券的$\sigma_{aM}<0$时,该证券的预期收益率甚至低于R_i。

令$\beta_{aM} = \frac{\sigma_{aM}}{\sigma_M^2}$,我们可以得到:

$$\overline{R}_a = R_i + (\overline{R}_M - R_i)\beta_{aM} \tag{14.7}$$

其中,β_{aM}称为证券a的β系数,是表示证券a与市场组合协方差的另一种方式,即公式(14.7)是证券市场线的另一种表达形式。如果用纵轴表示$\overline{R}_a$,用横轴表示β_{aM},则证券市场线也可表示为截距为R_i,斜率为$(\overline{R}_M - R_i)$的直线,如图14-1(b)所示。

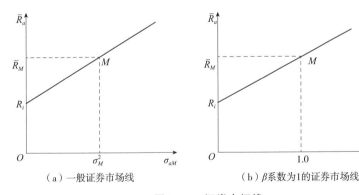

(a)一般证券市场线　　(b)β系数为1的证券市场线

图14-1　证券市场线

β系数的一个重要特征是,一个证券组合的β值等于该组合中各种证券β值的加权平均数,权重为各种证券在该组合中所占的比例,即:

$$\beta_{pM} = \sum_{a=1}^{n} X_a \beta_{aM} \tag{13.8}$$

其中,β_{pM}表示组合p的β值。

由于任何组合的预期收益率和β值都等于该组合中各个证券预期收益率和β值的加权平均数,其权重也都等于各个证券在该组合中所占比例,因此,既然每一种证券都落在证券市场线上,那么由这些证券构成的组合也一定落在证券市场线上。也可以得出落在资本市场线上的所有点都是最优解,但证券市场线上的点既有有效点又有无效点。

证券市场线包括了所有证券和所有组合,也包含了市场组合和无风险资产。在市场组合那一点,β值为1,预期收益率为$\bar{R}_M$,因此其坐标为$(1, \bar{R}_M)$。在无风险资产那一点,β值为0,预期收益率为R_i,因此其坐标为$(0, R_i)$。证券市场线反映了在不同的β值水平下,各种证券及证券组合应该实现的预期收益率水平,从而反映了各种证券和证券组合系统性风险与预期收益率的均衡关系。由于预期收益率与证券价格成反比,因此证券市场线实际上也给出了风险资产的定价公式。

当投资者愿意持有证券的数量不等于已持有的数量,投资者就会根据自身情况来调整,即买进或卖出证券,从而对证券的价格造成上涨或下跌,直到投资者愿意持有证券的数量等于已持有证券的数量,此时证券市场达到均衡。在均衡状态下,每个人持有的风险资产的相对比例与市场投资组合是相同的;市场投资组合的风险溢价大小由投资者的风险厌恶程度和收益率的波动性决定;任何资产的风险溢价等于其β值乘以市场投资组合的风险溢价。无论CAPM是否严格成立,都为非常简单的消极投资策略提供了理论依据:根据市场投资组合的比例分散持有风险资产,将该组合与无风险资产组合,获得所希望的风险—收益组合。

四、β值的估算

对于β值的估算首先要引入因素模型。为什么要引入因素模型呢?因为资本资产定价模型存在无法实际地计算有风险的市场组合的问题。一个资产组合选择规则的成功与否取决于其运用数据的质量,即证券期望收益与协方差矩阵的估计质量。如果证券人员要分析50种股票需要进行的计算是什么?若$n=100$呢?需要估计多少数据?证券市场线只考虑了由风险市场组合的预期收益率对证券或证券组合预期收益率的影响,即把市场风险全部集中地体现在一个因素里,而影响总体市场环境变化的宏观因素却很多。

(一)单因素模型

夏普当时因认为马科维兹的投资组合分析中,方差—协方差矩阵太过复杂、不易计算,提出了单因素模型。单因素模型认为证券间的关联性由某个共同因素作用所致,不同证券对这个共同的因素有不同的敏感度。这个对所有证券的共同因素就是系统性风险。夏普提出单因素模型的基本思想——当市场股价指数上升时,市场中大量的股票价格走高;相反,当市场股价指数下滑时,大量股票价格趋于下跌。据此,可以用证券的收益率和股价指数的收益率的相关关系得出以下模型:

$$R_{it} = \alpha_i + \beta_i R_{mt} + \varepsilon_{it} \tag{14.9}$$

该式揭示了证券收益与指数(一个因素)之间的相互关系。其中R_{it}为证券i在t时刻的实际收益率,R_{mt}为t时期内市场指数的收益率。α_i为截距,反映市场收益率为0时,证券i的收益率大小,与上市公司本身基本面有关,与市场整体波动无关。因此α_i值是相对固定的。β_i为斜率,代表市场指数的波动对证券收益率的影响程度。ε_{it}为t时期内实际收益率与估算值之间的残差。公式(14.9)常被称为市场模型。

资本资产定价模型中的β值是对于整个市场组合而言的,而单因素模型中的β值是对于某个市场指数而言的。但在现实生活中投资者想知道市场组合的构成是极度困难的,所以一般会用市场指数来代替。因此可以用单因素模型所得出的β值代替资本资产定价模型中的β值。CAPM中的β值是预期值,而我们无法知道投资者的预期值是多少,只能根据历史数据估计过去一段样本期内的β值,并把它当作预期值使用,其中的偏差是显而易见的,所以公式(14.9)中最后加上了ε_{it}。

单因素模型可以用图14-2中的特征线表示,特征线是由对应于市场指数收益率的证券收益率的散点图拟合而成的,根据单因素模型,β值可以看做是特征线的斜率,表示市场指数收益率变动1%时,证券收益率的变动幅度。

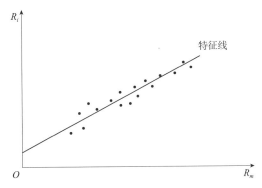

图14-2 β值和特征线

我们可以根据对历史数据的回归分析估计出单因素模型中的参数,从而得出β值。例如,我们可以计算过去8年间的月平均收益率,市场指数和某一证券的收益率就分别取100个观测值,然后对这些观测值进行回归分析。观测值越多,β值的估算就越准确。估计结果如表14-1所示。

表14-1 根据市场模型估计的7只股票和等权重组合的β值

股票代码	α	β	R^2	标准误		样本数
				α	β	
500601	0.022	1.045	0.542	0.013	0.043	100
500602	-0.045	1.350	0.455	0.021	0.065	100
500603	0.040	1.045	0.543	0.076	0.058	100
500604	-0.012	0.940	0.760	0.089	0.010	100
500654	0.029	1.085	0.603	0.012	0.055	100

(续)

股票代码	α	β	R^2	标准误 α	标准误 β	样本数
500656	0.087	1.065	0.538	0.045	0.043	100
500658	0.005	1.543	0.640	0.045	0.033	100
等权重组合	0.007	0.649	0.946	0.007	0.067	100

表中的 R^2 被称为可决系数，表示因变量（股票收益率）的方差能被自变量（上证综合指数收益率）的变动所解释的比例，用公式表示为：

$$R^2 = \beta^2 \frac{\sigma_M^2}{\sigma^2} \tag{14.10}$$

（二）多因素模型

多因素模型是关于资产定价的模型。与资本资产定价模型和单指数模型不同，多因子模型认为证券价格不仅仅取决于证券的风险，还取决于其他一些因素，如投资者未来预期收入、未来消费品的相对价格及未来的投资机会等。对于多因素模型，有些学者提出了各种各样的模型，例如陈、罗尔和罗斯（Chen, Rou & Ross, 1986）提出：

$$R_{it} = \alpha_i + \beta_{IP_i} IP_t + \beta_{EI_i} EI_t + \beta_{UI_i} UI_t + \beta_{CG_i} CG_t + \beta_{GB_i} GB_t + \varepsilon_{it} \tag{14.11}$$

其中，IP 表示工业生产增长率，β_{IP_i} 表示证券 i 的收益率对工业生产增长率敏感度；EI 表示预期通货膨胀率，β_{EI_i} 表示证券 i 的收益率对预期通货膨胀率敏感度；UI 表示未预期到的通货膨胀率，β_{UI_i} 表示证券 i 的收益率对未预期到的通货膨胀率敏感度；CG 表示长期公司债相对于长期国债的超额收益率，β_{CG_i} 表示证券 i 的收益率对长期公司债相对于长期国债的超额收益率敏感度；GB 表示长期国债相对于短期国库券的超额收益率，β_{GB_i} 表示证券 i 的收益率对长期国债相对于短期国库券的超额收益率的敏感度。

投资者在投资时除了关心市场收益率变动的风险，还需要关注其他风险，例如证券投资收益率与其工资收入之间的关系，因此也提出了各种各样的多因素模型，其中最为著名的是法马和弗伦奇（Fama & French, 1986）的三因素模型：

$$R_{it} = \alpha_i + \beta_{Mi} R_{Mt} + \beta_{SMBi} SMB_t + \beta_{HMLi} HML_t + \varepsilon_{it} \tag{14.12}$$

其中，SMB 表示小股票组合收益率与大股票组合收益率的差额，HML 表示账面市值比率高的股票组合收益率与账面市值比率低的股票组合收益率的差额；β_{SMBi} 表示证券 i 的收益率对 SMB 的敏感程度，β_{HMLi} 表示证券 i 的收益率对 HML 的敏感程度。

五、对于 β 的进一步讨论

β 系数的一个重要性质是具有线性可加性。一项资产的风险补偿应当是它的 β 系数乘以有风险资产的市场组合的风险补偿。

（一）$\beta>0$

当 $\beta>0$ 时，该证券（资产）的收益率变化与市场同向。

（1）当 $\beta>1$ 时，该证券（资产）的价格波动大于市场的平均价格波动，风险补偿大于市场组合的风险补偿。若市场收益率上升，该资产的收益率上升的幅度比市场平均水平高；若市场收益率下降，其收益率下降的幅度也比市场平均水平高。

（2）当 $0<\beta<1$ 时，该资产的价格波动小于市场的平均价格波动，风险补偿小于市场组合的风险补偿。若市场收益率上升，该资产的收益率上升的幅度比市场平均水平低；若市场收益率下降，其收益率下降的幅度也比市场平均水平低。

（二）$\beta<0$

当 $\beta<0$ 时，该证券（资产）的收益率变化与市场反向。

这就意味着在市场收益率上升时，投资者应当选择投资 β 系数大于 1 的资产，而当市场收益率下降时，投资者应当选择投资 β 系数小于 1 的资产，以最大化其投资收益。

第二节 套利定价模型

套利定价模型（Arbitrage Pricing Theory，APT）由罗斯在 1976 年提出，也是有关资本资产定价的模型。模型表明，资本资产的收益率是各种因素综合作用的结果，如 GDP 的增长、通货膨胀的水平等因素的影响，并不仅仅只受证券组合内部风险因素的影响。套利定价理论认为，证券收益是与某些因素相关的。在介绍套利定价理论之前，上文我们已经了解了因素模型，可以帮助我们更好地理解套利定价模型。

一、套利组合

根据套利定价理论，在不增加风险的情况下，投资者将利用构建套利组合的机会来增加其现有投资组合的预期收益率。那么什么是套利组合呢？

套利组合要满足以下三个条件：

条件一：套利组合要求投资者不追加资金，即套利组合属于自融资组合。如果用来表示投资者持有证券的比例变化，则该条件可以表示为：

$$x_1+x_2+\cdots+x_n=0 \tag{14.13}$$

条件二：套利组合对任何因素的敏感度为零，即套利组合没有因素风险。已知证券组合对某个因素的敏感度等于该组合中各种证券对该因素敏感度的加权平均数，因此，在单因素模型下该条件可表达为：

$$b_1x_1+b_2x_2+\cdots+b_nx_n=0 \tag{14.14}$$

在两因素模型下，条件二的表达式为：

$$b_{11}x_1+b_{12}x_2+\cdots+b_{1n}x_n=0$$
$$b_{21}x_1+b_{22}x_2+\cdots+b_{2n}x_n=0$$

在多因素模型下,条件二的表达式为:
$$b_{11}x_1+b_{12}x_2+\cdots+b_{1n}x_n=0$$
$$b_{21}x_1+b_{22}x_2+\cdots+b_{2n}x_n=0$$
$$\vdots$$
$$b_{k1}x_1+b_{k2}x_2+\cdots+b_{kn}x_n=0$$

条件三:套利组合的预期收益率应大于零,即:
$$x_1\bar{r}_1+x_2\bar{r}_2+\cdots+x_n\bar{r}_n>0 \tag{14.15}$$

【例 13-1】 某投资者拥有一个由 3 种股票构成的投资组合,3 种股票的市值均为 400 万元,投资组合的总价值为 1200 万元。假定这 3 种股票均符合单因素模型,其预期收益率 $\bar{r}_{ii}$ 分别为 14%、18% 和 11%,其对该因素的敏感度 b_i 分别为 0.7、2.9 和 1.6。请问该投资者能否修改其投资组合,以便在不增加风险的情况下提高预期收益率。

设 3 种股票市值比例的变化分别为 x_1、x_2、x_3。根据式(14.13)和式(14.14),我们有:
$$x_1+x_2+x_3=0$$
$$0.7x_1+2.9x_2+1.6x_3=0$$

上述两个方程有三个变量,因此有多个解。作为其中的一个解,我们令 $x_1=0.2$,则可解出 $x_2=0.138$,$x_3=-0.338$。

为了检验该解能否提高预期收益率,将其代入式(14.15)检验。式(14.15)的左边等于:
$$0.2\times0.14+0.138\times0.18-0.338\times0.11=1.566\%$$

由于 1.566% 为正数,因此我们可以通过卖出 405.6 万元的第三种股票(等于 -0.338×1200 万元),买入 240 万元第一种股票(等于 0.2×1200 万元)和 165.6 万元第二种股票(等于 0.138×1200 万元),使投资组合的预斯收益率提高 1.566%。

二、套利定价模型和资本资产定价模型的异同

(一) 套利定价模型和资本资产定价模型的相同点

两者均是为了给风险资产定价;资本资产定价模型可以看作是添加了部分约束条件后的套利定价模型的特例;两者都认为市场不会为投资者所承担的非系统性风险给予补偿,因为非系统性风险可以通过多样化投资组合消除;两者都假设市场的完善,无交易成本。

(二) 套利定价模型和资本资产定价模型的不同点

第一,对风险的解释程度不同。CAPM 模型中使用 β(单个证券或组合对市场收益

变动的敏感程度)衡量风险,是一种单因素模型,它只能告诉投资者风险的大小,却不能告诉投资者风险的来源。套利定价模型则是一个多因素模型,它告诉了投资者具体的系统性风险是什么并且告诉了系统性风险的具体影响程度。

第二,市场达到均衡的方式不同。资本资产定价模型强调理性的投资者与同质预期,因此人们在选择证券时只会接受相同风险时收益率最高的或相同收益率时风险最低的证券,同时放弃高风险低收益的项目,直到项目达到市场的平均收益水平。套利定价模型则是一种套利均衡机制,认为市场上的理性投资者只占一部分,他们会利用市场存在的套利机会获取无风险收益,最终实现市场均衡。

第三,假设条件不同。资本资产定价模型的假设条件相对套利定价模型而言更多更严恪,如对投资者的假设不同。

第四,适用性与实用性不同。资本资产定价模型适用范围较广,特别是一些对资本成本数额精确度要求较弱的企业,但实用性较弱,因为其对风险的解释程度低且假设条件较为苛刻。套利定价模型适用性较弱但实用性较强。

(三) 单因素模型的定价公式

投资者套利活动的目标是套利组合的预期收益率最大化(因为根据套利组合的定义,套利无须投资,也没有风险)。套利组合的预期收益率为:

$$\bar{r}_p = x_1 \bar{r}_1 + x_2 \bar{r}_2 + \cdots + x_n \bar{r}_n \tag{14.16}$$

但套利活动要受到公式(14.13)和公式(14.14)这两个条件的约束。根据拉格朗日定理,我们可建立如下函数:

$$L = (x_1 \bar{r}_1 + x_2 \bar{r}_2 + \cdots + x_n \bar{r}_n) - \lambda_0 (x_1 + x_2 + \cdots + x_n) - \lambda_1 (b_1 x_1 + b_2 x_2 + \cdots + b_n x_n) \tag{14.17}$$

L 取最大值的一阶条件时上式对 x_i 和 λ 的偏导等于零,即:

$$\frac{\partial L}{\partial x_1} = \bar{r}_1 - \lambda_0 - \lambda_1 b_1 = 0$$

$$\frac{\partial L}{\partial x_2} = \bar{r}_2 - \lambda_0 - \lambda_1 b_2 = 0$$

$$\cdots\cdots\cdots\cdots$$

$$\frac{\partial L}{\partial x_n} = \bar{r}_n - \lambda_0 - \lambda_1 b_n = 0$$

$$\frac{\partial L}{\partial \lambda_0} = x_1 + x_2 + \cdots + x_n = 0$$

$$\frac{\partial L}{\partial \lambda_1} = b_1 x_1 + b_2 x_2 + \cdots + b_n x_n = 0$$

由此可以得到均衡状态下 $\bar{r}_i$ 和 b_i 的关系:

$$\bar{r}_i = \lambda_0 + \lambda_1 b_i \tag{14.18}$$

这就是单因素模型下的 APT 定价公式,其中 λ_0 和 λ_1 是常数。

从公式(14.18)可以看出,$\bar{r}_i$ 和 b_i 必须保持线性关系,否则投资者就可以通过套利活动来提高投资活动的预期收益率。公式(14.18)可以用图 14-3 来表示。

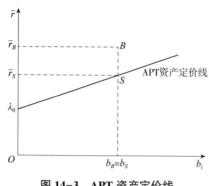

图 14-3　APT 资产定价线

从图 14-3 可以看出,任何不在 APT 资产定价线上的证券,都说明其定价是错误的,此时投资者会瞄准套利机会构建套利组合。所以如图上的 B 点位于 APT 资产定价线的上方,说明其预期收益率较高,投资者可以卖出 S 点所表示的证券,同时买入相同金额的 B 证券,从而形成套利组合。当投资者买入证券 B 时,证券价格会上升,随之预期收益率下降,直到落在 APT 资产定价线上为止。此时,证券价格处于均衡状态。

我们接下来解释一下公式(14.18)的 λ_0 和 λ_1。已知无风险资产的收益率等于无风险利率,即 $\bar{r}_i = r_f$。由于公式(14.18)适用于包括无风险证券在内的所有证券,而无风险证券的因素敏感度 $b_i = 0$,因此,根据公式(14.18),我们有 $\bar{r}_i = \lambda_0$。由此可见,公式(14.18)中的 λ_0 一定等于 r_f,因此,公式(14.18)可重新表示为:

$$\bar{r}_i = r_f + \lambda_1 b_i \tag{14.19}$$

为了理解 λ_1 的含义,我们考虑一个纯因素组合,其因素敏感度等于 1,即 $b_{p*} = 1$,将其代入公式(14.19),有:

$$\bar{r}_{p*} = r_f + \lambda_1$$
$$\lambda_1 = \bar{r}_{p*} - r_f \tag{14.20}$$

由此可见,λ_1 代表风险价格,即单位因素敏感度组合的预期收益率超过无风险利率的部分。为表达方便,我们令 $\delta_1 = \bar{r}_{p*}$,表示单位因素敏感度组合的预期收益率,因此我们有:

$$\bar{r}_i = r_f + (\delta_1 - r_f) b_i \tag{14.21}$$

(四)两因素模型的定价公式

用同样的方法可以得出两因素模型下的 APT 资产定价公式:

$$\bar{r}_a = \lambda_0 + \lambda_1 b_{a1} + \lambda_2 b_{a2} \tag{14.22}$$

由于无风险证券的收益率为 r_f,其对第一种和第二种因素的敏感度均为零,根据式(14.22),其预期收益率一定为 λ_0。由此可知,λ_0 一定等于 r_f,即:

$$\bar{r}_a = r_f + \lambda_1 b_{a1} + \lambda_2 b_{a2} \tag{14.23}$$

为理解 λ_1 的含义,我们考虑一个充分多样化的组合,该组合对第一种因素的敏感度等于 1,对第二种因素的敏感度等于 0。从式(14.23)可知,该组合的预期收益率 $\delta_1 = r_f + \lambda_1$,因此 $\lambda_1 = \delta_1 - r_f$。这样,式(14.23)就变为:

$$\bar{r}_a = r_f + (\delta_1 - r_f)b_{a1} + \lambda_2 b_{a2} \tag{14.24}$$

为理解λ_2的含义,我们考虑另一个充分多样化的组合,该组合对第一种因素的敏感度等于0,对第二种因素的敏感度等于1。从式(14.23)可知,该组合的预期收益率等于$r_f + \lambda_2$,因此,$\lambda_2 = \delta_2 - r_f$。这样,式(14.24)就变为:

$$\bar{r}_a = r_f + (\delta_1 - r_f)b_{a1} + (\delta_2 - r_f)b_{a2} \tag{14.25}$$

(五)多因素模型的定价公式

同样道理,在多因素模型下,APT资产定价公式为:

$$\bar{r}_a = \lambda_0 + \lambda_1 b_{a1} + \lambda_2 b_{a2} + \cdots + \lambda_h b_{ah} \tag{14.26}$$

如果用δ_b表示对第b种因素的敏感度为1,对其他因素的敏感度为0的证券组合的预期收益率,可以得到:

$$\bar{r}_a = r_f + (\delta_1 - r_f)b_{a1} + (\delta_2 - r_f)b_{a2} + \cdots + (\delta_h - r_f)b_{ah} \tag{14.27}$$

上式说明一种证券的预期收益率等于无风险利率加上 h 个因素的风险报酬。

第三节 资产定价模型的实证检验

对中国的众多金融投资者而言,选择什么样的金融资产是最重要的问题,也是最难的问题。为此,金融学家们提出了各种理论以解释金融资产价格的决定问题。马科维茨的资产组合理论提出来之后,经过一系列的发展形成了的今天完整的经典金融定价理论体系。CAPM 和 APT 的提出对全世界的金融理论研究和实践均产生了巨大的影响,也正因为其影响力大,所以围绕它们的争论一直不断。而大多数争论都是根据不同的实证检验结果进行的。由于相关文献非常多,本节只能列举一些主要的结论和证据。

一、传统 CAPM 模型的实证

自 20 世纪 60 年代 CAPM 提出以来,对它的实证检验就不断出现。西方早期的检验结果多为支持 CAPM 模型。如 Black,Jensen 和 Scholes(1972),Fama 和 Macbeth(1973),Blume 和 Friend(1973)等,这些文献都认为股票平均收益与估计的 β 值之间存在显著的正相关关系,市场组合是均值—方差有效组合。不过,后期的研究多对 CAPM 的有效性提出了质疑,Roll(1977)批判了对资本资产定价模型已有的检验,因为任何建立在不同于真正的市场组合的"市场组合"基础上的检验都不是对资本资产定价模型真正的检验。Basu(1977)提出了市盈率效应,研究证明了低市盈率公司组合与均值—方差有效的组合具有较高的收益,而高市盈率的公司组合恰恰相反。Banz(1981)提出了公司规模效应,研究结果表明规模因素的风险补偿基本为负,而且在统计上是显著的,说明小市值的公司组合与均值—方差有效的组合相比具有更高的收益,而大市值公司组合的收益则较小。对 CAPM 有效性检验最有影响的是 Fama 和 French(1992)。他们的研究意义之所以重大，在于他们对前期的各种 CAPM 异常现象进行了综合，使用 1962—1989 年之间的实证数据表明，即使 β 系数为唯一解释变量，CAPM 所预言的关系也不存在。后来他们在解释变量中引入了公司规模、账面价值/市场价值、账面资产/账面价值概念，最后得出结论——CAPM 不能说明近 50 年的平均股票收益，并提出了包括规模和净市值比的双因素模型。Kothari，Shanken 和 Sloan（1995）认为，Fama 和 French（1992）等人的结论在不同的分组识别技术（sorting technique）下不一定都成立。他们用年收益率替代月收益率来预测 β 系数并进行检验，检验结果无法否定年度 β 系数与收益正相关的假设。他们指出：Fama 和 French（1992）的研究主要集中在估计截面回归方程 β 因子的系数上，由于该系数在 FF 检验中有较大的标准差，故它在较大的置信度时有较大的取值范围，统计上不能认为其只能是负值。

国内关于 CAPM 的实证研究主要集中在对中国股票市场的适应性上。施东辉（1996）第一个运用 CAPM 对中国股票市场进行实证研究，对上海股票市场中 1993 年 4 月 27 日前上市的 50 只股票在 1993 年 4 月 27 日至 1996 年 5 月 5 日期间的双周数据进行了分析，结果表明：样本股票的系统性风险占总风险的平均比例高达 81.37%，远高于国外的平均水平。他认为在中国的股票市场中，系统风险在总风险中占比很大，同时各股票的价格也呈现出很大的波动性，这两个特征说明在中国的股票市场运用组合形式的多元化投资来分散风险的能力是有限的，而且非系统风险对中国股票的定价行为也有着重要的影响。屈文洲（2000）通过选取上海股票市场在 1994 年 1 月 4 日到 1998 年 12 月 31 日间的数据对模型进行了实证检验，在 CAPM 模型中 β 系数的分析和测量上，作者根据股市中的三种市场格局（上升，下跌和横盘）划分若干时间段进行分析，进而检验了 β 系数的解释能力。通过实证研究，得出结论：β 系数对市场风险在大部分时间有较显著的作用，但 β 系数与股票收益率的相关性不稳定，而且无风险收益率大部分时间是负值，零 β 值形式的 CAPM 比标准的 CAPM 具有更好的解释能力。靳云汇、刘霖（2001）选择沪深两市在 1996 年 12 月以前上市的 496 只股票作为研究对象，研究的时期为 1997 年 5 月 1 日至 2000 年 4 月 30 日，分别运用了普通最小二乘法、最大似然法以及广义矩方法对标准形式的 CAPM 进行检验，最后又对零 β 值形式的 CAPM 进行了检验，研究结果表明无论是否存在无风险资产，都不能否定代表市场组合的市场综合指数的有效性，股票收益率不仅与 β 系数之外的因子有关，而且与 β 系数之间的关系也不是线性的。

传统 CAPM 模型是建立在投资者对投资期限预期完全相同的基础上，对收益率的考虑也是在单一期限上进行的，而实际上不同投资期限的投资者对信息的接受与反馈速度有所不同，其面临的风险也就有所差异。CAPM 模型作为一个单一期限上的均衡模型，没有考虑到 β 系数的时变性，其所描述的系统风险也只是单一期限上的风险，无法体现资本市场中收益与风险间的多期限上的均衡关系，使它在资产定价方面存在着一定的局限性。

二、跨期 CAPM 模型的实证

大多数标准金融经济学理论假设之一就是投资者一旦做出投资决策，投资何时进入和退出市场的时间就已经确定，投资者将在单一期限下规划自己的投资行为，这一假设可追溯到现代金融经济学的起源，特别是 Markowitz 资产组合选择理论的发展上。而在实际投资中，投资者并不能确切地知道何时进入或退出证券市场，许多因素，例如证券市场行为、机会集(opportunityset)的改变、投资者预期调整、市场摩擦等都会影响到投资者对进入或退出市场的有效判断，进而导致投资者出现跨期投资，甚至出现非整数倍的投资时间现象，加大了投资者对跨期 β 系数测度的难度。

Sharpe 等人提出的 CAPM 模型是一个简洁优美的模型，指出市场组合是对于任何投资者都适用的最佳风险组合，然而，该模型基于很多严格的假设，其中一些假设甚至与真实世界不一致，因此受到了理论界的质疑和实践的挑战。Merton(1973)对 CAPM 备受批评的两点假设(单期模型与均异效率)进行了改进，从投资者最大化消费效用的假设前提出发，引入变动的投资机会集合，将原来的单期模型扩展为跨期模型，建立了跨期资本资产定价模型(ICAPM)，使 CAPM 更具一般性。在 Merton 的 ICAPM 中，投资者不再仅以单期投资均异效率为投资原则，还考虑本期以外的情况。总的来说，ICAPM 引入了更为实际的想法，即投资者在进行投资组合选择时，会同时考虑本期收益及未来可能的收益。

Scruggs(1998)以长期国债收益率作为状态变量，发现市场风险溢价与市场超额收益条件方差的关系显著为正，ICAPM 对股市具有良好的解释能力；Guo(2006)等将预期收益分为市场风险成分和跨期风险成分，发现预期收益主要受跨期风险成分影响，投资机会变动和投资者的跨期对冲需求对资产超额收益起到关键作用；Lundblad(2007)采用 1836—2003 年美国长期股市数据研究证实 ICAPM 具有良好的解释能力。

丁志国、苏治和杜晓宇(2008)对跨期条件下 β 系数时变的存在性问题进行了深入探讨，他们基于共同期望等基本理论的假设，采用无套利分析方法推导 CAPM 跨期悖论，从而在理论上证明了 β 系数跨期时变的存在性，并把这作为对资本资产定价理论进一步演绎的一个尝试。

赵国庆(2009)站在 Merton(1973)的 ICAPM 角度，对波动率与收益率的关系进行分析，通过选择不同的窗口长度、模型和变量，以及套期保值和结构转移的角度，得出收益率和波动率之间的相关关系不统一的结果。

三、股权溢价难题

股权溢价之谜(the equity premium puzzle)最早由梅赫拉(Rajnish Mehra)与普雷斯科

特(Prescott)于1985年提出,他们通过对美国过去一个多世纪的相关历史数据分析发现,股票的收益率为7.9%,而相对应的无风险证券的收益率仅为1%,其中溢价6.9%,股票收益率远远超过了国库券的收益率。进一步,又对其他发达国家1947—1998年的数据分析发现同样存在不同程度的溢价。

(一) 预期收益率与实际收益率

在2002年发表的一篇论文中,法马和弗伦奇(Fama & French, 2002)给股权溢价难题提供了一种较具说服力的解释。他们计算了1872—1999年美国的平均无风险利率、股票平均收益率以及风险溢价,结果发现,1872—1949年,风险溢价只有6.2%,而1950—1999年,风险溢价高达8.41%。他们还对根据实际平均收益率计算风险溢价提出了质疑。他们用不变增长率的股利贴现模型(参见本书第六章)来估计预期收益率,结果发现1872—1949年间,用股利贴现模型估计的预期风险溢价与根据实际平均收益率计算出来的风险溢价相差无几,但在1950—1999年间,前者则大幅小于后者。这说明在1950—1999年间过高的平均超额收益率实际上超过了投资者在投资决策时所期望得到的水平。因此他们认为股权溢价难题至少部分是由于近50年来意外的资本利得过高所致。

法马和弗伦奇认为,在估计预期资本利得时,用股利贴现模型比根据实际平均收益率更可靠,理由包括以下三个方面:①1950—1999年间实际平均收益率超过了公司投资的内部收益率。如果这种收益率代表了事前的预期,那么根据公司财务的基本原理,我们只能得出公司愿意进行净现值为负的投资这样一个不可思议的结论。②用股利贴现模型进行估计的统计精确性要远高于使用历史平均收益率,后者的标准误(2.45)是前者(1.03)的2.4倍左右。③在计算单位风险报酬(夏普比率)时,用股利贴现模型远比根据实际收益率稳定。在1872—1949年间和1950—1999年间,前者估计的夏普比率分别为0.23和0.21,而后者估计的夏普比率分别为0.24和0.51。如果投资者的总体风险厌恶系数不随时间变化,夏普比率应该较为稳定才对。

(二) 幸存者偏差

股权溢价难题是从美国股市发现的。我们有理由相信,根据美国股市估计的风险溢价存在幸存者偏差(survivorship bias)问题,因为半个世纪前谁也不知道美国会成为世界上无人匹敌的霸主,也不知道第三次世界大战没有爆发,更不知道科技进步如此之快。当时投资者担心的很多灾难都没有发生,而原来意想不到的奇迹却发生了,这就是幸存者偏差。

为了进一步研究这个问题,朱日恩和戈兹曼(Jurion & Goetzmarm, 1999)收集了39个国家1926—1996年间股票市场升值指数的数据,结果发现美国股市扣除通货膨胀后的真实收益率在所有国家中是最高的,年真实收益率高达4.3%,而所有其他国家的中位数是0.8%。

重要概念

分离定理　共同基金定理　市场组合　资本市场线　证券市场线　β系数　特征线　资本资产定价模型　多因素资本资产定价模型　条件资本资产定价模型　零贝塔组合　套利定价理论　因素模型　三因素模型　套利组合　流动性溢酬　收益率异常　数据挖掘倾向　股权溢价难题　幸存者偏差

推荐书目

[1] Sharpe, W. Capital asset prices: a theory of market equilibrium under conditions of risk[J], Journal of Finance, 1964, 19: 425-442.

[2] Ross S A. The arbitrage theory of capital asset pricing[J]. Journal of Economic Theory, 1976, 13: 341-360.

[3] Mehra R, Prescott E. The equity premium puzzle[J]. Journal of Monetary Economics, 1985, 15: 145-161.

[4] Da Z, Guo R, Jagannathan R. CAPM for estimating the cost of equity capital: Interpreting the empirical evidence[J]. Journal of Financial Economics, 2012, 103: 204-220.

参考文献

[1] Amihud Y, Mendelson H. Asset pricing and the bid-ask spread[J]. Journal of Financial Economics, 1996(17): 223-249.

[2] Amihud Y, Bent J C, Mendelson H. Further evidence on the risk-return relationship[D]. Graduate School of Business Stanford University, 1992.

[3] Black F. Capital market equilibrium with restricted borrowing[J]. Journal of Business 1972, 45: 444-455.

[4] Black F, Jensen M C, Scholes M. The capital asset pricing model: some empirical tests[J]. Social Science Electronic Publishing.

[5] Chen N, Roll R, Ross S. Economic forces and the stock market[J]. Journal of Business, 1986, 59: 383-403.

[6] Chordia T, Roll R, Subrahmanyam A. Commonality in liquidity[J]. Journal of Financial Economics, 2000, 56: 3-28.

[7] Engle R F. Autoregressive conditional heteroskedasticity with estimates of the variance of U. K. inflation[J]. Econometrica, 1982, 50: 987-1008.

[8] Fama E F, French K R. Common risk factors in the returns on stocks and bonds

[J]. Journal of Financial Economics, 1993, 33: 30-56.

[9] Fama E F, French K R. Multifactor explanations of asset pricing anomalies[J]. Journal of Finance, 1986, 51: 55-84.

[10] Fama E F, French K R. Size and book-to-market factors in earnings and returns[J]. Journal of Finance, 1995, 50: 131-155.

[11] Fama E F, French K R. The equity premium[J]. Journal of Finance, 2002, 57: 637-659.

[12] Fama E F, French K R. The cross section of expected stock returns[J]. Journal of Finance, 1992, 47: 427-466.

[13] Fama E, MacBeth J. Risk-return and equilibrium: empirical test[J]. Journal of Political Economy, 1973, 81: 607-636.

[14] Heaton J, Lucas D. Portfolio choice and asset prices: the importance of entrepreneurial risk[D]. Northwestern University, 1997.

[15] Jaganathan R, Wang Z. The conditional CAPM and the cross-section of expected returns[J]. Journal of Finance, 1996, 51: 3-54.

[16] Jorion P, Goetzmarm W N. Global stock markets in the twentieth century[J]. Journal of Finance, 1999, 54: 1015-1044.

[17] Murtazashvili, Vozlyublennaia N. The performance of cross-sectional regression tests of the CAPM with non-zero pricing errors[J]. Journal of Banking & Finance, 2012, 36: 1057-1066.

[18] Kandel S, Stambaugh R F. On correlations and inferences about mean-variance efficiency[J]. Journal of Financial Economics, 1987(18): 61-90.

[19] Kothari S P, Shanken J, Sloan R G. Another look at the cross section of stock returns[J]. Journal of Finance, 1994, 49: 101-121.

[20] Lintner J. Security prices, risk and maximal gains from diversification[J]. Journal of Finance, 1965, 20: 587-615.

[21] Lintner J. The valuation of risk assets and the selection of risky investments in stock portfolio and capital budgets[J]. Review of Economics and Statistics, 1965, 47: 13-37.

[22] Lintner J. The aggregation of investor's diverse judgments and preferences in purely competitive security markets[J]. Journal of Financial and Quantitative Analysis, 1969(12): 347-400.

[23] Mehra R, Prescott E. The equity premium puzzle[J]. Journal of Monetary Economics, 1985(15): 145-161.

[24] Merton R. An intertemporal capital asset pricing model[J]. Econometrica, 1973,

41: 867-888.

[25] Scholes M. Rate of return in relation to risk: are-examination of some recent findings [C]//Michael Jensen ecL Studies in the Theories of Capital Markets, Praeger New York. 1972.

[26] Mossin J. Equilibrium in a capital asset market [J]. Econometrica, 1966, 34: 768-783.

[27] Pagan A, Schwert G W. Alternative models for conditional stock volatility [J]. Journal of Econometrics, 1990, 45: 267-290.

[28] Roll R. A critique of the asset pricing theory's tests part I: on past and potential test ability of the theory [J]. Journal of Financial Economics, 1977(4): 129-176.

[29] Roll R, Ross S A. On the cross-sectional relation between expected return and betas [J]. Journal of Finance, 1994, 49: 101-121.

[30] Ross S A. The arbitrage theory of capital asset pricing [J]. Journal of Economic Theory, 1976(13): 341-360.

[31] Sharpe W. Capital asset prices: a theory of market equilibrium under conditions of risk [J]. Journal of Finance, 1964, 19: 425-442.

[32] 林海. 中国股票市场价格波动率的实证研究 [D]. 厦门大学硕士论文, 2001.

习 题

1. 某投资组合的预期收益率为8%，市场组合的预期收益率为5%，无风险利率为2%，请问在均衡状态下该投资组合的β系数应等于多少？

2. 某固定资产投资项目初始投资为20000万元，未来14年内预计每年都会产生350万元的税后净收益，14年后报废，残值为0。该项目的β值为1.6，市场无风险利率为5%，市场组合的预期收益率为13%。请问该项目的净现值等于多少？当该项目的β值超过多少时，其净现值就会变成负数？

3. 请判断以下陈述正确与否，并解释原因：

(1) β值为0的股票，其预期收益率也等于0。

(2) CAPM理论告诉我们，波动率越大的股票，其预期收益率应越高。

(3) 为了使你的投资组合的β值等于0.7，你可以将70%的资金投资于无风险资产，30%投资于市场组合。

4. 假设由两种证券组成市场组合，它们的期望收益率、标准差和比例如表14-2所示。

表14-2 两种证券的期望收益率、标准差和在组合中的比例

证券	期望收益率(%)	标准差(%)	比例
A	15	23	0.60
B	22	26	0.55

基于这些信息，并给定两种证券间的相关系数为0.3，无风险收益率为5%，写出资本市场线的方程。

5. 假设无风险利率为8%，某个风险资产组合的预期收益率为21%，其β系数等于3。根据CAPM：

(1) 市场组合的预期收益率等于多少？

(2) $\beta=0$的股票的预期收益率应为多少？

(3) 某股票目前的市价为40元，其β值为-0.6，预计该股票1年后将支付2元红利，期末除权价为45元。请问该股票目前的价格是被高估还是被低估？

6. 在单因素指数模型中，某投资组合与股票指数的相关系数等于0.88。请问该投资组合的总风险中有多大比例是非系统性风险？

7. 假设影响投资收益率的是两个相互独立的经济因素F_1和F_2。市场的无风险利率为4%，组合A对F_1和F_2的β系数分别为1.5和2.3，预期收益率为33%。组合A对对F_1和F_2的β系数分别为1.9和-0.4，预期收益率为24%。请根据APT写出预期收益率和β之间的关系。

8. 假设影响投资收益率的只有一个因素，E、F、G三个投资组合都是充分分散的投资组合，其预期收益率分别为15%、7%和10%，β值分别等于1.4、0.4和0.3。请问有无套利机会？如果有，应如何套利？

9. 假设影响投资收益率的只有一个因素，A、B两个组合都是充分分散的，其预期收益率分别为15%和7%，β值分别等于1.6和0.3。请问无风险利率应等于多少？

10. 一位投资学的学生认为："一种具有正的标准差的证券必然提供大于无风险利率的期望收益率，否则，为什么会有人持有它呢？"根据资本资产定价模型，判断他的陈述是否正确，并解释原因。

11. 如果套利定价理论是有用的理论，那么经济体系中系统因素必须很少，为什么？

第十五章 金融市场风险与监管

◆ 本章概要:
1. 正确认识金融市场所面对的风险,包括系统性风险以及非系统性风险。
2. 金融市场的若干问题。
3. 各国金融市场的监管模式以及适合我国的监管模式。

◆ 重点难点:
1. 了解金融市场风险
2. 了解金融市场监管
3. 了解金融市场监管模式
4. 了解国外金融市场监管
5. 了解中国金融市场监管制

第一节 金融市场风险

一、中国金融市场的市场风险

市场经济是以公平竞争为基础,以金融为中心,以市场为核心的法制经济。金融市场是政府、企业、公众投资者、中介服务机构有机组成的,互相激励和约束的特殊市场,也是以资金盈余部门有序流向资金赤字部门的桥梁。资金盈余部门包括家庭住户、金融机构及一些有资金盈余的企业等公众投资者,中国现阶段主要是家庭住户(散户)投资者。资金赤字部门包括广大的中小企业,特别是民营投资者。一方面,理性的公众投资者给金融市场提供资本是为了最大限度地让资本价值最大化;理性的融资者在金融市场选择不同的金融品种进行有效融资是为了最大限度地减少融资成本。另一方面,任何金融市场投资者都将面临两类风险。一类是市场风险或叫系统风险,包括政治风险和利率风险。这类风险也与金融市场本身的成熟程度相关。市场越成熟,市场风险越小,市场越不成熟,市场风险越大。市场风险的危害性特别大,一旦大规模发生，不仅给投资者带来极大的损失和伤害，而且给整个金融市场带来灾难性的破坏。广大投资者很难进行市场风险的管理，必须通过政府规范市场、打击恶意操纵市场的各种违规行为，进行综合治理，使市场在公开、公平、有序的条件下进行。另一类是股权风险或非系统风险，包括经营风险和违约风险等。公众投资者可通过分散投资组合等手段来控制和管理这类风险。中国金融市场是在以计划经济体系向市场经济体系转型的特定历史条件下建立起来的政策性很强的市场，发展时间很短、制度不健全、投机成分多、泡沫重、潜在的市场风险大，应认真研究和有效解决。

二、中国金融市场若干问题

（一）企业融资方面的突出问题

(1) 上市公司整体效益不高。

中国上市公司是审批制。在选择的上市公司中，大部分是负债偏高的国有老企业，高新技术企业和盈利创值能力强的民营企业比例不大。入世以后，中国企业竞争力面临严重的考验。同时，产业导向不明确、结构不合理，上市公司退出机制不健全，只要有了上市权，无论绩优否均很难被市场淘汰。因此，上市公司看重的是上市后可获得融资成本很低的资金的权力，而不是获得增加公司创值和创利的竞争能力，导致了整个金融市场存在巨大的市场风险。

由于中国上市公司造假成本低，上市公司造假的面较大。虽然一些上市公司资本与利润不断增加，但能有效地保证企业投资的优化选择、提高资本效益的创值潜在能力显著下降。反映在一些公司"圈钱买利润"的资本粗放低效率行为不断加剧，使企业资本规模过度膨胀，远远偏离了其创值优化水平。企业为投资者创造的利润收益小于资本的机会收益。这样，企业圈占的资本越多，广大投资者机会收益的损失越大，被耗掉的资本价值越高。投资者投资不带来潜在的创值收益，理性投资者必然放弃对公司长期投资而改为投机。所以，中国股市投机成分很重，市场风险日趋严重。

(2) 上市公司资本结构不合理。

根据资本成本构成理论及美国等西方发达国家的经验，内部融资所需时间、精力和其它融资成本远远小于外部融资所需时间、精力和成本。企业最优融资策略的顺序安排是首先选择内部融资，然后选择外部融资。外部融资顺序中应首先选择企业债券，然后才是股权融资，最后选择银行信贷。近年来，美国企业债券融资高达48%，股权融资占30%左右，两项融资占外部融资总额的78%左右，而银行信贷只占22%。而对中国企业来说，银行信贷高达82%，其他两项融资之和只占融资总额的18%左右。中国企业过分依赖银行，一旦企业资不抵债甚至破产，对银行的影响十分严重，从而加大了银行的市场风险。中国股市实行审批制，企业其他融资渠道不畅，大部份企业主要依靠国有四大银行贷款融资。在贷款的发放上，由于银行和企业都是国有的，因此上级主管部门说贷给谁、贷多少，银行就贷给谁、贷多少。由于信息的不对称性和存在道德风险，银行不知道能否收回本息。更为严重的是，由于缺乏严格的信誉制度和项目审查制度，有些贷款没有投入升值潜力大的项目，而直接流入股市，一方面增大了银行的资金风险和压力，另一方面加大了股市的泡沫成分和市场风险。虽然有些上市公司创值创利能力不高，但有上市这个"壳"资源，很方便在金融市场融资。上市公司融资的使用效率却不高，真正用于企业发展的资金只占融资的70%左右。一些企业将企业融来的宝贵资金拿去炒作自己企业的股票，导致股市信息严重失真，股票价格大幅偏离实际企业价值。按沪深两市A股上市公司2016年每股收益计算，平均市盈利率高达30多倍。中国股市泡沫过多、投机成分过重，进一步加剧了股市的市场风险。

(二) 其他方面的问题

(1) 不利于现代公司结构治理。

现代企业的明显特征是企业所有权和经营权相分离。在委托—代理模型中，国有企业上市公司国有股一股独大，不能完全实现政企有效分开，产权模糊，法人财产得不到保证，无法建立行之有效的激励—约束机制，从而导致"委托—代理"冲突和内部人控制等问题。由于信息不对称和存在道德风险，企业利润最大化、股东权益最大化和经理人员个人效用最大化不能得到有机统一。经理人想方设法做假账、虚报利润，在银行贷款和在股市上圈钱以满足个人目前利益和效用，不考虑企业长远利益和投资人的根本利益，导致企业利润严重下滑甚至资不抵债，加剧了整个金融市场的市场风险。

(2) 不利于政府的宏观调控。

金融市场除了企业融资、投资、资本经营等功能外，还应在国家产业结构、政策导向上起到宏观调控和信号传递作用。中国银行公众存款余额高达8万多亿元，国家经过连续8次降低存贷款利率，目的是通过宏观调控将储蓄存款有效地转化为投资，特别是科技含量高的风险投资。一方面，中国金融市场风险大，为规避风险，公众投资者宁可牺牲收益将钱放在银行也不愿意冒极大市场风险在有限的金融市场投资。另一方面，作为上市公司的理性投资者，他(或她)的必然选择是放弃长期对企业投资，把资本转移到机会成本最低的地方，创造较高的收益。总之，中国金融市场规模小、品种不全，市场风险大，对政府经济政策不敏感，对经济结构宏观调控传导作用不明显。

第二节　金融市场监管

(一) 尽快建立起金融风险预警系统

所谓金融风险预警主要是对金融运行过程中可能发生的金融资产损失和金融体系

遭受破坏的可能性进行分析、预报，为金融安全运行提供对策建议。金融风险预警系统主要是指各种反映金融风险警情、警兆、警源及变动趋势的组织形式、指标体系和预测方法等构成的有机整体，以经济金融统计资料为依据，以信息技术为基础，是国家宏观调控体系和金融风险防范体系的重要组成部分。一般来说，一个健全的、良好的金融风险预警系统能够体现以下要求：能够充分反映全国、区域、地区经济金融运行和景气波动的基本态势；能够灵敏反映全国、区域、地区范围内金融风险的程度及变动趋势；能够完整地体现系统内各层次、各子系统之间相互配合、相互分工的要求，彼此不产生摩擦和重复；系统内组织体系健全，覆盖面广。

科学的金融风险预警体系，必须要设置可行的预警指标，而这些指标既能够体现适应性、充分性、稳定性、一致性的特点，又能明显反映出预警对象的内容，并且能随着经济金融环境的变化对指标值作出相应的调整。预警指标的内容应该包括金融性技术指标、经济性技术指标和社会性指标，同时，不同类型的金融机构和不同的预警区间其预警指标的设置也应不同，指标的设置要考虑侧重点。一般来说，不良贷款率、资产流动比率、盈亏状况、资本充足率、内控完善程度、市场风险水平、股价变动、汇率上升等应是主要的预警指标。借鉴世界各国金融风险防范经验，结合中国金融业的风险实情，我国金融风险预警系统大致可分为三个层次，即国家宏观预警系统、区域预警系统、地区预警系统。由于层次不同，其指标也应有所不同。

目前理论界对金融危机预警系统的研究还不多，主要有两种基本方法：一种是传统的概率分析法，另一种是最近由国际货币基金组织工作人员 C. 卡明斯基等人提出的信号分析法。两种方法各有利弊。概率分析法根据所构造的模型，将各种指标数值同时代入来计算危机发生的概率，因此具有结论明确的优点。但它不能说明导致危机的宏观经济问题何在，严重程度如何，因而不利于对危机的监控与预防。信号分析法则具有政策含义强烈的优势，能为危机预警系统提供明确监测范围与警戒区间，揭示危机发生的根源，为各国政府与国际社会进行监控、协调并采取相应的防范措施提供指南。但它有一个明显的缺陷，即不能明确地预测危机发生的概率，而这正是概率分析法所具有的特点。因此，若能将这两种分析方法结合起来，便能优劣互补，使金融危机的监测工作日臻完善。

（二）提高金融机构的资本充足率

国际上金融监管当局把金融机构的资本充足性作为一项重要的监管内容，《巴塞尔协议(1998)》还把资本金与风险资产比例达到8%作为商业银行资本充足率的目标，并要求在1992年底达到这一目标。在国际上若一家金融机构的资本充足率低，就可能在业务上受到歧视，包括被评级机构评为低级或降级，使其在金融市场上处于不利地位，金融监管当局将限制其业务范围及分支机构的扩大。与国际上的作法相比，我国近年来虽然强调了资本充足率的要求，但还存着较多的问题。第一，资本充足率不充足。

以银行业为例，我国工、农、中、建、交五大商业银行除交通银行外，其他银行的资本金与风险资产的比率均未达到8%的要求。并且我国银行中主要是核心资本，附属资本如资产重估储备、未公开储备、呆帐准备等几乎没有。造成我国金融业资本充足率低的原因：①机构设立之初国家拨付的资本金不足；②筹集资本金的渠道过窄，多年来财政入不敷出，已无力向金融机构增拨资本金，而金融机构的股份制又不发达，不能很好地利用增资扩股的方式扩充资本金；③金融机构盈利水平低或者虽有盈利但要上划财政，无法转增资本金。第二，人们对资本金的必要性认识不足。有些金融机构在资本金极低或资本金已为负值的情况下仍在经营运作。第三，金融机构的透明度低。低资本充足率并不影响其在金融上的融资活动。第四，社会公众的金融风险意识弱。有相当多的人认为任何一个金融机构都是国家办的，都无破产之虞，故对金融机构的抗风险能力漠不关心。

我国金融机构的低资本充足率以及补充渠道狭窄使我国金融机构抗风险能力减弱，必须加以解决。由于资本充足率等于资本与风险之比，故可采用分子法和分母法或二者同时并用来解决。

采用分子法即设法拓宽资本金的筹集渠道：

(1) 政府可发行一些金融债券，将所筹资金作为资本金拨付给金融机构；

(2) 单一国有制的金融机构要进行股份制改造，吸收法人、个人入股，这是最重要、最可行的增资渠道；

(3) 将银行承担的，由国家直接提供资金来源的一些政策性贷款纳入银行资本金的计算范围；

(4) 财政要适当让利，使金融机构业有较多的盈利，转增核心资本。

采用分母法就是强制性地、适当地延缓资本不足的金融机构的资产增长速度，使其资产增长速度慢于资本扩张速度，以此提高资本充足率。同时要进一步大力推广增加担保、抵押放款，减少信用放款，以及要求金融机构较多地购置国债资产等降低风险资产数量，从而因风险资产数量的降低相应提高资本充足率。也可以将分子法和分母法同时并用。

(三) 加快化解金融业的不良资产

改革开放以来，随着我国金融业机构种类、资产规模的扩大，长期积累且最难化解的一个问题严峻地摆在我们面前，即金融业资产质量问题。近年来，我国银行业，特别是国有商业银行中长期资产信贷质量持续下降，成为当前最突出的问题、最突出的风险。目前国有商业银行的不良贷款逾期、呆滞、呆帐贷款占全部贷款余额的比例接近28%。分地区来看，不发达地区国有商业银行的不良贷款率明显高于发达地区，有的比45%还多。2017年，我国国有银行不良贷款，大体上有8326亿元左右，并且资产信贷质量仍在下降，有许多地区银行上报的不良贷款统计数据是经过处理的，实际统计数字还要更大。据调查,在我国现有的银行贷款中,20%本息收不回,30%只收息不能收本,只有50%左右的贷款才能较正常地周转收回,这种状况若持续下去,必然使国有银行资产大量变成低质量和无法收回的软资产。另外,信贷质量下降的另一表现是,国有商业银行应收未收利息大量增加,目前累计达数千亿元。同时,我国银行的财务风险增大,主要表现在国有商业银行资本金严重不足和经营利润虚盈实亏两方面。一方面,目前国有商业银行资本充足率不足6%,已经低于8%的国际最低标准,由于银行的资产增长速度大幅高于其资本的增长速度,资本充足率还将继续下降。另一方面,自1993年以来,财务制度将巨额的银行应收未收利息作为收入来反映,造成部分银行虚盈实亏。如建设银行总行反映,虽然从1993年以来帐面上年年有利润,但若扣除应收未收利息划作收入的部分,实际年年都亏损。资本金比例过低和经营上的虚盈实亏,导致国有商业银行抗风险能力每况愈下。

(四)积极参与和组织国际性货币联盟

在开放经济中,这一措施安排是十分必要的。国际货币基金组织、欧盟等对其成员国负有提供金融援助的责任,在某个成员国出现汇率动荡等金融危机而本国不能有效应付的情况下,可以请求这些国际性货币联盟予以援助和支持。这是防止金融危机加剧或处置金融危机的一种制度选择。1994年末墨西哥金融危机的平息与以美国为首的西方7国给予的一揽子援助是分不开的。美联储与14个国家的中央银行与国际银行都签订了外汇互换协议,在困难时可获取外汇资产,以影响国内的流动性。1996年亚洲7国中央银行签订美元国债回购协议,承诺对协议国在外汇储备流动性不足时进行援助和支持,中国人民银行作为签约行,进入地区性中央银行合作序列。中国虽然作为国际货币基金组织的成员国,但还应该立足自我以应付和处置金融危机。

(五)加速企业制度性变革,降低企业负债率

国有企业的大量不良债务形成国有银行的不良资产,增大了国有银行的风险。防范与控制风险应着重解决企业的不良债务问题。企业债务问题的重要性不仅是债务率高低的问题,不仅在于与国际上企业一般负债率50%~60%相比,国企负债率达到83%~13%,也不仅在于要将债务率降至国际水平目前尚缺乏近2万亿元资金,而是在于企业的负债成本8%与资本收益4%的悬殊对比,在于造成越生产越亏损,债务越积累的恶性循环的企业制度。因此,商业银行系统性信用风险的防范与控制必须与建立现代企业制度结合起来。应加快效益好、有发展潜力的国有股份制改造步伐,以实现其经营机制的转变;对已完成股份制改造的企业应完善其法人治理结构,以减少由国有资产代表缺位造成的内部人控制和国有资产流失问题。

(六)加快金融体制转轨步伐,改革国有专业银行

产权制度允许公有法人参股银行,既充实资本金,又有助于培育具有独立财产权利的、按市场原则经营资金的商业银行。在向新体制转轨的过渡期中,通过推进信贷

资产证券化，实现银行债务重组，增强银行资金的流动性与支付能力；通过允许商业银行发行长期债券，增加附属资本比重，提高资本充足率以防范风险。

第三节　金融市场监管模式

纵观当今世界各国的金融监管实践，金融监管有四种主要模式，即美国模式、中国香港模式、澳洲模式和英国模式。

（一）美国模式——专业监管模式

美国的金融监管体系较为复杂，可归为双线多头和伞形监管模式。美国金融监管采用联邦法和州法双轨制度，即双线多头监管模式。"双线"是指监管中有联邦政府和州政府两条主线；"多头"是指有多个履行金融监管职能的机构。在银行业监管中，双线多头表现得最为明显，两条线表现为联邦政府机构管理在联邦注册的国民银行，而州政府监管机构管理在州注册的商业银行（图15-1）。

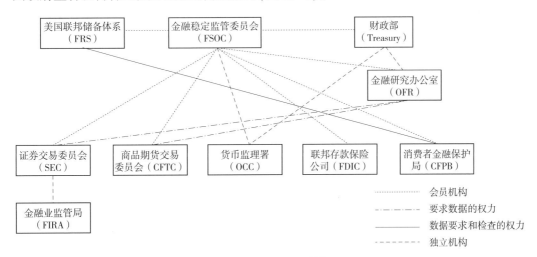

图15-1　美国金融监管框架

另外，任何一家银行都要受到多个监管机构的监管。如果是国民银行，在成立时，先要到隶属于美国财政部的货币监理署办理注册登记手续，得到其审查批准后该银行才能营业，国民银行的运营还受其制定的有关资本运营、贷款结构、存款安全等业务经营方面的条例的监管。作为国民银行，还必须加入联邦储备体系，成为联邦储备体系的会员，接受美联储的监管。同时，国民银行必须要向联邦存款保险公司投保，接受联邦存款保险公司的监管。如果是州立的商业银行，其接受的监管要视情况而定。加入美国联邦储备体系的州立商业银行，相应地要受到美联储的监管，向联邦存款保险公司投保，就得接受联邦存款保险公司的监管，最后要受到州银行监管机构的监管；没有加入美国联邦储备体系的州立商业银行，其主要受到联邦存款保险公司和州银行监管机构的监管。

与银行业的监管相比,证券业和保险业的监管者相对比较单一。证券机构主要由联邦层级的证券交易委员会(SEC)监管,证券交易委员会主要对证券业进行监管,它的主要目标是保护投资者的利益,只监管投资银行和资产管理公司的证券经纪业务,不监管其他投资银行业务。

保险公司则主要由州监管机构进行监管,联邦政府几乎没有介入监管。1999年美国通过了《金融服务现代化法案》,美国的金融监管出现了一些新变化,从理论上打破了美国金融业分业经营的壁垒,结束了自1933年以来美国金融业分业经营的状况。为实现混业经营,美国采用的是一种新的公司组织形式——金融控股公司。金融控股公司不同于之前分业经营的各单一组织,通过设立子公司的形式经营多种金融业务,但是金融控股公司本身并不开展业务,其主要职责是向州银行厅申领执照,对集团公司和子公司进行行政管理。

对于金融控股公司这种伞状结构,监管当局设计了一种"伞形"的监管体制,美联储被赋予伞式监管职能,成为金融控股公司的基本监管者,负责对银行或金融控股公司的法人主体进行监管,而金融控股公司中的子公司仍大体沿用分业监管模式。在"伞形"监管模式下,金融控股公司分为银行类子公司和非银行类子公司,分别保持原有的监管模式。

银行类子公司继续按历史沿革,由之前提到的不同监管者监管。从联邦监管层来看,国民银行由货币监理署、美联储、联邦存款保险公司监管;州立银行中的联储会员银行由美联储和联邦存款保险公司监管,非会员银行由州银行监管办和联邦存款保险公司监管。非银行类子公司,根据所从事业务的性质不同由证券交易委员会、州保险监管署和商品期货交易委员会分别监管证券、保险和期货子公司,这些非银行子公司的监管者统称为功能监管者。

如果把这种金融控股公司的监管框架看作"伞形"监管的话,那么美联储位居伞顶,包括银行监管人在内的各功能监管者居于伞骨。居于伞顶的美联储主要对金融控股公司的风险管理和金融业的稳健运营进行全面的评价。

(二)中国香港模式——与美国的模式相近

中国香港政府历来奉行对经济活动不加干预的自由放任的经济政策,随着几次重大金融危机的发生,为保持香港金融业的稳定发展,香港政府逐渐加强了对金融业的监督和管理。中国香港政府对金融的监管主要经历了三个阶段,即"行业自律主导"阶段(19世纪末—20世纪60年代)、"积极不干预"阶段(20世纪60年代末—90年代末)、"大市场、小政府"阶段(20世纪90年代末至今)。

当前中国香港地区实行混业经营、分业监管的金融监管模式,已形成由金管局、香港银行咨询委员会、香港银行公会组成的监管体系。同时,中国香港私人银行需要接受证券及期货事务监察委员会、保险监理处的监管，对应的条例涉及《证券及期货条例》和《保险公司条例》。在具体实践中，香港地区实行分级监管、连续监管模式，并在长期发展过程中，形成了较为完善的监管制度体系。

中国香港地区监管机构包括政府监管机构和行业自律协会两个。具体而言，政府机构在监管中扮演着"管理者"和"协调者"角色，而行业自律协会则专注于审查、控制自身内部风险，在监管实践中，两类机构分工明确、各尽其职。政府监管机构包括金管局、证监会、保险业监理处及强制性公积金计划管理局。行业自律协会主要指香港银行公会、香港交易所和香港保险业联合会，它们在监管上并没有强制性。政府机构监管和行业协会自律两个层次相互配合，行业协会坚持协调、协商的定位，香港金管局坚持现场检查、非现场检查、"CAMEL"评级、审慎监管会议等"以风险为本"的监管定位。

(三) 澳洲模式——双峰模式

澳大利亚拥有两个政府部门对其金融体系进行执法监管和日常管理，分别为澳大利亚证券及投资委员会和澳大利亚审慎监管署。从整体协调监管金融市场的角度出发，这两个机构与澳大利亚联邦储备银行和澳大利亚财政部组成了金融监管理事会，促进成员之间的沟通协作，以保障法治轨道上的金融稳定以及资本市场的健康发展。

1. 证券与投资委员会

根据澳大利亚《证券投资委员会法案》，澳大利亚证券与投资委员会于2001年成立，依法独立对公司行为、投资行为、金融产品与服务进行监管，以保护澳大利亚金融市场的诚信和公平以及金融消费者权益。其监管范围包括银行、证券、保险、外汇零售等金融行业。在日常工作方面，澳大利亚证券与投资委员会负责公司和托管投资计划的注册，为金融市场的参与者进行审查登记、发放金融服务和信贷牌照、检查合法经营、注册金融行业从业者和审计师资格、跟踪金融机构公开信息披露，以及实时监管金融市场持牌运营商和清算及结算持牌服务商的交易，对任何在澳大利亚金融市场上发生的涉嫌违法的交易行使行政执法权。澳大利亚证券与投资委员会于2002年成为国际证监会组织(IOSCO)执行委员会决策层成员之一。Donovan 和 Gorajek(2011)指出完善的监督体制和高效的执行力使得澳大利亚证券与投资委员会被世界公认为最严格、最健全、最具消费者保护力的监管机构之一。

2. 澳大利亚审慎监管署

1998年7月，《澳大利亚审慎监管局法》《银行法》《保险法》《养老金行业管理法》《金融管理和责任法》等法案明确了澳大利亚审慎监管署可以对其监管的金融机构及所有分支机构制定相应的审慎规则，监管范围扩张至金融服务公司、银行控股的基金公司等吸储机构。将审慎监管范围整齐划一，有力地统一了监管思路、监管标准和监管资源，这也是澳大利亚立法当局针对金融创新和金融混业形态所调整的监管态度。澳大利亚审慎监管署的监管框架基于四方面内容：一是金融机构的财务健康水平，特别是银行业的风险资本情况和保险业的负债估值水平；二是金融机构的内部控制状况，要求独立董事超过非独立董事人数；三是金融机构的风险管理，比如风险管理定性定量测评指标；四是金融机构外部控制，包括外部审计师和精算师对保险行业出具独立意见。

（四）英国模式——超级监管机构：金融服务管理局（FSA）

英国金融监管框架发生过三次较大规模的改革：第一次为1979年《银行法》颁布之后建立起的分业监管格局；第二次为1997年之后各类监管机构合并形成金融监管机构金融服务局（FSA）；第三次为2008年金融危机之后FSA取消而建立了目前的"双峰监管"（Twin Peaks Supervision）模式见图15-2。新成立金融政策委员会（FPC），统筹应对系统性金融风险，并设立审慎监管局和行为监管局，有效解决了三方监管机构协调不畅和监管漏洞；强化宏观审慎监管，并与微观审慎相结合，维护金融体系稳定运行；建立起防范系统性风险机制，提高风险应对能力。这一模式很好地促进了金融体系恢复稳健，为经济恢复提供了重要支持，国内生产总值增速重回2%以上，股市大幅上涨，2009—2015年富时100指数上涨41%。

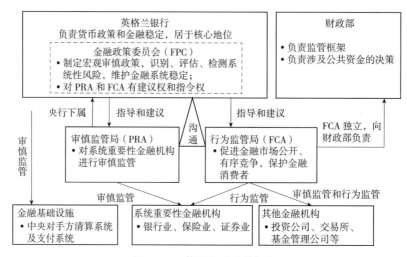

图15-2 英国金融监管框架

第四节 国外金融市场监管

金融监管模式是指一国关于金融监管机构和金融监管法规的体制安排。

一、美国模式

在混业经营前提下，美国仍然采用分业监管模式，既没有合并各监管机构成立一个统一的监管当局，也没有设立专门针对混业经营的监管部门。在金融控股公司框架下，美国仍然采取机构监管的方式，集团下属的银行子公司仍然由原有的（联邦或州）主要银行监管机构进行监督和检查。为了从总体上对金融控股公司进行监督，《金融服务现代化法案》规定，美联储是金融控股公司的"伞型监管者"，从整体上评估和监管金融控股公司，必要时对银行、证券、保险等子公司拥有仲裁权。同时，该法案规定当各具体业务的监管机构认为美联储的监管措施不当时，可优先执行各监管机构自身的制度，以起到相互制约的作用。在协调性和兼容性方面，要求美联储、证券管理机构与保险管理部门加强协调与合作，相互提供关于金融控股公司和各附属子公司的财务、风险管理和经营信息。美联储在履行监管职责时，一般不得直接监管金融控股公司的附属机构，而应尽可能采用其功能监管部门的检查结果，以免形成重复监管。

二、德国模式

德国金融系统的稳定性是大家公认的，这自然也与它的金融监管制度有关。德国实行的是全能银行制度，即商业银行不仅可以从事包括银行、证券、基金、保险等在内的所有金融业务，而且可以向产业、商业大量投资，成为企业的大股东，具有业务多样化和一站式服务的特点。德国的全能银行能够渗透到金融、产业、商业等各个领域，在国民经济中起着主导作用。为了减少和控制风险，德国政府对全能银行的经营行为进行了严格的监管和一定的限制。例如，规定银行的投资总额不得超过其对债务负责的资本总额；代客户出售证券可以卖给银行自己，但价格不得低于官价；代客户买入证券可以收购银行自有的证券，但价格不得高于官价等。德国虽然实行全能银行制度，但仍实行分业监管。德国的联邦金融监管司下有银行、证券、保险三个监管局，独立运作，分业监管。德国银行监管的法律基础是《联邦银行法》和《信用制度法》（KWG）。《联邦银行法》主要保障银行业的稳定性和债权人的利益，它规定了联邦银行在金融监管方面的权力。《信用制度法》规定了从事信用活动的金融机构，要在哪些方面接受监管。根据规定，德国的金融监管主要来自两个方面，即联邦金融监管局和德国联邦银行。联邦金融监管局是德国联邦金融业监督的主要机构。德国联邦银行是德国的中央银行。由于联邦金融监管局没有次级机构，具体的金融监管工作由联邦银行的分支机构代为执行，将执行效果反馈给联邦金融监管局。联邦金融监管局和联邦银行的职能界定为：主管权属于联邦金融监管局；在制定重大的规定和决策时，联邦金融监管当局必须和联邦银行协商并取得一致；联邦银行和金融监管局相互共享信息。

三、英国模式

英国的混业经营采用了金融控股集团模式。英国金融控股集团的母公司多为经营性的控股公司，且一般经营商业银行业务，而证券、保险等业务则通过子公司来经营。同时，英国的金融控股集团内部有较严格的防火墙制度，以防止各业务的风险在集团内部扩散。英国的监管体系已由分业监管过渡到统一监管。1998年，英国整合了所有的金融监管机构，建立了金融服务监管局，由其统一实施对金融机构的监管。2000年又颁布了《金融服务和市场法》，从而实现了由分业监管向统一监管的转变。2001年12月1日，FSA依照《2000年金融服务和市场法》规定，正式行使其对金融业的监管权力和职责，直接负责对银行业、保险业和证券业的监管。FSA也获得了一些其前任监管机构所没有的监管权力，例如，关于消除市场扭曲或滥用、促进社会公众对金融系统的理解和减少金融犯罪等。

四、日本模式

日本战后50多年的金融监管体制一直是一种行政指导型的管制。大藏省负责全国的财政与金融事务，把持对包括日本银行在内的所有金融机构的监督权，大藏省下设银行局、证券局和国际金融局。银行局对日本银行、其他政府金融机构以及各类民间金融机构实施行政管理和监督。证券局对证券企业财务进行审查和监督。国际金融局负责有关国际资本交易事务以及利用外资的政策制定与实施。这种监管体制的行政色彩十分浓厚，大藏省在监管中经常运用行政手段，对金融机构进行干预。1997年，日本政府进行了金融改革，取消了原来对银行、证券、信托子公司的业务限制，允许设立金融控股公司进行混业经营。同年6月，日本颁布了《金融监督厅设置法》，成立了金融监督厅，专司金融监管职能，证券监督委员会也从大藏省划归金融监督厅管辖。1998年末，又成立了金融再生委员会，与大藏省平级，金融监督厅直属于金融再生委，大藏省的监管权力大大削弱。2000年，金融监督厅更名为金融厅，拥有原大藏省检查、监督和审批备案的全部职能。2001年，大藏省改名为财务省，金融行政管理和金融监管的职能也分别归属给财务省和金融厅。金融厅成为单一的金融监管机构，从而形成了日本单一化的混业金融监管体制。

比较以上四种模式，美国模式可以称为"双元多头金融监管体制"，即中央和地方都对银行有监管权，同时每一级又有若干机构共同行使监管职能。联邦制国家因地方权力较大，往往采用这种监管模式。德国、英国模式基本可以划为"单元多头金融监管体制"，其优点是，有利于金融体系的集中统一和监管效率的提高，但需要各金融管理部门之间的相互协作和配合。从德国、英国的实践来看，人们习惯和赞成各权力机构相互制约和平衡，金融管理部门之间配合是默契的、富有成效的。然而，在一个不善于合作与法制不健全的国家里，这种体制难以有效运行。而且，这种体制也面临同双元多头管理体制类似的问题，如机构重叠、重复监管等。虽然德国和英国同划为"单元多头金融监管体制"，但是德国模式和英国模式相比，更加强调其银行监管局、证券监管局和保险监管局之间既要相互协作也要保持各自的独立。而日本的金融监管事务完全由金融厅负责，因此日本模式可以划为"集中单一金融监管模式"，其优点是：金融管理集中，金融法规统一，金融机构不容易钻监管的空子；有助于提高货币政策和金融监管的效率，克服其他模式的相互扯皮、推卸责任弊端，为金融机构提供良好的社会服务。但是，这种体制易于使金融管理部门养成官僚化作风，滋生腐败现象。

第五节　中国金融市场监管制

1. 我国的混业监管的模式选择

通过国外模式的分析比较，笔者认为德国模式值得我国借鉴，即建立一个统一的监管当局，下设银行、证券和保险三个监管部门，实行一种混业监管和分业监管的混合模式。

这种模式的优势体现在以下几个方面。首先，银行、证券和保险三个监管部门相互独立，各部门对自己的职能范围较为明确，有利于各部门进行专业化管理。同时各部门之间可以形成一定的竞争，从而有效地提高监管效率。其次，由于三个监管部门统一在一个监管当局下，因此有利于各部门之间的信息交流和合作，能够同时对分业经营和混业经营的金融机构进行监管，从而避免出现监管的真空和重叠，同时也有利于根据金融市场的变化在各部门之间合理分配监管资源。再次，我国金融混业的主要形式，即金融控股集团，具有"集团混业、个人分业"的特点，而德国模式下的监管机构设置与这种金融机构设置相对应，因此其监管效果会更好。最后，这种混业监管模式的建立是将我国现有的三个监管委员会进行整合，不需要重新设立或撤销机构，既能减少现行体制下机构和功能重复设置导致的资源浪费，又使改革的社会成本最低。

具体对我国来说，首先可以在中国人民银行成立一个分部，专门负责处理全国金融监管事务，并从银保监会和证监会抽调人员和资源设立一个协调委员会。该委员会受中国人民银行管辖。其主要职能是：三个监管委员会收集的各种信息和数据汇集到协调委员会，由该委员会负责整理和分析，建立相应的金融信息数据库，结果由三个监管委员会共享，并且与中国人民银行、财政部等部委的数据库进行实时的交流和互换；协调委员会没有监管权力，仅负责三个监管委员会之间的协调与合作，负责召集联席会议和经常联系机制，并由协调委员会与中国人民银行、财政部等相关部委进行沟通和联系。为了节约成本，可以成立协调委员会常务委员会，进行日常协调。

2. 建立适合我国混业监管模式的途径

(1) 对现行的中央银行法、商业银行法、证券法和保险法等进行修改，确立混业经营的合法地位，为金融机构进行混业经营预留空间，并鼓励金融机构进行金融创新。针对现行的混业经营的机构和方式，制定相关的法律法规，使监管机构有法可依。

(2) 构建适应《新巴塞尔协议》的银行业风险监管框架。尽管巴塞尔委员会并不具备任何凌驾于国家之上的正式监管特权，也并不强求成员国在监管技术上的一致性。但是，由于巴塞尔委员会提出的原则影响到全球主要国家的跨国银行，因而这些原则在事实上成为许多国际性银行遵守的共同原则。中国作为国际清算成员国，尤其是加入WTO后，随着外资银行的大量涌入，金融全球化、一体化的步伐加快。在新的形势下，我国必须按照《新巴塞尔协议》的要求，针对《新巴塞尔协议》的原则和监管框架及时采取措施，以适应国际银行业监管发展的需要。

(3) 转变监管理念，加快监管创新。一是要调整监管目标；二是将监管重心转移到新业务、新品种上；三是监管手段要创新，改变金融监管"救火队"的现状，实现专业化的监管；四是加强金融立法的创新，一方面，对中国现行金融监管法律法规进行系统清理，另一方面，补充制定新的金融监管法律规范。

(4) 注重金融监管专业人才的培养和选拔。在这里，我们不得不承认和尊重监管的专业性。金融业是现代经济的核心，其组织形式和业务活动相当复杂，是最体现技术性与专业性的领域。金融监管专业化是必然选择，其运作离不开强大的专家体系。因此，选拔专业监管者必须极度看重专业能力，在机构、人员设置上摒弃"官本位"。

(5) 建立有效的危机处理机制和存款保险制度。由于金融业的高风险性，出现金融机构破产倒闭是不可避免的。因此，建立有效的危机处理机制和存款保护制度是必不可少的。只有这两种制度的存在，才能将金融机构破产倒闭的发生率降到最低，最大限度地保护存款人的利益，从而维护金融秩序和社会稳定。

重要概念

金融市场风险　金融市场监管　上市公司　审批制　资本结构　结构治理　金融风险预警系统　资本充足率　不良资产　监管模式　美国模式　德国模式　英国模式　日本模式　混业监管模式

参考文献

[1] 包俊杰. 商业银行小微金融的创新模式研究——基于互联网的视角[J]. 中国商论, 2019(18): 22-23.

[2] 陈修山. 金融创新与金融风险管理研究[J]. 财会学习, 2017(20): 55.

[3] 焦妍妍, 郭彬, 优瑞池. 科技创新、金融创新与产业结构优化的耦合关系研究——基于"互联网+"视角[J]. 管理现代化, 2019(5): 80.

[4] 肖雅洁. 金融管理中如何有效识别金融风险[J]. 全国流通经济, 2019(21): 23-27.

[5] Kolokhov Viktor. Applying ultrasound detection devices to examine properties of concrete structures[J]. Materials Science Forum, 2021, 1038: 424.

[6] 闫晨. 金融科技穿透式监管的路径完善[J]. 吉林金融研究, 2021(3): 39-42.

[7] 周开国, 季苏楠, 杨海生. 系统性金融风险跨市场传染机制研究——基于金融协调监管视角[J]. 管理科学学报, 2021, 24(7): 1-20.

[8] 刘孟飞. 金融科技的潜在风险与监管应对[J]. 南方金融, 2020(6): 45-55.

习 题

1. 为增强银行体系维护流动性的能力,引入流动性风险监管的量化指标。其中用于度量短期压力情境下单个银行的流动性状况的指标是(　　)。
   A. 流动性覆盖率　　　　　　B. 净稳定融资比率
   C. 资本充足率　　　　　　　D. 资产负债率

2. 由于金融机构管理失误或其他一些人为错误导致的金融风险属于(　　)。
   A. 市场风险　　　　　　　　B. 信用风险
   C. 操作风险　　　　　　　　D. 流动性风险

3. 金融机构所经营的商品-货币的特殊性决定了金融机构同经济和社会是紧密相关的,这体现了金融风险特征中的(　　)。
   A. 不确定性　　　　　　　　B. 高杠杆性
   C. 相关性　　　　　　　　　D. 传染性

4. 请简述金融市场风险的性质。
5. 金融市场风险监管对宏观经济整体具有哪些意义?
6. 简述金融市场风险应对措施应当实现的目标,以及金融市场风险监管步骤。
7. 简述"三道防线"所包含的部门和各部门的主要职责。
8. 简述首席风险官模式下的商业银行风险管理组织架构中首席风险官的主要职责。
9. 简述风险分类管理、风险分层管理和风险集中管理包含的具体内容。

作者简介

王帅,男,湖南安化人,博士,中南林业科技大学经济学院副教授,硕士导师,创新型风控控制技术湖南省工程实验室副主任,中南林业科技大学产融研究所主任。主持国家社科基金项目、省社科基金、省自科基金、省情课题、省软科学课题、教育厅重点青年等十余项课题,围绕产业金融等相关问题,在 LAND、中国软科学、财经问题研究、财经理论与实践、经济科学等国内外权威、CSSCI 源刊上发表学术论文等 30 余篇,同时,撰写《产融型企业集团经济效应及市场风险评估研究》《信息不对称视角下的中小企业信贷风险研究》专著 2 部。

杨培涛,男,1975 年 11 月出生,2001 年获管理学学士,2004 年获管理学硕士,2021 年获理学博士,中南林业科技大学讲师,湖南省高校社会科学重点研究基地产业经济高质量发展研究中心研究员,中南林业科技大学经济学院金融系副主任兼 CFA 中心副主任。主要从事金融经济学和证券市场研究,参与主持国家社科基金、省部级科研项目和企业横向等项目 20 余项,在《统计与决策》《财经理论与实践》《经济论坛》等学术期刊上发表学术论文 20 余篇。